LE PASSÉ

D'UNE

Commune Française

NOTES RECUEILLIES ET CLASSÉES JUSQU'EN 1914

SUR

HAUTEVILLE-SUR-MER

(MANCHE)

PAR

✝ GABRIEL LEMESLE

Maire de cette Commune

ŒUVRE POSTHUME

Penché sur les replis de ton unique histoire,
Jour par jour, j'ai suivi ton passé radieux ;
Et les contours sacrés de ton cher territoire,
Venant un portrait d'aïeul, sont gravés dans mes yeux.

(Chants du Paysan) PAUL DÉROULÈDE.

J. HAIZE

IMPRIMEUR-ÉDITEUR

Rue Jacques Cartier, SAINT-SERVAN (Ille-et-Vilaine)

1923

LE PASSÉ D'UNE COMMUNE FRANÇAISE

HAUTEVILLE-SUR-MER

LE PASSÉ

D'UNE

Commune Française

NOTES RECUEILLIES ET CLASSÉES JUSQU'EN 1914

SUR

HAUTEVILLE-SUR-MER
(MANCHE)

PAR

Gabriel LEMESLE
Maire de cette Commune

ŒUVRE POSTHUME

> Penché sur les récits de ton antique histoire
> Jour par jour, j'ai suivi ton essor radieux ;
> Et les contours sacrés de ton vieux territoire
> Comme un portrait d'aïeul sont gravés dans mes yeux.
> (Chants du Paysan). PAUL DÉROULÈDE.

J. HAIZE
IMPRIMEUR-ÉDITEUR
Rue Jacques-Cartier, SAINT-SERVAN, Ille-et-Vilaine

1923

HAUTEVILLE-SUR-MER

CHAPITRE PREMIER

« Réunissez en un même moment par la pensée les plus beaux
accidents de la nature, supposez que vous voyez à la fois toutes
les heures du jour et toutes les saisons, un matin de printemps et
un matin d'automne, une nuit semée d'étoiles et une nuit couverte
de nuages, des prairies émaillées de fleurs, des forêts dépouillées
par les frimas, des champs dorés par les moissons : vous aurez
alors une juste idée du spectacle de l'univers.   CHATEAUBRIAND.

La commune de Hauteville-sur-Mer est située par le
3ᵉ degré 53 minutes 56 secondes de longitude ouest (méridien
de Paris) et le 48ᵉ degré 59 minutes 15 secondes de latitude
nord. La rencontre du 4ᵉ degré longitude ouest et du 49ᵉ degré
latitude nord a lieu en mer, à 10 kilomètres plus à l'ouest,
dans le voisinage d'une tour en pierre calcaire, élevée sous
la Restauration à l'endroit où coula un navire, tour servant
aujourd'hui d'« amers » aux navigateurs et nommée « le Ron-
quet » (dans le patois du pays on dit « ranquis »).

Dans les marées d'équinoxe, la mer reflue bien au-delà de
cette tour, faisant de nos grèves un des points du globe où le
flot se retire le plus. Au dire des géographes, les côtes de
l'Océan Pacifique présentent seules de semblables phénomènes (1).

Dans notre région, en général, il vente beaucoup, il gèle
modérément, et la neige, assez rare, dure peu. Les moyennes
des pressions barométriques, uniformes sur toute la côte de
Regnéville à Granville, sont de 754°6 à huit heures du matin
et de 755°5 à huit heures du soir (minimum en décembre avec
746°3 et maximum en avril et novembre avec 757°4 (2).

(1) D'après Thévenet (*Annuaire des cinq dép. de la Normandie*, 1876), l'amplitude totale dépasse parfois 14 mètres.
(2) Docteur J. Regnault : « Climatologie de la région granvillaise », parue
dans *Hydrologica* (25 juin, 1913).

Le Gulf-Stream, ce courant qui vient du golfe du Mexique, exerce une action favorable sur notre côte. Les eaux tièdes (24°+) y maintiennent des étés plus frais et des hivers plus doux que dans l'intérieur des terres. Ici, le mimosa pousse en plein vent et les figuiers produisent des fruits parvenant à maturité. Le laurier-sauce y développe des troncs atteignant parfois des circonférences de un mètre. La moyenne annuelle de la température minima est de + 7°3 et celle de la température maxima de + 14°1, moyennes de l'été + 16°52, de l'hiver + 5°3, plus élevée que celle d'Avignon (2).

Depuis une dizaine d'années, les périodes pluvieuses et les périodes sèches se succèdent et se prolongent avec une régularité déconcertante. Certains veulent y voir les effets désastreux du déboisement. L'année 1912, par exemple, avait donné en plein été, une période pluvieuse de trois mois consécutifs ; les années 1911 et 1913 donnent, à peu près exactement et au même moment, une période équivalente de sécheresse. En dehors de cette perturbation, le nombre des jours de pluie varie par année, à Hauteville, de 150 à 200, avec une hauteur d'eau allant de 580 à 775 millimètres.

Une partie des orages (cyclônes, foudre, grêle, averses), un tiers pour le moins, sont évités à la région, soit que le courant les attire vers l'estuaire de la rivière la Sienne, soit que le mouvement des marées les entraîne vers le nord ou les refoule vers le sud.

Les phénomènes météorologiques sont donc plutôt rares sur ce littoral ; en revanche, les couchers de soleil y sont incomparables. D'un côté, la mer et les sables réfléchissent une grande quantité de lumière ; de l'autre, la rareté des arbres n'interceptant pas le rayonnement de la terre, laisse dégager l'humidité qui, emplissant l'atmosphère, transforme en autant de prismes miroitants ses impalpables et invisibles molécules. Aussi, les nuances les plus diverses s'y fondent, s'y heurtent, s'y ombrent ou s'y éclairent-elles avec une surprenante variété. Dans les beaux jours, le disque solaire, d'une teinte écarlate, plonge peu à peu derrière l'horizon, dans la mer, dont les eaux, devenant étincelantes, semblent rouler des paillettes d'or. En même temps, à partir de ce point extrême où disparaît le globe enflammé, le ciel, à l'ouest, se colore de pourpre, passant plus haut au violet, qui va lui-même se confondre petit à petit avec le bleu foncé du zénith.

Un tel spectacle fait penser aux aurores boréales, et ceux qui en jouissent déclarent que seuls les couchers de soleil méditerranéens peuvent présenter un assemblage de tons aussi chauds. Personne ne peut donc s'étonner du contraste absolu existant entre de telles journées si brillantes et si lumineuses et les époques de bourrasques et de pluie, où un brouillard intense dérobe à la vue l'horizon, la mer, les arbres, les champs, et transforme une nature riche, chatoyante et animée en un paysage uniformément noyé, morne et désert.

Ce coin de la côte normande est, plus que tout autre, sujet à ces brusques changements de décor. L'averse calmée, le vent tombé, un oiseau s'élance tout à coup avec un cri joyeux, et une minute après reparaît le soleil qui absorbe les flaques, tarit les ruisseaux et, sur chaque feuille, comme autant de diamants, fait scintiller les dernières gouttes d'eau.

Les saisons ajoutent leurs variations aux caprices de l'atmosphère. L'air du large, âpre et salin, le vent d'est, aigu et mordant, fouettent le visage pendant les mois d'hiver. Le premier charrie sur la campagne en repos des multitudes de petites coquilles univalves et coniques — des « conibets », dans le patois du pays, — petits coquillages peuplés d'êtres vivants qui se collent à la première végétation avec laquelle ils prennent contact. Le nitre qui les escorte s'engouffre dans tous les interstices des portes et des fenêtres et se dépose dans les encoignures sous forme de poudre blanche, mais l'iode, son compagnon, vient purifier et vivifier les bronches et, par ces temps rudes, rares sont les gens enrhumés. Par contre, si le vent du sud, aux effluves lourdes, arrive, précurseur d'une pluie pénétrante, fine, ressemblant au brouillard, l'humidité envahit tout et met les tempéraments à l'épreuve. Malheur aux imprudents ! la grippe les guette, et ils auront fort à faire pour s'en débarrasser avant le retour du printemps ! A ce moment se produit une poussée de vie universelle. Toutes les feuilles, tous les oiseaux, tous les insectes apparaissent comme par enchantement. Un parfum spécial de jeunes herbes, de fleurs d'arbres fruitiers, plus tard de luzernes fleuries, de foin mûr ou coupé, remplit l'atmosphère d'une odeur pénétrante, subtile et saine qui fait passer dans le sang une nouvelle vigueur. Et quand tout ce bel élan, parvenu à son apogée, s'arrête en pleine maturité, la brise du matin et du soir rafraîchit les jours brûlants de la canicule et les splendides nuits de juillet et d'août, à la lueur des étoiles et des vers luisants, électricité des campagnes, ne sont troublées que par le bruissement des grillons, le roulement d'une voiture ou la trépidation d'une auto, vibrations qui, dans l'air sans souffle, résonnent avec une singulière acuité. Quel que soit l'éclat des jours, rien n'est impressionnant comme ces nuits, et les paysans eux-mêmes, peu accessibles pourtant à la poésie, en subissent le charme et en remarquent la beauté. La vie que l'on passe dans ce climat privilégié entre les plus tempérés, où les cataclysmes sont inconnus, où, grâce aux embruns, la pureté de l'air ne s'altère jamais, cette vie est singulièrement vigoureuse, et la longévité y atteint les dernières limites : les personnes de soixante-dix ans sont légion, les octogénaires conservent toutes leurs facultés, la moyenne de la vie y dépasse quarante-cinq ans et justifie la renommée qui attribuait jadis à la commune le surnom flatteur de « Pays des Patriarches ».

S'il fait bon vivre à Hauteville, les coloris de la terre et de la mer s'y ajoutent à ceux du ciel pour qu'il y fasse également beau. Ce second point de vue a autant d'aspects, d'attraits et de diversité que le premier.

A l'heure où les premières pousses de végétation surgissent du sol ensemencé, toutes les gammes du vert s'y rencontrent : le vert clair, presque blanc, des jeunes bourgeons, le vert vif et velouté de l'herbe nouvelle, le vert foncé des feuilles d'arbres et des plantes fourragères, le vert jaunâtre ou le vert pâle des céréales. Cette orgie de vert envahit tout, recouvre tout et repose les yeux de la nudité et de l'obscurité de l'hiver.

Deux mois plus tard, la vaste plaine se revêt d'un habit d'arlequin ; les fleurs immaculées des petits pois se piquent, provoquantes, jusqu'au plus haut de leurs appuis — les « rames », dit-on ici. Les pommes de terre inclinent leurs ombelles violacées qui frôlent les houppes écarlates des trèfles et la fleur indigo des luzernes. Repassez en août : ce sont de longues bandes d'or, irrégulièrement disposées, alternant avec les plantations d'oignon, de betteraves et de carottes. Les bandes ici et là s'estompent de tons roux qui ondulent : ce sont les froments ; ailleurs, elles apparaissent plus jaunes, plus drues et plus raides : ce sont les orges ; ailleurs encore elles présentent d'élégantes et capricieuses clochettes plus pâles : ce sont les avoines, et l'étendue entière de toutes ces cultures donne une impression de sécurité et de richesse (3).

Puis, tout à coup, un matin de septembre, au réveil, vous surprend une pluie battante. Elle cesse au bout de quelques heures, mais cela a suffi : l'été disparaît, le décor d'automne lui succède ; les feuilles d'arbres entremêlent tous les jaunes, tous les roux, tous les bruns ; le parfum des pommes arrivées à maturité emplit les vergers ; un calme général saisit la nature qui, on le sent, s'achemine à grands pas vers son repos complet de l'hiver.

Un dernier tableau appelle notre attention, et ses couleurs, toutes différentes qu'elles soient, ne lui laissent rien à envier à tous les autres. Nous nous tournons vers l'Océan : ce sont

---

(3) Ce plateau, qui domine le pays, et d'où on jouit d'une vue merveilleuse sur la côte et sur la mer, de Regnéville à Granville, fait songer, d'après le témoignage des touristes, aux campagnes de l'Ombrie, la partie la plus fertile de l'Italie.

maintenant des changements brusques, des instantanés stupé-
fiants. A chaque flux et à chaque reflux, c'est-à-dire quatre
fois en vingt-quatre heures, quelquefois même d'une heure à
l'autre, l'élément liquide change d'aspect. Le ciel est-il nuageux ? La mer ressort blanche comme du lait, grondeuse en
dessous, prête à se mettre en colère, ayant pour ceinture les
îlots, émergeant, noircis, à sa surface. Souffle-t-il une forte
brise ? Elle est foncée comme si elle dilatait ses prunelles et
se frange sur toute son étendue de ces bandes d'écume que
les marins appellent si pittoresquement « des moutons ».
Pleut-il ? Elle roule des eaux ternes, sablonneuses, qui crépi-
tent en venant mourir sur le rivage. Fait-il un temps calme
et clair ? Elle a une ondulation languissante, attirante, miroi-
tante, et on peut apercevoir, à travers la limpidité de l'eau,
la poudre dorée du sable tapissant le fond. Le mauvais temps
sévit-il au large ? Elle arrive, charriant des algues détachées
des profondeurs de l'Atlantique. Il y en a tant qu'elle semble
toute noire et que l'on croirait presque pouvoir marcher sur
l'amoncellement des herbes marines qui la couvrent, à moins
que cette végétation bizarre ne lui communique, comme elle
le fait parfois, cette inimitable et indescriptible teinte glau-
que, présage de bourrasque. Déjà, une à une, les vagues se
hérissent, plus hautes et plus pressées, s'affalant avec un bruit
sec, spécial et continu, annonciateur de la direction du coup
de vent : les marins et pêcheurs qui le connaissent, ce bruit,
déclarent alors que « la mé brait » soit au nord, soit au sud...
Et voici la tempête. L'immense nappe liquide déferle, affolée,
montant à l'assaut des dunes, précipitant ses courants dans
toutes les directions, toute blanche, toute verte, toute grise, se
tordant en volutes énormes qui retombent avec un fracas
assourdissant, donnant aux bouées à cloches des accents plus
sinistres et plus lugubres que ceux du tocsin, arrachant les
« amers », brisant les estacades, émiettant les canots, renver-
sant tout, bouleversant tout, détruisant tout, force inouïe,
aveugle en apparence, mais obéissant, quand même, à l'heure
exacte, au perpétuel et merveilleux mystère de son recul ou
de son envahissement...

> *Suave, mari magno turbantibus œquora ventis*
> *E terra magnum alterius spectare laborem...* etc.
> (LUCRÈCE, II).

CHAPITRE II

LAMARTINE.

A la fois rurale et maritime, la commune de Hauteville-sur-Mer a une superficie d'environ mille hectares, couverts ou découverts par les flots, et qui représentent plus de trois fois sa superficie terrestre. Cette dernière est exactement de 328 hectares 60 ares 79 centiares.

Hauteville affecte la forme rectangulaire représentée par la carte ci-jointe ; sa plus grande longueur est de 3.200 mètres, sa plus grande largeur de 1.550 mètres.

Au nord, elle est limitée de la commune de Montmartin-sur-Mer par une ligne brisée, purement conventionnelle, coupant haies et champs ; à l'est et au midi, elle est séparée de la commune d'Annoville, pour la plus grande longueur, par le ruisseau des « Pellerets », qui perd ce nom au village de la Verguie pour prendre celui de « Houquet », avant de se jeter dans le canal d'écoulement des Mares d'Annoville et de Hauteville. Les deux cours d'eau confondus s'appellent dès lors Passe-Vin et jadis « Ruet » (1) et vont se perdre dans la rivière la Sienne. Pour la limite sud-ouest, une ligne droite supposée relie le rocher « Landry », en mer, au pignon nord d'une vieille ferme, incendiée le 23 septembre 1904, située sur Annoville et nommée « la ferme du Pont ».

____

(1) On retrouve ce nom à diverses reprises, et sans qu'aucun doute puisse subsister, dans le dossier d'un procès entre la généralité des habitants et les héritiers ou ayants-droits du seigneur Ynor (1782) (Arch. de la Mairie).

A l'ouest, nous le savons déjà, Hauteville a pour voisine la mer. La commune dépend administrativement et territorialement du canton de Montmartin-sur-Mer, l'un des dix composant l'arrondissement de Coutances, qui forme lui-même une des subdivisions du département de la Manche, en Basse-Normandie. Les habitants de Hauteville-sur-Mer se nomment « les Hautais ».

La bourgade est plantée sur la pente d'un coteau vallonné et orientée vers le sud-ouest. Son altitude la plus élevée est de 44 mètres. Il semble que certaines de ses parties n'ont pas trois mètres au-dessus du niveau de la mer (2).

A l'exception du terrain sablonneux situé à l'ouest de « Passe-Vin », formé d'ailleurs d'alluvions récentes, pullulant de coquillages dont quelques-uns sont encore vivants (3), la constitution du sol est peu variée. L'épaisseur de terre végétale qui, à certains endroits, dépasse un mètre, repose sur une couche puissante de schiste calcaire, ne renfermant ni fossiles, ni cailloux roulés, ni aucune matière organique. Les géologues s'accordent à reconnaître cet ensemble pour un terrain primitif ou « cambrien » formé de roches endogènes, servant d'assises à un terrain plus récent ou sédimentaire à roches exogènes (4) et faisant partie, à ce titre, de ce qu'on nomme « Phyllade de Saint-Lô » (5). Les sources y sont nombreuses, abondantes, certaines ne tarissant jamais. Elle distillent une eau très pure, absolument inodore et insipide, même à quelques mètres de la mer. Les personnes qui, pour leur boisson, font usage d'appareils à filtrer, déclarent que la quantité d'impuretés déposée au bout d'un mois à l'intérieur du filtre est totalement insignifiante.

Hauteville-sur-Mer est relié à Coutances (12 kilomètres) et à Granville (19 kilomètres) par le chemin de grande communication n° 20, autrefois départemental, qui passe à Montmartin-sur-Mer (2 kilomètres), où il traverse la voie ferrée de Regnéville à Hyenville (ligne de l'Ouest-Etat).

Hauteville communique avec Regnéville par le chemin de grande communication dit « des Matelots » n° 156, et qui a moins de trente ans d'encaissement, à la mer et au centre du département par la route de grande vicinalité n° 8, qui forme

---

(2) Altitude maxima, lieu dit le Février ; minima : les Courtils, les Claquets et les Mares.

(3) On a retrouvé, en 1912, dans ces marais, des clovisses (coques) vivantes.

(4) Division des roches d'après Humbolt.

(5) Phyllade, en grec, signifie feuille, parce que les roches schisteuses qui la composent se divisent en lames plus ou moins minces, comme les ardoises. Les habitants désignent ces pierres plates sous la dénomination expressive de « caillou mort ».

la rue principale dans la traversée du bourg, et dont la partie la plus voisine de l'église portait autrefois le nom original de « la Mare ès Mouissons (moineaux) ».

Avant quelques années existera sans doute la voie déjà tracée d'un tramway départemental nous reliant par le pont de la Roque à Coutances, et par Bréhal à Granville et au sud du département.

Le territoire de Hauteville-sur-Mer peut être divisé en quatre parties, différant complètement d'aspect l'une de l'autre. La première, située à l'est de la voie rurale appelée « Grand Chemin », englobe tout ce plateau fertile composé de champs contigüs, sans clôture d'aucune sorte, où la main experte du laboureur sait diriger, bien droit, le soc de sa charrue ; la seconde partie, s'étendant à l'ouest du Grand Chemin pour s'arrêter aux voies rurales nommées « les Claquets » et « les Souville », comprend, avec quelques herbages, l'agglomération des maisons et des jardins. La troisième partie, resserrée entre les voies susdites et le chemin des Mares, traversée par le Ruet ou Passe-Vin, renferme à peu près exclusivement des prés humides qui « trempent », c'est-à-dire sont presque toujours recouverts d'eau pendant l'hiver. La quatrième partie, enfin, formée de terrains sableux arrachés à la mer, contient, avec quelques vergées de terre propices à la culture des légumes, des pacages maigres où gambadent les lapins (6) et où paissent quelques moutons errants pour l'ordinaire — *versemus oves* (7). Ces pacages ont pour suite immédiate les « dunes », avec lesquelles ils se confondent, et qui nous protègent contre les envahissements de la mer.

Incultes, couvertes d'une végétation de graminées et de légumineuses minuscules blotties au pied des touffes de chardon bleu ou de jonc menu poussant jusqu'au rivage (8), ces dunes apparaissent comme une réminiscence de la lande bretonne dans sa solitude mélancolique et reposante ; l'illusion est accentuée par les haies d'ajoncs qui ont réussi à s'acclimater au rude vent du large et à la pauvreté du sol. Dans les beaux soirs de clair de lune, les aspérités irrégulières des monticules de sable prennent une allure de paysage fantasmagorique par les jeux d'ombre et de lumière qui s'y produisent, et le promeneur attardé, en traversant ces vallons et ces collines en miniature, pense involontairement à ces lutins que

---

(6) En 1750, ce terrain était en garenne. (Bail conservé aux Archives de la Mairie).

(7) Virgile : *Bucoliques*, égl. 10.

(8) Ce jonc est désigné ici sous le nom de « haudaine ». Parfois, on le fauche, on le sèche et il remplace le bois en fournissant un feu très clair, ou sert à confectionner d'excellents balais.

Shakespeare décrit traçant sur le gazon, en une heure semblable, « les ronds d'herbe amère où les brebis refusent de brouter » (9).

Les quatre portions dont nous venons de parler sont réliées entre elles et traversées par 9 kilomètres 720 de chemins vicinaux de toute catégorie que les automobilistes savent apprécier au cours des mois de tourisme ; par 4 kilomètres 785 de chemins ruraux reconnus et par 7 kilomètres 585 m. de chemins de servitude, non compris les sentiers qui facilitent l'exploitation rendue pénible par le morcellement de la terre et la dispersion des propriétés. Nous avons mentionné plus haut quelques-unes de ces voies ; nous indiquons, en plus, ci-dessous, depuis quelle époque elles existent :

Le chemin n° 156, dit « Chemin des Matelots », est désigné dans un contrat de mariage du 6 juillet 1677 comme étant, dès cette date, « le chemin allant de Renesville à Granville » (10).

Le chemin de grande communication n° 8, de Dangy à la mer, est appelé « réage des chemins » le 30 août 1764, et se confond ensuite avec « le chemin de l'église de Hauteville à la campagne » (10).

Le chemin n° 20 de Coutances à Regnéville et au Loreuc forme aujourd'hui, comme autrefois, la rue de Hauteville, qui passe devant le portail de l'église.

Chemins vicinaux

Le chemin du Val du Moulin est désigné, en 1638, sous le nom de « chemin de l'Eglise de Hauteville à la campagne » (10).

Dans un acte de vente du 5 avril 1721, il est parlé du chemin d'Annoville à Hauteville (villages de la Brasserie, de la Vaulière et de la Verguic) et du chemin du Four noté : « chemin allant du Four à ban à l'Eglise de Hauteville » (10).

Les Ruettes, appelées « les Ruettes au Capitaine », tiraient leur nom de l'habitation de François Norgeot, capitaine de la paroisse de Hauteville près la mer (1741), neveu de Dame Marie Encoignard, veuve du sieur Samson de Brettreville, seigneur et patron de Hauteville (10).

Chemins ruraux

Ces chemins ont bien perdu de leur importance. C'étaient, pour la plupart, les grandes routes de jadis, le grand chemin

---

(9) Shakespeare : *Tempest*, chant final.
(10) Archives de l'auteur.

d'Ourville à Annoville, notamment, occupe l'emplacement de l'ancienne voie romaine (voir Chapitre V). Il est indiqué, en 1712, comme l'unique voie conduisant alors de Coutances à Granville (10). La route actuelle n° 41 de Coutances à Granville par Montmartin et Bréhal, traversant le plateau de Hauteville, fut ouverte en 1730 (10) et n'a été terminée et élargie qu'en 1853 (11). Elle coûta à ce moment 68.000 francs.

Les chemins ruraux de l'Acre, du Moment et des Carrières sont des impasses desservant les champs ou les habitations (12).

Le Traversin (Travecin), continué plus bas par la rue Channel (expression qui date sans doute de l'occupation anglaise), est catalogué en 1760 « Chemin d'Hérenguerville à la mer ».

Le Courtil Boitard est une impasse continuée par le chemin de la Harde et parallèle aux voies conduisant à la mer. Cette impasse se termine au ruisseau Passe-Vin.

Les Sous-Ville et les Claquets servent de liaison entre la route de la mer au nord avec la route de la mer au sud.

La Fontaine, petite rue de traverse très en pente, aboutit à un lavoir appelé Fontaine du Nord.

Le Houquet, chemin de traverse conduisant de la route ou voie du sud à Annoville, et qui tire son nom du moulin existant jadis, marqué sur la carte de Cassini (13), et dont il ne reste d'autre vestige que quelques pierres enfouies sous les ronces.

Les chemins, de temps immémorial, étaient entretenus par le seigneur et les habitants. Ces voies de communication, parfois défectueuses, étaient souvent réparées par des corvées, volontaires ou prescrites par le juge, l'intendant ou la communauté (14). Voici une liste curieuse à l'appui de cette assertion :

« MÉMOIRE DE CEUX QUI ONT DONNÉ DE L'ARGENT POUR L'AISANCE DES CHEMINS, LE 25 NOVEMBRE 1777 (15). (Hauteville près la Mer).

« Les jouissants des dîmes (15 *bis*), vingt-six livres ; Guil-
» laume Le Roussel, six livres ; Jean Le Roussel, six livres ;
» Nicolas Thiphaigne, six livres ; la veuve François Mustel,
» neuf livres ; Julien Thiphaigne, six livres ; Monsieur Thi-
» phaigne, prestre, dix-huit livres ; Jean Thiphaigne Odé,
» douze livres ; Nicolas Lemesle et Pierre Le Gallais, sept

----

(11) Archives de la Mairie.
(12) Le chemin de la Cavée, prolongé par le chemin du Val de la Lande, est appelé chemin qui conduit ez Douy (1743), et chemin de Sept Vergues (1760).
(13) Archives de la Manche.
(14) Babeau : *Le Village sous l'ancien régime*.
(15) Archives de l'auteur.
(15 *bis*) *L'Abbé et les Religieux de Savigny*.

» livres ; François Lemesle, fils Pierre, trois livres ; Jacques
» Lemesle, son frère, trois livres ; la veuve Richard Lemesle,
» deux livres 10 sols ; François Lemesle, fils Hervé, trois livres ;
» Charles Poulain, dix-huit livres ; Denis Lemesle, dix livres ;
» Boitard de Coulomb, dix-huit livres. En tout cent cinquante-
» trois livres dix sols.

» Tous ceux ci-dessus dénommés ont des billets des sommes
» susdites qui doivent représenter quand on *contera* les recettes
» des chemins » (15).

A la veille de la Révolution, sans doute faute d'entente, les
routes étaient impraticables : « Les laboureurs, écrit Turgot,
sont obligés de multiplier inutilement et dispendieusement les
animaux de trait pour tous les charrois qu'exige leur exploitation » (16). Nous avons vu que la bonne organisation de la
voirie ne commença guère que vers le milieu du xixe siècle.
Jusqu'alors, on allait au marché monté sur un cheval portant
bâtière et paniers et les nouvelles mariées, en vue de ces
déplacements peu agréables, avaient soin de se munir, en
entrant en ménage, d'une toilette d'amazone, appelée modes-
tement par nos grand'mères « une robe de cheval ». La plupart du temps, ces robes étaient de couleur verte et garnies de
grands boutons. Il n'y avait pas, dans ces voyages, que le côté
pittoresque : jusqu'en 1839, les maraîchers hautais se rendant
à Coutances, passaient la rivière à gué, le vieux pont en bois
de la Roque n'existant plus ; outre la connaissance du gué, il
fallait celle des heures de la marée et combiner l'heure du
retour avant celle de l'arrivée de la mer, sous peine de rentrer
le lendemain seulement à la maison. Le pont de pierre de la
Roque, tel qu'il existe actuellement, fut livré à la circulation
le 1er décembre 1852 (17). Le cinq octobre précédent, une inondation désastreuse désola les vallées de la Sienne et de la
Vire ; tous les ponts furent emportés, et celui de la Roque
étant encore inutilisable, les cultivateurs hautais revenant de
la foire aux oignons de Balleroy (Calvados) eurent mille difficultés à regagner leur logis, où ils ne rentrèrent que deux
jours plus tard.

Déduction faite de l'emplacement des routes existant dans
la localité et des 113 hectares 60 ares qui forment les biens
communaux, le plan cadastral de Hauteville comporte
1269 numéros, et il est plus fréquent de voir des articles divisés entre divers possesseurs qu'un propriétaire avoir à sa ligne
trois ou quatre parcelles contiguës. Ici, point de ferme isolée
ni entourée de biens ruraux : le besoin de se défendre des
hommes ou des éléments a ramassé les maisons les unes

---

(16) Turgot : *Œuvres posthumes*, p. 37.
(17) *Annuaire de la Manche*, 1854.

contre les autres, en les écartant tout au plus de la longueur d'un jardin, et même, fréquemment, en leur donnant un pignon commun (18).

Ce morcellement de la propriété remonte à fort longtemps. En 1840, nous ne trouvons sur la liste du jury du 5e arrondissement électoral que deux électeurs censitaires, domiciliés à Hauteville-sur-Mer et payant le chiffre légal de 200 francs d'impositions : MM. Billard et Viard.

La liste des contribuables hautais de 1758, que nous donnerons au chapitre X, confirmera cet émiettement des biens ruraux. Le droit d'aînesse ne paraît pas avoir existé dans la commune : « par la coustume et les registres de Normëndie ». Des plus anciens partages que nous ayons pu découvrir, il résulte que, de temps immémorial, les enfants, tout au moins les fils, se divisaient en parts égales le patrimoine, si peu important fût-il.

Au recensement de la population de 1911, le nombre d'habitants s'élevait à 506, en diminution constante depuis les soixante dernières années. Le plus gros propriétaire foncier n'y tenait que 8 hectares 47 ares 88 centiares de prés et de champs. L'avantage de maintenir à la campagne les jeunes gens retenus par la culture des quelques arpents qu'ils ont ou auront plus tard n'est pas sans inconvénient. Pour nourrir tant de bouches sur si petit domaine, il n'a fallu rien perdre. Les arbres tenaient de la place, leur ombre gênait, on les abattit. A peine si ça et là quelques haies d'épines noires (prunellier), d'aubépine blanche et rouge, de ronces, de sureau, de troène ou de saule entourent les jardins et les vergers en rompant la monotonie de la plaine. Au début du ruisseau « Passe-Vin », à la limite des terres labourables qui s'étendent vers Hérenguerville, on retrouve une ceinture de prés où s'acclimatent les fougères, les champignons, le sureau de terre appelé « yèble » et plusieurs sortes de roseaux. Ces roseaux ou rôts (arundo phragmite) reparaissent en grande quantité dans les mares humides. Ils servent à remplacer le chaume ou le protègent en sous-couverture contre la dent néfaste des rongeurs.

---

(18) Le plateau cultivé que domine un calvaire érigé en 1889, le village avec les haies vives et les murs peu élevés de ses jardins, ses routes, ses carrefours, ses ruelles, ses habitations disposées les unes derrière les autres ou côte à côte, ses granges à doubles ouvertures, son cimetière élevé et entouré de murs — un château-fort dont l'église serait la chapelle — forment, au dire de l'état-major, un terrain stratégique de premier ordre. Aux grandes manœuvres de 1909, où prenait part, à la tête des troupes coloniales, le lieutenant-colonel Mangin, les officiers étaient unanimes à reconnaître un grand point de ressemblance entre notre position et celle de Bazeilles, incendié en 1870 par les Prussiens, et où se dresse également le calvaire d'Ailly.

La vigueur et l'étendue d'un if qui ombrage le cimetière (19), d'un robinier blanc et d'un cèdre situés dans deux propriétés particulières, prouvent que si la terre hautaise n'était pas entièrement consacrée aux récoltes qu'elle sait donner si belles, elle produirait également de non moins beaux arbres. Les acquéreurs de la plage, en essayant et réussissant à acclimater sur leur terrain pins, sapins, fusains, lauriers, thuyas et autres arbustes, font donc œuvre utile et agréable à la fois. Dans la seconde portion du territoire hautais poussent des ormes, quelques chênes, peu de frênes et de bouleaux, alors que dans la troisième et la quatrième, des peupliers disposés en avenues s'efforcent d'élancer leurs têtes que les vents du large dessèchent trop souvent.

Tous les arbres fruitiers sont cultivés dans les jardins : Espaliers : Crassane, Colmar, Beurrés, Doyennés, Bon Chrétien, Bergamotte, Chaumontel, etc. Pyramides : Cuisse-Madame, Louise-Bonne, Mouille-Bouche, Rousselet, Virgouleuse, Catillac, Poire de Livre, etc. Les cerisiers, les pêchers, les abricotiers, plus délicats, résistent moins longtemps à l'âpreté de l'air salin, mais les pruniers sont fort vigoureux et productifs, ainsi que les groseilles à grappe et à maquereau, les fraisiers, les framboisiers. La maturité et la saveur des fruits ne laissent rien à désirer, sauf pour le raisin, en année pluvieuse. La tradition veut que lors de la conquête romaine, et même au XIVe siècle, la vigne donnât ici un vin presque agréable. Cette tradition explique peut-être pourquoi les ormes, ornement ordinaire des vallées abritées de l'intérieur, sont restés l'essence ligneuse prédominante de notre région exposée aux tempêtes, et pourquoi les haies de saule —ssâs, ou marsâs, en patois du lieu — sont également nombreuses. En effet, Virgile écrit au Ier livre des Géorgiques : « *Ulmisque adjungere vites* ». Les Romains mariaient la vigne à l'orme, en la faisant monter dans l'arbre à une grande hauteur. On ébranchait l'orme, laissant de place en place des tabulets (couronne de

---

(19) Les vieux ifs, plus durs que les pierres, datent de la période romane et sont, pour l'antiquaire qui aborde une église, la présomption de l'érection de l'édifice au XIe siècle (Le Héricher : *Avranchin monumental*). Pour maintenir la vieille coutume, une ordonnance de Sully enjoint, au XVIIe siècle, la plantation de ces arbres autour des églises. Les uns ont vu l'origine de cet usage dans la propriété qu'on attribue au feuillage de l'if d'absorber les émanations pestilentielles. Suivant d'autres, la croissance lente et la longue durée des ifs sont un symbole rappelant l'éternité à ceux qui entrent dans le cimetière. Un fait certain, c'est qu'au temps de la conquête romaine, les forêts de l'Europe occidentale renfermaient de nombreux ifs. Cœsar nous apprend qu'*Ambiorix*, chef des Éburons (Gaulois de Belgique), s'empoisonna avec de l'if, très répandu dans la Gaule :... *taxo, cujus magna in Gallia Germaniaque copia est, se examinavit* (Comment. de Bello gallico, lib. VI).

branches), de trois pieds en trois pieds, et on y attachait les sarments avec des branches de saule (20). On sait également que les sarments de vigne formaient les minces cravaches portées par les centurions romains pour châtier leurs soldats (21). Si les Romains avaient réussi à boire du vin « hautais », le Moyen-Age n'eut rien à leur envier, car, en 1367, « 4 pipes de vin du pays sont portées à Renierville pour porter à Cherebourg devers mon dit seigneur (le roi de Navarre) » (22). La fabrication et la qualité périclitèrent toutefois assez vite, car, au XVII° siècle, la réputation du vin de notre contrée décline rapidement. « Ils (les vins normands) sont tant verts et aqueux qu'ils n'ont guère besoin d'eau, si ce n'est pour les adoucir » (23).

Le roi du verger normand et hautais, laissant la vigne bien en arrière, c'est le pommier. Nulle part il ne porte de plus beaux fruits que sur nos rivages, sous l'haleine des vents maritimes de l'ouest. Dès du temps des Gaulois, la pomme avait sa légende. Nos pères assuraient que Triga (Thétis), jalouse de Vénus, qui avait remporté la pomme, prix de beauté, résolut de la lui ravir. Vénus, descendue un jour sur nos grèves, cherchant des perles et des coquillages appelés manche de couteau (manceaux), posa sur un rocher l'objet de la discorde. Un Triton, qui observait la belle pêcheuse, se saisit alors de la pomme qu'il porta aussitôt à Thétis. Cette dernière, ouvrant le fruit, en sema les pépins dans les campagnes voisines, en souvenir de sa vengeance (24).

D'après Monsieur de Gerville, une dîme de pommes est mentionnée au VII° siècle (25). En 862, lors de la quatrième invasion normande, des titres font mention des allées de pommiers, rasées par les barbares autour de l'abbaye de Fontenelle (Saint-Wandrille), près Rouen, fondée en 650 par saint Ouen. Au XII° et au XIII° siècle, le pommier poussait librement dans les forêts de la Haute-Normandie. En 1183, Robert, comte de Meulan, permet aux moines de Jumièges de cueillir les pommes de la forêt de Brotonne (26). Un contrat de 1535 parle, en Cotentin, d'un plant de suretz (pommiers non greffés (27). Le sire de Gouberville désigne sous le nom de migôc sa réserve de pommes (1554). Les pressoirs d'alors étaient

---

(20) *Rome au siècle d'Auguste.*
(21) Pline.
(22) *Comptes des recettes et dépenses du roi de Navarre en France et en Normandie de 1367 à 1371*, Izarn, Paris, 1885.
(23) *Vie du président La Barre*, par E. Pillet.
(24) Bernardin de Saint-Pierre : *Etudes de la Nature...*
(25) *Vie de Bède le Vénérable.*
(24-26) *Annuaire de la Manche*, 1880.
(27) *Essai historique*, M. Le Cacheux.

comme ceux de nos fermes : on parle de l'esmey, de l'escrieu,
de la brebis. Il y a une tine, et un entonnoyer pour passer le
cidre il y a deux sès (sas — crible). On faisait des choix dans
les qualités de pommes et on ne les pilait que par espèces (27 *bis*). Le cidre était donc, dès cette époque, en Normandie, la boisson principale, et on s'essayait à l'obtenir aussi
bonne que possible. En 1616, le président de là Barre, de
l'élection de Mortain, consigne : « le cidre mis ensemble
amande, pour quoy on le met en tonnes et tonneaux d'excessive grandeur, quarante ou cinquante pipes (28), telles que se
voyent y avoir plusieurs bonnes maisons et abbaye Savigny (29). Les jardins hautais modernes offrent aussi toute la
série des pommes à couteau, estimées de nos ancêtres et bap-
tisées toujours du nom alléchant de « migoë » : calvilles, rei-
nettes, pigeonnet blanc et rouge, court-pendu ou cappendu,
cœur de bœuf, permaine, violette, pommes d'api, etc. Les
espèces à cidre sont plutôt choisies au petit bonheur, le sol de
la côte ne fournissant pas, en général, des crus au goût gra-
cieux, riches en sucre et en tannin. On plante du fréquin, du
gros-doux, du doux évêque, de la Closette, mélangeant sans
beaucoup de souci les espèces tardives aux espèces précoces.
Par exemple, au moment du brassage, la densité en alcool est
très élevée, et on a vu 600 litres de cidre pur fournir jusqu'à
44 litres d'excellente eau-de-vie, réunissant les qualités du meilleur « Calvados ». Au reste, l'étendue du sol hautais consacré
aux plants de pommiers est loin de répondre aux nécessités
des habitants qui, faisant usage du cidre comme boisson ordinaire, sont forcés de se procurer ailleurs les fruits à pressurer
qui leur manquent. Le pressoir à bras qui se transporte de
logis en logis remplace pour beaucoup l'antique pressoir à
caves de granit, circulaire et à traction animale, enclavé parmi
les bâtiments d'exploitation de certains propriétaires qui, suivant en cela une des meilleures traditions du pays, le mettent
gracieusement à la disposition des moins favorisés.

Nous ne quitterons pas les jardins sans parler des fleurs.
Toutes s'y épanouissent merveilleusement. Les roses sont très
belles, ouvertes dès le mois de mai, fleuries en décembre et
en janvier même, si le temps est doux. Avant et après elles,
toutes les gammes de couleurs éclatent dans les parterres : les
narcissées : perce-neige, crocus, narcisses blancs et jaunes,

---

(27 *bis*) Journal d'un sire de Gouberville.

(28) La pipe, futaille, contenait environ 1 muid et demi (4 hectolitres). Les
pommes les plus estimées pour la table, au xvie siècle, étaient la reinette,
la passe-pomme et le cappendu.

(29) Sanve : Formulaire des Élus, 1616. *Ann. de la Manche*, 1848.

jonquilles, amaryllis ; les saxifragées : hortensia, oreille d'ours ;

les primulacées : primevères, cyclamen ; les renonculacées :
clématite, sagittaire, pied d'alouette, anémone, rose de Noël,
ancolie, nigelle, colchique ; les radiées : pâquerette, anthémis,
reine-marguerite, dahlia, œillet d'Inde, chrysanthème, aster ;
les crucifères : thlaspi, julienne, giroflée, alysse des rochers
(corbeille d'or et d'argent), silène ; les violariécs : violette et
pensée ; les jasminées : lilas et jasmin ; les chicoracées :
camomille, immortelle ; les cariophyllées : œillet, véronique ;
les caprifoliacées : laurier, thym, chèvrefeuille et lierre ; les
géraniées : balsamine, capucine, géranium ; les malvacées :
althéa, rose-trémière, qu'on appelle passe-rose ; les papiliona-
cées : acacias, pois-fleurs, glycine ; les papavéracées : pavot et
coquelicot ; les composées : bleuet, cinéraire, zinnia ; les apo-
cynées : pervenche, laurier-rose ; les solanées : muflier ou
gueule de loup ; les liliacées : lis, tulipes, jacinthes, etc. Le
liseron (convolvulacée) cultivé, pousse également à l'état sauvage en fournissant des fleurs roses ou blanches ; c'est alors
une bien mauvaise herbe indéracinable que l'on nomme lieu,
et qui, avec sa sœur la cuscute, une loranthacée appelée gui,
le chiendent, les orties, les mercuriales, une sorte de sénevé
dénommé russe sont des parasites de premier ordre ou font
le désespoir des sarcleuses. Quant aux chardons, ce sont,
hélas ! des composées trop faciles à décomposer et surtout à
recomposer !

Sauf la digitale, inconnue, les plantes médicinales ou aromatiques ne font pas défaut : morelle, molène, belladone,
aconit, rhubarbe, jusquiame, centaurée, lavande, sauge, con-
sonde, capillaire, arnica, absinthe, angélique, bouillon blanc,
bourrache, cresson, mauve, menthe, mélisse, fenouil, gui-
mauve, ricin, valériane, verveine, serpolet, thym, millepertuis
et jusqu'aux laitrons, pissenlits, cigüe ou chue, mouron des
champs, plantin, garnissent les buissons, les anfractuosités
des vieux murs, les plates-bandes des jardins, les talus des
routes, ou se mêlent aux herbes des prairies. Elles sont moins
intéressantes que les crucifères (chou et navet) et les labiées,
amies du pot-au-feu : persil, céleri, oseille, cerfeuil, avec les
hauts et puissants seigneurs de la grande culture hautaise :
pommes de terre, poireau, oignon, asperges, pois, salsifis,
carotte, betterave, panais, artichaut, citrouille, melon et toute
la tribu non moins importante des céréales (30) et des haricots verts ou secs.

Chaque propriétaire ou locataire du moindre jardinet dispose ses plantations selon la composition du sol, l'exposition
favorable ou défectueuse, l'étendue du terrain... ou son goût

---

(30) En 1875, il a été présenté à l'Association Normande, par M. Jouault,
un herbier comprenant 230 espèces de plantes agricoles de la région.

personnel. En plus des légumes et des fleurs, il plaira à l'un
de posséder un figuier, à l'autre un noyer, au troisième un
noisetier ou un néflier, un meslier, dit-on ici ; un quatrième
tiendra à élever un tilleul, beaucoup penseront au pommier,
mais, fait digne de remarque, dans un des coins — une carre
— du jardin, tous s'entendront à cultiver une touffe de laurier
commun ou laurier-sauce (laurus nobilis). Y a-t-il encore là
une mystérieuse continuité d'une tradition grecque ou romaine ? Aucun arbre n'était plus célèbre dans l'antiquité, qui
le consacrait aux dieux et aux triomphateurs. La croyance
populaire voulait qu'il ne fût jamais frappé par la foudre (31).
Antigone, compagne tendre et dévouée de son vieux père
aveugle, ne lui décrit-elle pas l'endroit où ils se trouvent
comme un lieu sacré, étant donnés la vigne et le laurier qui
y fleurissent (32) ? Quoiqu'il en soit, ce laurier revêt pour
chaque famille hautaise une signification morale particulière.
Ce sont ses branches, et non celles du buis, bien commun
pourtant, que les fidèles rapportent bénites de l'église, au jour
des Rameaux, et qu'ils accrochent, auprès des images pieuses,
à la place d'honneur de leur foyer. C'est une branche de laurier qui plonge dans l'eau bénite au chevet des mourants et
des morts. C'est une touffe de laurier comportant plusieurs
branches, véritable arbuste d'un mètre de haut au minimum,
que l'on enrubanne de blanc et qui, symbole de virginité, suit
les dépouilles mortelles des enfants, des jeunes gens, des
jeunes filles et de tous les célibataires en général, pour être
ensuite plantée sur leur tombe jusqu'à son complet dessèchement. En ces temps modernes, le laurier, pour nos humbles
villageois, reste, comme pour les peuples anciens, l'emblème
de la gloire et de l'immortalité.

La flore des prairies, en nous ouvrant le monde des légumineuses, nous fait pénétrer en même temps dans celui des
graminées. Voici ce que nous y découvrons :

Graminées

Fétuque des prés, vulpin des prés, paturin des prés, dactyle,
paturin des bois, crételle, fléole, agrostis, laiche (jonc) (33).

Légumineuses

Trèfle violet (trémaine), trèfle hybride, trèfle blanc, hotier
velu, hotier corniculé, sainfoin, lupin blanc, trèfle incarnat, vesce, luzerne, sénevé (rabette).

------

(31) Bouillet : *Dictionnaire des Sciences et des Lettres.*
(32) Sophocle : *Œdipe à Colonne*, scène I.
(33) Laiche ou lèque, jonc aux longs rubans flexibles utilisés à préparer
l'oignon en bottes.

On remarquera que les légumineuses entrent exclusivement dans la composition des prairies artificielles. Les herbes de Normandie sont particulièrement nutritives, parce que ce ne sont pas des herbes creuses, comme on en rencontre dans la flore d'autres régions (34).

Les graminées dominent surtout dans la troisième partie de la commune, celle qui précède immédiatement le ruisseau. Ce terrain, très précoce comme pâturage, en raison de sa nature marécageuse, est chaque année, à la suite des fortes pluies d'hiver, recouvert d'une nappe d'eau atteignant par endroits un mètre. Un propriétaire riverain du ruisseau, M. Michel d'Annoville, voulant drainer l'eau d'une de ses terres, fit cependant exécuter un travail important. Sur une longueur de trois kilomètres, il fit creuser et élargir le lit du « Passe-Vin », parfois depuis dénommé le Canal, que l'été ne dessèche que rarement, mais qui l'hiver déborde et ne suffit plus à remplir son rôle. Aux premiers beaux jours, l'écoulement s'effectue d'une manière assez rapide pour permettre, à une date relativement peu avancée, la mise au pacage des bestiaux dans ces prairies appelées « les Mares ».

Immédiatement à l'ouest s'étend la partie cultivée, quoique sablonneuse, qui constitue les biens communaux. Hauteville les possède, grâce à l'initiative d'un homme intelligent, M. Anna-Mary, qui, en 1835, eut le premier l'idée de s'opposer aux envahissements de la mer. Pensant y réussir, il avait fait édifier les piliers en pierre existant encore à 80 mètres du pont du Nord (35), et placer une sorte de porte-écluse, appelée dans le pays « porte de flot », glissant à volonté pour laisser passage aux eaux du ruisseau, et se refermant au moment des marées. L'essai primitif ayant été infructueux, M. Anna Mary ne se découragea pas. En 1840, il fit exécuter un barrage ou digue embrassant la largeur de la tanguière, par laquelle la mer déversait son trop-plein sur les terres montmartinaises et hautaises. En vain la force du courant arrêtait-elle le travail ; en vain le mauvais vouloir des montmartinais de ce temps-là les poussait-il à démolir pendant la nuit le travail de la veille : la maréchaussée aidant (36), l'idée initiale finit par l'emporter, et le marais hautais put être utilisé et fertilisé (37).

______

(34) Compte-rendu officiel de l'Académie des Sciences, 1885.

(35) Le pont du Nord, situé sur Passe-Vin, fait communiquer le chemin de grande vicinalité n° 8 avec les avenues de la mer.

(36) Les hommes, traqués par les gendarmes, ayant pris le sage parti de respecter les travaux, les femmes s'obstinèrent à les remplacer pour arrêter le travail. Plusieurs furent conduites à la prison de Coutances.

(37) Les biens communaux sont affermés pour une somme annuelle de 1.843 francs (1914).

Trois avenues coupent, de l'est à l'ouest, cette partie de la commune : les deux voies rectilignes de la Bréquette et de l'Aumesle, et la Voie ou Vé du Sud. Une quatrième, allant du nord au sud à partir du pont du Nord, relie l'Aumesle et la Bréquette à la Voie du Sud. D'autres chemins transversaux permettent toute facilité d'accès dans l'intérieur des champs (38). Divisés en lots de 40 ares environ l'un, ces derniers sont affermés à 76 locataires différents. De ce fait, la presque totalité des habitants, nantis de terre de fermage ou d'une petite propriété, ont le droit de s'intituler cultivateur (39). Les biens communaux situés entre les avenues sont appelés « les Jonquets » ; au sud de l'Aumesle, plus fertiles, ils s'appellent « les Platières » ; la partie bordant les dunes et Hauteville-Plage est désignée sous le nom de « Robans ». Ces grands espaces dénudés, avec seulement les perspectives des peupliers précisant la division des champs et surtout l'alignement des avenues, rappellent à la fois les marais de Dol et les plaines de la Loire : mélancoliques comme les uns, productifs comme les autres. En certains coins, en avril, dans le sable ou sous les arbres, y surgissent de superbes morilles, la seule espèce comestible parmi ces rares champignons qui poussent dans le sol hautais, aux périodes d'humidité excessive. Quelques espèces communes de lichens tapissent les vieux arbres et les vieux murs, l'air du large soufflant trop âpre pour favoriser le développement de ces plantes, non plus que celui des mousses, que l'on découvre seulement dans les herbages mal plantés, envahis par un tussilage nommé « pas d'âne », appauvris d'engrais ou fumés exclusivement avec du sable.

De belles variétés de fougères ornent les remblais des petits chemins creux, fort agréables sous l'arceau de verdure formé par les arbres qui les bordent, chemins que l'on désirerait voir épargnés par le progrès et conserver leur physionomie si champêtre et si reposante. Parfois, lièvres et lapins y prennent leurs ébats, se pensant à cent lieues de tout être humain, mais on n'éprouvera jamais la surprise d'y voir débouler chevreuil, sanglier ou cerf, qui sont inconnus ici, de même que l'écureuil ; le renard ne paraît qu'à de très rares intervalles, mais les putois, blaireaux, loutres et martes sont à l'affût des volailles, et les chouettes, chats-huants et grands-ducs troublent le silence des nuits par leurs cris bizarres. Tous les animaux domestiques se rencontrent à Hauteville. Tous les oiseaux de basse-cour, tous les passereaux, sauf le rossignol,

---

(38) On appelle ces chemins des charrières.

(39) L'appellation de cultivateurs a remplacé celle de laboureurs par décret du 5 octobre 1793.

volent, caquètent ou gazouillent. Les corbeaux rapaces s'attaquent aux récoltes, ou, avec le tiercelet, enlèvent les poussins ou les canetons. Les sansonnets, les vanneaux, les bécasses se posent à leur passage ; les cailles y séjournent l'hiver. Les oies et les canards sauvages élisent domicile et fondent leurs couvées dans « les Mares », sous les roseaux, au moment de la crue, ou sous les touffes d'iris des marais à fleurs jaunes (pseudo-acorus) bien connus ici sous le nom de « lageux » (40). Le perdreau se blottit dans les luzernes. La troupe des oiseaux de mer : pluviers, huîtriers, courlis, planent sur la campagne et s'y reposent dans les gros temps. Aux heures du labour d'automne et de printemps, des armées de mouettes s'abattent sur les sillons que trace la charrue et s'offrent une orgie de limaces, de vers et d'insectes de toutes sortes. Les chauves-souris (les souris-gauches, dit-on chez nous) exécutent, par les beaux soirs, leurs vols maladroits. Quelques logis possèdent des abeilles, dont le miel est fort coloré et a beaucoup de saveur. Les guêpes, les mouches, les taons, les charançons, l'antonome, le ver blanc ou « ta », les moustiques même ne sont pas, hélas ! exclus de ce paradis terrestre, où ils voisinent avec la tribu des fourmis, des chenilles et des pucerons, sans oublier les phalènes, papillons, libellules, grillons, et enfin le brillant ver luisant (ver aiyérant).

Le hanneton est un ennemi universel qu'on appelle ici carrément « brigand » et qui, détail curieux, se trouve parfois entraîné par les grands vents d'est jusqu'au bord de la mer, où il se noie par myriades. Les grenouilles croassent à cœur joie dans « les Mares », aux beaux jours, et si quelque couleuvre, lézard ou crapaud s'y niche parfois, il ne s'y glisse jamais aucun reptile venimeux.

-----

(40) Dans les archives de l'Hospice de Coutances, il est mentionné qu'aux fêtes de la Pentecôte et du Saint-Sacrement, on étendait des « lageux » (textuel) sur le pavé des églises (1540 : *Essai hist.*, M. Le Cacheux). Actuellement, si on ne jonche plus le temple de toute cette verdure, on cueille toujours à Hauteville de grandes quantités des feuilles lacéolées des lageux, pour en former des étoiles ou d'ingénieux dessins devant les reposoirs ou le long des routes, les jours de la procession du Saint Sacrement.

CHAPITRE III

*Leurs yeux se rencontraient errant sur la mer. Ils la vo-
yaient lumineuse et féconde et se sentaient pénétrés par les
effluves de vie qui montaient des vagues dans leurs veines..*
(*Le Maître de la Mer*) Vte E. M. DE VOGUÉ.

Toutes les cartes géographiques indiquent que l'étendue
d'eau qui nous borde est considérée comme un prolongement
de la Manche, le Channel des Anglais. Tout prouve au contraire que, sur cette côte ouest du département de la Manche,
nous sommes baignés par l'Océan Atlantique. C'était jadis
l'opinion romaine (1). Eloignée d'environ 1.350 mères du centre
de la bourgade, la vaste plaine humide est bornée au midi
par le rocher abrupt de Granville, qui émerge à 15 kilomètres
à vol d'oiseau, au nord par le promontoire d'Agon, qui ferme
l'estuaire de la Sienne et abrite le petit port de Regnéville.
Çà et là, à l'ouest, on distingue les îlots de Chausey (2) et,
par les gros temps, les contours embrumés de la côte bretonne (de Cancale au Mont-Dol), de Jersey, et même le plateau des Minquiers. Au-delà, c'est la haute mer, dont nous
connaissons la furie, la puissance et la splendeur. Notre latitude est exactement celle de Terre-Neuve. Entre l'île américaine et nous, aucun obstacle, aucun courant ne contrarient
ou ne détruisent l'allure du flot. De plus, nous constatons,
d'après les télégrammes et les observations météorologiques,
que nous subissons la température du Canada cinq ou six
jours après lui. Qui nous la transmet, si ce n'est l'Océan ?
Nous avons précédemment parlé du Gulf-Stream. Ce courant
vient bien du golfe du Mexique. Il circule, sans rencontrer

---

(1) *Imperant... universis civitatibus quæ Oceanum attingunt, quæquæ co-
rum consuetudine armoricæ appellantur (quo sunt in numero... Ambibari,
Unelli)* (Cæsar, de Bello-Gallico, lib. VII). Voir chapitre V.

(2) Lorsqu'en 1022, Richard Ier, duc de Normandie, donna à l'Abbaye du
Mont Saint-Michel le monastère de Chausey, celle-ci ne formait qu'une seule
île. Aujourd'hui, il y en a 52, sur 35 desquelles il y a de la verdure (Méniger : *Chroniques du Vieux Granville*).

de résistance, aussi bien sur nos côtes que sur celles de Bretagne, et ceci explique ce que nous développerons tout à l'heure, concernant la direction des marées. On a lu également que nos grèves sont parmi les très rares qui découvrent à une distance étonnante lors du flux : sur les côtes du Nord de la France ou du Sud de l'Angleterre bordant la Manche, rien de pareil. Les causes de l'amplitude exceptionnelle des marées de la région de Granville ont été ainsi expliquées par un ingénieur des Ponts et Chaussées (3) : « L'onde, la marée, principalement l'onde de l'Atlantique venant de Bretagne, dirigée de l'est à l'ouest, rencontre la série d'écueils formée par les îles Chausey, les Minquiers, Jersey et le plateau des Ecrehou. Le courant se divise en deux ondes secondaires : l'une s'en va par le nord-est, vers Cherbourg ; l'autre, plus importante, conserve son premier élan, se précipite entre les îlots, se déverse dans toute la baie du nord de Granville, provoquant un gonflement qui se traduit par les marées considérables qui sont constatées. Arrivée au fond (4), elle s'infléchit vers le nord, entre dans le passage de la Déroute, coule du sud au nord jusqu'au Raz Blanchard, où elle rejoint la branche qui s'en était séparée devant les Minquiers. L'oscillation de la branche sud-nord est d'une heure et demie en retard sur l'autre. Les deux branches se confondent au Raz Blanchard, se heurtent tout à coup à la poussée de la Manche, et l'on comprend quel remous dangereux et redouté des navigateurs se produit à cet endroit, pour se faire sentir presque jusqu'à Cherbourg. Toute la durée de ce mouvement constitue le flot ou flux. L'étale, c'est-à-dire le temps où la mer reste stable, dure environ une demi-heure, suivant le vent ; le jusant ou reflux suit immédiatement. Après deux heures de jusant, le courant nord-sud revient en sens inverse et, rejoignant l'autre courant qui fait de même, se confond avec lui en un courant de jusant unique qui reprend la route de l'ouest. La vitesse maxima des marées se produit à peu près au tiers de la durée du flot et du jusant. »

Chose remarquable, la pression barométrique a une sérieuse influence sur le reflux, influence qui, à degré égal des marées, se fait sentir en raison inverse. Plus la pression est élevée, plus la mer laisse à découvert une plus grande étendue de grèves ; on a également remarqué que le vent du nord favorise le jusant, tandis que le vent du sud-est (suès) favorise exclusivement le flux. Quand ce dernier vent souffle en

------

(3) Thévenet : *Annuaire des cinq départements de Normandie*, 1876.

(4) Lorsque le flux est à son apogée, on dit ici « l'heure de la pleine mer, la mer est pleine », ou, d'après la locution courante des pêcheurs : « la mé est au pien ».

tempête, spécialement aux marées d'équinoxe, le rivage doit
s'attendre à des désastres. Des mètres cubes de dunes, sapées
par le flot, sont entraînés par les vagues, et le littoral, sur
une largeur de plusieurs mètres, est englouti. Depuis cinquante ans (5), plus de 120 mètres (en largeur) de dunes ont
ainsi disparu. On en rend surtout responsable l'abaissement
insensible, mais continu, du sol, qui serait de 2 mètres par
siècle. Il paraîtrait également que le niveau de la mer de la
Manche s'élèverait graduellement et très sensiblement depuis
trois siècles (6). Les fureurs de l'Océan laissent en général
la population hautaise indifférente : à de très rares exceptions
près, elle ne pratique plus la pêche en bateau. Nous sommes
loin du temps où Cœsar constate « que les peuplades de
l'ouest voisines de l'Océan, employaient des peaux de bêtes
en guise de toile pour servir de voiles à leurs barques » (7).
Actuellement, la tempête n'est redoutée que pour l'influence
qu'elle exerce sur l'éloignement ou le rapprochement des
bancs de poissons, et pour les réparations des brèches qu'elle
occasionne dans les clayonnages ou pêcheries dont nous parlons ci-après, la pêche étant pour une partie importante de
la population hautaise un des moyens d'existence le plus
lucratif et le plus estimé.

a) La Pêche et l'Administration maritime des temps anciens

Les légions de Crassus, lieutenant de Cœsar, ayant soumis, l'an 57 avant notre ère, les peuplades de Celtes ou Gallo-
Kymris qui habitaient notre contrée, et que les Romains appelaient Unelli (8), se trouvèrent dans un pays couvert d'immenses forêts qui s'étendaient bien au-delà des grèves que
nous connaissons : la baie du Mont Saint-Michel, Chausey,
les Minquiers et Jersey tenaient à la terre ferme. Le littoral
ainsi reculé était toujours formé par les dunes, les conquérants l'affirment : « *Montibus mare continebatur* » (9). Le
long de cette côte vivait déjà une population de pêcheurs, aux
barques étrangement gréées (nous l'avons vu ci-dessus).
C'étaient des hommes d'une certaine taille, d'une corpulence

---

(5) Avant la conquête des Gaules, Angia, plus tard Cesarea ou Jersey,
n'était séparé du continent que par un étroit cours d'eau. A une époque
bien postérieure, l'évêque de Coutances passait encore à pied du Cotentin
à Jersey, se servant d'une planche fournie chaque fois par une famille
Bonissent pour franchir le « Saut-du-Bœuf », comme on l'appelait, et aller
visiter ses diocésains de Jersey (*Chr. Vieux Granv.*).
(6) Thévenet : *Annuaire* 1876.
(7) *Pelles pro velis... œlutœque tenuiter confectœ* (Comment. Cœs.).
(8) *Mémoires de la Société Académique du Cotentin*, tome I^r.
(9) Comm. Cœsar, de Bello-Gallico, lib. IV.

un peu épaisse (10), au teint et aux yeux clairs, aux moustaches blondes tombantes et aux longs cheveux. César, les classant après la conquête, appela leur contrée « la Gaule chevelue » : « *Gallia comata* », pour les distinguer de la « *Gallia braccata* » ou Narbonnaise, au midi, dont les habitants portaient les cheveux ras comme les Romains.

Ces pêcheurs unelles étaient braves, indépendants, fiers, même en présence de leurs vainqueurs. Leur barque, leur toit, leurs dunes étaient vierges d'idoles. Suivant leurs druides, prêtres et chefs, ils allaient offrir aux divinités qu'ils adoraient des sacrifices mystérieux sous le couvert impénétrable de leur forêt, sacrifices dont on ne connaissait l'existence qu'en se trouvant en présence des grandes tables de pierre, cromlechs branlants posés sur deux fûts plus ou moins réguliers, parfois de hauteurs différentes, tables qui leur servaient d'autel. Et, de retour à son foyer déjà abrité par le chaume (11) (tiges de grandes graminées ou roseaux), le pêcheur gaulois, sans souci d'une bourrasque éventuelle, se préparait à prendre le large sur son frêle esquif, dédaigneux du danger parce qu'il portait en son âme la croyance inébranlable de son immortalité.

Les siècles de la domination romaine s'écoulèrent sans modifier notablement l'aspect de ces côtes : « Le général des contrées armoricaines et nerviennes avait sous ses ordres tous les rivages maritimes depuis Nantes jusqu'à Calais. C'était un des commandements les plus considérables de l'empire. Il comprenait dix préfectures ou dix cohortes dont le dépôt était étali dans des places importantes. Ces préfectures fournissaient des détachements pour la garde des forts, *clausuræ ou exploratoria*, échelonnés le long du littoral » (12). Mais le flot humain des Barbares, en déferlant sur les provinces romaines, ne devait pas se limiter aux envahissements terrestres ; les pirates saxons, hommes aux longs couteaux, « le fléau des Gaules », arrivant avec le flot, repartant avec la marée, jetèrent la consternation dans les villages ; ils campèrent temporairement pour finir par se fixer (13). « Le Cotentin, mesme du temps des rois mérovingiens, était habité des sesnes pirates et semble avoir été abandonné par les Charliens à ces normans et austres escumeurs de mer, de tout temps les Français ayant souffert des estrangers » (14). Charlemagne, son-

---

(10) Galba, gaulois, d'où est venu galbe, contour. Ce surnom de galba, donné par les Romains à nos ancêtres, signifiait obèse, sujet à l'embonpoint.

(11) Henri Martin : *Histoire de France.*

(12) *Mémoires de la Société Académique du Cotentin*, tome Ier, loc. cit.

(13) *Chroniques du Vieux Granville et ses environs depuis les temps les plus reculés*, loc. cit.

(14) Toustain de Billy : *Hist. ecclés. du diocèse de Coutances* (1693).

geant à repousser ces irruptions, visita nos côtes, inspectant les ports, fit construire des barques, éleva des tours à l'embouchure des fleuves. Des navires garde-côtes croisèrent pour donner l'alerte, mais la mort du grand empereur laissa de nouveau les peuplades maritimes de l'ouest à la merci de terribles ennemis. Ils s'emparèrent des îles de la Manche et s'y fortifièrent. Césarea fut par eux appelé Jersey ; ils en massacrèrent les habitants et y établirent leurs hivernages pour y déposer butin et captifs (15).

On peut juger par ces constantes attaques de l'angoisse où devaient vivre nos populations riveraines, que quelques lieues à peine séparaient de Cesarea, de Sergia (Serk) et de Bisergia (Guernesey). Toutes les rives, prospères sous les Romains, périclitèrent (16). Dans ces pays infestés de Saxons (littus saxonicum), les villes ne devinrent que de simples bourgades. Cependant, en 817, dans cette partie de la forêt de Koquelunde (17) qui s'étendait entre Chausey et le Mont Saint-Michel, subsistaient encore plusieurs monastères que Louis, fils de Charlemagne, dans une charte de donation portant cette date, accorda à l'abbaye du Mont Saint-Michel. En voici la désignation : « *Monasterium primi marisœi ; monasterium secundi marisœi* ». Les marais furent engloutis en 860, et, en prévision d'une nouvelle catastrophe, le Mont Saint-Michel fut lui-même présenté comme étant en péril de la mer : *in periculo maris* (18).

Les pêcheries, qui existaient dès le vi[e] siècle dans les îles de la Manche, et qui appartenaient aux comtes de Bretagne (19), ne furent non plus détruites du fait des pirates, puisqu'en 832, le même Louis le Débonnaire confirme aux moines de Saint-Denis la propriété des établissements de pêche qu'ils exploitaient dans le Cotentin. Ces pêcheries étaient construites en pierre ou en bois, comme de nos jours. Il y avait toutefois des pieux garnis de filets au lieu des clayonnages actuels. Le mot pesquerie s'est conservé intact dans le patois hautais.

La carte de Cassini (20) mentionne que sur les grèves de

---

(15) *Chr. du Vieux Granville*, loc. cit.

(16) Beaucoup de villes bordent le bord de la Gaule qui répond à la Brétagne, dans lesquelles habitent des pêcheurs et laboureurs, et d'autres qui entretiennent un commerce avec cette île (il s'agit de l'Angleterre ou Grande-Bretagne), soumises aux rois des Francks, mais exemptes jadis de tribut. (Procope, de Bello-Gothico).

(17) Dessous Avrenches vers Bretaigne — Qui toz tens fut terre grifaine — Eirt la forest de Quokelunde — Don grand parole eirt par le munde. (Rob Wace : Roman de Rou).

(18) *Chroniques du Vieux Granville*.

(19) *Vie des Saints de Bretagne*, Albert le Grand.

(20) Archives de la Manche.

Hauteville, au ix° siècle, existaient les rochers Malicorne, les Rochers Neuf et Mian. Ce dernier a conservé son nom. Il paraît qu'Agon possédait alors un port important. Si on en croit certains auteurs, Rollon se réserva, dans les partages, le long du littoral d'Agon. Ce qui paraît confirmer ce fait, c'est que, en 933, Guillaume Longue-Épée, fils de Rollon, fait hommage au roi de France pour le comté de Coutances : « *Comitatum Constantium, cum omnibus fiscis et villes regiis et abbatiæ in eodem comitatu consistentibus* » (21). Il n'avait fallu rien moins que l'influence très redoutée du duc de Normandie pour enlever aux pirates sesnes le littoral qu'ils possédaient, d'après Toustain de Billy, depuis 850, et que Charles le Gros avait abandonné à leur fantaisie.

En se reconnaissant l'homme-lige du roi de France, Guillaume adoptait, comme Normand, le régime féodal des Neustriens. Les droits de ce régime atteignant le rivage découvert, étaient désignés sous le nom de *droits de mer ;* le prince, à son tour, pouvait déléguer à ses vassaux tout ou partie de ces droits, au nombre de trois : le droit de pêche, le droit de warec et le droit de navigation (Coutume des navires).

Les Normands désignaient nos pêcheurs sous le nom de côtiers ou cotagers, du saxon cot, signifiant cabane. De là vient le nom de Côtais, conservé par les habitants du pays riverain de Granville à Pirou. Les droits de pêche se divisaient en deux classes : ceux de pescheri et d'esperqueric ; dans le second, on distinguait la coutume du maquereau et la coutume des poissons (22). Les maquereaux et les congres (23) pullulaient et faisaient l'objet d'un règlement à part ; ils payaient 2 sous tournois par cent. Le tenancier ayant droit de pêche du possesseur du fief, lui fournissait une quantité de poisson déterminée par le contrat. Les marsouins et les baleines étaient fréquents ; la tête était au roy, et la queue à la *renne*. Les « chaudrons », les esturgeons, les saumons, les lamproies, les aloses, s'ils étaient asséchés et venus « à varec sans huée ny cry », c'est-à-dire d'eux-mêmes, en s'échouant, appartenaient au seigneur ; s'ils avaient été attirés et amorcés par le pêcheur, par l'emploi d'un instrument quelconque, le dit pêcheur conservait son droit et le seigneur ne touchait que le treizième poisson ou le treizième de la valeur de la pêche. L'esperqueric, ou temps toléré pour la pêche, commençait à Pâques et finissait à la Saint-Michel. « On pêchait à la ligne,

---

(21) *Willame qui* et *non Lunge Espée* (roman de Rou). — *Recueil des Historiens de France,* tome VII.

(22) Cartulaire de Normandie, folios 34, 68, 79, 82 (Bibl. de Rouen).

(23) On salait les congres (Cartulaire, loc. cit.).

aux tramaulx, aux collents » (23 *bis*). Les harengs ne sont pas mentionnés en Basse-Normandie. Il y avait, le long de la côte, droit également de tentes à oiseaux (gabion) (24). Les religieux du Mont Saint-Michel, autorisés par les fondations des seigneurs, avaient droit de pêche avec bateaux et filets jusqu'au bec d'Agunz. On nomme un de leurs tenanciers, Guillaume Martin, de Courtils (25). Tous ces droits engendrèrent de nombreux litiges et procès. Lesceline de Subligny, veuve de Foulques Paisnel, ayant, vers 1230, également donné aux moines de Savigny le droit de « vraiquer » jusqu'au bec d'Agon (26). De même Jean le Faë (1279-1299) obtint de Philippe le Bel la concession de la pêche du poisson royal l'esturgeon dans les seigneuries de Genetz et de Bricqueville jusqu'au bec d'Agon (27), en même temps que le roi de France concède aux moines du Mont Saint-Michel la pêche du cachalot en 1281, et celle de l'esturgeon en 1290 (28). « *Inde iræ !* »

Le vieux coutumier de Normandie définit ainsi le droit de warec ou choses gaïves : « Chose que l'eau jette ou boutte à terre par tourmente ou fortune de mer, et qui arrive si près de terre qu'un homme à cheval puisse y toucher avec sa lance. » Le droit de « vraiquer » était un droit de seigneur normand ; l'origine s'en perd dans une haute antiquité, sans doute jusqu'aux pirates sesnes décrits par Toustain de Billy. L'article 597 de la Coustume confiait au seigneur la garde du warec, non seulement des algues ou plantes marines amenées par le flot, mais il s'entendait encore de quelque épave que ce fût (29). Dans les naufrages, le bailli confiait l'épave à la garde de quatre prud'hommes. Elle pouvait, pendant trois mois, être réclamée par les propriétaires ; autrement, si nul être vivant, homme ou animal, ne se trouvait à bord, l'épave était acquise au seigneur (30).

En temps de guerre, les habitants des villages des côtes étaient tenus aux monstres, revues qui avaient lieu comme

(23 *bis*) *Journal d'un sire de Gouberville*, 1559.
(24) Cartulaire, loc. cit.
(25) Le Héricher : *Avranchin monumental*.
(26) Ibid.
(27) *Chroniques du Vieux Granville*, loc. cit.
(28) Abbé Pigeon : *Le Mont Saint-Michel et Genêts*.
(29) Règlement d'Henry II, roi d'Angleterre (1232).
(30) Cartulaire de Normandie
(30 *bis*) Robert Bertrand VII, baron de Bricquebec, reçut du roi Charles le Bel, en 1320, la garde des côtes de la mer, au bailliage du Cotentin. La prudente vigilance de Robert préserva le pays de toute invasion. Il en parcourut et en visita lui-même plusieurs points pendant 47 jours. En 1335, il fut parmi les délégués qui allèrent exposer au roi les maux extrêmes de la province et obtinrent la confirmation des privilèges et l'autorisation d'assembler les Etats chaque année à Rouen (*Bricquebec et ses environs*, chanoine Le Breton).

celles du guet de mer. C'étaient une espèce de garde. Nicolas Paisnel, qui défendit Coutances contre les Anglais, fait une monstre de ses hommes « comme ayant bannière et cry » (31) le premier may 1421 (32). D'après l'ordonnance de François 1er, en 1517, les monstres relevèrent de l'amiral ou de son représentant.

Lorsque les dernières convulsions de la guerre de Cent Ans eurent laissé la France, sinon épuisée, du moins tranquille et désireuse de rétablir sa prospérité, les premières aubes des temps modernes éclairèrent d'un jour différent les conceptions que seigneurs et vassaux se faisaient jusque là de la propriété. Le droit féodal perdit de sa puissance, la noblesse et le peuple rédigèrent par écrit les droits et les charges de chacun. Rien ne le prouvera mieux que la ratification rapportée ci-dessous et concernant un contrat datant de 1475, souscrit par les ancêtres des familles hautaises actuelles ; il révèle l'existence des pêcheries exploitées aujourd'hui, sur l'emplacement exact qu'elles occupent encore (32).

> **SCEAU**
> de France
> (rond)
> seize deniers
> Généralité de Caen

« A tous ceux qui ces lettres verront, Jean Canalois, garde des Sceaux des obligations de la vicomté de Saint-Sauveur Lendelin, salut.

» Sçavoir faisons que par devant Guillaume Garnier et Jean Godefroy, tabellions royaux à Lingreville, jurée (33) au siège de Cérences, comme ainsy soit que noble homme Adrien de Camprond, sieur de Rantot (34), eût fait convenir et adjourner Thomas Jouënne, de la paroisse de Hauteville près la Mer, et la veuve de deffunt Jean Jouënne pour elle et tutrice de ses enfants au delay de fief, affin que les dits Thomas et veuve consentent à payer au dit de Camprond les arrérages de six sols tournois de rentes de deux années desrainnes (dernières) passée, sauf la question du surplus, comme tenant d'une pescherie size au gravage de la mer en la dite paroisse, nommée « la Recullée », joint d'un côté à la « Petite Neuve », d'autre « a buté » au gravage de la mer, lequel six sols tournois de rente étoient deubs (dus) foncièrement sur la dite pescherie par la fieffe d'icelle au droit de la seigneurie ou vavassorerie de Rantot, appartenant au dit de Camprond,

---

(31) Les seigneurs « bannerets » jouissaient de ce privilège de porter un étendard en tête de leurs vassaux formés en compagnie militaire. Les Paynel l'avaient reçu de Philippe-Auguste.

(32) Archives de l'auteur.

(33) Il faut se rappeler qu'au Moyen-Age existaient les corporations de chaque métier ou fonction publique. Ceux que leur charge obligeait au serment se réunissaient en un siège déterminé pour un certain nombre de paroisses, et ce lieu où était prêté le serment était appelé la jurée.

(34) Pour ce qui concerne la famille de Rantot, voir à la partie historique.

lesquels en sont fondés au droit de Georget Le Melle au dit de Camprond, lequel aurait baillé icelle à deffunt Jean Jouënne à charge de payer les rentes pour ce deubs (dues) duquel Jean Jouënne, Thomas Jouënne et la veuve sont hérittiers, faisant apparaître par le dit Camprond comme il avoit acquis la ditte seigneurie ou vavassorerie de dame Antoine de Cerisay, hérittière de Jean de Rantot, aussy extrait de registre d'autre contrat passé devant Vincent Advenel et Jean Cambernon, tabellions à Cérences, pour le siège de Lingreville, le vingt-septième jour de Janvier mil quatre cents soixante et quinze, contenant comme Jean de Rantot, écuier, delessa et relascha à Jean le Breton, dit Choux de Hauteville, six sols tournois de rente qu'il avoir droit de prendre à cause de fieffe de la dite pescherie nommée « la Recullée », au nombre de douze (35), et ainsy ne demeure plus que six sols tournois, etc... »

Beaucoup de contrats semblables ou de cessions définitives se trouvent dans les papiers de famille. Un jugement rendu par les commissaires établis pour la vérification des droits maritimes, le 12 décembre 1739, édité en 1740 par l'imprimerie royale, à Paris, « maintient la dame Encoignard, veuve » du sieur Sanson de Bretteville, dans la possession de onze » parcs de clayonnage situés sur les costes de Hauteville en » Normandie » (36). Par bail du 17 novembre 1779, Pierre-Julien-Marie Ynor, conseiller du Roy, maistre des comptes, aydes et finances de Normandie, loue et afferme pour le temps de 7 années à deux locataires, la pêcherie « la Caie », moyennant 73 livres et 6 lapins pour chaque an : les ordonnances dont nous parlons plus loin furent à coup sûr, pour beaucoup, dans ces abandons de propriétés qui se continuèrent après la Révolution. « Par devant J.-F. Hébert, notaire public, commune de Coutances, a lieu, le 12 germinal an 8 (2 mai 1799), la vente d'un quart de pescherie « Recullée » dite des Juifs, par le citoyen Jean Quesnel et Marie-Charlotte Christy, sa femme, à J.-B. Le Roussel, fils Jean, demeurant à Hauteville-sur-Mer. » Cet acte a marqué, pour plus d'un siècle, les propriétaires de cette pêcherie, dont nous avons vu l'autre quart, relâché en 1475 au droit de Jean Le Breton, dit Choux, pour être, en 1504, le 9 mars, baillé à Henry le Valler par copie sous-seing privé. Enfin Georges Le Mesle, le 14 mai 1552, s'obligea à Jean du Breuil, fermier de Rantot, de 18 sols tournois de rente pour la dite pêcherie « la Claie et la Recullée ». D'où est venu, à cette dernière, le surnom de pêcherie des

---

(35) Il y a toujours 12 pêcheries reconnues dans les grèves de Hauteville. Voir leurs noms plus loin.

(36) Archives de l'auteur.

Granville. Ils partirent de nuit et vinrent, en travers les grè-
Juifs ? Le 31 mars 1792, était promulgué en Espagne un
décret qui obligeait les Juifs de tout âge et de tout sexe à
sortir d'Espagne sous peine de mort et de confiscation des
biens de ceux qui n'auraient pas obéi avant le terme de quatre
mois. Presque tous se hâtèrent de fuir. L'Espagne perdit une
population de plus de 800.000 habitants qui se répandirent par
tous les points du globe, et un certain nombre abordèrent en
France et en Normandie (37). Un navire, transportant ces émigrés juifs, échoua-t-il sur « la Pierre », très petit écueil aujourd'hui enclavé entre les pannes ou ailes de la Reculée,
mais qui, à cette époque, pouvait affleurer l'eau ? S'il y eut
naufrage, tous n'y périrent pas, puisque Hauteville, à l'exemple de Granville, qui a sa rue des Juifs, eut, lui, sa rue de
Jéricho, début de la voie du Sud, au village de la Verguie,
nom dont les plus âgés ont conservé le souvenir.

A partir de 1504, Bretons et Normands ayant découvert les
bancs de Terre-Neuve, se passionnèrent pour la pêche de la
morue et armèrent chaque année des navires pour s'y rendre.
A cette époque et antérieurement, s'échelonnaient le long de
notre côte plusieurs ports importants, dont plusieurs sont aujourd'hui détruits : Portbail, Blainville, Regnéville, Lingreville, Bricqueville, Saint-Pair (38), Pontorson, Genetz, l'antique
Genetium, dont on disait en 1410 : « Genetz a nès (nefs), dro-
mons et barges, qui sont belles, grandes et larges » (39). A
la fin de l'occupation anglaise, les troupes ennemies qui n'a-
vaient pas encore quitté notre région, souffrirent tellement de
l'affreuse disette de 1439 qu'elles fondèrent un port à Granville, bien plus pour se ravitailler que pour enlever leur butin (1440). Les Anglais ne conservèrent pas longtemps le bénéfice de leur travail. En 1442, Louis d'Estouteville, seigneur de
Hauteville, avec la garnison et les chevaliers qu'il avait opposés victorieusement à l'ennemi au Mont Saint-Michel, rem-
porte un nouveau succès en prenant par ruse le château de

-----

(37) *Chroniques du Vieux Granville.*

(38) Un acte du roi Charles V (1370) nous apprend que : « En la baronnie
de Saint-Paer, il y a plusieurs porz de mer où il arrive ou peut arriver de
jour en jour plusieurs vesseaux, denrées marchandises desquelles les cous-
tumes et autres devoirs appartiennent aux religieulx du Mont Saint-Michel
et nieutmains (lieutenant) Guillaume de Tournebu, chevalier, sire de Bricqueville sur la Mer, pour partie et par cause de sa fame, laquelle terre est
tenue par hommage des diz religieux pour cause de leur baronnie et assise
ez d'icelle... en icelle terre de Bricqueville avoit un port de mer appelé
hessan de Bricqueville, en quel maintes denrées et marchandises venanz
en nefs et austres vesseaulx de mer arrivent ou peuvent arriver et descendre et aussi de la terre charger es diz vessaulx pour entrer en mer ».
(*Annuaire de la Manche*, 1854).

(39) Chanoine Pigeon : *Mont Saint-Michel et Genetz.*

Ce fut aussi par là qu'en 1589, Henri IV reçut 4.000 Anglais ves, se réunir en amont de Saint-Pair, où ils esquivèrent un poste anglais, formèrent leurs rangs et s'avancèrent lentement à la clarté des étoiles. En approchant de Granville, la petite troupe se déploya le long des Roches et parvint sous les murs de la forteresse sans avoir été signalée. Il y avait sur les remparts du Sud, une maison située presque en face l'église et tenant à la muraille même. Au pied de cette maison, qui existe encore, était une poterne donnant sur un large fossé des douves. La maison servait de poste et aussi de demeure à quelques gardes supérieurs. Nos chevaliers et leurs gens marchèrent droit à leur but : ils se glissèrent dans la douve et s'emparèrent du poste dont les gardes, pour la plupart endormis, furent tués avant d'avoir pu donner l'alarme... En même temps que les sentinelles des remparts étaient enlevées, tous les postes et casernements étaient attaqués, et l'étendard de Charles VII flottait sur le clocher de l'église. La surprise rendit vaine toute résistance, et les Anglais, forcés d'abandonner la place, se retirèrent vers Saint-Pair, d'où ils n'attendirent pas qu'on les délogeât. Pendant les dix années qu'ils restèrent encore en Normandie, les Anglais ne purent reprendre la place (40), mais le port continua à prospérer : en 1520, il armait pour le nord de l'Amérique et pour la pêche à la morue (41). Les Anglais ne désespérèrent cependant pas de conserver un pied à terre en France et choisirent Blainville (42). Par ce havre, durant le XIVe et le XVe siècle, ils débarquaient sur nos côtes et venaient dévaster nos campagnes. On pense que c'est ce port que l'on désigne sous le nom de « Rades » pendant les guerres religieuses, et où atterrissait Montgomery, chef des calvinistes et rebelle au roi de France lorsque, d'accord avec les Anglais contre les troupes royalistes, il rentrait d'organiser les opérations dans l'île de Jersey (43). Sous Henri II, les Français s'étaient emparés de l'île de Serk, mais elle leur fut reprise par les Flamands (44). L'archipel de Chausey, qui dépendait du gouvernement des Matignon, était également un mouillage pour les calvinistes, et l'un de ses groupes de rochers a conservé le nom de Huguenants.

(40 à 43) *Chroniques du Vieux Granville.*

(44) Ha da ! disait Panurge, ne descendons jamais en terre de voleurs et de larrons. Je vous asseure que telle est cette terre ici ; quelles aultres fois j'ai veu les isles de Cerq et Hern, entre Bretagne et Angleterre, isles des forfants, larrons, brigands, meurtriers et assassineurs, tous extracts du propre original des basses fosses de la conciergerie. N'y descendons point. Je vous en prie. Ils sont, par la mort bœuf de bois, pires que les cannibales. Ils nous mangeraient tout vifs. » (Rabelais : *Pantagruel*, livre IV, chap. XLVI).

que lui envoya Elisabeth. Nous continuerons plus loin l'étude des événements auxquels furent mêlées les îles anglaises, et l'organisation de la défense de nos frontières maritimes en Cotentin.

Par un édit de septembre 1549, Henri II créa des maîtres de port, juges des traites. Ces officiers avaient pour mission la stricte levée et perception des droits d'entrée et de sortie et avaient en outre la juridiction civile et criminelle des contraventions relatives à ces opérations. Par amirauté, on entendait une cour contentieuse, distincte de l'administration de la marine et des tribunaux judiciaires, et qui connaissait les affaires relatives à la navigation. En 1584, Jean Pigeon la Noë, en 1586 Henri Desdoitils étaient pourvus de la charge de lieutenant ordinaire de l'amirauté ès sièges de Granville, Lingreville et Bricqueville. Parmi les doléances des délégués aux Etats de Normandie (45) en 1578, figure cette requête : « Plaise à Sa Majesté révoquer les lettres patentes par lesquelles elle a ordonné que tous les traffics et charges de marchandises par mer du bailliage du Cotentin ne pourraient se faire qu'ès villes Granville et Cherebourg et encore aller prendre les acquiets à Caen, chose que Votre Majesté n'a jamais entendue. Cela seroit oster et abbolir tout commerce qui se faict au dit bailliage. Les marchands de Pontorson, Mont Saint-Michel, Avrenches, Genetz, Carentan, qui ont leurs ports et avres à leur porte et navires commodes et n'y en a plus proches que six lieues. » — Réponse: « Sa Majesté désire que ses subjects soyent accommodés autant que possible » (46).

Si cela peut intéresser les pêcheurs qui liront cet ouvrage, voici la liste des poissons qui, en plus de ceux que l'on connaît encore actuellement, étaient livrés à la consommation vers 1552 : grenade, lieu, papillon, satrouil, trouette, troyette, houlbiche (la satrouil et la *holbiche* sont toujours pêchées à Hauteville). On disait : des ouystres en escalles, ystres escallées, du houmar, appellations restées dans notre patois ; des goucfiques (cofiches ou coquilles Saint-Jacques), du meslan (merlan), du sormulet (surmulet), des dorées (dorades) (47).

Terminons cet aperçu de la pêche au Moyen-Age par un coup d'œil sur la corporation des poissonniers. Elle existait à Coutances de temps immémorial, mais les statuts, brûlés, perdus ou dispersés à la suite des guerres civiles, ne furent reconstitués qu'en 1678.

Il y avait pour Coutances un garde et un maître élus tous les trois ans pour visiter le poisson frais ou salé et séquestrer

---

(45) Richard Quesnel, procureur de la noblesse, et Jacques de Pont-Bellenger, sieur de Caen.

(46) Cahiers de Robillard de Beaurepaire, Bibliot. de Coutances.

(47) *Journal du sire de Gouberville.*

celui qu'ils jugeraient « indigne d'entrer dans le corps humain. » Toutes les paroisses de la côte, y compris Hauteville, avaient aussi leurs maîtres. Pour être maître, il fallait deux ans d'apprentissage, payer deux livres de cire (48) et 10 livres d'argent, avoir 21 ans, avoir fait un « chef-d'œuvre » et subi un examen.

Les regrattiers ou revendeurs ne pouvaient acheter le poisson frais, en été avant 9 heures du matin, et en hiver avant 10 heures. Le poisson devait être exposé au moins trois heures dans les halles. Défense à toute personne d'aller au-devant des poissonniers venant de la mer. Défense de faire aucune association de personnes n'étant pas maîtres avec les maîtres du métier, pour vendre du poisson. Défense de dessaler le poisson le samedi (49) pour le revendre le même jour, à peine de confiscation du poisson dessalé et 20 livres d'amende (50).

b) Pêche et Administration maritime dans les temps modernes

Les premières atteintes au droit maritime du seigneur furent les arrêts du 16 juin 1615, 18 mai 1624 et 14 décembre 1639, déclarant en substance que le droit du seigneur de fief s'arrêtait au rivage, qu'aucune personne, fût-elle concessionnaire du domaine ou seigneur du fief riverain, ne pourrait exiger aucun droit en denrées ou en espèces sur les produits de la pêche faite au regard du rivage ou à l'embouchure des rivières (51). On reconnaît ici la politique de Richelieu, amoindrissant, en toutes manières, les privilèges de la noblesse.

L'ordonnance de la Marine du mois d'août 1681, ordonnance mémorable qui règle encore, de nos jours, l'administration maritime, reconnut toutefois la valeur d'exceptions fondées sur des droits anciens « constatés par aveux ou dénombrements reçus en nos Chambres des Comptes avant l'année 1544 ou par concessions en bonnes formes. » Tel était le cas de la paroisse de Hauteville et des autres paroisses voisines de l'embouchure de la rivière de Sienne (52). Des « concessions en bonne forme » accordées de temps immémorial — nous l'avons vu dans le précédent alinéa — à certains propriétaires ou

---

(48) Chaque corporation, au Moyen-Age, prenait part aux processions avec des cierges aux mains de chacun de ses membres.

(49) Il ne faut pas oublier qu'en ce temps, l'abstinence existait le samedi.

(50) *Annuaire de la Manche*, 1852.

(51) Basnage, art. 104, II, 480, et Flaust, II, 527.

(52) Le seigneur de Montchaton, qui avait droit de pêche dans la rivière, prétendait que son droit devait s'exercer à deux lieues en mer, et Foucault nous apprend que de son temps il avait affermé pour 900 livres ce droit et celui de la tangue, à l'embouchure de la Sienne, et que le fermier exigeait des redevances. (Bridey : *Cahier des Doléances des bailliages du Cotentin*).

tenanciers, se sont maintenues jusqu'à nos jours sous le nom
de pêcheries ou bouchots, par opposition aux pêcheries en
pierre ou écluses (53). Ces bouchots, éloignés de 4 à 5 kilomètres du rivage, sont construits en bois entrelacés comme
des claies autour de pieux ou palets (54), enfoncés dans le
sable à une profondeur de près d'un mètre (55) et placés en
forme d'équerre en ligne diagonale de la côte à la mer. La hauteur extérieure de ces « palets » n'excède pas un mètre. Les
bouchots ont leur partie la plus basse du côté du rivage ; à
l'autre extrémité, une ouverture de 0 m. 50, prise dans toute la
hauteur du clayonnage ou « yaie », donne accès dans un seul
« bénâtre », espace circulaire fait de bois lissé, d'une hauteur,
égale à celle du clayonnage, aux pieux plus rapprochés, dont
les extrémités s'appuient de chaque côté à 1 m. 50 environ de
l'ouverture. Les bras, ailes ou pannes formant les côtés des
bouchots ont jusqu'à 450 mètres de longueur ; leur ouverture
ou écartement n'excède pas cette dimension. Il est interdit aux
détenteurs de placer les bouchots et de modifier la direction
de leurs pannes sans l'autorisation du Ministre de la Marine (55). Les pêcheries existant sur le territoire même de Hauteville sont, en allant du sud au nord (56) : la Landry, qui
sent son époque mérovingienne ; le rocher Landry, situé au
sud, reste mitoyen entre Annoville et Hauteville ; la Halley, à
trois mètres au nord de la Landry ; la Triche,, à 8 mètres,
avec le pêquerio (pêcherie dédoublée) contigüe au rocher du
même nom ; la Maillard, à 125 mètres au nord (dans son voisinage se trouve le rocher Maillard, propriété exclusive de
Hauteville, ainsi que Trichet) ; l'Aumesle, à trois mètres ; la
Reculée, renfermant entre ses pannes le petit écueil nommé
« la Pierre », à 25 mètres ; l'Autellier ou l'Hôtellier, à 4 mètres ; la Petite Neuve, à 5 mètres, et la Grande Neuve (57).
C'est la liste conforme à celle reconnue en 1475 (voir l'alinéa
précédent). L'usage généralement admis de nos jours est
qu'au décès du concessionnaire, les héritiers mâles seuls peuvent revendiquer la possession de la pêcherie vacante. Est-ce

---

(53) Décret du 4 juillet 1853.

(54) Nom du pays, tiré du mot latin *pali*, bâton de saule. Ces palets sont
en effet en saule ou sâs. Lorsqu'ils sont brisés ou rongés par l'eau de mer,
on les arrache à l'aide d'une espèce de treuil appelé diable, afin de les
remplacer par du bois neuf.

(55) Décret du 4 juillet 1853.

(56) Des pêcheries exploitées par des Hautais ont leur emplacement sur
les grèves de Montmartin et d'Annoville. Ce sont la Bidette, la Chuette, le
Grand Peschereau (pêquerio), l'Andrine et la Quinquengronne. La loi incline
de plus en plus, au fur et à mesure du décès du propriétaire, à faire bénéficier de la concession les inscrits maritimes, à l'exclusion de tous autres.

(57) Extrait de l'arrêté ministériel de la Marine, 28 juillet 1854 : Chaque
pêcherie est désignée administrativement sous un numéro.

un dernier vestige de la loi salique ? Ces pêcheries n'appartiennent pas nécessairement à un seul propriétaire. Il se trouve parfois deux, trois ou quatre titulaires qui la font valoir à tour de rôle et en partagent les produits. On dit alors « qu'ils suivent la pêcherie ». Du commencement à la fin de chaque marée, au reflux de la nuit comme à celui du jour, environ 15 jours et 15 nuits par mois, les tenanciers ou les associés (sossons) se rendent à la pêcherie, le plus souvent en voiture. Pour vêtements, de chauds habits de laine recouverts d'un cirage, imperméable en toile cirée et huilée, et sur la tête un suroît, bonnet de toile huilée comme en portent les loups de mer ; la nuit, une lanterne de forme désuète, en bois, avec des vitres en corne ; en hiver, de hautes bottes de cuir épais. Ainsi équipé, le pêcheur a en main un filet triangulaire appelé savre et, sur le dos, un panier rond nommé hotte, suspendu par une courroie de cuir : la « vige ». Il pénètre dans le benâtre et promène le savre en tous sens dans l'eau qui lui monte plus ou moins haut suivant le coefficient de la marée. Pour attraper le poisson plat, il doit fouiller le sable avec ses mains dans toute l'étendue du benâtre. C'est un rude métier en hiver, car la pêcherie ne connaît jamais de morte-saison, sauf en temps de neige, alors que les yeux, aveuglés par les flocons, ne distinguent plus ni étoiles, ni phares. Les ancêtres, plus malheureux, n'avaient pour se guider, dans les temps brumeux, que la lueur tremblotante de leur falot, et on les nommait les « culs-de-telle », car ils grelottaient, non dans des chandails ni des pantalons de laine, trop chers à l'époque, mais dans de misérables habits de toile, bordés seulement d'une étroite bande de molleton pour éviter l'irritation de la peau, par le contact de la toile imbibée d'eau de mer. Ces courageux lutteurs pour la vie, marins jusqu'aux moelles, aimaient quand même cette dangereuse plaine liquide où se trouvait leur gagne-pain.

Avant la Révolution, nous voyons que Hauteville ne fournissait pas de recrues à la milice de terre et n'était pas tenu au guet (voir chapitre V). Il appartenait, pour la garde-côte, à la division de Muneville, compagnie de Hyenville (58). Les milices gardes-côtes étaient les anciennes monstres devenues permanentes. Plus haut, nous avons constaté que sous François Ier, les monstres relevaient de l'amiral ou de son représentant, « lesquels pouvaient faire faire, deux fois l'an, les monstres de tous les hommes des paroisses subjects au guet de la dite mer, pour s'en servir pour la défense de la dite coste » (59). Cette ordonnance, très curieuse en cette matière,

---

(58) Emile Bridey : *Cahier des Doléances du bailliage du Cotentin.*
(59) Fontanon, tome II, 853.

fait connaître entre autres choses, les signaux que les gens du
guet de mer devaient employer, en cas d'alerte, pour avertir
la population : « de jour par fumées, de nuit par feux. » Ces
feux furent les précurseurs des phares. Les milices garde-
côtes se rattachaient à l'inscription maritime, et les miliciens
avaient pour armes le baston et l'arbalète, avec un capitaine
qui assemblait les hommes de sa paroisse (60). A partir de la
coalition que forma contre nous l'Europe dans la seconde partie du siècle de Louis XIV, les Anglais déployèrent, spécialement sur nos côtes, une activité constamment agressive qui
obligea à maintenir une étroite organisation de surveillance et
de défense. Après la révocation de l'Edit de Nantes, première
faute qui peupla les îles anglaises de tous les protestants de la
région (61), Louis XIV en commit une seconde en faisant raser
les fortifications de Granville et détruire les châteaux-forts de
Chausey et de Tombelaine. En 1695, les Anglais en profitè-
rent, et le colonel Richard, avec 8 frégates et 8 galiotes à bom-
bes, fit pleuvoir sur Granville toute une journée et détruisit la
haute ville (62). En 1710, nous voyons l'Intendant de la Généralité de Caen signaler au ministre que le fort situé « sur un
terrain vulgairement appelé le bec d'Agon » a été miné par
les marées et s'est écroulé en partie, alors qu'il était garni de
canons. Le roy fait défense expresse d'enlever, sous peine
d'une amende de 1.000 francs, ou faire enlever le varech des
îles Chausey pour transporter à l'étranger. A l'intérieur, les
milices sont alors tenues de fournir 45 jours de service après
Pâques, les terres à ce moment étant complètement ensemencées ; les paroisses fournissent l'habillement et le roi l'arme-
ment. Un régiment de 100 chevaux coûte à ce moment 26.929
livres. En 1718, M. de Choiseul et M. de la Briffe Foucault,
marquis de Magny, échangent une correspondance relative aux
projets de marchés à passer avec les sieurs de Langrune et Le
Petit pour les travaux à exécuter sur la côte de Basse-Normandie, depuis Granville jusqu'à Caen. Il fallut en même
temps tenir compte de la déclaration du 23 avril 1726, prohi-
bant, de manière absolue, à peine de confiscation de bateaux
et engins, 100 livres d'amende et trois ans de galères au cas
de récidive, la pêche des petits poissons appelés menuises.
L'ordonnance de 1853 a modifié ce décret, à condition que
chaque poisson pêché eut une longueur minima de 8 centimètres. En 1731, des observations sont rédigées par M. de Caux

----

(60) *Journal d'un sire de Gouberville.*
(61) Les riverains des côtes, qui favorisèrent, avec leurs barques de pêche,
le passage des huguenots pour les soustraire aux ordonnances royales, n'en
eurent pas moins à subir toutes les croisières et attaques anglaises.
(62) *Chroniques du vieux Granville.*

ayant pour titre : « Mémoire pour faire connaître l'avantage des Anglais dans la Manche par la situation des îles qu'ils habitent, où ils ont perfectionné depuis la paix plusieurs forts et sont sur le point d'en construire un nouveau à l'isle d'Origny, ce qui les mettra en estat d'affirmer en temps de guerre leur suprématie et interrompra complètement nos communications par mer avec les Flandres. » M. de Maurepas propose d'élever une tour et un fort avec garnison sur un rocher protégeant le port de Diélette. En 1734, on ajoute une provision de 500.000 livres pour exécuter les travaux du port de Cherbourg (63).

Les milices gardes-côtes, en 1740, sont organisées en 112 capitaineries composées d'environ 200.000 hommes. En 1748, le chevalier d'Ormesson autorise, par arrêté, la fourniture du bois et de la lumière aux redoutes des corps de garde des côtes de Basse-Normandie pendant six mois, moyennant 18.729 livres 12 sols. Ces corps de garde ont donc une certaine importance. Un rapport dit : « Il y a les petits havres de Regnéville, où passe la rivière de Coutances et de Lingreville, qui ne sont que pour bien petites barques et bateaux. Ce sont deux des onze corps de garde échelonnés sur la côte de l'ouest, mais ces corps de garde eux-mêmes tombent en ruines et demandent à être refaits à neuf. La capitainerie de Regnéville est pourtant importante. Elle comprend vingt paroisses, dont la nôtre, dix compagnies et 400 hommes. Les officiers gardecostes d'Estat sont le duc d'Harcourt, Puisségur et de Rémond (64) (1756). »

La guerre de Sept Ans fit voir que les appréhensions n'étaient pas vaines ; les Anglais débarquent à Cancale, qu'ils pillent le 13 juin 1758 ; ils évitent Granville, près duquel on a créé un camp occupé par un corps de troupes sous les ordres du duc d'Harcourt ; le duc de Malborough fait croisière le long de nos côtes. Le 21 juin, les Anglais se retirent et se dédommagent en prenant Cherbourg le 8 août et en pillant les paroisses voisines, enlevant argent, linges, hardes, animaux, domestiques, brisant les meubles, défonçant les fûtailles dans les caves. Ils ne séjournèrent heureusement que huit jours (65), mais leurs corsaires ne se tinrent pas tranquilles, à en juger par ce rapport : « Les navires partant de Saint-Malo ou Cancale prennent le vent et la marée pour passer la Déroute et doubler le cap de la Hague ; mais s'ils sont surpris par la tempête, ils sont obligés d'entrer à Granville, port trop petit ouvert aux corsaires anglais. Ils sont donc exposés à la fois aux furies de la mer ou au pillage et à la destruction. Plus de

---

(63) *Archives du Calvados*, C. liasse 1655-1657-1659-1810-2537.
(64) Archives du Calvados, L. C. 1861, 2631, 2680, 2708.

3.500 navires ont subi ce triste sort pendant la dernière guerre (1763), faute d'abri et de défense » (64).

Les Français tentèrent, en 1781, un audacieux coup de main sur Jersey. Le baron de Rullecourt, major général des volontaires de Nassau, aidé des navires marchands du capitaine Régnier, du port de Blainville, embarque à Chausey 1200 hommes, gagne Saint-Hélier la nuit et s'en empare après s'être saisi du gouverneur. Malheureusement, on ne put débarquer que 300 hommes, qui résistèrent trois heures à 4.000 Anglais. Rullecourt fut tué, et les 900 hommes restés, embarqués sous la conduite du major d'Herville, ne leur portèrent aucun secours (66). En 1782 et en 1786, l'intendant de la vicomté de Coutances écrit au ministre des Finances : « Les naufrages sont si nombreux que l'on ne trouve que des veuves chargées d'enfants le long des paroisses de la côte », et il demande qu'il soit accordé une remise de 40.000 livres sur les impôts à ceux dont les pères sont morts sur les flottes du roy (64).

Hauteville, lui-même, avait donné des défenseurs à la France. En 1787, sur une population d'environ 437 habitants (67), et d'après le dernier rôle retrouvé, il avait présenté 27 inscrits, garçons ou hommes mariés, de 18 à 45 ans. Beaucoup de Hautais servaient dans la flotte royale, et, après avoir fourni des bras, ils sacrifièrent aussi leur vie. Pierre Lemesle, matelot, meurt au service du roy (1745) (68). Philippe le Peu, embarqué sur l'« Ecureuil », meurt à l'hospice de Brest (1748) ; Pierre Hocquigny, du navire « Amphyon », meurt également à Brest ; Jean Viard fut tué sur le vaisseau « l'Eveillé », au combat du 27 juillet 1778 ; Pierre Hue succombe sur l'« Actionnaire » le 14 février 1779. L'évêque de Coutances donne dispense, le 23 octobre 1788, au curé de Hauteville, de produire l'acte de décès de Pierre Lécluze, dont on est sans nouvelles.

Leurs puînés, qui échappèrent aux combats, firent honneur à leur pays. Partis matelots, ils revinrent officiers, et même officiers supérieurs. Philippe Le Mesle, canonnier, devint enseigne de vaisseau (69). André Billard, en premier lieu chef de timonerie « à bord des vaisseaux de la République » (1794), gagna les galons de lieutenant de vaisseau ; Léonord Le Mesle

---

(65) *Journal de la Campagne des Anglais en France*, Bibliot. de Coutances, manusc. n° 50.

(66) *Curiosités normandes comparées*, Bibliot. de Coutances, 13, 153.

(67) Recensement de 1791. Deux seulement furent pris comme canonniers.

(68) Etat-civil de Hauteville-sur-Mer, Archives de la Manche.

(69) Etat-Major de la Flottille Nationale, Boulogne. 18 ventôse an XII : « D'après l'ordre de l'amiral, il est ordonné au citoyen Philippe Le Mel de prendre le titre d'enseigne de vaisseau pour sa campagne et de continuer le commandement du bateau 2° espèce n° 118. Signé : LAFOND. » (Archives de l'auteur).

(1795) commande à titre d'enseigne ; Jean-Baptiste Billard, frère d'André, officier marinier (1784), capitaine de frégate (1801) commande le 4 nivôse an XII la 3e division des bateaux de 2 tonneaux espèce (38 unités et le bateau batave). Les ordres du jour de la Flottille nationale disent à plusieurs reprises ses mérites (8 vendémiaire, 3 brumaire, 5 ventôse et 17 ventôse an XII). Il mourut à Hauteville en 1825, capitaine de vaisseau retraité, officier de la Légion d'Honneur, chevalier de Saint-Louis (70).

D'autres officiers résidaient ou avaient résidé à Hauteville. C'étaient les fonctionnaires des gabelles (quint du sel). Cet impôt, qui a fait couler de l'encre, du sang et soulevé tant de récriminations, avait été établi en 1343 pour subvenir aux premiers besoins de la guerre contre les Anglais. Depuis ce temps, les gardes commis pour le sel existaient dans la paroisse. Dans l'état-civil, on leur donne le nom de « préposés aux fermes du roy ». Les contrôleurs étaient à Bricqueville (1730) et à Regnéville (1735). Un capitaine et des agents habitaient Hauteville. Il semble que ces emplois ont été réservés à des nobles, sans doute peu fortunés ; on y trouve des noms comme Joseph de Melun, écuyer, sieur de Longmard (1743) (71) ; Lepelley, sieur de Rhumon ; Pierre Gilles, sieur des Marais ; messire Charles Le Renvoisé (1750) ; Leconte de Sénoville, lieutenant (1765) ; Jean-Baptiste du Mesnil, capitaine à Hauteville (1767 ; Louis Martin de la Force, écuyer ; Louis de la Barte, capitaine général de Regnéville (1765) ; Adrien de Baurain, employé, etc. Ces gardes de traites et gabelles privilégiées, d'après le rôle de 1789, étaient taxées d'office à 29 livres 6 sols de capitation seulement, pour un revenu de 2.160 livres. Eurent-ils beaucoup de fraudes à réprimer ? C'est peu probable, les peines à appliquer étant fort sévères.

Avec l'Assemblée Constituante (1791), les préposés du roy deviennent des préposés des douanes, et leur chef hautais Jean Caillot s'intitule premier lieutenant de la régie des Douanes Nationales. La gabelle est morte, mais l'impôt existe toujours, et avec lui les douaniers. Hauteville eut un capitaine et un lieutenant jusque vers 1860. Il fut réduit ensuite à une simple brigade composée d'un chef et de 7 ou 8 agents, et qui fut par la suite définitivement supprimée. En dépit du zèle de ces fonctionnaires de l'Etat, vers le milieu du xixe siècle, il y eut encore de beaux jours pour les fraudeurs, à tel point que le

---

(70) Il avait réuni les ordres du jour de la Flottille nationale en un gros in-folio qui nous appartient. Sous l'Empire, les Anglais croisèrent continuellement dans nos parages avec leurs frégates et leurs vaisseaux, en sorte que la pêche en bateau fut rendue impossible.

(71) Etat-civil de Hauteville-sur-Mer, Mairie.

préfet de la Manche s'en inquiète : « La partie littorale de l'arrondissement de Coutances, en regard des îles anglaises, pratique journellement la fraude » (72).

Le port de Regnéville était alors en pleine prospérité, les anciens ports ne conservant que la renommée de leur antique splendeur. Dès 1829, Regnéville faisait bénéficier les douanes de 48.887 francs. Un maître de port y fut accrédité en 1846. En 1848, les navires importèrent d'Angleterre 1.988 tonnes de houille. Avec un trafic de cette importance, on se préoccupa de donner plus de sécurité aux équipages et aux armateurs en établissant, aux endroits dangereux de la côte, des phares ou des bouées lumineuses. Déjà, le phare de Granville, élevé de 16 mètres au-dessus du roc dominant la ville, fonctionnait en 1826. Le feu de Carteret fut allumé pour la première fois le premier juillet 1839. Celui d'Agon, beaucoup plus tard, le 1er février 1856. En 1857, ce fut la tour du phare de Chausey. Ces feux étaient, au début, alimentés par l'huile ; ce n'est que depuis les applications merveilleuses de l'électricité qu'on a pu y apporter tous les perfectionnements désirables (73).

. Et maintenant que notre côte ne redoute ni les pirates, ni les corsaires, ni les ténèbres, retournons aux grèves de Hauteville et constatons les prises des pêcheurs.

Toutes les espèces de poissons de mer des pays tempérés peuvent être capturés dans les pêcheries. Il suffit d'un vent favorable pour y amener, au printemps et à l'automne, surtout au moment du passage des poissons migrateurs : colins, saumons, aloses, truites saumonées, esturgeons, morues, rougets ou surmulets, maquereaux, vivres, raies, congres, anguilles, harengs, barbues, crevettes, plies, flondres, soles, limandes, carrelets, turbots, crabes, oursins, araignées de mer, pieuvres, et même des squales de la famille du requin, dénommés hâs, moines, chiens, valis ou roussettes. Les horfils au long bec s'y promènent, la seiche y vomit sa sépia qui, momentanément, noircit les eaux. Parfois, en plus de la vive et du turpin dont les nageoires sont munies de pointes acérées et venimeuses, les pêcheurs ont à redouter la tare, sorte de raie, de couleur plus foncée, dont le dard, aigu à son extrémité, et façonné dans sa longueur en forme de dents de scie, peut traverser un corps humain, le moine, à la dent dangereuse, et la torpille (l'endormi) qui décharge son électricité et paralyse pendant quelques instants celui qui l'aborde avec du fer ou de l'acier. Les crustacés, homard et langouste, sont à

---

(72) *Annuaire de la Manche* (1856).

(73) Par les belles nuits noires, on voit les projections des feux de la Hague et de Gatteville.

peu près inconnus, étant donné la rareté des rochers et leur peu d'étendue.

En été, les détenteurs des pêcheries emploient « les casiers à brêmes », en forme de cône tronqué, sorte de filet monté sur des cercles, avec orifice à la partie supérieure, monté sur deux brancards parallèles isolés également du centre et que l'on charge de grosses pierres pour maintenir le filet sous l'eau et l'empêcher d'aller à la dérive. Ils ont aussi des « bignots » pour attirer les crabes et les araignées de mer, et des « boët-vivre » (bedvivres) pour pêcher les bars. Ces engins ont la forme d'oursins, un diamètre de 1 m. 30 à 1 m. 80, une hauteur de 0 m. 60 et sont faits d'osier tissé.

Une autre catégorie de pêcheurs tend des lignes de fonds. S'il s'agit de prendre des poissons de qualité comme le bar ou la sole, ces lignes sont nommées « bêlecs » et ceux qui les posent « bêlassons » (74). On les baptise tout simplement « cordes » si on les amorce pour la pêche des squales. A ces lignes, maintenues par des pieux de saule à leurs extrémités ou par des bouchons de paille ou de haudaine ensablés, sont fixés à égale distance les uns des autres des filins (avançons) portant des hameçons dissimulés sous l'appât. De cette industrie, la classe des petites gens, très vaillante, tire la meilleure partie de ses ressources. En plus de ces filets, il existe de grands carrés appelés savres qui servent à pêcher le lançon, dans l'estuaire de la Sienne, pendant les nuits d'août, et un espèce d'épervier nommé « ret » que l'on tend dans les grèves voisines du rivage.

On pourrait supposer qu'une rivalité très accentuée existe entre les propriétaires des pêcheries et les bêlassons, qui, en fait, arrêtent et retiennent pour leur propre compte le poisson qui, sans leurs lignes, pourrait aller se faire prendre dans les bouchots. Il n'en est rien. Une grande solidarité, au contraire, règne entre les deux clans. La nuit, on s'éveille réciproquement, on parcourt la grève de compagnie, et, dans les pêcheries qu'ils aident à réparer ou à reconstruire, les bêlassons se procureront une partie de la boëte qui leur est nécessaire pour amorcer leurs lignes. Chacun en s'entendant avec l'autre y trouve son profit. A tous, il convient d'appliquer les vers du poëte :

> *Ta tâche est difficile et rude,*
> *Tu guettes l'heure et le moment ;*
> *Le ciel, les airs sont ton étude,*
> *Et tu lis avec certitude*
> *Au grand livre du firmament.*
> PAUL DÉROULÈDE.

---

(74) On trouvera au chapitre XII l'étymologie de ces mots.

Les femmes et les enfants, dans l'espoir d'un gain qui n'est
pas à dédaigner, subissent aussi l'attirance des prises que procure la pêche, suivant les saisons, et se rendent, de leur côté,
assidûment aux grèves, à l'époque des marées, pour parcourir et fouiller les sables. Aux beaux jours, ce sont des soles
frétillantes et dorées qu'ils attrapent en explorant le sol au
moyen d'un râteau large de 4 pieds, aux dents de fer acérées,
qui, en érosant l'épiderme de la sole, la fait monter et apparaître à la surface ; en été, les lançons (équilles), au reflet
argenté, souples comme les anguilles, se dénichent dans les
pelletées de sable soulevées par les bêches. Les congres, cachés
au fond des criques, entre les rocs et les formations calcaires,
sont extraits avec une sorte de poinçon recourbé appelé « gaffet ». En automne, c'est le règne des coquillages, très abondants en général, sur les côtes calcaires comme la nôtre ; on
pique avec une espèce de dard appelé « mansotton » les manches à couteau ou manceaux ; on découvre les bigornaux (rans)
et les pétoncles ; on désensable les grosses coquilles lisses,
excellentes au goût ; les mactres (yames), on tire, en bêchant
toujours, les coques (clovisses ou bucardes) à la saveur un peu
âcre ; il n'y a pas de moules, mais la crevette rose (bouquet)
et la crevette grise (piton ou salicoque) se pêchent à peu près
constamment avec de petits filets montés sur cadre, ronds ou
ovales, qu'on appelle « bichettes ». La pêche aux huîtres, qui
n'était pas la moins importante, a donné lieu ces derniers
temps à un malentendu déplorable pour le bien-être de la
classe populaire. Ces huîtres, éparses sur les grèves hautaises, ne forment pas un banc spécial, mais sont détachées de
bancs immenses d'une étendue de 30 milles marins, s'allongeant de Cancale à Geffosses, ne découvrant jamais et situés
à plusieurs milles au large (75). Celles que la mer nous charrie, roulées par le vent, sont abandonnées à sec sur le sable
lors du reflux. La pie de mer (76), alors, et les poissons voraces (pieuvres, mignards), au retour du flux, ont vite fait d'écarter les valves du mollusque, dont ils se repaissent, alors
qu'une simple pêcheuse pouvait ramasser trois ou quatre douzaines d'huîtres qu'elle sauvait ainsi d'une destruction certaine, un nouveau règlement interdit la pêche des huîtres en
dehors de dates déterminées, si rares (77), ou choisies de façon
qu'on n'y tient aucun compte du mécanisme des marées. A ces
moments, il y a belle lurette que les huîtres sont réduites à
l'état de coquilles que distribuent les Plaideurs de La Fon-

---

(75) *Annuaire de la Manche* (1835).

(76) Autrement dit « huîtrier ».

(77) Au cours de la campagne 1912-1913, la pêche à pied des huîtres fut
libre pendant trois jours, et seulement possible une heure par jour !

taine. L'aisance d'une foule de petits ménages ayant reçu, de ce fait, une atteinte ne profitant nullement, du reste, à la conservation et à la reproduction des huîtres, la population hautaise s'émut et adressa à son député, M. Boissel-Dombreval, une pétition couverte de près de cent signatures (78), qui a eu pour résultat, si ce n'est le retour aux vieux usages, du moins d'assurer la pêche huîtrière sur une base plus large.

Le produit de la pêche étant en décroissance d'année en année, on a énormément crié sur la coupe du goémon, où l'on veut voir un abri pour le frai. Le goémon, ou varech de rocher, constituant un engrais très puissant, est soumis à une ou plusieurs coupes annuelles, réglées, comme toutes les questions maritimes, par les décrets du Ministère de la Marine. Depuis l'ancien régime, les communes du littoral ont seules le droit de récolter le varech. Cette coutume, admise de tous, parut abusive au conventionnel Lecarpentier, administrateur des districts de la Manche sous la Révolution. Il arrêta que les dits districts jouiraient tous des mêmes avantages et chargea les municipalités de fixer la date où la coupe devrait se faire. Cette disposition en embarrassa quelques-unes, car, dirent celles d'Avranches, « nous ne sommes pas marins et ne connaissons pas les jours des marées pour assurer cette récolte ». On s'en tint là (79).

En 1851, la pêche du varech était encore interdite la nuit. Le décret du 4 juillet 1853 proscrivant l'usage du râteau de bois pour la récolte du varech d'épaves, des réclamations se produisirent. Aujourd'hui, les municipalités riveraines fixent les modalités des coupes. Les conseillers proposent les dates dans une délibération, et le maire les promulgue dans un arrêté. Les deux pièces sont communiquées à l'Administration Maritime (80). Sont seuls admis à participer à cette récolte, en plus des habitants, les étrangers propriétaires de plus de 15 ares de terre dans la localité, avec le concours de leurs conjoints et de leurs enfants, avec eux domiciliés, mais à l'exclusion de tout domestique ou journalier (80). La coupe a lieu généralement à la grande marée d'équinoxe sur les rochers hautais « le Maillard » et « le Trichet », sur « le Caillou » ou « Pierre » et « le Teignet », et à la grande marée précédente sur le rocher « Landry », possédé divisément par les communes d'Annoville et de Hauteville. En plus de ce goémon, les riverains hautais peuvent, aux époques où le caprice de l'Océan les leur amène, récolter à marée basse les algues, fucus, va-

---

(78) Archives municipales de Hauteville.
(79) *Le conventionnel Lecarpentier*, par le vicomte de Brachet.
(80) Décrets des 9 janvier 1852 et 8 février 1868.

rechs, « gigues· », « cossards », ainsi que toutes les herbes
marines propres à fournir de l'engrais ou à servir de litière
et abandonnés par le jusant sur le sable ; l'endroit où l'on
trouve le plus souvent ces plantes est nommé « les Acquîres ».
L'accès des grèves est on ne peut plus facile pour les piétons
et les attelages, et « la Banque », partie située entre les dunes
et les Acquîres et qui, au reflux, découvre la première, présente la plage la plus agréable, la plus accomplie et la plus
sûre qu'on puisse rêver. Un sable uni et ferme, brillant et fin
sans galets, sans aspérités, sans accidents de terrain, sans
fonds vaseux ni mouvants, dévale en pente insensible vers les
pêcheries, coupé ça et là de minuscules « filées » d'eau qui
n'atteignent pas la cheville. Les plus inexpérimentés peuvent
s'y risquer sans crainte, les enfants peuvent y prendre leurs
ébats, les bêtes de somme y traîner de lourdes charges. Reve-
nues sur la terre ferme, au sortir des dunes, après avoir
« amonté le vrai », elles trouvent les deux allées rectilignes,
ombragées de peupliers, encaissées et résistantes, qui les amènent au cœur du pays.

Tous ces avantages ne sont pas restés inaperçus. Petit à
petit, la clientèle des plages tranquilles et de toute sécurité a
envahi Hauteville. La situation exceptionnelle de la partie du
marais bordant la mer comme coup d'œil et accès, a tenté les
amateurs. Après les hésitations, les tâtonnements, les malentendus ou les maladresses même que le lancement de toute
affaire importante traîne après lui — cela se passait en 1907 —
une organisation méthodique de contrats dont les clauses ont
tout prévu et tout éclairé, de la bonne volonté et le désir de
réussir ont donné des résultats satisfaisants. Les acquéreurs
des dunes sont à l'heure actuelle (1914) en possession de seize
hectares de terrain neuf en bordure de la mer ; ils ont amé-
lioré l'avenue de l'Aumesle, non encaissée jusque là, et en ont
fait une belle route carrossable. Des châlets, aux noms pitto-
resques et harmonieux à la fois : la Vague, la Brise, les Courlis, les Mouettes, les Tamaris, etc., ont été élevés, des routes
ont facilité l'accès dans l'intérieur du terrain, bordées de palis-
sades et ornées d'arbustes. Quatre cents baigneurs, tant au
bord de la mer que dans la bourgade, ont amené une anima-
tion de bon augure pendant les mois d'août et de septembre
1912 et 1913. Tous sont ravis de leur séjour dans ce petit coin
et prédisent à Hauteville-Plage de hautes destinées (81). Et les
Parisiens, en s'endormant le soir, au bruit du halètement

____

(81) Nous sommes loin du temps où Marguerite de Navarre, sœur de
François Ier, allait aux eaux de Bagnoles avec sa cour, ses poètes, ses
musiciens et ses savants, qu'elle abritait sous un mauvais hangar, suspendu
sur quatre troncs et couvert de branchages et de bruyères !

affairé qu'exhale leur grande ville, pensent sans doute à cette autre voix charmeuse ou menaçante qui, aux vacances, les berçait dans la petite villa, entre l'immensité des vagues et l'immensité du ciel.

c) Envahissements de la Mer

Du temps des Galls, et après la conquête romaine, le vaste espace maritime qui s'étend de Granville au cap de la Hague formait une immense forêt, très voisine des îles dont nous avons parlé précédemment. Saint-Pair, en particulier, se trouvait au moins à 4 lieues de la mer. Cette forêt était dénommée Scysey, Chesey ou Scissiarum (82). De nombreux monastères s'y élevèrent dans les clairières déboisées par les Romains, après que les Gaulois, le peuple de l'antiquité qui avait le plus de chevaux et de chars, y avaient mis au pacage les animaux formant leur richesse. Nous savons que ce terrain sablonneux, à peine élevé au-dessus du niveau de la mer, protégé simplement par des dunes très friables, présentait au travail sournois du flux une facilité extraordinaire d'infiltration. Des siècles passèrent ainsi sans laisser deviner le danger ; puis, à un certain jour, la première de ces colères insensées où se combinent tous les éléments, pour lutter contre la terre et l'engloutir, déchaîna un raz-de-marée effrayant qui creusa entre les îles et le rivage un chenal déjà trop large où sombrèrent sans doute bien des vies. Les invasions les plus anciennes mentionnées par les chroniques et la tradition du pays ne remontent pas au-delà du vi^e siècle. Le principal bouleversement est placé à la marée équinoxale de 709 ; nous avons vu que les monastères entre le Mont Saint-Michel et Chausey furent épargnés, puisqu'ils existaient encore en 817 ; mais la catastrophe se consomma pour eux vers 860 et fit disparaître la forêt de Koquelunde comme celle de Scissy, en faisant du Mont Tumbe une île désormais appelée Saint-Michel au péril de la mer (82). Nous avons vu qu'en 1022, Chausey ne formait qu'une seule île. En 1163, des habitations existaient encore au milieu des marais où se trouve actuellement le passage de la Déroute, et les habitants de ces villages venaient entendre la messe dans l'église de Portbail. Le rocher de la Morte-Femme, à Chausey (83), n'était pas encore couvert par la mer en 1186. Suivant une charte de la Luzerne, un sieur Geffroy Maugier y possédait un fief, qui fut donné à l'Abbaye. Après les rava-

---

(82) *Mémoires de l'Académie du Cotentin*, Bibliot. de Coutances, n° 9264.
(83) Carte de Cassini, Archives de la Manche.

ges des marées de 1191 et de 1214, les Ecrehou, qui n'étaient pas encore détachés du continent, furent effrités et changés en île. Pierre des Préaux, qui en était seigneur, la donna aux moines du Val Richer pour y construire une église : aujourd'hui, ce ne sont que des écueils dangereux, battus par la vague de la base à la cime. A la même époque, sous le règne d'Henry II, roi d'Angleterre et duc de Normandie, les grèves de Saint-Hélier (Jersey) formaient de belles et riches prairies qui existaient encore en 1340, comme en font foi les baux qui les affermaient. Aujourd'hui, ces herbages sont sous quinze mètres d'eau (84). La seule invasion de laquelle on ait une date certaine est celle de ce dernier engloutissement, qui anéantit les vastes territoires de Saint-Brelade et Saint-Aubin, à Jersey, et quelques terrains de Carteret et de Portbail. Elle ne remonte qu'à 1356, et, par des titres et des registres de rente, on a de ce fait la preuve incontestable. Les bois, racines d'arbres, arbres entiers, trouvés dans les sables, sous l'eau, sont si bien conservés que les habitants peuvent s'en servir pour le chauffage. Le bois a sa couleur naturelle, et il est facile de reconnaître l'essence de chaque morceau. Des découvertes de terre végétale, d'ossements d'animaux forestiers, de médailles romaines, autour de la presqu'île du Cotentin, sont faites lorsque la mer, dans les grandes marées, se retirant au-delà de ses limites ordinaires, permet d'explorer une plus grande partie des grèves. Ces témoins attestent que la mer était loin d'atteindre le littoral actuel et qu'il se trouvait au-delà un terrain plat, couvert de forêts, submergé depuis par de véritables cataclysmes. Dans les grèves de Hauteville, on retrouve les traces de ceux des VI⁰, VII⁰ et VIII⁰ siècles. Dans le voisinage du petit rocher appelé Moncée, monceau ou manceau, couvert de treize mètres d'eau à marée haute, tous les bois, excepté le chêne, extraits des bancs de tourbe qui recouvrent le sol végétal, sont mous et s'écrasent sous le doigt. L'immersion concorde avec les dates indiquées dans les vieilles chroniques. Notre côte subit un nouveau désastre en 1630, où une marée d'une force extraordinaire envahit Regnéville, enleva pièce à pièce les fortifications du château et exerça de grands ravages dans les communes riveraines (85). Le 30 novembre 1715, l'effort du flux se porta sur le littoral de la baie du Mont Saint-Michel, qui fut affligé d'un débordement terrible des flots, inondant tous les lieux bas jusqu'au 2 décembre, la mer, affreusement agitée, n'ayant manifesté aucun mouvement de reflux pendant deux jours. On ne se souvenait pas d'avoir

----

(84) *Annuaire de la Manche* (1886) : Constatations de M. Peacock, ingénieur à Jersey.
(85) Delaporte : *Annuaire* 1837.

jamais rien vu de pareil. Le jour même de ce désastre, des coups de tonnerre formidables ébranlèrent particulièrement le Cotentin (86). De notre temps, entre Regnéville et Granville, les grandes marées de 1881 et 1883 ont constamment sapé les dunes et les ont fait reculer de plus de 10 mètres (87). A la marée du 28 mars 1884, par un temps calme et vent d'Est, on fit des sondages à Regnéville, à l'entrée du ruisseau Passe-Vin. Le fond, suivant la carte marine de Beautembeaupré, est de 7 m. 50 au-dessus des plus basses marées d'équinoxe. La hauteur de la pleine mer dans une grande marée d'équinoxe, d'après les ingénieurs, doit être, à cet endroit, de 13 m. 80, base dont on s'était servi en 1830 pour le tracé de la carte. La profondeur constatée en 1884 atteignit 16 m. 35, soit une différence d'un mètre 55 centimètres. Aux invasions de la mer causées par l'élévation de son niveau ou par l'affaissement du sol, viennent s'ajouter ces crues extraordinaires et subites qui se manifestent par des raz-de-marées et des ondes à une élévation prodigieuse, puisqu'elles atteignent quelquefois 40 mètres au-dessus du niveau moyen, avec des vitesses de 300 à 400 mètres par seconde. Il y a aussi des vagues « en pyramide », comme les nomme M. de la Grye, lancées par la rencontre de deux courants venant en sens inverse. Quand elles s'atteignent, elles s'élèvent parfois à 8 mètres, déferlant des lames de fond qui prennent naissance sur le rivage même, quand, à une grève plate, succède un rivage sablonneux fortement incliné (88).

---

(86) *Annuaire de la Manche*, 1839. Les marées de 1808 et 1817 furent également désastreuses.

(87) Au reflux de cette grande marée d'équinoxe d'automne 1883, l'auteur de cet ouvrage a vu lui-même plusieurs troncs d'arbres debout, la tête inclinée vers l'est, émerger de fonds qui depuis longtemps n'avaient pas été abandonnés par le flot. Dans le tome second des *Mémoires de la Société Académique du Cotentin*, on peut voir deux cartes très intéressantes des pays submergés, par le docteur Bienvenu, de Genêts.

(88) Modèle de Concession de Pêcherie après la Révolution

et autorisation de changer un emplacement de bouchot

(*Archives de l'auteur*)

L'Inspecteur des Pêches Maritimes, vu le renvoi du 30 mai dernier de M. le Commissaire de la Marine pour avis, sur la requête et contre-réponds.

Considérant que la pêcherie nommée la Petite-Neuve, dont est cas, située sur les côtes de Hauteville-sur-Mer, se trouve confirmée par jugement des Commissaires Généraux établi pour la vérification des droits maritimes, le 12 septembre 1739 ; qu'elle a été reconnue en 1781 et 1782, suivant l'état des procès-verbaux des officiers de l'Amirauté de Coutances, ainsi que de l'état général dressé en 1788, et qu'elle est classée suivant notre état de vérification le 24 juin 1812, dépendant du Syndicat de Regnéville ; que dès lors il y aurait lieu à autoriser sa mutation momentanée dans un lieu convenable, si possible, les faits établis dans ladite requête présentée par le dit J. Le Loup et F. Billard sont constant (*sic*).

Qu'ayant vérifié et reconnu par nous-même, le 19 juin dernier, la situation de ladite pêcherie, qu'elle se trouve réellement envahie par un bras d'eau considérable provenant de l'égout des Bans qui s'y est établi. Mais n'ayant pu vérifier le dit jour, par nos occupations vers les pêcheries Trichet et Hallay, l'emplacement indiqué par les réclamants, en ayant écrit le 23 dudit et 3 juillet à M. le Syndic de Regnéville de le constater, ayant soin de considérer la distance prescrite pour ne pas nuire à la navigation et aux autres pêcheurs. Considérant que d'après les dispositions générales sur les établissements de pêche excessif qui deffend de pratiquer dans le terrin enclavé dans l'enceinte des dits parcs, bouchots ou écluze aucun creux, marre, fosses ni rétention d'eaux salines qui serait un motif pour exiger la supression de la ditte pêcherie. Vu la lettre du 12 de ce mois de M. le Syndic de Marine de Regnéville, adressée à M. le Commissaire de la Marine, qui nous l'a transmise avec la présente par laquelle le sieur Michel estime que ladite pêcherie ne peut nuire à rien dans le lieu désigné par les dits Jean Le Loup et Billard, pour y établir momentanément leur dite pêcherie en attendant que l'emplacement primitif soit rétabli pour une exploitation ordinaire.

Vu l'ordonnance de la Marine de 1681, liv. 5, art. 5 et 6, les commentaires Juge 727 et 729, et l'arrêt du Conseil d'Etat du Roy du 2 mai, qui en rétablit concernant les Sables d'Olonne, vu encore les dispositions de l'arrêt du Conseil d'Etat du 4 août 1756, art. 101, d'après ces motifs et considérations, nous, inspecteurs des pêches maritimes, estimons qu'il y a lieu à accorder la fin de la demande de la mutation momentanée de la dite pêcherie la Petite-Neuve du lieu où elle est celui indiqué, aux obligations qui suivent :

1° De détruire entièrement les ailes, pannes ou côtés de la pêcherie, la ditte Petite Neuve existant entre la Grande Neuve et Hôtelier, dès l'instant que le nouvel emplassement sera occupé.

2° De conserver une distance de 40 brasses au moins entre le bras nord de la Montmartinaise et le bras de la nouvelle Petite Neuve, de ne faire chaque aile, pannes ou côtés de cette pêcherie que de 130 brasses au plus de long et l'ouverture de la dite pêcherie du côté de terre de n'y conserver aussi que 130 brasses seulement de distance ou d'ouverture.

3° De se conformer en tout aux lois et règlements sur le fait de ces établissements et de démolir la présente séchérie, qui n'est que de pure tollerence et provisoire à la première réquisition de M. le Commissaire de la Marine, à ce quoi lesdits sieurs Le Loup et Billard s'obligeront au pied du présent.

A Granville, 14 juillet 1826.   *L'Inspecteur des Pêches Maritimes,*

Signé : Hugon Hautmesnil.

Vu le rapport de l'autre part de M. l'Inspecteur des Pêches, le Commissaire de la Marine autorise les sieurs Leloup et F. Billard à changer l'emplassement de leur pêcherie la Petite Neuve aux clauses et conditions détaillées dans l'avis de l'Inspecteur des Pêches. Ils feront en conséquence leur soumission au bas du présent, qui me sera renvoyé pour être déposé dans les archives du Bureau de la Marine.

14 juillet 1826.   Signé : Cazin.

Les soussignés, propriétaires de la pêcherie la Petite Neuve, s'engage (*sic*) formellement de remplir toutes les causes (*sic*) et conditions détaillées de l'autre part.

Hauteville, le 15 juillet 1826.   Jh Le Loup, F. Billard.

MODÈLE DE CONCESSION ET DE REDEVANCE ACTUELLES CONCERNANT LES PÊCHERIES

Extrait de l'arrêté du Directeur de l'Inscription Maritime à Saint-Servan
en date du 4 juillet 1913

ARTICLE PREMIER. — M....., matelot de 2ᵉ classe, inscrit maritime, est autorisé à exploiter sur le littoral du quartier de Granville, commune de Hauteville-sur-Mer, pour les 2/6, une pêcherie en bois n° 50, appelée Autellier et dont la concession donnera lieu au paiement d'une redevance annuelle de huit francs trente-trois centimes, au profit de la Caisse des Invalides de la Marine, au lieu du Trésor.

ART. 2. — Le détenteur n'emploiera pour la surveillance et l'exploitation de cet établissement que des inscrits, ou des femmes, mères ou sœurs non mariées d'inscrits.

ART. 3. — Il lui est interdit de vendre, louer ou transmettre ledit établissement, à quelque titre que ce soit.

ART. 4. — L'autorisation qui précède devra, sous peine d'annulation, être suivie des travaux d'appropriation dans le délai d'un an, à partir de la date de la notification du présent arrêté. Elle est accordée sous réserve de l'accomplissement des prescriptions réglementaires et ne constitue pas un droit de propriété, mais seulement un usage, essentiellement précaire, et révocable à la première réquisition de l'Administration, sans que le détenteur puisse prétendre à aucune indemnité.

ART. 5. — Le Directeur de l'Inscription Maritime à Saint-Servan et l'Administrateur de l'Inscription Maritime à Granville sont chargés de l'exécution du présent arrêté, dont un extrait certifié devra être remis à l'intéressé.

Pour extrait conforme :   Pour le Directeur, etc.,

L'Administrateur, etc. : signé : DELAUNAV.   Signé : COIGNET.

REDEVANCES POUR CONCESSIONS

Quartier de Granville   *Préposat de Regnéville*

M....., inscrit à Granville, 1°..., n°..., est prié de bien vouloir acquitter dès maintenant au bureau de l'Inscription Maritime de Regnéville la somme de 4 fr. 16 qu'il doit à la Caisse des Invalides pour la redevance du deuxième semestre 1913 de la pêcherie n° 41.

Regnéville, le 17 juillet 1913.

Payé au Garde maritime le 18 juillet 1913.   *Le Préposé de l'Insc. Maritime,*
Signé : LEHUBY.   Signé : BRY.

CHAPITRE IV

Quid tempestates autumni et cidera dicam
Atque, ubi jam breviorque dies et mollior œstas
Quœ vigilanda viris ? vel quum imbriferum ver
Spicea jam campis quum messis inhorruit et quum
Frumenta in viridi stipula lactentia turgent ?

Virgile, (Géorgiques, livre I.)

Tout comme ses compatriotes pêcheurs, l'agriculteur hautais peut, en remontant les siècles, suivre les efforts et les travaux de ses ancêtres et estimer le rôle qui lui est dévolu. Ceux des Galls qui ne possédaient pas de barque, défrichaient à la lisière des bois l'étendue suffisante de terrain pour élever et nourrir leur bétail, car ils consommaient beaucoup moins de grains que de viande et de lait (1). Toutefois, ils récoltaient le blé, savaient faire le pain, le vin, la bière, qu'ils enfermaient déjà dans des tonneaux encerclés (2), et Sabinus, promenant ses trois légions victorieuses sur nos contrées de l'ouest de la Gaule, dut plus d'une fois faire « fourrager » ses soldats dans les moissons gauloises, ainsi que les *Commentaires* affirment que les Romains agissaient à l'égard des peuplades de la Belgique (3). Le cheval gaulois était d'une race excellente, entretenue avec le plus grand soin. Par bandes, dans les bois, erraient des troupeaux de moutons (4) et de porcs, ceux-ci d'une grosseur énorme. Les vainqueurs estimèrent vite, du reste, la charcuterie des Gaules ; ils se plaignaient, par contre, de l'air brumeux et froid de notre territoire, et de la perpétuelle humidité entretenue par les rivières

---

(1) Amédée Thierry : *Histoire des Gaulois.*

(2) Henri Martin : *Histoire de France.*

(3) *Cum maturescere frumenta, inciperent ad bellum Ambiorigis profectus.* Comm. Cœs. lib. VI, XXIV.

(4) Cosedia, nom antique de Coutances, aurait occupé le Pont de Soulles actuel et tirerait ce nom d'un mot grec qui veut dire *toison*, les Celtes habitant les campagnes environnantes amenant aux mégisseries de Cosedia les peaux de leurs animaux à laine. (*Mém. de la Société académique du Cotentin*, tome IV).

souvent débordées et les bois immenses où se multipliaient les troncs des chênes, des bouleaux et des ormes, où de larges trouées ne tardèrent pas à se percer.

La conquête romaine fut cependant, en Gaule, un bienfait pour l'agriculture. Ces Latins, dominateurs et fastueux, dont les chevaux couchaient dans des écuries planchéiées de chêne, et dont les plus hauts personnages ne dédaignaient pas de tenir les mancherons de leur charrue, qu'ils abandonnaient sans fausse modestie, lorsqu'il le fallait, pour courir gouverner Rome et le monde, ces Latins étaient de merveilleux cultivateurs. Entre les vainqueurs et les vaincus que tout séparait : religion, mœurs sociales et privées, forme de gouvernement, etc., ce fut le travail des champs qui fournit le point de contact nécessaire pour éviter l'anéantissement des Celtes, en fondant ensemble les deux races. Observateurs et colonisateurs de premier ordre, les Romains rendirent hommage au mode de culture des Galls et y empruntèrent les améliorations qu'ils appliquèrent en Italie. C'est de cette manière qu'ils prirent l'habitude d'élever chez eux des bestiaux de couleur foncée et de race gauloise (5). Varron écrit en outre (6) : « Quand j'étais à la tête de l'armée, j'ai vu dans la Gaule des contrées où l'on employait pour fumer la terre une sorte de craie blanche appelée marne. » Dans d'autres parties des Gaules, Pline annonce que la chaux est usitée comme engrais. Il trouve admirable que les Gaulois se servissent pour battre le blé d'un assemblage en charpente garni de pierre et de fer, et traîné par deux chevaux. A Rome, on employait un procédé plus primitif : les épis, mis en tas et non en gerbes, étaient foulés par les fléaux ou sous les pieds des juments (7) (*equorum gressus*). De leur côté, avec la vive intelligence qui caractérisait la race gauloise, le pays soumis accepta sa destinée (8) et unit ses efforts à ceux des vainqueurs pour exploiter les richesses de son merveilleux sol. Les forêts défrichées, les voies romaines sillonnant les provinces permirent aux industries des pelleteries et des tissus de lin et de chanvre, déjà existantes en Gaule, de progresser et de s'étendre. Les Romains adoptèrent l'usage des manteaux de laine gaulois à capuchon appelés cuculles, qu'ils firent fabriquer en quantité considérable en Gaule, ainsi que les longues robes dénommées caraccalles, pour lesquelles ils se passionnèrent tellement qu'ils en donnèrent le nom à un de leurs empereurs.

(5 et 6) Varron, lib. I., cap. I.
(7) Pline, XVII.
(8) Amédée Thierry.

Cent ans à peine après la conquête, la vigne se multipliait sur les coteaux des Gaules, source de grande richesse pour les agriculteurs gaulois, et les plaines produisaient assez de blé pour en envoyer à Rome et dans toute l'Italie. Des familles romaines, fixées sur le territoire celtique, y avaient fondé des villas ou exploitations agricoles, semblables à celles du Latium et de la Campanie, maisons de campagne et fermes modèles contenant la rustica : habitation du métayer et de tous ceux employés sous ses ordres, les basses-cours, les étables et les hangars ; la fructaria, servant de réserve aux provisions de la terre, greniers, celliers, pressoirs ; enfin l'urbana ou prétoire, habitation du maître (9). Est-ce une villa de ce genre qui, élevée sur le plateau hautais, fut la première image de la communauté actuelle et lui donna son nom : *Alta-Villa*, en lui donnant en plus les mœurs agricoles romaines qui caractérisent encore nos cultures actuelles ? Qu'on en juge.

Nous avons vu que les Gaulois employaient la marne blanche ou noire, c'est-à-dire tout assemblage de matières décomposées en terreau, terre à foulon, vase, sable ou craie (la marne de l'embouchure des rivières changea plus tard son nom pour celui de tangue). Dans d'autres parties de la Gaule, Pline vit utiliser la chaux comme engrais. Les Romains, eux, estimaient avant tout la cendre et le fumier de mouton : les Hautais, gallo-romains, se servent indifféremment de tous ces engrais. Les champs de nos cultivateurs, exigeant à peu près pour les planter une journée de labour, forment des rectangles d'une étendue de 20 à 30 ares, avant de les ensemencer, on leur fait, maintes fois, subir trois labours. Lisez Varron (10) : « Les Romains divisent leurs champs en portions rectangulaires de 240 pieds de long sur 120 de large : c'est l'arpent romain « *jugerum* », représentant à peu près 30 ares, et la journée de travail de 2 bœufs. » Varron continue : « Ils font trois labours avant la semence, le premier s'appelle *proscendi*, le second *offringi*, le troisième *tertiari lirari*. » Pline complète l'ensemencement romain et hautais : « Ils prennent, à la poignée, le blé chaulé dans des récipients de trois boisseaux et recouvrent la semence avec des herses et des râteaux » (11). Deux mille ans écoulés n'ont pas changé la méthode (12).

Chez les Latins, les bœufs seuls, attelés par les cornes,

---

(9) Columelle, lib. I, cap. VI.
(10) Varron : *De re rustica.*
(11) Pline, lib. XVIII, 20.
(12) Caton enseigne que la présence de l'hièble, du prunellier, de la ronce, du trèfle, de l'herbe, du chêne, du poirier, du pommier sont les indices d'une pleine terre à blé ; ce sont toutes plantes hautaises.

tiraient la charrue, et on les formait avec soin, tout jeunes, au travail du labour (13), de telle sorte que le même homme suffisait à diriger l'attelage et la charrue. Les Romains cultivaient comme nous l'orge et l'avoine pour les chevaux. Comme nous, ils semaient parfois des fourrages artificiels (vesce, trèfle et pois), pour être enfouis en vert et remplacer le fumier. On avait soin de semer la vesce le vingt-cinquième jour de la lune, pour qu'elle ne fût pas mangée des limaces (14) ; la vesce se sème toujours, et les limaces la dévorent aussi, hélas ! Au lieu de cultiver le saule pour attacher les vignes (voir Chapitre II), comme dans la « Villa romaine », les Hautais en tissent les claies de leurs pêcheries, mais ils s'en servent également, à l'exemple du métayer latin, pour faire des haies, fabriquer des paniers, que, renouvelant le geste de son ancêtre romain, il suspend dans la cheminée pour les faire sécher. Si les céréales en herbe poussent avec trop de force, il était d'usage, anciennement comme modernement, de les faire paître aux bestiaux (15). Les Hautais déclarent, reprenant sans doute l'épinion de l'expérience romaine, que « cela les fait chiper » (pousser en touffes). Mais les Romains n'ont pas réussi à implanter sur le sol fertile de Alta-Villa l'usage de ne faire produire leurs terres qu'une année sur deux ; nos hautais, tout au rebours, on le verra plus loin, réussissent à obtenir deux récoltes par an. Ils ont conservé également l'habitude de la faulx gauloise, plus large et plus avantageuse que la romaine, que l'on maniait avec la seule main droite (11), et l'habitude de compter par vergées et par perches, expressions gauloises (16).

Comme on demandait un jour à Caton quel était le revenu le plus assuré, il répondit : « De bons prés », et ensuite : « Des prés médiocres ». Et il recommande ceci : « Evite de faire entrer dans une terre trop humide tes chariots et tes troupeaux ; si tu n'y prend garde, tu seras trois ans sans récolter. » Les cultivateurs hautais suivent en cela, sans qu'ils s'en doutent, les conseils de Caton. Pour un *jugerum*, on comptait 18 charretées d'engrais, chacune des charretées comprenant la charge de deux bœufs (11). Palladius fait la remarque de ne pas laisser le fumier sans étendre et sans enterrer. Les gaulois unelles se souvinrent de la leçon, et leurs descendants la connaissent encore (17).

------

(13) Virgile : *Géorgiques*, III, 163.
(14) Pline, lib. I, XVIII et XXIII.
(15) Virgile : *Géorgiques*, II.
(16) La vergée vaut deux arpents gaulois et la perche contenait 18 pieds.
(17) Columelle recommande de répandre le fumier en février sur les herbages, à la lune croissante, afin d'augmenter le rendement du foin.

Les prairies étaient très soignées chez les Romains ; une fois fumées, on les sarclait et on y semait des graines d'herbes ; on y réservait le fumier des animaux qui consomment de l'orge, le meilleur, parce qu'il fournit une semence verte (18). On séchait le foin comme dans nos pâturages, en le tournant et en le tassant en petites ou grandes meules « aigües ». La deuxième récolte — notre regain — mise à part, s'appelait *fœnum cardum*. Les champs étaient entourés de haies vives, de petites murailles ou de fossés.

Les instruments de culture — les nôtres — viennent des métairies romaines ; les hautais ont, comme elles, la pale, pala (bêche), la serfouette ou griffe (bidens), le sarcloir (houe), la hache, la serpe (falx ou faulx), ou en forme de demi-lune (faucille). Dans le potager, ce sont les légumes romains : fève, pois, haricots (on mange quelquefois les cosses en même temps que les graines) (11), pois sans *parches* ou parchemin, navet, artichaut, ail, ciboules, choux, betteraves, laitues, poireaux, câpres, cresson, chicorée, melon, asperges avaient l'honneur de posséder une origine et des noms latins qui se sont francisés.

Un dernier détail : si les cuisines et les laiteries romaines étaient balayées chaque jour, on nettoyait seulement quand il pleuvait les étables et les bergeries. L'agriculteur romain faisait sienne la maxime de Pline : « Mauvais laboureur, celui qui achète ce que le fonds peut fournir ; mauvais père de famille, celui qui fait de jour, ce qui peut être fait de nuit ; plus mauvais que l'un et l'autre, celui qui travaille en beau temps sous son toit plutôt que dans son champ. » Et Caton ajoute : « Veut-on louer un homme de bien ? On le nomme bon laboureur et bon fermier, et cet éloge paraît le plus complet qu'on puisse recevoir. »

AGRICULTURE DU MOYEN-AGE

Il semble fort probable que les familles latines qui se fixèrent dans les Gaules à la suite des légions, furent des gens de condition libre nommés colons ou partiaires, exploitant à leurs risques et périls, et payant une redevance pour la terre qu'ils occupaient. Ils excitèrent, à la longue, par leur prospérité, non seulement les convoitises du fisc, mais encore celles de la population des villes, ce qui ne manqua pas

---

(18) Pour ne point perdre la même semence verte qui lève parfois dans les chaumes après la récolte, surtout par temps humide, les Hautais y mettent à pâturer leurs brebis.

d'amener, au IIe siècle, une crise de malaise, de pénurie et de ruines. Cette période fut encore celle où les révoltes de certaines tribus gauloises (Bagaudes) et l'invasion plus grave des Barbares prolongèrent la misère jusqu'à l'époque mérovingienne. Certains lieux, couverts d'habitations sous la domination romaine, restèrent abandonnés du fait de ces invasions, et les forêts, regagnant du terrain, couvrirent de leur végétation les dernières traces des *villæ* et des exploitations rurales (19). Il est douteux que ce fut le cas de Hauteville qui, abandonné ou détruit, serait ressuscité peut-être avec un nom à terminaison barbare ou ne serait pas ressuscité du tout. Il est à remarquer du reste que le canton de Montmartin est à peu près le seul à avoir conservé, entre la Sienne et la mer, d'aussi nombreuses agglomérations présentant la résonnance latine *villa* : Regnéville, Grimonville, Urville, Hyenville, Quettreville, Hérenguerville, Tourneville, Annoville, Hauteville. Ce territoire, enclavé par la rivière à l'est et au nord, et par l'Océan à l'ouest, ne dut pas être foulé par les nouveaux envahisseurs, qui, dédaignant de passer l'eau, suivirent le cours sinueux de la Sienne, flot eux-mêmes coulant sans s'arrêter. Les Franks, venus les derniers, plus nombreux et plus tenaces, prirent position dans le nord des Gaules, et, absorbant les énergies gallo-romaines, commencèrent en armée d'occupation, pour se transformer bientôt en Etat. Le domaine royal se créa en d'immenses fermes où vivaient les chefs franks élevés sur le pavois. On y travaillait les métaux, la laine, la soie, le lin ; on y voyait des bâtiments d'exploitation agricole, haras, étables, bergeries, des masures de cultivateurs et des cabanes de serfs, rappelant un peu les villages de Germanie (20). Puis, dans les années précédant Charlemagne, de vaillants pionniers, disciples de saint Benoît et saint Colomban, améliorèrent les cultures et augmentèrent le patrimoine agricole par le drainage des lieux marécageux et le défrichement des forêts.

Les populations groupées autour des véritables fermes que formaient les monastères, donnèrent naissance, au VIe siècle, à des villes florissantes (21). Charlemagne, cet esprit puissant auquel rien ne fut étranger, établit le premier une sorte de cadastre rédigé avec une certaine solennité par des commissaires *ad hoc*, et qui formèrent le recensement officiel et

---

(19) *Annuaire*, 1835.
(20) Amédée Thierry.
(21) Henri Martin : *Histoire de France*.
(21 *bis*) On appelle encore « paisson », dans le vocabulaire hautais, le piquet de bois ou de fer qui sert à fixer l'attache des bestiaux dans les pâturages. Par « terre d'une charrue », il faut entendre 60 ares de terre arable, étendue labourée en un jour par une seule charrue (L. Delisle, *Cl. agricole*).

authentique des biens et droits des abbayes. Ces livres de cens s'appelaient « polyptiques ». Il reste encore celui de Saint-Germain-des-Prés, que l'on appelait polyptique d'Irminon (abbé du monastère, mort en 826). La culture, la condition et l'administration des terres sous les règnes de Charlemagne et de ses successeurs, y sont nettement définies. On y parle des tas de gerbes amassées dans la cour d'un village et semblables « aux tours d'une ville ». Les tenanciers font le guet dans cette cour, en enlèvent les fumiers et en entretiennent la clôture : haie, mur ou treillis fait de lattes et de gaules. Sur les côtés de cette cour se trouvent les écuries, la bergerie, le toit à porcs, la grange, la boulangerie, la cuisine, le pressoir, le cellier, la lavanderie, la brasserie. « Le droit de paisson » (21 *bis*) était celui de mener les porcs dans les forêts pour ramasser le gland : il n'excédait pas trois mois ; on tuait les porcs en décembre, tradition qui se répète encore, généralement, dans le pays hautais. On donnait, dans le domaine de Saint-Germain, trois labours à la terre, semant le blé en octobre et en novembre ; les céréales cultivées étaient le seigle, le froment, l'épeautre, le méteil, l'avoine ; il était aussi question de moutarde (sénevé), de lin et de houblon servant à faire de la bière. On peut penser que ces cultures étaient généralisées dans toute la France soumise à Charlemagne, puisque l'un des hameaux de Hauteville porte encore le nom de « Brasserie ». Les jardins, ancêtres de haute roche de nos délicieux pardins à la Française, dont certains spécimens au goût si exquis et au charme sans rival flattent encore si agréablement nos yeux, étaient déjà disposés en planches symétriques, offrant des échantillons de culture de tous nos légumes modernes. Il y avait en plus une place fort importante réservée aux seules plantes médicinales, où les moines infirmiers, en ce temps où on ne voyait que plaies et bosses, venaient largement puiser pour la préparation des merveilleux onguents, dont certains opéraient de véritables résurrections, avec l'aide de mixtures savamment triturées employées en breuvages régénérateurs.

Les invasions normandes bouleversèrent l'œuvre des agriculteurs neustriens. Nous avons déjà vu que les avenues de pommiers de Saint-Wandrille furent complètement détruites lors de l'incendie allumé par Hastings. En 890, massacres et incendies désolèrent également les environs de Coutances (voir Chapitre V), et le pays étant dévasté, les habitants tombèrent dans la misère la plus profonde, l'excès des pluies, pour comble de malheur, ayant fait périr tous les fruits de la terre :

> *N'a ne bœuf, ne charrue, ne vilain en arrée,*
> *Ne vigne provignée, ne cueulture greffée,*

> *Mainte église a ja essillée et gastée,*
> *Se ceste guerre dure, la terre est degastée.*

(Il n'y a ni bœuf, ni charrue, ni paysan au champ,
ni vigne préparée, ni arbre fruitier, les églises sont
en ruines et sans toit ; si cette guerre dure, la
terre est détruite).

ROMAN DE ROU.

Vingt ans plus tard, pour faire cesser un pareil état de
choses, le traité de Saint-Clair-sur-Epte donnait la paix à la
Neustrie, la Neustrie à Rollon et la terre de la Neustrie aux
compagnons de Rollon. Fiefs, comtés, domaines, fermes, châtellenies enlevées aux propriétaires indigènes, devinrent l'apanage des conquérants, hier barbares et vagabonds, qui ne con-
nurent ni loi salique, ni loi romaine, et se trouvèrent les heureux possesseurs de la plus belle province de France. Toutefois, hommes trop indomptés pour ne pas priser la liberté,
les Normands, s'ils furent cruels au paysan neustrien, n'ad-
mirent pas le servage dans les mœurs nouvelles, et cette condition féodale disparut complètement de leur province vers
l'an 1000 (22). Il est vrai qu'en 912 il ne restait plus d'habitants en Cotentin (voir chap. V). Les forêts avaient envahi les
terres en friche ; il fallut se contenter d'élever des porcs, des
bestiaux et des brebis partout où existaient quelques pâturages, et abandonner pour un certain temps la bêche et la
charrue. L'homme du Nord, passionné d'aventures, de chasse
et de pêche, était du reste un triste laboureur. Il n'est donc
pas étonnant qu'au début du XIIe siècle (1106), une disette
affreuse affama la Normandie (23). La livre d'argent valut alors
2 marcs, soit trente sols. D'autre part, les querelles intestines
des compétiteurs à la couronne ducale mettaient sans cesse la
dévastation dans les campagnes. En 1105, Henri, roi d'Angleterre, arrivant en semaine sainte à Carentan, trouva l'église
remplie des meubles des paysans, d'ustensiles, de vêtements.
de paniers (voir chap. V). Serlon, évêque de Séez, qui reçut
le prince, gémit sur les malheurs du Cotentin. « Les édifices
dans lesquels on ne doit célébrer que les divins sacrements,
sont devenus, dit-il, les magasins du peuple, privé d'un juste
défenseur... On ne peut y observer la dévotion convenable, à
cause de cet encombrement d'objets que le peuple affligé
apporte dans la maison de Dieu pour les soustraire aux scélé-
rats qui le remplissent d'effroi... Levez-vous, seigneur Roy, au

---

(22) Ancien Coustumier de Normandie.

(23) Cette famine renouvelait les souffrances de la disette, qui avait duré
trois ans (1030-1031-1032).

nom de Dieu, et faites, avec le glaive de la justice, l'acquisition de l'héritage paternel » (24). En 1137, se produisit une sécheresse extraordinaire (25). Une seconde famine éclata en 1144. Elle fut si grande que le boisseau de blé valut 40 sols, et que l'avoine, le manger ordinaire des plus hauts seigneurs, se vendait seize sols (26). Dans la campagne normande du Moyen-Age, les portions de terrain encloses par des haies, étaient plus étendues que de nos jours. Le clos était généralement formé par la réunion de plusieurs pièces, et il n'est pas rare de voir les pièces d'un même clos appartenir à des propriétaires différents (27). Il convient de dire un mot des engrais alors en usage. Conservant les pratiques des ancêtres, on employait sous le nom de marne, pour les amendements, toute substance autre que les pierres et les métaux ; il existait des baux à terme de marne : ils embrassaient l'espace de 15 ans. Une charte de 1161 permet de croire que le terme de marne était de 18 ans à l'abbaye du Bec ; une certaine sorte de marne appelée tourbe s'employait comme terre à brûler. En 1150, les moines de Savigny sont autorisés à prendre dans le marais de Guillaume de Rupierre 10 charretées de terre à brûler. Dans la Basse-Normandie, nous voyons les laboureurs employer comme engrais le sable de mer appelé tangue. La plus ancienne mention de la tangue que nous puissions citer, se tire d'une charte de Richard du Hommet, dont la date est douteuse, mais qui, selon toute probabilité, appartient à l'année 1176. En voici la traduction :

« Richard du Hommet à tous les fidèles qui verront la présente charte, salut en Notre-Seigneur. Sachez tous que l'abbé Robert et le couvent du Mont Saint-Michel au péril de la Mer m'ont souvent interpellé, au sujet d'une mauvaise et injuste servitude que mes hommes et ceux des seigneurs voisins, en s'autorisant de l'exemple des miens, exerçaient sur la terre de Saint-Michel à Saint-Germain de Fochereville (aujourd'hui St-Germain-sur-Ay). Ils y prenaient, en effet, de la tangue, sans l'assentiment et la permission des baillis de l'abbé. C'était pour les moines un énorme préjudice. Ils ne pouvaient plus

---

(24) Ordéric Vital, 4e volume.

(25) Presque partout, les fontaines se tarirent, les lacs et les citernes se desséchèrent, et quelques rivières même cessèrent de couler. Les hommes et les animaux souffrirent cruellement de la soif ; dans certaines contrées, on alla chercher l'eau jusqu'à sept lieues (Chr. de Robert de Torigny).

(26) Le prix moyen d'un boisseau de blé à cette époque était de 2 sols (du Moulin).

(27) M. Le Cacheux : *Essai historique sur l'hospice de Coutances.* Cette division du sol s'est exactement maintenue en ce qui concerne le territoire de Hauteville. On y voit toujours « les Grands Yos », le « Yos Belhôte », assemblage de plusieurs champs appartenant à des familles diverses.

exploiter les salines qu'ils possédaient dans ce domaine. Obligé de leur garder et garantir ce domaine comme une libre et franche aumône détachée de mon fief, j'ai compris tous les dangers qu'un tel état de choses pouvait me faire courir, à moi et à mes héritiers, au tribunal du Seigneur. Aussi, par respect et amour pour Dieu et le bienheureux Archange, cédant aux instantes prières de l'abbé et des moines, j'ai résolu d'abolir cette mauvaise et injuste servitude.

» Je statue donc, je confirme et, par la présente charte, j'établis à tout jamais qu'aucun de mes héritiers ou de mes hommes ne doit prendre de la tangue dans le domaine de Saint-Germain-de-Fochereville. Je veux que la tangue y reste en toute liberté à l'abbé et aux moines, de sorte qu'ils pourront la donner, la vendre ou se la réserver, en un mot en disposer comme bon leur semblera. Pour me déterminer à abolir cette mauvaise et injuste servitude et m'encourager à faire exécuter la présente ordonnance, lesdits religieux m'ont donné dix livres monnaie d'Anjou (28). Ce fut fait l'an du Seigneur 1176, en présence de : Pierre, abbé de Blanchelande ; Robert, prieur du Mont Saint-Michel ; Guimond, sous-prieur ; Jourdain, chantre ; Guillaume, trésorier ; Galien, cellerier ; Raoul, aumônier ; Renaud du Mesnil, Richard de Reviers, Guillaume des Moitiers, Robert du Tôt, Guillaume de Pert, Raoul d'Angoville et Guillaume Butor. » (Cartulaire du Mont Saint-Michel, *Biblioth. Nationale*, Ms. latin n° 5430, signé Léopold Delisle).

Antérieurement à l'année 1192, Guillaume de Saint-Jean donna aux chanoines de la Luzerne les droits qu'il pouvait avoir à Tourville, à l'exception toutefois de la tangue (29). Vers la même époque, Lesceline, fille de Hascouf de Soligni, concéda aux moines de Savigny, pour eux et quelques-uns de leurs hommes, des droits d'usage dans sa tanguière (30). Vers la même époque, semblable concession fut faite aux religieux de Blanchelande par Roger de Surville, moyennant 100 sous, monnaie d'Anjou (31), charte dont une copie fut communiquée par M. de Gerville. En 1198, Adam de Port devait payer au duc de Normandie une somme de 36 livres pour la tangue (32). En 1395, Michel de Villaines déclarait pouvoir et devoir, à raison de sa seigneurie, prendre ou faire prendre de la tangue aux lisières du Pont de la Roque (33). Les restrictions et les

---

(28) Voir Chapitre X.

(29) M. Dubosq, *Annuaire* 1851.

(30) *Annuaire de la Manche*, 1851.

(31) La monnaie d'Anjou était la monnaie courante en Normandie sous les Plantagenet. Les comptes de l'Echiquier doivent s'entendre également en monnaie d'Angers.

(32) Léopold Delisle.

(33) *Archives Nationales*, L. 1146, 15.

autorisations s'exerçaient donc pour la tangue comme pour le varech. Au xive siècle, on cite dans plusieurs chartes les chemins tangoours (33). Il y avait en cela un progrès sur ceux du xiie, qui étaient très rares et fort impraticables (34). De ce temps-là, sous saint Louis, on gardait l'habitude de classer le travail de la terre en quatre divisions : *les labours, les arbres, les pâturages et les fleurs* (35). Le produit des jardins est assez important au xiiie siècle pour donner naissance à un droit particulier : *l'hortolagium*. Le maître du Dante, Brunetto Latini, écrit à la même époque : « Li Français font mesons grants et plénières peintes et chamberlées... et pour ce sé veut il mieux faire praians, vergiers et pommiers autour leurs habitacles » (36). Dans les dernières années de ce siècle, Philippe le Bel interdit de prendre « beste de charrue et deschevaucher marchant » (37). La famine n'avait pas reparu et le blé, à la mesure et en monnaie actuelles, valait en 1202, 3 fr. 50 l'hectolitre, ainsi qu'en 1256 ; en 1289, 4 fr. 50 ; en 1290, 5 fr. 50, et en 1294, 6 fr. 50 (38).

Ce fut pendant ces trois siècles précédant la guerre de Cent Ans que brilla d'un éclat particulier la foire de Montmartin, à deux kilomètres au nord de Hauteville. « La Montmartin », selon que la désignent les chartes, était célèbre dans toute l'Europe. Nous la trouvons déjà citée sous le règne de Guillaume le Conquérant ; son frère Robert, comte de Mortain, donne aux moines de Marmoutier la dîme de la foire de Montmartin (39), et aux chanoines de Saint-Evroult (Mortain), une rente de 40 sous à prendre sur le produit des droits. La Montmartin est citée sur le grand rôle de l'Echiquier d'Angleterre, la quatrième année du règne de Henri II. En 1137, un acte de l'évêque de Coutances, Hugues de Morville, donne la Montmartin comme terme de paiement d'une pension versée par le curé d'Agon aux chanoines de Coutances. En 1180, cette foire était affermée 300 livres. Henri II exempte les religieux d'Evron, dans le Maine, de payer coutume pour les objets à leur usage qu'ils achèteraient à la foire de Montmartin. Pareille exemption fut accordée par Jean, comte de Mortain, aux religieux de Saint-Sauveur-le-Vicomte. En 1200, ce même prince, devenu duc de Normandie et roi d'Angleterre, écrivait aux vicomtes de Lamballe, de Guingamp et de Dinan pour engager

---

(34) *Annuaire* 1829.
(35) *Annuaire des cinq départements de Normandie*, 1856.
(36) Manuscrit du xive siècle, Biblioth. Rennes.
(37) Babeau : *Le Village sous l'ancien régime.*
(38) A. de Peyrat : *Annuaire des cinq départements de la Normandie*, 1872.
(39) Pour les références relatives à la foire de Montmartin, cf. *Annuaire de la Manche*, année 1850.

leurs administrés à s'y rendre avec leurs marchandises. Etant
à portée de la rivière de Sienne, les vaisseaux du royaume
d'Espagne, de Portugal, d'Angleterre et d'Irlande, de Flandre
et de Hollande, y venaient à grandes flottes. Ceux des villes
hanséatiques s'y rendaient aussi. Au XIIIᵉ siècle, Raoul de
Rantot concédait aux religieux de Saint-Fromond une masure,
c'est-à-dire un coin de terre sur l'emplacement de la foire
Montmartin. Renaud de Boulogne donna une maison sur le
champ de cette foire, à un riche commerçant de Rouen, Robert
du Chatel, dont le fils Thibault ne put hériter. En 1235, Montmartin échut au roi dans la division du comté de Mortain. Plusieurs auteurs prétendent que la foire d'Agon fut transférée à
Montmartin en 1238 ; elle put y être réunie, car celle de Montmartin existait bien avant. Isabelle de Fougères, veuve de
Raoul, ayant confirmé à l'abbaye de Savigny une rente de dix
livres en 1253 et en 1257, non sur son fief d'Agon, mais sur
la foire de Montmartin. En 1324, l'abbaye du Mont St-Michel
dépensa vingt sous pour les frais de cette foire. Dans la récepte
du compte de la vicomté de Coutances du terme Saint-Michel
1326, la foire de Montmartin est portée pour 280 livres, et la
moitié du marché pour 2 livres 10 sols. Un grand nombre de
fiefs des environs étaient sujets au service de garder cette
foire (40). En 1394, Henri de Saint-Denis, seigneur de Saint-
Denis-le-Gast, devait y envoyer 30 aînés de son fief. Hauteville, fief ecclésiastique dépendant de Savigny, était dispensé
par son seigneur de fournir des hommes de garde, comme
plus tard nous le voyons dispensé de fournir des hommes du
guet.

Il paraît que l'occupation anglaise fut le terme de la splendeur de cette foire et qu'elle se confondit alors, sinon de droit,
au moins de fait, avec la Guibray. Ce procédé, en l'éloignant
de la côte, avait pour but de rassurer les étrangers que les
pillages anglais faits à la Montmartin avaient terrifiés. Ce fut
donc en vain qu'en 1450, Guillaume Bohon, écuier, obtint des
lettres du roy pour rétablir cette foire de Montmartin, à charge
de la faire annoncer aux pays d'Espagne, Hollande, Zélande et
Flandre. Il ne parut pas que cette tentative ait réussi (41).

---

(40) Société Académique du Cotentin, n° 9264. Première nomenclature des
seigneurs qui devaient la garde à la foire de Montmartin. Marquisat de
Marigny : 1420, fief de Gouville et de Grimouville, 53 hommes ; 1431, 17 hom-
mes ; le fief du Mesnil-Normand à N.-D. de Cenilly, pour une nuit, 6 hom-
mes ; le fief de la Cour à Ourville, 6 hommes ; le fief du Mesnil-Lambert-
N.-D. de Cenilly, 9 hommes ; le fief du Mesnil-Aumont-St-Martin, des hom-
mes ; le fief de Guéhébert, 16 hommes ; la baronnie de la Haye-Comtesse,
16 hommes : le fief du Tot devait garde ; le fief de Sais-Quettreville, 10 hommes ; la vavassorerie de Grosperiny-Quettreville, 1 homme.
(41) Toustain de Billy.

Les auteurs modernes placent généralement l'époque de cette foire à la Pentecôte, mais il est évident qu'elle se tenait à la Saint-Martin, en juillet, puisque, dans un endroit où Benoît de Peterborough emploie cette expression : « les ides de juillet », Robert Dumont dit « vers le temps de la Mont-martin ». Quoiqu'il en soit, cette foire était souvent prise pour terme de paiement (42). Mais quelle que fût l'importance des transactions, les lépreux de la Maladrerie des Vouages touchaient une bien faible aumône de tout ce commerce : *léprosés 4 sols 8 deniers elemosine statu* (43) (voir chap. IX).

Les débuts du XIVe siècle furent terribles pour les laboureurs ; la guerre de Cent Ans, coup de foudre dans un ciel relativement serein, fit déverser les flots d'Anglais, de Navarrais, de Bretons, et les « grandes compaignies » sur notre malheureuse contrée, et les gémissements des chroniqueurs n'ont plus de cesse. Charles V, âme de feu dans un corps débile, se dressa un moment, et son énergie sembla enrayer le mal. En 1367, il défend de mettre les laboureurs en prison pour dettes et de se saisir de leurs chevaux. Les ours existaient encore : en 1360, Guillaume Paynel en tue un de forte taille dans la forêt de Brie (44). La sollicitude du roy permit au boisseau de froment de ne pas valoir plus d'un sou et demi de 1368 à 1387 ; le tonneau de cidre, fût et jus, coûtait 5 livres ; les haulais de ce temps ne moururent encore pas de faim ni de soif (45). Mais il leur avait cependant fallu traverser l'an-

---

(42) *Annuaire de la Manche*, 1850.

(43) Signé Léopold Delisle, *Annuaire* 1850.

(44) *Hist. des anc. propriét. de la Vicomté de Bricquebec*, Tollemer.

(45) Il est facile de se rendre compte des années de disette par le tableau suivant de la valeur du blé à travers cinq siècles. De 1387 à 1420, il est à 2 sols le boisseau. En cette année, le roi d'Angleterre changea la contenance du boisseau, que l'on comptait ici à 18 pots (mesure de Cérences), en ordonnant qu'il serait de la même dimension que celui d'Arques, qui était de 14 pots. Depuis cette époque, on trouve les deux mesures mentionnées dans les contrats. Le blé augmente constamment de valeur jusqu'en 1450, départ des Anglais ; le prix varie de 2 à 6 sols le boisseau pendant toute la fin du XVe siècle et la moitié du seizième ; mais à la suite des guerres religieuses, nous voyons monter la précieuse denrée à un prix fantastique : 61 fr. l'hectolitre en 1587, alors qu'il se vendait 6 fr. 45 en 1572, et qu'il valut 30 fr. 40 par moyenne pendant les dix dernières années du siècle. Les années les moins productives sont ensuite 1617 : 42 sols le boisseau ; 1618, 45 sols : 1621, 51 sols : 1630, 45 sols ; 1658, 44 sols : 1662, 58 sols ; 1693, 75. Le terrible hiver de 1709 engendre une nouvelle famine : le boisseau atteint 80 sols (4 livres), et 4 livres 3 sols : en 1710, 4 livres 10 sols. Il redescend ensuite jusqu'à l'avènement de Louis XVI où, par une fatalité unie à plusieurs autres, les esprits s'émancipent et le pain manque en raison directe de l'effervescence des esprits. Alors on compte le boisseau à 4 livres 14 sols et les journées d'octobre 1789 entendent ce refrain autour de la voiture royale : « Nous ramenons le boulanger, la boulangère et le petit mitron ». On fait du pain « à la plus grosse étamène ». 17 livres de pain au bois-

née 1369, de sinistre mémoire. Un chroniqueur écrit : « Je commence ce chartier en 1369, que les guerres, les loups et la tierce. mortalité tout ensemble étoient. » Cette tierce mortalité, un des trois fléaux de Dieu, était la famine (46).

Le compte des receptes et dépenses du roi de Navarre, par Jehan Climencé, trésorier de « mon dit très redoulté seigneur (47), dressé du premier jour d'avril, auquel furent Pasques 1367, jusqu'au premier jour de février 1370 », note avec une rigoureuse exactitude la cause et l'étendue des désastres qui s'étaient alors abattus sur les campagnes normandes. Les aventuriers, suivant l'expression imagée de Froissart, ne laissaient rien à prendre où ils passaient : « se il n'était trop chaud ou trop pesant » (48). On ne voit que manoirs, moulins, fermes, « ars (brûlés) et détruits, terres démourées à labourer depuis 15 ou 20 ans ». Il n'y a plus ni marchés, ni foires, « pour l'effroy des gens d'armes étant sur le pays ».

Les Anglais une fois chassés, une ère de repos se leva pour le laboureur. En 1483, Louis XI déclare inaliénables et insaisissables le bétail et les instruments aratoires. La culture pratiquée au xvie siècle nous est exactement rapportée dans le journal du sire de Gouberville (49). Nous y voyons qu'en 1550, une vache valait 8 livres, un taureau 7 livres, un bœuf 17 livres, une « géniche » 4 livres, un cheval 25 livres. On payait un domestique avec l'argent de la « géniche », plus une paire de souliers de 15 sols 6 deniers, « achetés à Cherbourg » ; on paie toujours un domestique avec une génisse, il n'y a rien de changé que la valeur conventionnelle de l'argent, considérablement amoindrie. Les douze livres de pain de « fourment » coûtaient 3 sous et, aux jours de marché, le sieur Gilles de Gouberville faisait provision « de fouace et de cymenet, de mylches et de saulchiches ». On salait alors le bœuf « aumel », comme le porc, « qui avait plus de demi-pied de lard d'épaisseur », et la poule au pot précédait Henri IV, car 2 poules valaient 3 sous. On connaissait les oranges, les figues sèches, les pruneaux, les raisins secs, les fromages, le riz, la chandelle. La livre de sucre, par exemple, était inabordable : elle coûtait presque un bœuf ; on le remplaçait par du miel ; le cidre était la boisson principale, et on distillait déjà l'eau-

____

seau. Dans le xixe siècle, grâce à l'intervention de la pomme de terre, nous ne trouvons plus de famine. Mais il y eut grande pénurie de grains en 1812, et en 1821 et 1828 (*Ann. cinq dép. de Norm.* 1878).

(Apprécie des grains fait au bailliage de Coutances suivant les prix vendus au marché dudit lieu).

(46) Charte du prieuré de la Bloutière, Annuaire 1849.

(47) Publié par T. Izarn, Paris 1885.

(48) Froissart, tome VII, p. 177.

(49) Biblioth. de Coutances, n° 8840.

de-vie. On fabriquait des « pastes de venayson » (gibier), des gelées de jambon, de pigeon, de poulets et de pied de veau, dont on gavait les malades, la diète étant chose totalement inconnue. En effet, notre sire, contre une indigestion, s'offre très allègrement « ung pot de vin, une meschante épaulle de mouton, une demy-livre de pruneaux et du rigolice ! » Il s'entendait mieux à administrer ses domaines que son estomac ! Il a grand soin d'« estouper ses clos » et fait labourer tout autour pour « essarter les racines. » Il en fait enlever toutes les pierres, dont il se sert pour l'entretien de ses chemins. Il prépare ses engrais avec le fumier et les fientes de ses animaux, du « vrec de rocher » scié au printemps (1556), des curures de mares, d'étangs, de vivier, des fanges et de la terre pourrie. Pour les transporter, il a des charrettes « dont les limons sont en hêtre et les essieux en fer. » Il a des chevaux de harnais, des charrues avec « des roelles de rechange », laboure six boisseaux de fourment le 15 novembre 1553 et le fait sarcler. Il cultive la grosse avène, dont la paille lui servait « à faire des liens » et achetait son gluen. Il restait au moulin, comme il se défiait du meunier, jusqu'à ce que son grain fût moulu, et boulangeait son pain chez lui. La veille des récoltes, il tuait un « aumel » et le soir, une fois la journée faite, « les travailleurs restaient à dancer à my-nuict dans la salle ». Il semait lin, chanvre, navets, vèche, fèves, panets, faisait tremper ses prés, *touzer* ses moutons, et vendait chaque toison en « sie » 6 sols, etc.

Un cultivateur hautais moderne, retrouvant dans ce tableau sa manière d'opérer et son patois presque intacts, peut-il se douter vraiment que près de 4 siècles se sont écoulés depuis lors ? Hélas ! tout cela était trop beau pour pouvoir durer, et espérons que le brave Gilles de Gouberville trespassa avant les heures sombres qui auraient troublé sa quiétude et sonnèrent moins de dix ans plus tard ! En effet, nous lisons dans les « remonstrances faictes aux Estats de Normandie tenüz le 15e jour de novembre et austres jours ensuyvant 1567 à Rouen : supplient les dits déléguez la majesté du roy en égard aux calamiteuses afflictions qu'ils ont soutenues tant à cause des gresles, fouldre et stérilité des années dernières que aux troubles ayant cours dès cette heure, faire ceste grâce à vostre peuple de Normandie qu'ils soyent reduicts au paiement du huictième de leurs boissons qui sont vendues au dict païs.... etc. » (50). Cette famine redoubla en 1587. Coutances et tout le pays environnant en souffrirent beaucoup.

---

(50) *Cahiers de Beaurepaire*. tome II.

Sous le règne de Henri IV, Sully amène une détente en assurant la liberté du commerce des grains, en améliorant les voies de communication et en livrant une plus grande superficie de terre à l'agriculture par le dessèchement des marais. Colbert s'applique à favoriser la multiplication des bestiaux. Dans le cas où les propriétaires laisseraient leur domaine inculte, et devant la hausse continuelle du prix du blé (en 1666 il vaut 40 sols le boisseau), Louis XIV prescrit « à toute personne d'ensemencer les dits domaines et d'en recueillir les fruits » (51). Dès 1670, les intendants furent chargés de s'informer de l'étendue des cultures, de venir en aide aux laboureurs dont les récoltes étaient endommagées par les orages, de favoriser les plantations d'arbres et l'exportation des grains. En 1713, un nouvel édit libérait de 4 ans d'impôts ceux qui mettaient en culture les terres abandonnées. Cette atteinte directe à la propriété était juste par le fait que cette année-là le boisseau de blé se payait 4 livres. Les haras, fondés en 1665, se multiplient dans les provinces. Des statuts furent soigneusement dressés sur le nombre, l'âge, la taille, les débouchés des chevaux dans chaque commune, et il fallut en outre indiquer combien étaient propres à la remonte des troupes du roy. Alors également on commença à établir des primes pour l'amélioration des races bovines et ovines (1717 à 1788). Les messiers qu'on appelait messeliers ou blaviers, et que les temps modernes baptisent garde-champêtres, furent, à partir de 1709, élus par les habitants (52). C'était une ancienne coutume qu'on trouve dans les chartes du XIIIe siècle. Leurs fonctions étaient annuelles ou triennales, quelquefois elles cessaient après la récolte. Ils avaient droit de saisir les bestiaux en contravention et d'exiger, en les rendant, une amende qui appartenait au seigneur (53). Ils étaient exemptés de certaines impositions et recevaient une cotisation payée par tous les habitants. Ils avaient aussi le droit d'interdire de chasser sur les terres ensemencées.

Dans un autre ordre, l'autorité royale avait travaillé à la protection « du cheptel français ». Les loups, en raison de la multiplicité des forêts, furent pendant de longs siècles une calamité publique. Le sire de Gouberville, déjà cité, se lamente de voir souvent un porc ou un mouton manquer à l'appel. La charge de grand louvetier, créée par François Ier, existait pourtant depuis 1520 (54). On prescrivait des battues contre les loups. En 1601, Henri IV ordonna aux seigneurs de réunir leurs paysans de trois mois en trois mois pour chasser « avec

(51) 13 octobre 1693 : *Anciennes lois françaises*, XX, 200.
(52) Art. 14. Déclaration de 1709, *Ancienn. lois françaises*, XX, 550.
(53) Renauldon (500). — Hippeau : *Gouvernement de la Normandie*, V 396.

chiens, arquebuses et autres armes » le loup, le renard, le blaireau, la loutre. Sous Louis XIV, c'étaient les lieutenants et les sergents de louveterie qui convoquaient les habitants, mais là encore se glissèrent des abus, et il fallut défendre aux louvetiers excédant leurs droits, de faire quitter trop fréquemment leurs travaux aux laboureurs (55). Mais les résultats les plus efficaces furent obtenus par les intendants, qui mirent à prix chaque tête de bête malfaisante (56).

Voici le prix de quelques marchandises, denrées ou céréales, trouvé dans les lettres écrites de 1721 à 1728 par les moines de Hambye : les bonnes toiles chanvre de Bayeux, « où elles étaient meilleures qu'ailleurs », cinquante sous à un écu (3 fr.) l'aune (1 m. 20) ; la serge de Caen, cinquante-six sous l'aune ; les chaussettes, dix-huit livres la douzaine ; les chaussons « à proportion » ; façon d'un habit, 13 livres 10 sols ; 2 journées d'ouvriers, 1 livre 4 sols ; 2 sommes (4 hectolitres) de chaux, plus une voiture à deux chevaux pour une journée, 8 livres 4 sols ; le demeau (demès) de pommes, 6 sols ; un tonneau de cidre, 5 livres ; le pot de cidre, 2 liards (demeau, mesure de Cérences, 12 pots).

En 1730, le couchage d'un laboureur et l'écurie de son cheval, y compris fourrage et avoine, se monte à 27 sols. Le procureur du roy enjoint aux dits aubergistes et cabaretiers de laisser à un prix raisonnable les autres provisions de bouche (57). En 1722, les octrois de la généralité de Caen avaient reçu édits, arrêts, ordonnances et lettres patentes du roy portant défense à tous habitants de la généralité de Caen, de quelque qualité et condition qu'ils soient, de vendre aucuns cidres ou fruits destinés à en faire, et à toute personne d'en acheter pour être transportés hors la province de Normandie, à peine de confiscation et cent livres d'amende (57). Ces lettres patentes nous apprennent aussi que dans le bailliage de Coutances, les toisons des bêtes à laine servent à faire des matelas et des bas, ainsi qu'une étoffe à trame de fil nommée droguet (57). Ce droguet formait la base de tous les vêtements de nos ancêtres, à cette époque et dans tout le XIXe siècle.

De nombreuses ordonnances gravitent au XVIIIe siècle autour des grains et des boulangeries. En 1753, le rapport du bailli de Coutances mentionne que, sur la côte, on sème l'orge, et nul autre grain. La semence de froment était trop chère : de

---

(54) *État de la France*, 1749, II. 286.

(55) Arrêts des Conseils des 3 janv. 1671, 10 janv. 1677 et 14 janv. 1698.

(56) Le 26 août 1840, il y avait encore assez de loups dans l'arrondissement de Coutances pour motiver au budget départemental le doublement de la prime accordée pour la destruction par la loi du 25 septembre 1807 (*Ann. de la Manche*, 1841).

1745 à 1752, il n'y avait eu qu'une demi-récolte ; les foins avaient été submergés et gelés ; durant ces sept années, on ne récolta pas de pommes, par les orages, grêles, sécheresse et invasion de chenilles qui avaient dévoré jusqu'aux feuilles (57) ; les cochons résistèrent à une épidémie qui se déclara et au manque de fourrage, parce qu'« ils mangent des panais, qui servent aussi à la nourriture du pauvre peuple, par suite du manque de grains. »

Aux époques de disette, les règlements redoublent de sévérité : défense de moissonner à la faulx : « celle-ci, agitant l'épi avec violence, en fait jaillir les grains arrivés à maturité, qui se perdent dans le sol », défense de conserver plus d'une certaine quantité de blé, ordre d'amener les céréales au plus proche marché, visite domiciliaire, recensement, amende, confiscation (58). En 1761, une ordonnance de police est rendue relativement aux boulangers « exposant en vente du pain dans le ressort du bailliage de Cérences » (57). Les Hautais d'alors et leurs concitoyens dudit bailliage montrèrent une certaine résistance à observer ces règlements, s'il faut en croire les rapports adressés à ce sujet au surintendant de la généralité de Caen. Celui-ci réitère le 20 février 1711 une ordonnance de police concernant les règlements à appliquer dans la fabrication et la vente du pain, et qui doivent être observés par les boulangers du bailliage de Cérences réfractaires aux arrêts rendus précédemment sur la même question (59).

En 1782, les hannetons ou « mans » dévorèrent les blés. En 1786, les sécheresses, inondations et orages ravagent le froment, le sarrazin et les pommes. « Depuis un demi-siècle, il n'y a pas eu d'année aussi désastreuse pour les paroisses de la côte ouest » (59).

A partir de 1791, les intendants reçoivent des instructions spéciales pour la plantation de la pomme de terre. Les syndics servent d'intermédiaires entre les intendants et les habitants des paroisses. L'administration royale se préoccupa également des épizooties. Turgot, dans son trop court ministère, après avoir supprimé les charges et assuré la libre circulation des grains, donna des bras et des marchés à l'agriculture et dépensa 3 millions pour enrayer la maladie qui frappa les bêtes à cornes de 1774 à 1776. Il est donc bien réel que dans le

---

(57) *Archives du Calvados*, C 1382, C 1423, C 2269 C 2608.

(58) Delamarre : *Traité de la police*, tome II, liv. V.

(59) Déclaration passée devant M. Le Comte, avocat, commis à Coutances par les sieurs Jouenne et Neslet, gardes et sergents du métier de boulangers dans l'étendue du bailliage de Cérences (*Archives du Calvados*).

(60) *Archives du Calvados*, C 2637 : Lettre des contrôleurs de la généralité de Caen au ministre intendant des finances.

xviii° siècle, le paysan communique directement avec l'administration qui, ne se préoccupant plus de l'influence nominale des seigneurs, prend en main, d'une manière persistante, la cause de l'intérêt public et celle du laboureur, qu'elle protège efficacement en toute circonstance (61).

AGRICULTURE CONTEMPORAINE

Dans l'*Annuaire des cinq départements de la Normandie* pour 1845, Hauteville-sur-Mer est cité comme une des paroisses du littoral la mieux cultivée et la plus productive. Sans agiter la question de savoir si l'agriculteur hautais peut ou ne peut pas être cité comme modèle, une constatation remarquable s'impose cependant : c'est qu'une population de 506 habitants (recensement de 1911) réussit à vivre avec aisance sur une étendue qui n'atteint pas 400 hectares. De cette superficie, 50 hectares sont incultes (les dunes) ou occupés par les routes et les habitations. La fertilité du sol, des assolements bien appliqués, l'abondance de l'engrais, une grande vigilance pour le sarclage, la bonne administration des cultivateurs tirant parti de tout accomplissent ce tour de force. La division agricole du territoire hautais peut être ainsi entendue : terres labourables, 192 hectares ; herbages ou prés, 85 hectares ; pacages, 10 hectares ; mielles et marais, 29 hectares. Comme terre à froment, la terre végétale ou humus hautais, dont l'épaisseur atteint parfois un mètre, renferme de la silice soluble, entrant pour 68 % dans la composition de la paille ; les indispensables phosphates sans lesquels le grain ne peut exister, forment 90 % de la masse solide des cendres de ces pailles. C'est pour cette raison que le blé prospère dans les terrains calcaires comme celui-ci (Jacquot, ingénieur au laboratoire de Lille : *Observations sur la terre végétale*).

La puissance de végétation du sol est surprenante : le hautais fait produire à sa terre deux récoltes l'an, sans interruption. Un froment, semé à la volée dans un champ bien fumé (on dit plus expressivement « remonté de tangue »), et qui donne un rendement moyen de 22 hectol. 50 à l'hectare, a préparé merveilleusement le sol à recevoir, du 20 juillet au 15 août, un ensemencement de choux ou de navets que l'on a préparé avec une couche de fumier de ferme. La fermentation opérée par la chaleur donne tout de suite à ces jeunes

______

(61) Dans la seconde moitié du xviii° siècle, on commence à créer les jardins anglais, inspirés par l'engouement des philosophes de ce temps pour ce qui rappelle exactement la nature (bois, grottes, collines, cascades).

semis une poussée rapide. Un sarclage opéré fin septembre leur permet d'atteindre tout leur développement, et la récolte de choux se trouvera prête à être vendue pour la plantation dans le courant de l'hiver. Le produit du champ en navets, augmentera l'ordinaire des vaches, et par conséquent la production du lait. Dans l'un ou l'autre cas, le revenu du terrain planté avec ses 22 hl. 50 de froment, s'accroît ainsi de 400 ou 500 francs à l'hectare. Le rendement sera supérieur encore si on sème les choux à la suite du trèfle incarnat. Quelle que soit la diversité de ces cultures, leur emplacement se trouve libre au début du printemps, l'orge qui donnera 29 hectolitres à l'hectare, et les trèfles violets (trémaine) ou luzerne pour l'année suivante. Si le fumier est rare, on utilisera le varech de rocher, coupé toujours au début de l'année, et le champ sera planté de pommes de terre. Celles-ci donneront à l'automne 80 quintaux à l'hectare de tubercules farineux. Ce rendement est subordonné à l'état d'humidité de l'atmosphère. En terre de campagne, la pomme de terre ne se multipliera pas dans un sol que les pluies auront trop fréquemment battu, endurci et refroidi ; par contre, une année pluvieuse servira les locataires des biens communaux au sol léger, friable et très perméable. Tout dépend donc des heureuses alternatives de la pluie et du soleil ; mais, que la récolte des pommes de terre soit avantageuse ou non, elle est enlevée pour permettre de labourer le blé à sa place, vers la mi-novembre.

Les biens communaux ou marais sont également recherchés pour le seigle (15 hectolitres à l'hectare), les choux d'hiver dits de Milan et les carottes, semis qui y réussissent à merveille. On y voit aussi des asperges, implantées à Hauteville dès 1845 (62).

Les assolements sont, légalement, de quatre années, et, pratiquement, de cinq ; cependant, pour reposer le sol, on l'ensemence en luzerne, qui se reproduit pendant six et même sept ans et qui, après une fumure de tangue franche (63), a préparé le sol à recevoir les graines de plantes sarclées (64) : oignons, poireaux, carottes, salsifis, panais, betteraves, semées à la volée. Les pois mange-tout ou à parchemin (pois canards, selon l'expression vulgaire), réservés aux jardins, les haricots à rames ou sans rames, et plus spécialement le haricot dit « prédommé », d'un bon rendement, très apprécié frais ou

---

(62) *Annuaire des cinq dép. de Normandie*, 1845.

(63) La plus légère, trouvée dans la couche supérieure des tanguières ne couvrant qu'en grande marée.

(64) Ce sarclage, débarrassant la terre des herbes inutiles ou nuisibles, nécessite un soin, un temps et une main-d'œuvre considérables, compensés par de meilleures et plus abondantes récoltes.

conservé (65), semés à la main, un à un, poussent très bien dans une terre préalablement bêchée et enrichie d'un compost de terreau, de fumier et de tangue mélangés (dans le patois du pays, on appelle ce compost « terrais »).

Voici, pour abréger, un tableau des principaux assolements de notre campagne :

Premier assolement	**Deuxième assolement**
Luzerne	Luzerne
1re Année, Oignon, carottes.	1re Année, Froment, choux.
2e » Pommes de terre.	2e » Oignon ou panais.
3e » Froment, trèfle incarnat.	3e » Pommes de terre.
4e » Choux.	4e » Froment.
5e » Orge et luzerne.	5e » Orge et luzerne.
Troisième assolement	**Quatrième assolement**
Luzerne	Luzerne
1re Année, Avoine, choux.	1re Année, Pommes de terre.
2e » Pommes de terre.	2e » Froment.
3e » Froment, navets.	3e » Pommes de terre.
4e » Haricots.	4e » Froment.
5e » Orge et luzerne.	5e » Choux pour les bestiaux puis au printemps orge et luzerne.

Les pommes de terre précoces (« taprennes », en patois ; d'autres disent « temprem », les premières), ramassées en juillet, permettent de planter à leur place des betteraves fourragères ou un semis de carottes de seconde saison. On pique également de jeunes betteraves autour des champs d'oignon.

On voit que la terre hautaise ne reste guère en friche. Bien labourer, soigneusement herser, fumer, « fouir » ou bêcher profondément, amender et sarcler le sol, sont les conditions indispensables du succès. Chaque petit propriétaire ou chaque fermier dispose de son lopin et le soigne le mieux qu'il peut sans perdre de temps. Binettes, sarcloirs, fourches en fer ou en bois, râteaux, houes, fléaux, herses, bêches en fer ou en tôle, serfouette, vans mécaniques ou en osier, faux, faucilles,

____

(65) La maison Pignolet, de Granville, alimente de ces conserves la France et l'Algérie.

ne sont jamais à la fois inoccupés. On n'emploie ni coupe-racines, ni hache-pailles. On commence cependant à triompher de la routine : les machines agricoles, depuis une dizaine d'années, ont pris une grande extension. Les propriétaires possèdent faucheuses et râteleuses. Le battage du blé est surtout fait par la machine à traction animale ; on pratique depuis longtemps l'irrigation des prairies. A la bêche ou à la charrue, on creuse dans les prés de la troisième partie, ou zône marécageuse, des rigoles de 0.20 centimètres de largeur et de profondeur égales, recevant l'eau des pluies qui dévalent le long des chemins, et que ces rigoles transportent dans toute l'étendue du pré.

On fume les herbages avec le compost ou terreau dont nous avons déjà parlé, formé de couches superposées de fumier, de tangue, de varech et de grattages de routes. Lorsque la décomposition est suffisante, on « lève la tombe » en mélangeant les couches, qu'on laisse s'échauffer encore quelque temps avant de les utiliser. On remarquera qu'il n'est fait emploi de nitrates et de phosphates que dans une proportion insignifiante. Le fumier, soit le fumier concentré et actif du cheval et du mouton, soit le fumier aqueux et lent des bovins et des porcs, est la base fondamentale de toute culture intensive. Il convient à toutes les plantes et à tous les sols, sur lesquels il exerce une action physique intense, en même temps qu'il leur restitue une partie des éléments qui lui sont empruntés. Il ouvre le sol, le rend plus meuble, plus léger, plus perméable à l'air, à la lumière et à l'eau, à tous les agents atmosphériques sans lesquels il n'y a pas de végétation possible. En plus de son rôle complexe, il se transforme en ces matières noirâtres qui constituent l'humus (66).

La tangue est un produit pulvérent dont voici la composition chimique, celle du moins qui sert de type à celle de la contrée, sous le nom de « tangue du Pont de la Roque » (67) :

Sels solubles	0.0026	On voit que les parties dominantes sont la silice et le carbonate de chaux : l'apport en est exclusivement marin. Sous l'action du flot, il s'opère une puissante trituration de matières sablonneuses et calcaires (coquilles et cette mixture absolument intime forme d'immenses dépôts). (68)
Carbonate de chaux	0.43	
Phosphate de chaux....	0.1030	
Silice	0.3760	
Alumine	0.0251	
Oxyde de fer	0.0183	
Matières organiq. et anim.	0.0440	
	0.9990	

---

(66) *Annuaire des cinq dép. de Normandie*, 1880.
(67) Ledureau, ibid. 1856.
(68) On évalue à 600.000 mètres cubes les dépôts annuels faits par la mer dans le havre de la Sienne (*Ann. des cinq dép. de Norm.*, 1856).

On élève à Hauteville-sur-Mer tout autant de chevaux qu'au temps où les voies de communication étaient impraticables et la traction automobile inconnue. Il faut nous souvenir que l'élevage du cheval était l'occupation favorite des Gaulois, et qu'elle devint celle des seigneurs de la féodalité. Ces derniers admettaient généralement la supériorité du sang arabe. C'était sur un de ces chevaux, cadeau du roi d'Espagne, que Guillaume le Conquérant combattit à Hastings. Dans les grands fiefs, un officier spécial, appelé maréchal au XIe siècle, était chargé de la surveillance des chevaux (alimentation, harnais et entretien des fers). C'est de là qu'on peut faire venir l'étymologie de maréchal-ferrant (*Ann. Norm.*, 1855).

La culture maraîchère ayant diminué d'importance en raison de la cherté et de la rareté de la main-d'œuvre, ainsi que de la difficulté d'écouler les produits, il était naturel que l'élevage des bestiaux augmentât en proportion ; le moindre cultivateur possède actuellement deux et même trois vaches laitières qui, grâce aux pâturages hautais, fournissent un beurre dont la qualité, la finesse et l'état de conservation ne le cèdent en rien au beurre renommé d'Isigny (69). Les bêtes à cornes appartiennent toutes à la race cotentinaise, bringe ou blanche cailletée (70). Beaucoup d'éleveurs prennent le souci de rechercher les taureaux primés aux concours dans les localités avoisinantes, car nul ne possède ici des bestiaux pour la reproduction. La faculté d'engraissement du bétail est remarquable, quoique l'usage des tourteaux soit à peine connu. On se contente de distribuer en hiver aux laitières des rations de carottes, de betteraves et de son ; aux bouvillons, des panais crus, productions du pays. Les chevaux mangent de l'avoine, du fromental et même de la paille d'orge en plus de leur fourrage sec, mais on ne leur donne aucunes plantes fourragères utilisées pour eux en certains endroits. La luzerne, fraîche ou sèche, est la base de leur alimentation, ainsi que le trèfle incarnat en plein été.

La récolte des fourrages se fait avec le plus grand soin. Il n'existe aucune meule ni entassement de paille, de foin ou de luzerne au dehors. Tout est mis en bottes, le plus régulières possible et entassées dans les greniers, « tassants » ou « solis » selon le mot du cru. Tous les chevaux et la grande majorité des bêtes à cornes sont rentrés l'hiver dans les étables. Ceux qui restent au pré sont laissés au libre — en bât non — dans les endroits les plus boisés, et toujours mis à l'abri en temps de neige.

---

(69) Depuis cinq ans, les écrémeuses sont utilisées.

(70) Il y a bien en tout une dizaine de vaches de race jersyaise.

Chaque maison possède quelques têtes de moutons et brebis, dont les agneaux sont fort recherchés pour la consommation, pouvant être, sans fraude, qualifiés de moutons de présalé : l'air de la mer assaisonne en effet leur nourriture d'une saveur âpre fort appréciée pour la qualité de la chair (71).

Chaque cultivateur élève par an un ou plusieurs porcs, spécialement pour l'alimentation de sa famille ; ils ne vaquent jamais en liberté ; on leur sert des choux blancs, des pommes de terre de qualité inférieure et des feuilles d'orine — du brou — en guise du gland, qui fait défaut. Les vastes cheminées hautaises sont des plus appréciées pour fumer jambons et andouilles. Chaque exploitation a également son petit lot de volailles. Là encore, la sélection des races se manifeste. Là où l'on ne voyait, il y a dix ans, que la poule noire, apparaissent les « Orpinthon », les « Faverolles », les « Leghorn », etc.

Avec une pareille somme de travail, si absorbant et si varié, personne ne s'étonnera que l'agriculture ne soit pas un métier où l'on se couche tôt. Elle suit, d'ailleurs, en cela, la tradition de tous les siècles. Pas plus au temps de Virgile qu'au nôtre, les bestiaux ne recevaient de bonne heure leur provende, « car leur marche lente attardait les laboureurs : *tardi venere bulbuci* » (*Bucoliques*, égl. 10).

L'agriculteur hautais est puissamment secondé, il faut le dire, par sa femme et ses filles ou sœurs, occupées au dehors comme au dedans. Certaines conduisent les chevaux, dirigent la charrue, bottèlent et entassent le foin. Toutes sarclent sans répit et sans impatience (72), récoltent les pommes de terre, arrachent les carottes, navets, panais, betteraves, les séparent, en plein hiver, de leurs feuilles glacées comme, à la même saison, elles arracheront et mettront en paquets de cent l'un les choux de semis remplis de givre. On les voit préparer les légumes pour le marché (73), les y porter et écouler la marchandise, acheter les brebis et les jeunes porcs, vendre les volailles, les œufs, le beurre qu'elles barattent et façonnent. Le soin des bestiaux s'ajoutant à tout le reste, elles traient les vaches, surveillent les veaux, conduisent les animaux aux pâturages, les changent (74), les abreuvent, les ramènent aux

(71) Les mères des tout jeunes agneaux sont alimentées avec des feuilles de lierre ou des rameaux de gui.

(72) La culture des choux exige deux sarclages, celle de l'oignon, jusqu'à trois et quatre : puis on sarcle blé, haricots, carottes, etc.

(73) Les marchés de la région où les cultivateurs et cultivatrices de Hauteville vont vendre leurs légumes sont : La Haye-du-Puits, Saint-Sauveur Lendelin, Coutances, Cerisy-la-Salle, Roncey, Saint-Denis-le-Vêtu, Marigny, Cenilly, Hambye, Percy, Gavray, Villedieu, La Haye-Pesnel, Saint-Lô, ce dernier pour les oignons aux foires de septembre.

(74) Dans notre région, a persisté la méthode plus avantageuse et recommandable du piquet.

étables en hiver. On les trouve à pétrir le pain, faire la cuisine, blanchir le linge, tricoter les vêtements de laine pour l'hiver et, en plus, très souvent, elles se transforment en pêcheuses pour rapporter, en vue du repas de famille, une friture de sole et une fricassée de lançon.

Dans ces conditions, on peut supposer que l'on jouit à Hauteville d'une prospérité générale. La vérité est qu'un Hautais travailleur, sobre et économe, peut arrondir son patrimoine, substituer l'ardoise au chaume, construire une maison à lui et des communs, avoir un attelage fringant, acheter des machines agricoles et s'entourer d'un bien-être ignoré de leurs ancêtres, il n'y a qu'un demi-siècle (75).

Si, parmi les jeunes gens, beaucoup se laissent tenter actuellement par le fonctionnarisme sous toutes ses formes, on est heureux de constater qu'un grand nombre de jeunes hommes hautais restent attachés à leur foyer, à leurs outils, à leur champ. Ils continueront la tradition qui en fera, après leurs parents, de bons cultivateurs et d'honnêtes citoyens, fiers de leur titre de laboureurs, en se souvenant de ces paroles de Swift : « Un homme qui a produit deux épis de blé au lieu d'un, est plus grand, à mes yeux, que tous les génies politiques ».

MESURES AGRAIRES ANCIENNES (76)

(Tableaux de comparaison publiés par ordre du préfet du départ. de la Manche en l'an X)

Pied de 11 pouces, perche de 22 pieds :
Une perche vaut 0 are 42915 ; 1 are vaut 2 perches 33.

Pied de 12 pouces, perche de 22 pieds :
Une perche vaut 0 are 51072 ; 1 are vaut une perche 958.

Pied de 12 pouces ; perche de 24 pieds :
Une perche vaut 0 are 6077 ; 1 are vaut 1 perche 645.

Pied de 12 pouces, perche de 22 pieds :
Une vergée vaut 0 h. 20124 ; un hectare vaut 4 v. 89508.

---

(75) Le canton de Montmartin-sur-Mer est celui qui donne le plus de trafic au chemin de fer de Lison à Lamballe pour le transport des houilles, ardoises, chaux, légumes, pierres à bâtir, tangues, du sable et du poisson (*Annuaire* 1876).

(76) Tableaux de comparaison publiés par ordre du préfet du département de la Manche en l'an X (*Annuaire de la Manche*, 1835).

**Vergées en hectares, pied de 11 pouces, perches de 22 pieds,
Vergée de 40 perches :**

Une vergée vaut 0 h. 17166 ; un hectare vaut 5 v. 82548.

Pied de 12 perches vaut 0 h. 24312 ; 1 hect. vaut 4 v. 11321.

MESURES DE CAPACITÉ, LIQUIDES

1 pot d'Arques vaut 1 litre 822 ; 1 litre vaut, 0 pot d'Arques 5488 : un peu plus d'un demi pot.

MESURES DE CAPACITÉ, SOLIDES

Lieux : Cerisy-la-Forêt, Percy, Villedieu, La Haye-Pesnel, Cherbourg, Sainte Croix Hague, Carentan, Cérences, Sainte Mère Eglise, Sainte Marie du Mont, Valognes, Portbail, Montebourg, Lestre, Saussemesnil, Blainville·

1 mesure vaut 3 décal. 27.96 (demeau), 18 pots.

La contenance des mesures variait d'un bailliage à l'autre.

Aujourd'hui, dans le langage vulgaire, on parle de mesures fictives : la *somme* pour les pommes de terre représente 2 hectolitres ; la *mesure* pour les pommes comprend 1 hectolitre et demi ; *la ruche* pour les grains est d'un demi-hectolitre.

POIDS

Kilogramme	vaut	2 livres	04288	1 livre	vaut	0 kilogramme	489506
Hectogramme	—	3 onces	2686	1 once	—	0 hectogr.	305941
Décagramme	—	2 gros	6149	1 gros	—	0 décagramme	38243
Décigramme	—	1 grain	8827	1 grain	—	0 décigramme	53115

MONNAIES FRANÇAISES DU MOYEN AGE

Le denier : vingtième du sou .... il valait 0 fr. 0247

Le double : deux deniers .... — 0 fr. 0494

Le blanc : cinq deniers ou le liard .... — 0 fr. 01235

Le grand blanc : 10 deniers, 2 liards ou 1 demi sou. — 0 fr. 02570

Le douzain : un sou...·............................... — 0 fr. 0494

Le six blancs : 2 sous 6 deniers.....................

L'écu sol : 43 à 50 sous .... — 2 fr. 47

Le teston : 10 sols 2 deniers valait 0 fr. 50......... exactement 0 fr. 49894

Le franc : 1 livre ou 20 sols........................ — 0 fr. 9880.

Le double de Henri II : 110 sous à 6 livres 17 sols : 5 fr. 47 à 6 fr. 75.

(*Journal d'un sire de Gouberville*).

La livre était une valeur fictive qui valait toujours 20 sols. On ne disait jamais 5 livres mais cent sous ; on ne disait jamais 80 sous, mais 4 livres : au-dessous de 80 on comptait par sous et en dessus par livres. La livre tournois valait 20 sous et la livre parisis 25 sous. Le sou tournois valait 12 deniers et le sou parisis, 15 deniers.

PARTIE HISTORIQUE

CHAPITRE V

Des origines à la domination française en Normandie (1204)

Orthographe des Chartes : Alta-Villa, Hautevilla, Hautamvillam. — Haulteville près la Mer, *(État-Civil XVIII⁰ siècle)*. Hauteville ou Hauteville-sur-Mer, *(XIX⁰ et XX⁰ siècle).* 1

> ... Dans ce jeu sanglant ou les peuples ont disputé
> de l'empire et de la puissance, qui a prévu de plus loin,
> qui s'est le plus appliqué, qui a duré le plus longtemps
> dans les grands travaux, enfin qui a su le mieux ou
> pousser, ou se ménager suivant la rencontre, à la fin a
> eu l'avantage et a fait servir la fortune même à ses des-
> seins.　Bossuet, (*Discours sur l'Hist. univ. ch. 2.*)

A l'origine des temps historiques, le terrain qui forme la Basse-Normandie, aujourd'hui le département de la Manche, était occupé par la race des Galls et faisait partie de la puissante confédération armoricaine. Les Armorikes (du celte ar-mor, près de la mer), ou tribus maritimes, comprenaient les nations riveraines de l'Océan et se composaient principalement des contrées formant de nos jours la Normandie, la Bretagne, la Saintonge et le Poitou. Vers le xiiie siècle avant Jésus-Christ, ces contrées occidentales furent envahies une première fois par les Kimris, d'origine scythique, sortis des régions voisines du Pont-Euxin (Mer Noire), mais en réalité venus d'Extrême-Orient. On les désignait sous le nom générique d'Aryens, d'un mot sanscrit qui veut dire noble, illustre, généreux, et la tradition leur donnait pour ancêtre Japhet, fils de Noé. Ils for-

---

(1) Hauteville, avec un seul *l*, s'emploie surtout au religieux, pour la paroisse. Hautteville, avec deux *l*, est adopté, en général, au point de vue commune et administration civile, pour éviter les confusions. L'orthographe avec un seul *l* est celle qui est le plus conforme à l'étymologie latine du nom : Alta-Villa.

maient la famille supérieure de la race blanche, la famille
indo-européenne (1 *bis*).

Les Kimris, mélangés aux peuples de l'Armorique, unirent
pour de longs siècles leurs destinées communes. Sur les bords
de l'Océan britannique, ils essayèrent, avec une énergie sauvage, de résister à la formidable pression des conquérants
romains. L'an 56 avant J.-C. (697 ans de la fondation de Rome
selon Varron), Virodovix, laboureur ou pêcheur, Unelle ou
Ambibare (2) dont les jeux, dans son enfance, s'étaient fixés
ardemment sur l'eau limpide de nos rivières sinueuses, sur les
arbres magnifiques et les futaies épaisses dévalant alors au
flanc de nos coteaux, ou sur les éclatants effets de lumière de
nos grèves, Virodovix se révéla, tout à coup, homme de guerre
et, soulevé par ce sentiment que les siècles à venir consacre-
raient patriotisme, il osa regarder en face les aigles d'argent
aux ailes éployées qui, en tête des légions, étincelaient au
soleil de la Gaule. Il entraîna à sa suite toutes les peuplades
de l'Ouest. En hâte, Cœsar donne le commandement de trois
légions à G. Titurius Sabinus, qui pénétra au cœur du pays
unelle, *in fines unellorum pervenit* (3), où il établit son camp.
A environ 2.000 pas (4), Virodovix vint camper également et
présenta chaque jour la bataille à l'ennemi : *Sabinus idoneo
omnibus rebus loco castris sese tenebat, cum Virodovix contra
eum duum millium spatio concedisset, quotidieque productis
copiis puguandi potestatem facere* (5). La trahison d'un Gaulois, en permettant aux Romains d'attaquer sur les deux flancs
l'armée de Virodovix, fut cause de son anéantissement : il
échappa à peine quelques fuyards. Certains auteurs marquent
le lieu de cette bataille sur les confins des forêts qui occupaient alors la baie du Mont Saint-Michel ; d'autres archéolo-
gues aussi sérieux pensent que ce camp, habilement choisi par
les Romains, devait être Montcastre, dans le canton de la Haye-
du-Puits (6). Quoiqu'il en soit, la levée en masse des Unelli,
attestée par le témoignage romain, dut comprendre dans ses
rangs quelques unités sorties des cabanes et des huttes qui
occupaient le territoire actuel de Hauteville, et ceux-là qui tombèrent aux côtés de Virodovix furent les premiers soldats hautais sacrifiés pour l'amour du sol natal...

(1 *bis*) Edouard Drumont : *La France Juive*, page 5. — *Annuaire des cinq
départements de Normandie*, 1872.

(2) Les Unelli occupaient le Cotentin ; les Ambibares ou Abrincatui,
l'Avranchin (*Mém. de la Soc. Acad. du Cotentin*, tome Ier.)

(3) *Comm. Cœsar*, de Bello-Gallico, cap. III.

(4) Le mille romain était de 1.000 pas ; la lieue gauloise de 1.500 ; deux
lieues gauloises équivalaient à une lieue française ou à 3.000 pas romains.

(5) *Comm. Cœsar*, de Bello-Gallico.

(6) *Mémoires de la Société Académique du Cotentin*, Ier.

Six mille hommes de notre contrée se dressèrent encore, défenseurs d'Alésia, sous les ordres de Vercingétorix, et partagèrent son infortune (7). Eux tombés, la Gaule ne fut plus qu'une province romaine. C'est la dernière fois que Cœsar écrit le nom des Unelli (50 ans avant J.-C.) : « *Imperant... universis civitatibus quœ Oceanum attingunt quœquœ eorum consuetidine armoricœ appellantur (quo sunt in numero... Unelli sena millia)* » (8).

La politique de Cœsar après la conquête n'eut d'autre but que de cicatriser les blessures faites par la guerre ; il y réussit de telle façon que les vaincus entrèrent dans ses armées. Une légion célèbre, nommée « l'Alouette », fut entièrement composée de Gaulois. Octave Auguste, après l'assassinat de son père adoptif (44), continua d'exercer sur les peuplades gauloises une domination modérée et protectrice, tout en leur imposant le régime administratif et fiscal du reste de l'empire. Il divisa le pays en quatre grandes provinces, ét, l'an 28 avant notre ère, vint lui-même dans les Gaules, où il aimait à séjourner pour veiller au fonctionnement des rouages créés par lui. Le territoire unelle fit dès lors partie de la deuxième Lyonnaise, dont il fut une des vingt-cinq peuplades. Ce fut Avranches (Ingena) qui en devint la ville principale. Déjà se traçaient les voies romaines dont les vestiges existent encore à présent. Celle qui traversait l'antique cité gauloise Cosedia (plus tard Coutances), venant d'Alauna (Valognes) et se poursuivant jusqu'à Rennes par le Repas, la Haye-Pesnel et Avranches, desservait également le territoire de Hauteville (9). Sans doute aussi à cette époque, les Romains, en plus des *explotatoria*, corps de garde échelonnés le long du littoral, fixèrent-ils dans certains centres une division de cohorte appelée *centenie*, réunissant tout à la fois l'autorité civile et militaire, et qui fut remplacée en premier lieu, au moyen-âge, par les prévôtés (10). Est-ce une centenie ou une explotatoria qui, dominant notre village des Carrières — Alta-Villa — régissait notre pays et lui donnait son nom en l'année 753 de Rome, année à jamais mémorable ? Ceux qui, parmi nos ancêtres unelli, se présentèrent à cette époque à la centenie pour le recense-

---

(7) Ibid.

(8) *Comm. Cœsar*, ibid. Il est à observer que les Unelles avaient copié l'organisation militaire romaine, en donnant aux divisions de leur armée le contingent exact de la légion romaine : six mille hommes.

(9) *Mém. de l'Acad. du Cotentin*. On a découvert des vestiges de cette voie à différents endroits et à plusieurs reprises, dans Hauteville. Le dernier tracé, relevé en plein village, date de 1911. La voie romaine présente des traces de roues à l'écartement des essieux supérieur à l'écartement actuel. Elle se trouve sous un chemin à environ 60 à 70 cent. de profondeur.

(10) Chanoine Pigeon : *Chronique du Mont Saint-Michel*.

ment général prescrit, comme dans toutes les provinces de
l'empire (11), aux habitants originaires de Hauteville, ne se
doutèrent pas que cet acte de soumission aux volontés romaines était accompli, à la même heure, à des milliers de lieues
de là, par une jeune femme enceinte qui, en misérable équi-
page et n'ayant même pas un toit où se réfugier, allait enfan-
ter le Christ (12). Ils ne se doutaient pas, créatures déshéritées
et obscures, que de cette heure silencieuse et solennelle partait une nouvelle ère effaçant les années de Rome et devant
bouleverser la face de l'univers (an premier du Christ) (13).

Tibère, successeur d'Auguste en l'an 14, fut loin de se montrer pour les Gaules aussi bienveillant que son père adoptif.
Il ordonna un défrichement général des forêts, asile des druides et orgueil des Gaulois, et en fit raser un grand nombre
(l'an 27). Tous les Gaulois honorés du titre de citoyens romains
eurent la défense de pratiquer la religion druidique. Les
Unelli, froissés dans leur sentiment national, se replièrent sans
doute sur eux-mêmes et se tinrent à l'écart des vainqueurs,
car nous voyons qu'en 79, ils forment encore une tribu indé-
pendante (14), et, s'il faut en croire une locution bizarre qui
s'est perpétuée jusqu'à nos jours, ils se montraient assez peu
respectueux de la puissance des Césars. En effet, nos paysans
expriment volontiers, au XXᵉ siècle, leur mécontentement contre quelqu'un par l'expression « grand vespasian » ; ils seraient
fort étonnés d'apprendre que Vespasien fut empereur romain
au premier siècle de notre ère, et d'une taille au-dessus de la
moyenne. Inconsciemment, l'accent et le dédain unelles, ont-
ils donc suivi si fidèlement le sang ?...

Lorsque les subdivisions romaines créées par Auguste se
furent peuplées de cités gallo-romaines, Cosedia (Coutances)
y prit rang. Ce fut là que résidèrent l'état-major et le chef
(tribun) de la première légion flavienne (15). La deuxième Lyonnaise conserva sa physionomie pendant 200 ans environ, c'est-
à-dire jusqu'au règne de Dioclétien (305). A partir de cette
date, les annales de la Gaule ne sont plus qu'une affligeante
liste des incursions des barbares sur les frontières de terre et
de mer. Maxime ravage tout sur la côte occidentale, c'est-à-
dire en Cotentin, en revenant d'Angleterre disputer l'empire à
Gratien (383). Les Unelli, noyés dans les flots des Romains et
des pirates, disparaissent comme peuple. Ils ne sont plus
figurés, dans la carte de Peutinger, exécutée sous le règne de

(11) *Mémoires de la Société Académique du Cotentin*.
(12) Evangile selon saint Luc, chap. II.
(13) Tous les historiens s'accordent pour attester qu'à cette date une paix
profonde enveloppait la terre.
(14) Pline, lib. IV.
(15) *Mém. de la Société Académique du Cotentin*, tome Iᵉʳ.

Théodose (395). C'est aux premières années du v⁰ siècle, de 406 à 410, que les principaux ravages des barbares s'exercèrent sur la seconde Lyonnaise. Les Alains, commandés par leur roi Tocaric, furent les principaux exterminateurs de la région armoricaine, c'est-à-dire de notre territoire. Constantia fut détruite de fond en comble, et la puissance romaine chez nous ne laissa plus de traces : l'anarchie, le désordre, les massacres sans doute, la famine et le pillage à coup sûr, régnèrent sur notre malheureuse contrée durant 60 ans : « Entre tous les membres de l'Etat, entre tous les moments de la vie de chaque homme venaient sans cesse se jeter les Barbares. » (16). En 445, les Franks de Clodion apparaissent, mais ils ne conquirent nos côtes et les îles sur les Romains et les Saxons que vers 471. Du reste, non plus modérés que les autres, ils restèrent maîtres d'un pays où ils avaient tout mis à feu et à sang (17). A côté des débris de la race unello-celtique, de nouveau tributaire, mais qui ne voulait pas mourir, ils formèrent, sous le sceptre de Clovis, la nouvelle race des Franks-Celtes, que nous appelons maintenant Français, et ce furent dès lors les mœurs franques qui réglèrent l'administration du pays (18).

En 497 ou 502, le calme étant rétabli et la région soumise au chef frank, ses soldats prirent paisiblement possession de Coutances. (19).

Lors du partage de l'empire de Clovis entre les quatre rois ses fils, notre région fut comprise dans la Neustrie ou Nouvelle-France de Childebert, et il ne subsista plus d'Armorique. Réunie au reste de la monarchie dans les mains de Clotaire I⁰ʳ (558), la Neustrie échut ensuite en partage à Caribert, roi de Paris en 562, avant d'être jointe au royaume de Soissons avec Chilpéric I⁰ʳ (566). Détachée en 622 pour former le royaume « du bon roi Dagobert » (resté si populaire aux petits enfants), elle passa à Clovis II en 638, avant d'être englobée dans le reste de la France en 670.

Quelles furent les joies et les douleurs de notre population pendant ce temps, sous le règne de ces princes et la tutelle des maires du Palais Ega, Archembeault, Ebroïn, Varaton, puis de leurs gouverneurs Pépin-le-Bref avant d'être roi, Guy, comte des Marches, et Merdelgault ? Personne ne saurait le dire. On était alors dans la plus grande ignorance, et les hom-

------

(16) M. Guizot : *Histoire de France.*
(17) M. Le Prévost : *Annuaire des cinq dép. de Normandie*, 1835.
(18) Le meurtrier d'un Frank paiera 200 sous d'amende ; le meurtrier d'un Romain propriétaire paiera 100 sous, le meurtrier d'un Romain tributaire (Gaulois) paiera 40 sous (loi salique).
(19) Lecanu : *Hist. des Evêques de Coutances.*

mes vivaient « comme des animaux sans raison » (20). Les premiers rois carlovingiens laissèrent encore moins de traces sur
notre territoire que leurs prédécesseurs de la première dynas-
tie. Quand parut Charlemagne, il se préoccupa de la situation
menaçante que créaient, sur le littoral neustrien, les invasions
sinistres des audacieux pirates du Nord, paraissant de cinq
années en cinq années pour se livrer au pillage. En 800, le
grand empereur visita en personne les côtes de la Manche,
afin d'étudier les moyens de défense propres à combattre les
barbares. En 802, le Cotentin et l'Avranchin figurent sur la
liste de tournée des trois *missi dominici* ou hauts commissaires
chargés de l'inspection de toutes les parties du service public (21) et d'examiner la manière dont on observait les capitulaires de l'empereur. Un d'entre eux recommandait de confier la copie des manuscrits à des hommes dont la science,
l'habileté et la fidélité étaient capables de lever toute crainte
d'altération. Ainsi, nous l'avons vu plus haut, furent rédigés
les *Polyptiques* et nombre d'actes enluminés avec un grand
souci de l'art et une abondance de dessins d'animaux et d'en-
roulements végétaux d'une grande beauté (22).

Combien de ces ouvrages précieux, fruits des labeurs d'un
moine habile et patient, au fond de son monastère, furent
anéantis dans les flammes allumées par les Normands ! Car
ces derniers étaient venus pour ne plus repartir. Pendant
cent ans, de 813 à 911, dans la petite chapelle du Hauteville
d'alors, comme sous les voûtes des églises urbaines de la Neustrie, retentit sans interruption la litanie fameuse : « De la
fureur des Normands, délivrez-nous, Seigneur ! » Aucun abri
ne se dressait pour recevoir les populations affolées : les châteaux-forts n'élevaient pas encore leur masse formidable ; les
fermes florissantes du temps des mérovingiens et de Charlemagne, n'avaient pour rempart que les haies de leurs clos, les
fortifications des villes romaines n'existaient plus. Dans la profondeur des seules forêts, les paysans trouvaient encore un
refuge précaire ou, réduits au corps à corps, s'animaient d'une
bravoure désespérée et luttaient avec leurs instruments de travail contre les haches de leurs terribles adversaires. Charles le
Gros, sans énergie et sans dignité, prit le parti d'agir en tributaire de tels envahisseurs et, pour satisfaire à leurs exigen-
ces, il établit même un tarif pour régler les contributions à
payer aux Normands par les villes, sans compter les bestiaux
et les grains qu'ils enlevaient dans les campagnes avec tout

(20) Archives du Diocèse.
(21) A. Le Prévost : *Annuaire*, 1835.
(22) *Mém. des Antiquaires de Normandie.*

ce qui était à leur convenance (23). En 837 ou 838, Bier et Hastings pillaient les îles du nord du Cotentin et se retranchaient derrière le Hague-Dick. La chronique de Tours cite Hastings comme le plus féroce, qui ne pardonne rien : « *Lotharii imperatoris anno primo, Hastings, innumera Danorum multitudine Franciam ingressus oppida, rura vicos, ferra flamma, fame depopulatur in primo sus adventu, Rotomagensis, Ebroas, Bajocas et cœtera Neustriæ civitates depopulati fuerant... Normani, gens aquilonalis, nostro generi plus œquo præcognita omnes viam maritimam pessum dedit atque ut vertus dicam in vastam redegu, solitudinem* (24).

Après avoir massacré les populations et fait subir d'affreux tourments aux femmes nobles et aux vierges... *infanda tormentum genera*, le vide et la désolation atteignaient un tel degré qu'on entendait les chiens aboyer à dix lieues à la ronde (25).

Le respect que nous gardons à nos ancêtres nous prescrit de nous arrêter là, et le dicton normand nous invite au silence (26).

Aux maux de l'invasion normande, s'ajoutèrent les terreurs inspirées en 842 par des phénomènes dont un témoin oculaire (27) nous a conservé la mémoire. Le 7 janvier, il apparut une comète qui dura 7 nuits ; le 1er mars et le 1er mai virent leurs nuits éclairées par des aurores boréales ; le 30 mai, jour de l'Ascension, la lune s'éclipsa totalement ; le 22 octobre au soir, commençait un tremblement de terre dont les secousses revinrent pendant sept jours. Serait-il téméraire de penser que ces commotions sismiques provenaient de la mer, achevant la destruction et l'engloutissement de la forêt de Scissy ? (28).

Et pendant ce temps, spectateurs de ces désastres, les rois de France, pour les combattre, ne s'arrêtaient qu'à des mesures insignifiantes. En 866, les Normands avaient détruit Coutances de fond en comble (29). En 869, Charles le Chauve cédait le comté de Coutances à Salomon, roi de Bertagne, à la condition de s'opposer aux Normands : aux méfaits des hommes du Nord s'ajoutèrent donc les déprédations des Bretons, de telle sorte que le pays eut deux ennemis au lieu d'un. En 878, les soldats de Salomon remportèrent une victoire dans

---

(23) *Chronique du Vieux Granville*, J. Meniger.
(24) Guillaume de Jumièges, lib. I, cap. 6 ou 8.
(25) *Historiæ Normanorum scriptores*, ibid.
(26) « Ne crache pas en l'air, il t'en retombera sur le bec », ce qui veut dire : n'insulte pas tes aïeux ; tu as hérité de leur actif et de leur passif : leurs vertus ou leurs défauts se retrouvent en toi.
(27) Le chroniqueur de Fontenelles.
(28) Voir le chapitre III : Envahissements de la Mer.
(29) Quenault : *Annuaire des cinq dép. de Normandie*, 1866.

les environs de Coutances. Où se donna le combat ? Dans les environs de Hambye (30), sur les hauteurs de Nicorps (31), ou sur notre territoire ? Bien que les Bretons fussent vainqueurs, ils ne reprirent pas Coutances. Cela semblerait prouver que leurs ennemis, informés de leur arrivée, allèrent au-devant d'eux et que, par eux battus, ils purent opérer la retraite et s'abriter derrière les remparts de la ville. Or, quelle route durent suivre les Bretons, sinon celle de Rennes à Coutances, traversant Hauteville, la seule praticable dans ce temps de barbarisme où, depuis la domination romaine, aucun chemin n'avait été construit ?

Au nord de la commune, au sommet d'un coteau s'étalant sur une longueur de 250 mètres, à 100 mètres de l'ancienne route de Coutances dite « Grand Chemin », qui s'était substituée à la voie romaine et occupait, sans nul doute, le même emplacement, se trouve un champ qu'on nomme encore aujourd'hui « le Camp de Bataille ». Est-ce là que Normands et Bretons prirent contact ?

Après les invasions, les guerres, les brigandages, le meurtre, le viol et l'incendie, vint l'inévitable famine, et, comme couronnement de tous ces maux, l'inévitable mortalité (32). En vain, en 912, le traité de Saint-Clair-sur-Epte permit-il l'espoir de jours meilleurs. Riouf, comte du Cotentin, s'insurgea contre le duc Rollon ; il arma le pays et entraîna ses troupes jusqu'à Rouen, où il fut écrasé (931).

Le pays, cependant, avait pris le nom de ses nouveaux maîtres. Quand Rollon eut partagé la terre entre les chefs et les soldats de ses troupes, il organisa l'hommage et l'impôt féodaux, définissant les droits respectifs de l'aristocratie normande et les devoirs de chaque vassal envers son suzerain, avec l'obligation du service militaire pour tous les vassaux (33). Il fit aussi reconstruire les murailles et les fortifications des cités et en fit faire de nouvelles. S'étant spontanément reconnu lui-même vassal du roi de France et tenant ainsi la Normandie à titre de fief régalien (34), il s'assura, paraît-il, comme propriété personnelle les territoires situés spécialement sur

---

(30) Cette hypothèse de Hambye se baserait sur ce qu'Alain, fils de Salomon, croyant avoir suffisamment établi sa domination dans le comté de Coutances, donna alors Hambye à l'Eglise de Nantes, pour la dédommager des pertes que lui avait causées l'invasion normande (*Arch. de la Manche*).

(31) Lecanu : *Histoire des Evêques de Coutances*. — Dans le contrat qui cédait à Salomon le comté de Coutances, le roi ne se réserva que l'évêché (Le Provost).

(32) Lecanu : *Histoire des Evêques de Coutances*.

(33) Meniger : *Chronique du Vieux Granville*.

(34) C'est-à-dire venant du roi. Les métairies dépendant des vassaux au titre non régalien s'appelaient des vavassoreries.

notre côte. Il est certain, en effet, que Guillaume Longue-Epée, son fils et héritier, prêta serment au roi de France en 933, en lui faisant hommage de vassal pour le Cotentin, l'Avranchin, avec tous les fiefs, villes et abbayes qui s'y trouvaient : « *Comitatem Constantium cum omnibus fiscis et villes regiis et abbatiæ in eodem comitatu consistentibus* ». De même, en 1008, le duc Richard le Bon donna en dot à Judith, sa femme, 101 domaines considérables dont un grand nombre dans le comté de Coutances ; Richard III, celui-là même que son gouverneur sauva enfant dans une botte de foin, épousant en 1027 Adèle, fille du roi de France, lui donna dans le Cotentin plusieurs cours et manoirs, au nombre desquels figure Agon (35). Le comté de Coutances, pour un temps, avait été donné pour asile par Guillaume Longue-Epée, puissant et généreux, à Harold ou Haigrol, roi des Danois, qui, détrôné par son fils, arriva en suppliant avec 60 vaisseaux ancrés sur notre côte autant de temps qu'il lui fut nécessaire, pour faire construire d'autres navires afin d'aller reconquérir son royaume perdu (945) (36). Guillaume donna à ceux des Danois qui voulurent se faire chrétiens, rester ou revenir après la restauration d'Haigrol, de grandes possessions en Cotentin (37).

Les faciles conquêtes et les avantages des devanciers, attirèrent bientôt d'autres peuples, et les Anglais eux-mêmes débarquaient à Barfleur (993) une armée qui fut totalement détruite par Néel ou Nigel de Saint-Sauveur, vicomte du Cotentin. Le peu de fuyards qui échappa rapporta en Angleterre qu'il avait combattu contre les habitants d'un seul comté, « gens fiers et invincibles ; non seulement les hommes, mais aussi les femmes sont vaillantes et guerrières, lesquelles, avec les seuls leviers (38) dont elles portent leurs cruches, assomment les plus vaillants de leurs ennemis » (39). Dès cette époque, nos ancêtres étaient accoutumés à mettre toujours en fuite leurs ennemis et à ne reculer devant personne ; le caractère indépendant de leur race avait rejeté le servage et, dès l'an 1000, ils l'avaient également aboli à l'égard des Neustriens qu'ils avaient dans leurs rangs. Le coutumier de Normandie, en conséquence de cette franchise, accordait aux populations du duché le droit de tester et d'accepter le duel. L'ordre commençait à renaître, lorsqu'éclata une terrible

---

(35) *Recueil des Historiens de France*, tome VII.
(36) Guillaume de Jumièges.
(37) Renault : *Essai historique sur Coutances*.
(38) Ce sont les « jougs », appelés à Hauteville « joukets ».
(39) Ubi non modo sunt viri fortissimi bellatores sed et feminæ pugnatrices robustissimos quosque hostium rectibus hydriarum suarum es cerebantes ; a quibus omnes scito nos extinctos esse milites. (Guillaume de Jumièges, livre V, chap. IV. Historiæ normanorum scriptores).

famine causée par le dérèglement des saisons. Plusieurs personnes furent brûlées pour avoir mangé de la chair humaine. Comme on ne pouvait suffire à enterrer les morts, on creusa des charniers où on les jeta pêle-mêle (40). Ce n'était pas assez : toutes ces horreurs excitant le désespoir des paysans, ceux-ci se révoltèrent et Raoul, comte d'Evreux, oncle du duc de Normandie Richard, noya l'émeute dans le sang (1025). Il fallut une seconde fois faire face aux Bretons ; Auvray et l'intrépide Nigel de Saint-Sauveur les écrasèrent près de Vire en 1032. Ceux des nôtres qui sont tombés sont remplacés par les levées d'hommes que Robert le Magnifique entraîne en Bretagne (1033), ensuite en Palestine (1035). La guerre civile fomente ; sitôt le duc parti, et la bataille de Valmery (1039) est fatale aux gens de chez nous. La peste suit tous ces désordres (1040): « châtiment spécial, disent les vieux chroniqueurs, pour les Neustriens rebelles à l'application de la Trêve de Dieu » (41). De toute cette extermination des gens par les fléaux, les guerres, les incendies, les rivalités des suzerains, de tous ces maux qui frappaient indifféremment seigneurs, hommes d'armes, vilains, citadins et paysans, parmi les querelles et la brutalité des mœurs (42), devait éclore un renouveau de vitalité : « Dans l'isolement où chacun vivait, exposé à tous les périls, l'âme se retrempa, la famille fut réorganisée, la femme reprit son rang dans la famille. Elle devint l'objet d'un culte, elle excita la poésie des trouvères et les beaux gestes des chevaliers » (43).

La race actuelle normande s'enfanta dans toutes ces épreuves. A la veulerie de la race celtique opprimée, à la lâcheté et aux vices bas des Romains de la décadence, les Franks et les Normands substituèrent leur ardeur belliqueuse, robuste, ardente, habile, fière jusqu'au haro (44), montrant à tous les coins de l'Europe ses qualités et ses forces, suivant en Sicile (1053) les fils de Tancrède, seigneur d'un autre Hauteville, à 31 kilomètres du nôtre, et décidant au Concile de Lillebonne (1066) la conquête de l'Angleterre.

---

(40) Glabert, IV, hist. 4.
(41) Rapporté par Fleury, *Hist. ecclés.*, tome XII.
(42) In his pro certo diebus (1048), ut legitur in libro negro, eadem rudis erat et imbecillis ecclesia constantiensis (Gallia Christiania).
(43) Victor Duruy : *Histoire de France.*
(44) La clameur de haro était une formule par laquelle les Normands en appelaient à leurs ducs de toute injustice qui leur était faite. Elle suspendait aussitôt toute action commune et s'employait contre toutes personnes, même contre le roi de France. C'est à quoi nos rois firent allusion dans leurs ordonnances depuis la réunion de la Normandie à la couronne, en ajoutant toujours cette clause : « Et ce, non obstant clameur de haro. » Les baux ou actes notariés faits sous Louis-Philippe renferment encore la mention « droit de clameur » (archives personnelles).

Avant ce grave événement, Guillaume le Bâtard résida à Coutances. Le comte Nigel, emporté par les succès obtenus sur les Anglais et les Bretons, était devenu un des plus ardents adversaires de la suzeraineté du nouveau duc. A la nouvelle de sa révolte, Guillaume « quitta précipitamment le bourg de Coutances » (45). Il est certain que les fiefs appartenant aux partisans du fils d'Arlette fournirent des troupes et des chevaliers pour l'expédition en terre anglaise ; et il est également certain que Hauteville en faisait partie, puisque nous voyons plus tard les seigneurs de Hauteville, restés fidèles à Jean sans Terre, héritier de leurs ducs, être dépossédés au nom du roi de France de leur fief normand en faveur des Paynel. Geffroy de Montbray, évêque de Coutances, avait du reste suivi la fortune du duc et resta toujours son auxiliaire et son confident, même sur les champs de bataille (46). Les nouvelles possessions que les seigneurs normands reçurent en Angleterre n'améliorèrent pas la situation des populations normandes (47). Les crimes et la misère furent leur lot sous le duc Robert, fils du Bâtard, à tel point que les gens de bien en appelèrent à son frère Henri, roi d'Angleterre, pour y apporter quelque remède. Débarquant à Barfleur, il fut reçu à Carentan par l'évêque de Séez, qui lui dit : « Le duc votre frère a dissipé en bagatelle toutes les richesses de cette grande province. Il en est réduit à une si grande pauvreté qu'il reste le plus souvent jusqu'au soir sans manger, faute de pain, comme il est contraint de demeurer au lit parce qu'il n'a ni bas, ni culotte, ni pourpoint ! » (45). Robert, battu à Tinchebray, perdit la Normandie (1106). Henri, qui avait d'abord acheté le comté du Cotentin, réunit ainsi sur sa tête toutes les couronnes de ses frères. Il fit régner l'ordre et fortifia Coutances, Cherbourg et Gavray (48). Le mal des ardents (la peste) fit de nouveau de grands ravages en 1109, avec une recrudescence en 113 (32). A la mort d'Henri Ier, des divisions

---

(45) Toustain de Billy.

(46) Orderic Vital : Ideoque loricatos milites ad bellandum quam clericos ad psallendum noverat.

(47)
       A plusors dona viles, c chastels, et citez
    Dona champs, dona rentes, dona molins et prez
    Dona broils, dona terres, dona grant eritez
    Solone les genz servises et solone lez bontez
    Solone lor gentillesse et solone lor aez
       A plusors qui l'orent sui
       Et ki l'orent lunges servi
       Dona chastels, dona citez
       Dona maneirs, dona comtez
       Dona terre as vavassors
       Dona altres rentes plusors.
       (Robert Wace. Roman de Rou, vers 1928 et suivants).

(48) *Chronique du Vieux Granville.*

politiques armèrent la province et la déchirèrent. Le comté du Cotentin n'existait plus, et notre localité dépendait du comté de Mortain (49), le seigneur de Mortain, Etienne de Blois, disputant la couronne d'Angleterre à Mathilde, fille de Henri et femme de Geffroy d'Anjou, ce dernier envahit les fiefs d'Etienne. Le frère de Mathilde, Renaud de Dunstan, troubla le Cotentin, de concert avec Beaudoin, adversaire d'Etienne. Le vicomte Roger de Coutances lui résista vigoureusement, mais tout le pays fut désolé, Cérences pris par les Angevins, les paysans pillés et rançonnés, les troupeaux égorgés (1134) (49 bis). Geffroy confisqua sur les seigneurs de la Haye-Pesnel et de la Haye-du-Puits les châteaux de la Haye, Muneville, Bricqueville, Chanteloup, Saint-Georges de la Roque à Montchaton et Regnéville, qui venait d'être armé pour la première fois (1140) (50). Les Paynel de Hambye furent moins militants, étant fidèles à Mathilde et n'ayant pas de si grandes forteresses pour refuge (32). Mais quels ne furent pas les maux supportés alors par Hauteville, situé à peu près à 6 kilomètres du théâtre des opérations, entre tous ces châteaux-forts où vivaient des troupes portées à tous les excès !

Les ruines, s'il y en eut ici, se réparèrent sans doute puisque, sortant du domaine de l'hypothèse, nous trouvons Hauteville existant en 1186, avec le nom de son seigneur, celui de son curé, ayant son église, son casuel et étant tenu pour assez important pour offrir à l'abbaye de Savigny le patronage de cette église et les deux tiers de ses dîmes (voir Chapitre IX) (Charte de 1186, *Archives Nation.*, L. 971). Le geste du seigneur de Hauteville liait désormais l'avenir de son fief à celui d'un des plus puissants monastères du moyen-âge.

Vingt ans plus tard, la félonie de Jean sans Terre, comte de Mortain, assassin de son neveu Arthur de Bretagne, fournissait enfin à Philippe-Auguste le moyen de couper les attaches qui reliaient la Normandie à l'Angleterre et la prise de Mortain nous rendait définitivement Français (1212).

----

(49) A partir de 1255, le comté de Mortain devient la vicomté de Mortain, dépendant du grand bailliage du Cotentin ; le sceau de cette vicomté est au catalogue de Demay, celui de la vicomté de Hambye également. (Mortain : sceau rond de 36 m/m., un buste à droite, accompagné de 2 fleurs de lys dans un trilobe ; légende détruite (1370). — Hambye : écu fascé de 10 pièces, au lion parti d'un fascé de 6 pièces à l'orle de merlettes (1457).

(49 bis) Orderic Vital, moine de Saint-Evroult : *Mortain*.

(50) *Annuaire des cinq départements*, 1866. — Le seigneur de la Haye-du-Puits, contraint de se rendre à Geoffroy d'Anjou, se vit imposer la condition humiliante de sortir de la place avec la selle sur le dos. — Du Chesne : *Hist. norm. sculpt.*, p. 259.

QUELQUES-UNS DES ANCIENS ADMINISTRATEURS
DU COTENTIN (51)

Eudes à Chapel, Robert Bertrand, vicomtes sous Guillaume le Conquérant (1060).

Néel de Saint-Sauveur, Néel II, Néel III (xiie siècle), vicomtes.

Roger II, vicomte (1130).

Richard du Hommet, Guillaume du Hommet, connétables pour les rois anglais en Normandie (xiie siècle).

Guillaume, fils de Raoul, sénéchal (1190).

Henri, fils de Henri II, grand sénéchal (xiie siècle).

Garino de Glapion, sénéchal (1199).

Raoul Taisson, sénéchal (1201). — Guillaume Baldric, bailli des Juifs (1204). Jean sans Terre était constamment escorté de Juifs, ses créanciers. — Renaud de Cornillon (1207, bailli. — Geoffroy de Bulli (1234), bailli. — Jean des Maisons (1243), bailli. — Milon de Lévis (1256), bailli. — Chrétien le Chambellan (1282), bailli.

Guy Crestien (1306), bailli. — De Valdemont (1331), bailli. — Jean Blondel (1332-1338), bailli. — Philippe de Chennevières (1350), vicomte. — Adam Dampmartin (1352), bailli. — Amaury de Meulan et Robert de Clermont, lieutenants ès-parties du Cotentin (1356). — Etienne Hecquet (1357), vicomte. — Guillaume du Merle, sire de Messey, bailli (France), (1358-1368). — Ferrando d'Ayens, lieutenant du roy de Navarre (1360). — Guillaume Dourdain, bailli (Navarre) (1369). — Amaury Regnoult (France) et Jehan des Ysles (Navarre), vicomtes (1370). — Jehan de Vienne, lieutenant en Basse-Normandie (France) (1374). — Nicolas Marie (1384) et Gilles de la Roque (1386), vicomtes (France). — Jean Ailgembource, bailli (France) (1396).

Jean Hune, vicomte (1418) (France). — Jehan de la Court, bailli (France). — Jean d'Aschton, bailli (1420) (Angleterre). — Jean Harpeley (ibid.), bailli (1430-1440). — Nicolas Burdet (France) (1423), bailli. — Bertin Autéosil (Angl.), bailli (1449). — Artus de Montauban (1450) et Odet d'Aidie (1458) baillis (France). — Jean Blosset, grand sénéchal (1479).

Louis d'Estouteville, grand sénéchal de Normandie (1455). — Jean Daillon, grand bailli (1465). — Michel d'Estouteville, lieutenant sous François Ier. — Gilles Dancel, lieutenant (1570). — Pierre de Rihoucy, vicomte, et Jacques de Mali-

____

(51) Léopold Delisle : *Hist. de Saint-Sauveur-le-Vicomte.* — *Rôles de l'échiquier sous les rois anglais,* Rouen. — *Mém. de la Société acad. du Cotentin,* tome III. — *Annuaires de la Manche.* — *Histoire du Cotentin,* G. Dupont. — *Biblioth.* de Coutances.

gnin, gouverneur, lieutenant général en Basse-Normandie (1600). — Duc de Longueville, lieutenant et gouverneur (1640). — Bon Thomas Castel, bailli (1678).

Le dernier grand bailli du Cotentin fut Maximilien-René-
Pierre, marquis de Blangy (1789). Etant absent, il ne signa
pas les lettres du roy (24 janvier 1789).

FONDATION DE SAVIGNY

> De quel côté que le vent vente
> L'Abbaye Savigny a rente.
>
> (*Dicton populaire du Moyen-Age.*)

En 1050, naissait à Tierceville, près Bayeux, Vital, fils de
Rainfroy et de Roharde, qui se fit ermite trente ans dans la
forêt de Mortain, où il vivait de pain d'avoine, de miel sauvage et de lait ; un assez grand nombre de solitaires s'étant
unis à lui, ils se fixèrent tous dans la forêt de Craon, en
Anjou (1103), pour passer ensuite, étant plus nombreux, dans
la forêt de Fougères, à l'entrée de la Bretagne. Raoul, qui en
était seigneur, les y laissa paisibles pendant quelques années,
mais comme il aimait passionnément la chasse, il craignit que
« ces ermites n'effrayassent le gibier » et préféra leur abandonner celle, plus éloignée, de Savigny, au diocèse d'Avranches. Vital s'y retira en 1105 (1). L'acte de donation des restes d'un vieux château et de la forêt pour y fonder un monastère fut passé le 25 janvier 1112. Le voici tel qu'il existe à la
Bibliothèque de Fougères (Traduction de M. de Pommereul, 1763) : « Moi, Raoul de Fougères, attendant la fin et
consommation de toutes choses, voulant pourvoir à mon salut
dans l'autre monde, voyant que je n'y puis compter vu mes
mérites, j'ai pensé qu'il fallait acheter des pauvres d'esprit le
royaume des cieux qui leur appartient, désirant donc de les
avoir toujours pour avocats dans la céleste cour dont ils sont

---

(1) *Vie de Saint Vital*, par Etienne de Filgères, moine de Savigny, évêque
de Rennes (1178).

à la fois concitoyens et membres distingués, je me réfugie chez eux comme dans une sainte forteresse, afin que leurs prières m'obtiennent mon salut, la mort et l'enfer devant être mon partage si l'on ne considère que mes vertus. Moi Raoul, avec ma femme Avicia et mes fils Méen, dit Frangalo, Henri et Robert, je donne donc à Dieu et à dom Vital hermitte, la possession du couvent de Savigny, la forêt de ce nom, bornée d'un côté par la rivière Chamba (Les Chambres), vers le Maine, et par le ruisseau Chambenesta, qui la sépare d'un autre côté du bourg de Savigny. L'Esprit avait dit dans un psaume : Le Seigneur a planté les cèdres du Liban afin que les moineaux sacrés puissent nicher à l'abri de leurs branches. Je fais donc cette donation pour mériter la santé de nos corps et le salut de nos âmes, c'est-à-dire pour la mienne et celles de ma femme, mes enfants, mes pères, seigneurs, amis, barons et en général de tous les fidèles morts et vivants, et je l'exempte de tout droit et servitude pour qu'on en jouisse comme si on ne la tenait que de Dieu, sans craindre les dommages qu'y voudraient faire aucuns clercs ou laïques ; que personne n'ose troubler le repos et n'inquiète en rien sur ce don les serviteurs de Dieu que Turgis, évêque d'Avranches, a exemptés de la juridiction épiscopale ; que celui donc qui voudra ou osera attenter à cette donation, ou enlever ou nuire en rien à cette église, soit frappé d'un anathème éternel jusqu'à ce qu'il ait fait une réparation dont on soit satisfait ; et ont signé : Raoul, Avicia, Méen Frangalo, Henri et Robert, et pour témoins : Hamelin et Juhel de Mayenne, Harcouest et Philippe de Saint-Hilaire, Robert d'Avranches, Batard du Châtellier, Méen de Poilley » (2).

Un des vitraux de l'église Saint-Léonard de Fougères représente la scène de la donation : en présence de dom Vital et de ses moines, « Raoul donne à l'hermitte, la charte portant son sceau » (3). Le sceau de son petit-fils Raoul II est apposé sur deux chartes de 1155 et 1157 (4). Dans la première de ces chartes, « Raoul, par la grâce de Dieu baron de Fougères, à tous mes barons et fidèles vassaux, salut. Roger le voyer et son fils se sont présentés à ma cour, devant moi et mes barons, et ont accordé à perpétuité en aumône aux moines de Savigny une terre en Louvigné avec ses dépendances. »

---

(2) Archives de Fougères.
(3) Sceau rond, 80 millim. Type équestre, haubert quadrillé, casque conique à nasal, bouclier vu en dedans. Exergue : *Sigillum Radalfi Fulgeriensis domini.* (Inventaire des sceaux de Demay, Biblioth. de Rouen).
(4) Sceau : type équestre, haubert et chausses quadrillés, casque conique à nasal, bouclier vu en dedans, étrivières en chainette, tige de l'éperon en pyramide. Sceau rond 76 millim. (Arch. de la Manche, abbaye de Savigny).

7

En 1157, Raoul donne aux moines de Savigny un domaine nommé la Malleria (Mallière) (5) que Guillaume le Batard et ses fils Ruellon et Richard « calumniaverunt » aux moines. Ceux-ci, pour le bien de la paix, leur versèrent de l'argent. Henri Ier et son père Raoul Ier, fondateur de l'abbaye, se firent tous deux moines de Savigny, où ils moururent, le fils en 1151 et le père en 1126.

Raoul II, adversaire de Henri Plantagenest, généreux bienfaiteur de l'abbaye de Savigny, lui confirma en 1163, les dons faits du consentement de ses frères Frangalo, Guillaume et Robert et de ses fils Juhel, Guillaume et Henri, « étant croisés et prêts à partir pour Jérusalem ».

Raoul II mourut en 1194 dans un château qu'il avait fait construire près le monastère de Savigny et fut inhumé dans l'abbaye. Il laissa un petit-fils, Geffroy, père de Raoul III. Celui-ci, dernier successeur mâle, rendit hommage à saint Louis en 1231. La baronnie de Fougères (6) devint alors fief de France (voir chap. VI et chap. IX).

Il faut croire que Vital et ses moines, de 1105, date de leur entrée au vieux château de Savigny, jusqu'à la signature de l'acte de donation, n'étaient pas restés inactifs, puisque dès le 2 mars 1112, Henri Ier d'Angleterre, duc de Normandie et comte de Mortain, confirme cette donation : « Le roy à tous baillis et fidèles, salut, qu'ils sachent que nous recevons sous notre privilège et deffence l'abbé et couvent de Sainte-Trinité de Savigny, en notre duché de Normandie, avec ses terres, hommes et possessions qu'elle possédait avant notre avènement dans notre duché (7). Toutes les démarches étant donc remplies et la bulle d'approbation décrétée par Pascal II et datée de Latran (23 mars 1113), ayant ordonné l'annexion de la congrégation de Savigny à l'abbaye de Citeaux, où brillait saint Bernard, la réputation de l'abbaye s'étendit de jour en jour. Dès le début, elle comptait 140 religieux (8). Vital assista au Concile de Rennes (1119). Il y prononça plusieurs discours remarquables ; on lui attribue divers miracles, entre autres celui d'avoir ressuscité un soldat tué dans une rixe (9). Il mourut en 1122. Une clarté surnaturelle illumina l'église où il s'était fait transporter pour un office de la Sainte Vierge. Son corps resta exposé trois jours à la vénération des fidèles et fut

----

(5) Un des villages de Hauteville porte le nom de Mallières.

(6) La baronnie se composait de trois châtellenies. Elle relevait ordinairement de la couronne et était indivisible. (Ch. Fierville : *Mém. des Antiquaires de la Société du Cotentin*).

(7) Traduction de Pommereul, Fougères.

(8) Un des faubourgs de Fougères a conservé jusqu'à la Révolution le nom de Vieux-Savigny.

(9) Héliot : *Histoire des Ordres monastiques*, tome VI.

inhumé dans l'église. Ce fut sans doute en souvenir du fait extraordinaire qui s'était produit à sa mort que l'abbaye changea son vocable de Sainte-Trinité contre celui de Sainte-Marie ou Notre-Dame, qu'elle porte dans la charte concernant Hauteville (1186) et qu'elle continuera à porter dans la suite des temps (10).

C'est le moment de parler ici, à propos de saint Vital, d'une des coutumes les plus intéressantes du moyen-âge. Lorsque mourait quelque grand dignitaire laïque ou ecclésiastique, on inscrivait sur un parchemin plus long que large pour la facilité de le rouler — d'où le nom de rouleau — les faits dignes d'éloges, les bonnes œuvres et les vertus de la vie du défunt. C'était ce qu'on appelait des *tituli*. Un membre de la communauté ou de la famille à laquelle il appartenait se chargeait alors du rouleau et voyageait dans toutes les contrées environnantes pour le communiquer au clergé et demander des prières. Des services solennels étaient alors célébrés dans toutes les églises où s'arrêtait l'envoyé. Le rouleau de saint Vital, rédigé pieusement par ses religieux, mesurait 9 m. 50 de long sur 2 m. 25 de large. Il ne contenait pas moins de 208 *tituli* funèbres et était écrit des deux côtés. Après avoir traversé un grand nombre de provinces françaises, le porte-rouleau parcourut 25 comtés d'Angleterre (11).

Les premiers successeurs de saint Vital comme abbés de Savigny, Geoffroy et Guillaume, furent placés comme lui au rang des saints. Geoffroy augmenta l'austérité de l'observance, quoiqu'elle fût déjà considérable, et mourut vers 1138. Ensuite vint Evans, dit Langlois, natif d'Avranches de parents anglais, et recommandable par sa science et sa piété. Mais il ne gouverna qu'un an et Serlon lui succéda en 1140. Il fut ferme dans son administration et assista au Concile de Reims, où saint Bernard le présenta au pape Eugène. La congrégation de Savigny était alors composée de trente-trois abbayes, sans les maisons de filles. Le pape Eugène confirma l'union de Savigny avec Citeaux par une bulle donnée à Reims l'onzième d'avril 1148. Saint Bernard envoya à Savigny un de ses moines nommé Thibaud, pour instruire les religieux des usages de Citeaux. Ils quittèrent leur habit, qui était gris, pour prendre le blanc et se conformèrent en tout au reste de l'ordre. Après la mort de saint Bernard, Serlon se retira à Clair-

---

(10) Archives de Savigny, *Vie de dom Vital*, et *L'Abbaye de Savigny*, par Hippolyte Sauvage. Mortain, Edit. A. Leroy.

(11) *Vie de saint Vital*, par Etienne de Fougères, évêque de Rennes (Léopold Delisle).

(12) *Histoire ecclésiastique*, Fleury, tome XIV.

vaux, où il mourut saintement en 1158 (12), laissant une grande réputation d'éloquence ; ses sermons et discours sont conservés à la Bibliothèque Nationale.

La vénération populaire avait assuré un culte à saint Vital dès après sa mort. Les trois évêques du Mans, d'Avranches et de Rennes élevèrent son corps « au-dessus de terre » et l'exposèrent en 1181 pour le déposer, en présence de Raoul de Fougères et d'une foule considérable de seigneurs et de peuple, dans une châsse de bois lamée de plomb et avec une inscription (13). Saint Geffroy, saint Guillaume et sainte Adeline, sœur de saint Vital, reposaient également dans l'église primitive. L'église abbatiale, commencée par Joscelin (1213) fut inaugurée le jour de l'Assomption. L'archevêque de Rouen et tous ses suffragants la consacrèrent solennellement le 10 mai 1220. Etienne de Sexington, abbé de Savigny (1243), fit, dans l'abbatiale, la translation des corps des quatre bienheureux. Raoul III, témoin des miracles, adressa au pape Innocent IV, pour obtenir leur canonisation, une supplique qui fut octroyée (1244). Le propre « de saint Vital et de ses compagnons » fut célébré le 16 septembre de chaque année jusqu'à la Révolution. Après la destruction de l'abbaye, la pierre tombale avec l'inscription de son fondateur fut déposée au presbytère de Savigny, où elle doit encore se trouver...

En 1282, Foulques Paynel, seigneur de Hauteville, renouvela en faveur de Savigny la donation de Philippe de Hauteville (14) : « pour son salut éternel, Foulques Paynel, noble seigneur, avec la permission de l'évêque de Coutances, donne et confère le patronage de Hauteville (fief de haucbert), avec tout ce qu'il a et aura, s'obligeant pour lui et ses héritiers à l'abandonner aux religieux de Savigny. » L'acte est revêtu de son sceau et de celui des dits religieux (15). Au verso est indiqué, d'une écriture plus récente : « Haulteville. Foulques Paynel nous cedde tout le droit qu'il eust pû prétendre au patronnage de Hauteville. » (Nous continuerons les annales de Savigny en les confondant plus loin avec l'histoire religieuse de Hauteville).

En dépit des ravages qu'y firent subir les protestants, l'abbaye conserva sa splendeur jusqu'à la Révolution. Le savant évêque d'Avranches Daniel Huet y fit une visite pastorale en 1696 : « Du lundy 30 juillet, sur les deux heures après midy, nous sommes arrivés à l'abbaye, reçu processionnelle-

---

(13) Chronica Savigniac.
(14) Collection Leber, Biblioth. de Rouen.
(15) Manuscrit latin (25 cent. sur 15 cm.) Arch. Nat., L 971.

ment à la porte par le père Prieur et les religieux dudit lieu, revêtus de chapes, qui nous ont conduit à l'autel au chant du *Te Deum*. Le mardy dernier jour de juillet, en la dite abbaye de Savigny, dans l'église abbatiale, avons administré le sacrement de confirmation à 1200 personnes avant midy ; après midy, avons continué de donner le même sacrement à 905 personnes. » (Archives de Fougères).

CHAPITRE VI

« Je suis roi, mon front a reçu l'huile sainte. »
CASIMIR DELAVIGNE, (*Louis XI*).

De grands événements s'étaient produits au début du XIII° siècle. Philippe-Auguste, maître de la Normandie, en partagea le territoire entre les seigneurs qui, se souvenant des leudes neustriens, avaient opté pour le roi de France. Dépossédés de leurs biens par les Plantagenest, les barons de Fougères, féaux de Philippe-Auguste, rentrèrent en possession de leurs fiefs par charte de Louis VIII (1220), qui s'oblige à défendre le château de Raoul III « comme un de nos fiefs, moyennant que Raoul, de son côté, s'oblige à nous servir au premier ordre avec grande et petite troupe » (1).

Tous ces hommages et conditions sont garantis par Foulques Paynel, seigneur de Bréhal et de Hambye et de la Haye-Pesnel, que le roy rend responsable et menace de la confiscation de ses biens « si Raoul y contrevient » (2). Loin d'y contrevenir, Raoul allait se reconnaître vassal d'une portion importante du comté de Mortain par son mariage avec Isabelle de Craon. Il se présentait à sa future avec ce parchemin séduisant (1230) : « Moi, Guillaume Paynel, cedde à Raoul de Fougères, mon neveu, toutes mes prétentions sur les acquits que Foulques mon père avait faits à Hauteville et Hudimesnil (3) pour la somme de 10 livres tournois et 9 deniers qu'il m'a payés pour que lui et ses hoirs en jouissent à perpé-

---

(1) Trésor des Chartes, manuscrits français.

(2) Traduction Pommereul, Biblioth. Fougères.

(3) Il est remarquable que, dans les dispositions mentionnées par les chartes, Hauteville et Hudimesnil sont intimement liés. Il est également remarquable que ces deux communes, dépendantes l'une et l'autre, sous l'ancien régime, de l'abbaye de Savigny, soient édifiées l'une et l'autre sur un plan topographique identique.

tuité » (2). Le contrat de Raoul et d'Isabelle est ainsi conçu :
« Il a été ainsi arrêté entre noble homme Raoul d'une part et
nobles dames de Sablé et de Craon de l'autre, savoir que
Raoul prend en mariage Isabelle (3 *bis*), fille de feu Amaury,
de bonne mémoire. Raoul aura pour la dot d'Isabelle 200 liv.
tournois et 350 livres de rente annuelle hypothéquée sur les
terres d'Agon et ses autres possessions en Normandie, après
l'estimation qui en sera faite, le reste des 350 livres payables
avant pasques. » Raoul, en prêtant serment de fidélité à saint
Louis en 1231, lui rendit ainsi hommage pour la terre de Hauteville, qu'il tenait de son oncle Paynel. En outre, Jeanne de
Sablé, belle-mère de Raoul, donne à son gendre tout ce qu'elle
avait en mariage sur la terre d'Agon (1237). L'union des époux
ne fut pas de longue durée : en 1239, Raoul donne à l'abbaye
de Savigny, pour l'âme de sa femme, 10 livres tournois de
revenu, sans doute ce qu'il possédait exactement à Hauteville
et qui avait été estimé à cette somme dans l'acte de Guillaume
Paynel. Dès 1233, Raoul faisait partie du chapitre de Savigny
et, en 1242, il lègue son corps à la même abbaye en lui assi-
gnant 10 livres et 100 sous pour la pitance des moines le jour
de son anniversaire (4). Il laissait une fille, Jeanne de Fougères, qui, en 1269, choisit sa sépulture dans l'église de Savigny (5). Voici cette charte : « Au nom deu Père et deu Fils
et deu Saint-Espérit, Amen. Je Johanne de Fougères, comtesse de la Marche (6) et d'Angolesme, saine par la grâce de
Dieu de ma panse et de mon cors, mon testament et ma dernière volonté ordane es fois en ceste manière et après davant
totes choses emprès ma séposture, laquelle je eslis en l'abahie
de Savigné en l'evesque d'Avranches, en laquelle mais lignage
gist (les fondateur de l'abbaye), et à laquelle je donne six vingt
libvres. Je fois establir mes auxmosniers et mes exécuteurs
mon ségnor Raoul Tysson et mon segnor Guilheaume Payenel,
segnor d'Ambyes. Le lundi amprès les vitièves (octave) de la
Panthecoste ou mois de mai l'an de nostre segnor M CC ses-
sante et nueuf » (7). Les dames de Fougères étant mortes sans
postérité, leurs domaines de Normandie revinrent aux Pey-
nel (8) et la baronnie de Fougères devint domaine royal. En

---

(4) Arch. Nationales, L 1146, Bibl. Rouen, Chartes Savigny, coll. Leber).
(5) Numéro 64 des Chartes de Savigny, coll. Leber.
(6) Le comte de la Marche tenait le fief d'Agunz.
(7) Voir chap. VIII : les seigneurs de Hauteville.
(8) Jean sans Terre avait favorisé un de ses lieutenants, Thomas Chesnel.
de 20 liv. de rente sur le domaine d'Agon. Celui-ci fut obligé de les rendre
aux Paynel (Toustain de Billy). Jusqu'où exactement s'étendait ce domaine ?
Séparé simplement de Hauteville par la rivière, le fief d'Agon englobait-il
les deux rives de la Sienne ? Dans l'affirmative, on pourrait situer la terre
du seigneur anglais dans la portion du cadastre hautais n°° 660 et suiv.,
section C, nommée encore aujourd'hui la Chesnelle.

effet, Charles, fils de Philippe le Bel, cède, vers 1300, la baronnie de Fougères au comte d'Alençon, son oncle.

Le 20 avril 1309, le mandement de Philippe le Bel au bailli de Rouen maintient et confirme l'ancien mode normand des deux termes « de Pasques et de Saint-Michel » (9). A la Saint-Michel 1326, la ferme de Hauteville et de Tourneville à Foulques Paynel, valait au Roy pour la moitié 32 livres. Au terme de Pasques, l'autre moitié de cette même ferme par le même valait au même 32 liv. 10 sols. C'étaient deux domaines fieffés en réauté (10). A ce moment, la seigneurie de Hambye valait 1200 livres de revenu. C'est ce que nous apprend un acte de 1327 dans lequel on lit : « Messire Fouquier Paenel, chevalier, tien Hambye o. ses appartenances cest assavoir : Bréhal, Ouville, Hauteville, Courtil en la vicomté d'Avranches, et valent les choses dessus dictes autant comme il en demeure en sa main, viron 1200 libvres de revenus » (10). La même année, il est constaté que : « Guillaume Pens (Paynel) tient de messire Ollivier Paynel, chevalier, par parage (11), le fieu d'Agon o toutes ses appartenances o qu'elles soyent, lequel Ollivier le tient par hommage du sieur de Fougères par un fieu de haucbert et vaut le dit fieu chacun an au dit Guillaume 140 liv. ou viron » (12). Dans la charte de 1282, concédée à l'abbaye de Savigny par Foulques Paynel, chevalier, le seigneur mentionne également Hauteville comme fieu de haucbert (13). C'était le plus noble des fiefs après ceux de dignité ; il avait le premier rang après les baronnies ; son détenteur, qui devait être chevalier, était tenu, en cas de guerre, de s'armer du haubert (Coricœ), qui n'était autre chose qu'une cotte de mailles, et de suivre le roi à la guerre. Foulques Ier n'ayant pas voulu se conformer à cette règle, sous saint Louis, avait été déclaré rebelle et traité de félon (1226), avec confiscation de ses biens (14). Les fiefs de haubert avaient seuls le droit d'entretenir colombiers et moulins. Hauteville possédait deux colombiers au XIVe siècle, aux lieux dits le Jour et le Pavillon. Le moulin se trouvait à Houquet (Voie du Sud) (15). L'étendue de terrain désignée dans le cadastre de Hauteville sous les numéros 480 et suiv. sect. C, et dénom-

---

(9) Izarn : *Comptes du Roy de Navarre.*
(10) Extrait de l'assiette des redevances du bailliage du Cotentin.
(11) Droit en vertu duquel une petite partie du fief était possédée par les puînés.
(12) Registre du bailliage du Cotentin (1327).
(13) Archives Nationales, coll. Leber, Chartes de Savigny (L 971).
(14) Saint Louis vint en Basse-Normandie vers 1256 et rétablit alors les Paynel dans leurs fiefs.
(15) Carte de Cassini. Archives de la Manche.

mée Val du Moulin, n'en révèle nulle trace au moyen-âge. Si un moulin y a existé, c'est qu'il remontait au temps des fermes carlovingiennes et fut détruit par les Normands.

Ollivier Paens, cité plus haut, devait le service au château de Coutances, car on lit dans le registre des fiefs du bailliage de Coutances, rédigé en 1327 par ordre de Guillaume le Blond, grand bailli du Cotentin : « Olivier Paens tient à Foulques Paynel (14), par parage la Haie Paens et en fait le service d'un chevalier au chastel de Coutances, vingt jours en temps de guerre ». Dès le temps de Philippe-Auguste, les Paynel devaient le service d'un chevalier par Hambye et Bréhal (16). Mais quels que fussent les privilèges dont jouissaient les fiefs ou les droits qu'ils eussent à supporter, rien ne réussirait à préserver les populations des deux fléaux qui allaient s'abattre sur elles. L'auteur des « Nuits de Blanche-Lande » nous apprend qu'en l'an 1345 commença une grande mortalité qui dura 3 ans et enleva les deux tiers des hommes et des femmes du Cotentin (17). La famine suivit le fléau, et le grain, qui, en moyenne, ne valait au xive siècle que 5 f. 70 de notre monnaie, atteignit en 1351 25 francs l'hectolitre (9).

Le comté de Mortain, fief régalien qu'avaient possédé Etienne de Bois et Jean sans Terre, était devenu ensuite l'apanage du second fils de Philippe-Auguste et 'ensuite, sous saint Louis, de Guillaume d'Artois. Enfin, en 1335, Philippe VI de Valois, par lettre datée d'Avranches, établit comte de Mortain son féal et aimé cousin Philippe, comte d'Evreux, qui posséda ainsi la Haute et la Basse-Normandie et fut le père de Charles le Mauvais, roi de Navarre, qui, le 22 février 1353, par le traité de Mantes, recevait en apanage les fiefs paternels : « Item aura et li seront baillés le clos de Constantin et les vicomtés de Valloignes, Coustances et Quarantan, avec toutes leurs appartenances par la manière qui dit est » (9). Pourtant, alors que la vicomté de Coutances était cédée au roi de Navarre, la ville elle-même restait aux mains du roi de France, auquel elle fut toujours fidèle (18). Charles d'Evreux, en effet, n'était rien moins qu'un vassal soumis et faisait cause commune, avouée ou non, avec les Anglais qui nous avaient envahis. Ce Navarrais, petit-fils par sa mère de Louis X le Hutin, compétiteur au même titre qu'Edouard d'Angleterre à la couronne de France, était, au dire des chroniqueurs contemporains : « un homme petit, d'un teint brun, qui avait les yeux d'une vivacité extraordinaire, ce qui, « joint à une élo-

---

(16) *Histoire militaire des Bocains.* par M. Séguin, p. 239. Même signature.
. (17) Léopold Delisle : *Hist. des sires et du château de Saint-Sauveur le Vicomte*, p. 64.
(18) Siméon Luce : *Hist. de Bertrand Duguesclin*, I, p. 264 et 606.

» quence subtilement enlangagée », fascinait tous ceux qui l'écoutaient » (19). A la date du traité de Valognes (10 septembre 1355), le château de Cherbourg, si important pour assurer les communications avec la mer, étant compris dans la concession faite à Charles d'Evreux, des garnisons navarraises occupèrent toutes les places fortes de la Basse-Normandie, un article du traité réservant seulement au roi de France la nomination du châtelain de chaque place (20).

Cependant, les troupes anglaises, débarquées à Saint-Vaast la Hougue le 12 juillet 1346, avaient trouvé le pays « gras et plantureux de toutes choses », au témoignage de Froissart, qui s'accorde mal avec les chroniqueurs dénonçant la peste et la famine entre 1345 et 1350 (21). Sans souci du bien-être ou de la détresse du pays, les envahisseurs, ayant pour point d'attache le château de Geoffroy d'Harcourt, à Saint-Sauveur-le-Vicomte, incendient l'abbaye de Sessay (11 juin 1356) et prennent Coutances. Le roi de Navarre avait installé le comte de Thieuville dans son château de Montchaton. Les populations environnantes se soulevèrent et détruisirent la forteresse (1360), dont les ruines servirent à consolider le château de Regnéville, qui tenait encore pour le roi : « Castellanus de Gaure (Gavray) tenet de domino regis feodum de Belval.... cujus feodi membrum est Renervilla quod dominus rex adhuc in manu sua » (22). Le roi de Navarre, allié des Anglais, s'en saisit, ne néglige rien pour en faire une excellente forteresse, et, pour payer les travaux de consolidation, il impose des droits sur les marchandises qui entrent dans Regnéville et en sortent. Le premier janvier 1366, il instituait Robert Porte, evesque d'Avranches, un de ses principaux lieutenants, garde à vie de ce château et lui accordait 1.000 livres de gages par an, à ce titre, sans préjudice d'une pension « à volonté » de 2.000 livres par an qu'il lui servait.

S'il n'anoblit pas les habitants de Regnéville, comme il fit de ceux de Cherbourg, auxquels il concéda le titre de « pairs à barons », Charles donna une certaine importance à Regnéville en lui accordant des foires, marchés et grandes franchises commerciales, et il les indemnisa des pertes qu'ils avaient subies : « Aux communs et habitants de Renierville pour rémission à eulx faicte par Monseigneur d'Avrenches, lieutenant de Monseigneur le Captal pour cause des pertes et dommaiges qu'ils avaient euz et soutenuz à cause des guerres et

---

(19) Froissart.
(20) Siméon Luce, loc. cit., page 257.
(21) Léopold Delisle, loc. cit. — *Essai historique sur l'hospice de Coutances.* M. Le Cacheux.
(22) Liber feodorum domini, regis Philippi.

aussi que pour faire les fossez et forteresse de Renierville, plusieurs de leurs màisons, jardins et aultres héritagez avoient été et sont prinz et emploiez ès œuvres dessus dittes comme il appert par mandement de mon dit seigneur d'Avrenches. Donné le XIIIe jour d'octobre MCCCLXVII — XVII s. franc pour XX s. valent XLI francs III quart et II s. » (9).

Pour si fort que fût le château de Regnéville et si puissant le roy de Navarre, les guerres avaient donc causé pertes et dommages aux habitants de la région. La ruine et la désolation des campagnes normandes au milieu du XIVe siècle est un fait connu et signalé avec énergie par les chroniqueurs. Le compte de Jean Climence, intendant du roy de Navarre, en démontre la rigoureuse exactitude ; il indique à la fois les causes et l'étendue des désastres (23).

Les causes, c'étaient les ravages de ces bandes d'aventuriers qui, en plus des Navarrais, Anglais et Français, occupaient le pays, et, suivant l'expression imagée de Froissart, « ne laissaient rien à prendre où elles passaient, se il n'était trop chaud ou trop pesant » (23 *bis*).

En 1345, on n'osait circuler dans le pays, peuplé de tels hôtes. Le compte mentionne fréquemment des pillages, des vols à main armée commis sur les routes. On ne voit que manoirs, moulins, fermes « ars » et détruits, terres demeurées à labourer depuis 15 ou 20 ans. Personne n'osait fréquenter les marchés et les foires, les Bretons étant venus compliquer la situation en occupant Genest et Champeaux : « Assez tost l'effrey vint sur le païs que les Bretons y venoient et de faict y vindrent et le coururrent et prindrent gens à prisonniers et fisrent un fors » (9). Le trésorier J. Climence mentionne les indemnités qu'il versa à leurs victimes : « A Guillaume Faudemer, de Montmartin, pour un cheval lequel les Bretons de Champpeaulx et Genès prindrent en alant à Heugneville (Guillaume) quéri et apporter charbon à la forteresse de Renierville pour la garnison du lieu, comme par mandement de Monseigneur d'Avranches, lieutenant de Monseigneur le captal, donné VIIIe jour d'avril CCC° XLVII, X francs » (9). L'indemnité pour le cheval n'était pas dérisoire : c'était sa valeur à cette époque.

Il fallut que Français et Navarrais s'entendissent et s'aidassent pour empêcher les Bretons de prendre Gavray. Ils avaient pris d'abord soin de ravitailler cette forteresse, où résida quelque temps Jeanne de France et de Navarre, fille de Louis X et mère de Charles le Mauvais : « Pour mettre au

---

(23) Préface de Gust. A. Prévost. Izarn.
(13 *bis*) Tome VI, p. 177.

chastel de Gavray sur lettre donnée sous le scel du bailliage de Villedieu : 22 boisseaux de pois, 5 quartiers de fèves, 35 fliches de lart, 60 livres de beurre, 40 boisseaux de sel (24). — A Aimery Roghoult, vicomte de Coustances pour le roy qui baillez li furent en plusieurs parties par Jehan des Yeles, vicomte pour lors à Coustances, pour faire paiement à plusieurs gens d'armes, de la terre du Roy, lesquelx estoient venus à Gavray pour résister au faict des dessus dicts Bretons, etc. VII° XLVII fr. 1 quart x den. » (9). Ce n'était pas encore assez. Duguesclin avait amené les grandes compagnies et assiégé Carentan. Lorsque cette ville fut rachetée par le roi de Navarre, les grandes compagnies restèrent dans la région, qu'elles dévastèrent. On les voit dans la sergenterie de la Halle — la nôtre (25) : « Remises du tiers des sommes à fournir sont faictes à Robert Audouin, fermier de l'imposition de la Halle, et à Ricard le Renestable, son collègue de la même sergenterie, pour les mois de juillet, d'août et de septembre CCC° LVIII pour les pertes qu'ils avoient soutenuëz poor cause de grans compaignes (9). A Guillaume de Torigny, dit Huet, pour lors sergent de Gavray pour rémission à li faitte par Mgr le Captal, lieutenant de Monseigneur, de certaine somme en quoy il estoit tenuz à Monseigneur pour cause de pouldrage de Tresli qui se cuit sur chacuns hommes de la paroisse de Tresli, lequel pouldrage ès ans LXIII et LXIIII le dit Huet fut commis à louer et percevoir et pour les guerres qui estoient grans sur le païs fut iceluy pouldrage ainsy comme de nulle valeur, comme il appert, etc. » (26).

La mauvaise foi était insigne. On se déguisait en femmes pour pénétrer dans les forteresses et les châteaux (17). Les secrétaires de Normandie et de Navarre de Charles le Mauvais ne correspondaient ensemble que sous un langage de convenance. Pour eux, Gavray se nommait Hauterive, la Normandie était la Mysartite, Coutances, la dégénérée, Regnéville, la marécageuse (27). Le vicomte de Coutances pour le Navarrais est condamné à restituer un bénéfice illicite sur de l'avoine qu'il

---

(24) Le roi de Navarre avait déposé ses trésors au château de Gavray, qui avait pour gouverneur Fernando d'Ayens (Izarn). Duguesclin fit sauter la forteresse en 1374.

(25) La sergenterie de la Halle était composée de cette manière vers 1360 : Denis Jourdan, Jaquet le Chevalier, Jehan Jourdan, Jehan Lengueronne, Jehan Hue, Jehan Guérin, Thomas de Monthusson (Monthuchon), Jehan le Melle, Guillot Ameline, Collin Bessin, Jehan Burnel et Thomas Luce. (Voir pour le rôle des sergenteries le chap. X).

(26) Le droit de pouldrage (pool, étang (anglais), draggle, tirer) s'exerçait sur la pêche en eau douce, sur le curage des étangs, et sur la prise de tous les poissons recueillis au bord des vannes, quand on levait ces dernières pour mettre la vase à sec.

(27) Lecanu : *Hist. des diocèses de Coutances et Avranches*, p. 357.

avait payée xvi sols pour quartier et qu'il comptait à son maître pour xxiiii sols (28).

En 1378, Regnéville est pris, ruiné et sa population dispersée (29). En vain, au combat du Houlme, avait-on fait une hécatombe d'Anglais : « Et quant les Anglois apperçurrent ce, et qu'ilz ne se pourroient tenir, ilz se rendirent aulx François et yssirent tous désarmez hors des marescz. A donc, dit Monseigneur de Friquans aux archiers françois : Délivrez-vous tost. Et donc commencèrent à traire parmy eulx et les communes leur coururent suz si que en pou d'eure furent tous occiz et furent là occiz plus de 300 Anglois. Ainsy fut l'en délivré d'eulx, et qui eust ainsy faict le temps passé, n'eussent pas tant duré comme ilz ont » (30). Ils étaient trop bien dans le pays pour n'y pas rester longtemps. La guerre devait durer cent ans.

Le roi de France, étant donnée l'attitude pleine d'artifice de son cousin de Navarre, qui faisait cause secrète avec les Anglais, confisqua ses domaines et, après avoir délibéré en conseil, rétracta toutes les concessions faites aux deux fils de Charles et s'empara de l'administration de leurs fiefs (1385). Deux ans plus tard, le Mauvais mourait tragiquement des suites de brûlures. Pris de froid, on l'avait roulé dans des draps imbibés d'eau-de-vie : un lumignon tomba et y mit le feu (31).

Le 9 juin 1404, l'aîné des princes de Navarre, Charles le Noble, échangea, au roi Charles VI, contre un revenu de 12.000 livres, le comté d'Evreux et toutes ses possessions en Normandie, moins Cherbourg. Le traité de Valognes avait estimé ces domaines à 37.000 livres. Elles furent ramenées à 12.000, tellement le pays avait été ruiné par les guerres, les pillages et les désastres (9).

« Les Engloiz ne vuidaient pas hors du pays ». Ils s'installent à Regnéville, pillent la foire de Montmartin, occupent le château de Chanteloup, se font livrer Coutances, par son gouverneur Nicolle Paynel (1417), tiennent à Hambye, à Gavray, sur le rocher de Tombelaine. Le Mont Saint-Michel seul

---

(28) Izarn, p. 50.

(29) Deux ans après la prise de Regnéville (1376), le vicomte de Coutances pour le roy de Navarre s'appelait Jehan des Ylles ; le vicomte de Coutances pour le roy de France, Aimery Regnoult, se faisait tuer dans une rencontre avec les ennemis de son maître, au lieu appelé, à Montmartin, le Camp Doillent.

(30) *Chroniques des quatre premiers Valois*, p. 169.

(31) Couppey : *Annuaire* 1849. Les troupes du comte Roi (Charles le Mauvais), unies à celles d'Edouard, s'emparèrent en 1370 de Bricquebec, Pirou, Néhou, Hambye, Chanteloup. Ces deux dernières forteresses furent rançonnées pour punir Foulques Paynel, seigneur de Hambye, Bréhal et Hauteville de s'être attaché à la France (Seguin, p. 79).

échappe à leur emprise. La misère fut telle que, dès 1369, il fallut contraindre les gens des villes à quitter leurs métiers pour faire la récolte des campagnes dépeuplées (17). Au point qu'un sergent, chargé de notifier un acte, avait dû le publier dans une paroisse voisine, parce que, « en la dite paroisse n'étoient aucuns demourans ni habitants pour cause de guerre » (1394) (32). En 1375, le bailli du Cotentin Guillaume Dourden supplie au Roy : « qu'en la ville de Coustances n'a lieu convenable qui soit de nostre domaine que sur ce, plaise à lui pourvoir sur ce qu'il convient de nécessité qu'il chevauche de jour et de nuiz par son bailliage et ailleurs pour noz affaires et besoignes et qu'il praigne et maine avecque luy compaignie seure de gens d'armes et de deffence pour doubt d'anciennes compaignies de robeours (voleurs) et mauvaises gens qui sont en icelles parties, afin qu'il puisse mielx faire entendre granz exploiz de justice en son dict bailliage. » Il n'avait du reste que peu de chose à faire : la terre était en friche, les gens terrifiés se sauvaient jusqu'en Bretagne, et les loups circulaient par bandes dans les campagnes dévastées (17).

La famine et la peste reparurent pour la troisième fois en 1401. En 1439, la disette fut affreuse ; l'hectolitre de froment se paie 39 francs, alors qu'il ne vaudra en moyenne que 2 fr. 88 de 1463 à 1495 (33). Les Anglais souffrent eux-mêmes de la faim et, en 1440, ils fondent le port de Granville tout autant pour se ravitailler que pour enlever leur butin. Cette même année, ils nommaient à l'évêché de Coutances, Gilles de Durmort, l'un des juges qui condamna Jeanne d'Arc au feu. Le nombre de leurs troupes était déjà fort diminué ; le roi d'Angleterre avait les rentes du Cotentin, mais non le cœur des Cotentinois. Ils le regardaient comme un tyran et un usurpateur auquel ils obéissaient parce qu'ils ne pouvaient faire autrement, et on ne trouvait pas l'occasion de chagriner les vainqueurs qu'on ne l'embrassât aussitôt (34). Dès 1424, Wautier de Humgerford, capitaine de Regnéville, n'avait que deux hommes d'armes à cheval, 3 hommes d'armes à pied et 15 archiers (35). Anglais et Français, fatigués de part et d'au-

---

(32) L. Delisle : En décembre 1422, Henry V d'Angleterre ordonne à toutes les femmes dont les maris tiennent pour le roy Charles et sont auprès de lui, de sortir de la province dans huit jours, sous peine de prison. Le vicomte de Coutances, Jean Hue, le premier, abandonnant sa recette qui tomba aux mains des Anglais, s'était sauvé en Bretagne. Nous constatons, par le récit ci-dessus, que son exemple avait été suivi, puisqu'un second édit du roi d'Angleterre, pour arrêter l'exode des agriculteurs, artistes et ouvriers, défend tout commerce avec la petite Bretagne « à peine de confiscation » (*Mém. des Antiquaires de Normandie*, II).

(33) A. de Peyrat : *Annuaire des cinq dép. de Normandie*, 1872.

(34) Toustain de Billy (2e volume).

(35) Lecanu : *Histoire des diocèses*, I, p. 386.

tre, signent une trève le 28 mars 1444, qui fut prolongée, en dépit de nombreuses escarmouches, jusqu'en 1449. Les lettres de rémission accordées à Jean Guiton, escuier, en 1447, par le roi de France, nous donnent une idée de la vie d'aventures et de pillages de cette époque : « Charles, par la grâce de Dieu roy de France, savoir faisons à tous présens et à venir, nous avoir reçeue l'humble supplication de nostre amé Jehan Guiton « vieil capitaine déjà célèbre dans cette guerre », demourant en nostre païs et duchié de Normandie, contenant que le dict suppliant dès son jeune aage, nous a toujours serviz du faict de nos guerres, tant soubs la charge de nótre cher et amé cousin le seigneur d'Estouteville, cappitaine du Mont Sainct-Michel que aultres seigneurs et chiefs de guerre et durant les guerres et divisions qui ont eu cours en nostre royaume, le dit suppliant nous a servy à l'encontre de noz anciens ennemies et adversaires les Anglais (36), et exposé son corps en plusieurs periz et dangiers de mort et despendu et frayé du sien. Et pour ce que, icelluy suppliant, durant le dit temps, s'est trouvé à plusieurs sièges, voyages et rencontres tant de jour que de nuyt, esquelles souventes foiz se sont faictes plusieurs destrousses, batteries, mutilacions et donc aucune foiz mort s'en est ensuie, et aussi s'est le dit suppliant trouvé en plusieurs lieux où plusieurs destrousses ont esté faictes sur plusieurs manières de gens tant d'église que aultres de nostre obéissance, et à iceulx osté or, argent, bagues, chevaux et aultres biens, oultre et par dessus noz lettres de seureté et sauf conduiz lesquels étoient butinez et dont le dit suppliant avoit et a eu sa part et porcion et fait tant en compagnie que seul plusieurs aultres destrousses, pilleries, rançonnements et batteries, enfraint noz dittes seuretez et sauf conduiz et aultres crimes et délits desquels à présent il n'est recors et dont aucuns à présent s'efforcent de le tenir en granz involutions de procès par devant nostre très chier et amé cousin le connestable de France (37) et ailleurs... Si donnons en mandement par ces présentes au bailli du Costentin, etc.

» Donné à Bourges, au mois de septembre l'an de grâce mil cccc° quarantte sept de notré règne le xxv°. Ainsi signé par le roy et son Conseil » (38).

En 1449, Jacques de Luxembourg, fils de celui qui avait

---

(36) Il ne faut pas oublier qu'officiellement, la France et l'Angleterre jouissent de la Trève.

(37) Arthur de Richemont.

(38) *Arch. Nat.*, hect. hist. II 189, n° 160. *Mém. de la Société Acad.*, tome VII. Amelgard, historien contemporain, rapporte que les troupes du roy de France voyaient avec douleur les villes et les bourgs de Normandie rentrer d'eux-mêmes sous la domination du roy parce que cette reddition volontaire leur ôtait le moyen de s'enrichir par le pillage.

livré Jeanne d'Arc aux Anglais, nommé gouverneur de Saint-James de Beuvron, eut pour successeur Mgr Loys d'Estouteville, capitaine du Mont Saint-Michel et d'Avranches, seigneur des fiefs des Paynel et de Hauteville qui, en dépit des troubles, veillait au bon ordre de ses paroisses et au soulagement de ses vassaux. Une de ses lettres, en date de l'an mil iiii° cinquante deulx déclare « comme il vouloit que en son temps les hommes de Savigny (dont les Hautais d'alors) fussent subjects faire aulchun guet ou réparation les dites villes et chasteaux » (39). Ce privilège peut prouver que « les hommes de Savigny » avoient, en raison des opinions politiques de leurs seigneurs, souffert plus qu'aucuns de l'occupation anglaise. Celle-ci, en effet, était définitivement terminée. Au commencement de septembre 1449, le duc François de Bretagne et le connétable Arthur de Richemont amenaient sous les murs de Coutances une armée de 6.000 hommes et firent dresser dans le jardin des Jacobins une grosse bombarde qui devait servir à pratiquer la brèche dans les murs de la ville. Les habitants manifestèrent hautement le désir qu'ils avaient d'être délivrés du joug anglais et ouvrirent leurs portes, conformément à un traité conclu le 12 septembre (40). Le jour même de la capitulation de Coutances, les Anglais abandonnaient le château de Chanteloup (41). De Coutances, le duc François se rend à Saint-Lô, dont il prend possession sans coup férir (42). Les châteaux de Torigny, de Hambye, de la Motte, de Piron suivent l'exemple de Saint-Lô et reçoivent des garnisons françaises (43). Le sire de Rais, à la tête de sa compagnie et d'une partie des habitants de Coutances, va mettre le siège devant Regnéville, qui capitula le 19 septembre 1449 (42). Retournant en Bretagne, le connétable assiégea Gavray, dont le capitaine André Trolop ne se rendit qu'après une résistance désespérée le 11 octobre (42). Les conditions de la capitulation étaient ainsi rédigées : la vie sauve, un paquet d'effets sur le dos et gagner Cherbourg au plus vite. Coutances fut démantelé, en conséquence de la guerre du Bien public qui souleva la Normandie sous Louis XI. C'était un des derniers soubresauts de la convulsion gigantesque qui avait terminé le Moyen-Age, comme la révolte des « Galants de la Feuillée », bandes de paysans sans discipline, prenait pour prétexte le séjour des Bretons en Basse-Normandie pour pro-

---

(39) Extrait de l'Abbaye de Savigny. Inventaire cité par Desroches, *Ann. relig.*, p. 61.
(40) Léopold Delisle, p. 257.
(41) Jean Chartier, II, p. 125.
(42) Blondel, p. 94-95. Berry, p. 270. Jean Chartier, II, p. 124. Mathieu d'Escouchy, I, 201.
(43) Berry, p. 321.

longer l'ère des pillages (44). Le pays cependant reprit peu à peu sa vie normale. La vie était à bon marché : au moment des assises que tint sous Louis XI Guillaume le Coq, lieutenant général du bailliage du Cotentin, on voit qu'à Coutances le boisseau de froment valait 3 sols 4 deniers, le boisseau de seigle 2 sols, l'orge 20 deniers, l'avoine 12 deniers, un coq 15 deniers, 1 livre de poivre 6 sols, 1 cent d'œufs 4 deniers, 100 anguilles 4 sols, 1 brebis 3 sols (45). Le bailli du Cotentin, à cette époque, était Jean Daillon, seigneur de Lude, familier du roy, qui le nomme : « son compère maistre Jehan des Habiletés » (*Hist. du Cotentin*, G. Dupont).

Après Charles VIII (1481), François Ier vint visiter sa bonne ville de Coutances et passa les mois d'avril et de mai 1532 à parcourir le Cotentin : « Le 21 avril 1532, à cinq heures du soir, François Ier faisait son entrée solennelle à Coutances ; la ville était illuminée, les cloches sonnaient, des députations composées de nobles, de magistrats, de bourgeois, d'ecclésiastiques, qui étaient allés recevoir le roy jusque hors du pavé, rentraient avec lui par le Pont de Soulles. François était monté sur un beau cheval caparaçonné. Le dauphin l'escortait à la tête de la chevauchée dorée. Le roi descendit à l'entrée du pavé et se plaça avec ses quatre écuyers sous le dais porté par des notables. A la suite venaient le nonce du pape, les cardinaux de Lorraine et de Grammont, plusieurs évêques et prélats mîtrés, les ducs de Longueville, de Nemours, de Vendôme, des ambassadeurs et une foule de seigneurs de la gentille cour du plus gentil royaume du monde. Les Coutançais criaient : Vive le roi ! le roi répondait : Vive France ! Au milieu de la grand'rue, s'élevait un bel et grand amphithéâtre qu'entourait la milice bourgeoise ; les représentants des trois ordres, à savoir la noblesse, le clergé et le labour, y attendaient le roi qui y monta au milieu des plus vifs applaudissements. Le discours y fut prononcé par Nicolas Cordier, avocat. Le roi se rendit ensuite à la cathédrale » (46). Cette relation nous permet de retrouver le seigneur de Hauteville. Par les alliances successives des descendants des Paynel et des d'Estouteville, « le fief noble de cette paroisse appartenait à Mgr le duc de Longueville et s'étendait à la baronnie de Bréhal » (47).

Mais la sombre figure de Calvin, en se dressant en ce

---

(44) Le duc François, pour prix de ses services, avait gardé Avranches. Coutances, Pontorson, Saint-James et Gavray (D. Taillandier : *Mém. de la Société Académique*, tome vuıe).

(45) Toustain de Billy : *Hist. mass.*, p. 161.

(46) Lecanu : *Histoire des évêques de Coutances.*

(47) Renault : *Revue monumentale. Ann. de la Manche*, 1853.

milieu du xvi⁰ siècle, vouait déjà à une funeste guerre civile les éléments sociaux dont l'harmonie semblait ne devoir jamais se rompre et à une destinée tragique la plupart des brillants gentilshommes et des graves bourgeois, chefs ou instigateurs de la sanglante mêlée des guerres religieuses.

La Milice

Au Moyen-Age, le service militaire avait été une redevance obligatoire ; à l'époque de la Renaissance, il devint un métier, à partir de Louis XIV, sans cesser d'être un métier pour beaucoup, il devint pour quelques-uns un impôt, et, à ce titre, nous nous en occuperons au chapitre X.

Dans le système féodal, l'ost et la chevauchée étaient demandées aux paysans, mais la durée du service qu'ils devaient aux suzerains était souvent limitée à peu de jours. Les paysans remplissaient, en général, auprès du seigneur, les fonctions de serviteurs ou de sergents. Ils étaient en tous temps astreints à la garde des châteaux et de leurs murailles, derrière lesquelles ils se réfugiaient en temps de- guerre, avec leurs femmes, leurs enfants et leur bétail. (Après la découverte de l'artillerie et l'emploi des grosses bombardes, qui sapaient tout, cette précaution devint inutile, et c'est ce qui rendit les guerres anglaises si désastreuses, en particulier pour la classe des laboureurs normands). Le seigneur indiquait comme bon lui semblait ou comme le lui imposait la nécessité, le nombre et la durée des jours de guet et de garde. Nous voyons Charles V ordonner aux habitants des villages voisins du fort de Saint-Lyé « y faire guet et garde jour et nuyt, parce qu'il étoit en tel estat de deffence que les habitants pouvoient venir s'y refugier » (49). Nous avons lu d'autre part au chapitre VI, que Louis d'Estouteville, capitaine du Mont Saint-Michel, seigneur d'une partie des domaines de la vicomté de Coutances, spécialement de nombre de paroisses y dépendant de Savigny, juge bon, en 1444, de dispenser les hommes de Savigny, ses vassaux, d'aulcune sujétion de guet, auquel beaucoup de paroisses étoient tenuez au château de Coutances ou aul·

---

(48) La plupart de ces détails sont puisés dans *Le Village sous l'ancien régime*, de Babeau.

(49) En note : *Mandements du roy Charles V*, publiés par Léopold Delisle, p. 908.

tres (50). Une obligation transformée ainsi en privilège ne pouvait manquer de susciter de nombreuses difficultés entre les seigneurs et les populations, selon que ces dernières étaient astreintes au guet ou en étaient exemptées. Une règlement de 1479 chercha à résoudre la question. Il fut permis aux hommes de se libérer de ce droit en payant cinq sous tournois par an, et le nombre annuel de garde fut fixé à deux nuits.

Depuis la guerre de Cent Ans jusqu'à la fin du règne de Louis XIV, le service féodal tombe en désuétude ; seuls le ban et l'arrière-ban qui appelaient les nobles et les possesseurs de fiefs à servir le roy en temps de guerre, furent conservés jusqu'à la fin du xviie siècle. Les roturiers avaient pu se racheter à certaines époques du service militaire ; il finit par ne plus leur être demandé ; le paysan et l'artisan ne furent pas contraints, sauf de rares exceptions, à prendre les armes pour défendre leur prince ou leur pays ; mais s'ils n'étaient pas exposés aux dangers de la guerre, ils contribuaient à ses dépenses et en ressentaient d'une manière lamentable le contre-coup, lorsque les armées traversaient leur territoire. Les édits royaux, à partir du xve siècle, autorisèrent les laboureurs à résister aux reîtres et aux compagnies qui n'étaient pas munies d'une commission régulière. Ce fut Louis XIV qui établit une discipline sévère dans les troupes et assura la sécurité des villages : « J'aurais voulu avant tout, dit-il, que les troupes ne logeassent que dans les villes et les bourgs fermés comme étant les lieux où mes règlements se pouvaient observer plus exactement » (51). Lorsque la police des logements militaires fut confiée aux intendants, les communautés villageoises purent respirer en paix. Souis Louis XV, les officiers municipaux ou les syndics devaient faire une revue exacte des soldats qui venaient prendre leurs logements dans la localité ; le prix des fournitures, acquitté par les communautés, était remboursé par l'Etat à l'aide d'impositions connues sous le nom de « subsistances, quartiers d'hiver et ustensiles ». Ce dernier signifiait ce que l'hôte devait au soldat : « lit garni de « linceuls », un pot, un verre, une écuelle, place au feu et à la chandelle » (52). On n'avait plus à déplorer le système de pillage général commun aux guerres de religion et même de la Fronde. Les mercenaires (Allemands, Italiens, Espagnols) qui composaient alors en grande partie les troupes royales, se

<hr>

(50) Etat des paroisses du Cotentin sujettes à faire le guet en la forteresse de Coutances, septembre 1428 (Quitt. tome 60, n° 964, fonds français Bibl. Nationale). — Lors de l'édit de Mgr d'Estouteville (1444), Hauteville remplissait donc l'obligation du guet depuis 16 ans.

(51) *Mémoires de Louis XIV*, publiés par Dreyos, I, 247.

(52) Ordonnance de l'Intendant d'Auvergne, 1727.

comportaient dans les villages comme en pays conquis ; seuls, les Suisses étaient qualifiés de « gens traitables et de bonne foy », mais la majorité des habitants des campagnes réclamaient la levée d'une armée indigène. En 1574, Charles IX avait déjà essayé de s'entourer de Français ; dans chaque village, les hommes qui étaient en état de s'équiper devaient se tenir prêts à servir le roy, mais cette mesure, prise à une époque de guerre civile, ne fut pas régulièrement exécutée.

Louis XIII tenta également à plusieurs reprises de recourir à l'enrôlement forcé des habitants des campagnes. Les élus des Etats de Bretagne voulurent s'y opposer, « attendu que telle nouveauté ne sçaurait estre qu'extrêmement préjudiciable au dit païs et de dangereuse conséquence ». L'idée, toutefois, continua à mûrir, et c'est ce qui explique comment, à l'heure des guerres de la Révolution et du Premier Empire, on vit se dresser comme par enchantement les masses compactes de soldats enthousiastes qui, en sauvant la France de l'invasion, formèrent les premières armées françaises composées exclusivement de Français...

En 1639, les gentilshommes soumis au ban et à l'arrière-ban étaient obligés de fournir chacun deux hommes de pied, armés de mousquets, de piques, de corselets et de hausse-cols et de les envoyer servir pendant la durée de la campagne (53). On ordonna aussi aux habitants des villages de s'assembler à l'approche de l'ennemi et de prendre toutes les armes qu'ils pourraient se procurer pour s'opposer à son passage. En d'autres circonstances, par exemple pour escorter les prisonniers de guerre, les paysans armés viennent prêter main-forte aux archers (54). Ces francs-archers dataient de Charles VII, qui avait voulu former à la fois une réserve et une armée nationale. Sous Louis XIV, ils cessèrent d'être employés, de même qu'on renonça aux réserves fournies par les cavaliers de l'arrière-ban en faisant appel aux habitants roturiers des campagnes. Pour accroître la force de la marine, Colbert assujettit les matelots des côtes à l'inscription maritime (55) (voir chapitre III). Pour augmenter les ressources de l'armée, Louvois établit les milices. Le recensement des milices eut lieu d'abord par élection. Les habitants, réunis en assemblée générale, étaient appelés à désigner ceux qui devaient en faire partie. Le nombre des miliciens fut toujours restreint : sauf pendant la guerre de la succession d'Autriche, il ne dépassa point 66.000 hommes, et comme le maximum de la durée de service

----

(53) Ordonnance du 14 mai 1639.
(54) En temps de paix, le port d'armes était interdit à tous, sauf aux gentilshommes.
(55) Colbert, Edit. de 1673. Anciennes lois françaises, XIX, 116.

était 6 ans, c'est seulement un contingent de 10.000 hommes que l'on demandait annuellement pour toute la France. Ce fut cette faible proportion qui fit établir le tirage au sort entre tous les célibataires et les veufs sans enfants, de 20 à 40 ans. La communauté, primitivement, fournit au milicien un chapeau, un justaucorps, des culottes et des bas de drap, de bonnes chaussures et 10 livres d'argent pour sa subsistance d'un mois. Sous Louis XV, l'uniforme fut donné par l'Etat. Si, pendant la guerre, les bataillons de milice étaient envoyés dans les places fortes, si on recrutait parmi eux les compagnies d'élite des grenadiers royaux, les miliciens, pendant la paix, étaient simplement assujettis à des réunions ou revues périodiques de courte durée qui ne nuisaient en rien aux travaux agricoles. Laissés dans leur pays, ils ne pouvaient s'absenter sans permission plus de deux ou trois jours. Le remplacement fut autorisé et facilité même par l'administration : on l'appelait substitution (56).

Au moment « où la patrie fut déclarée en danger » (1792), on établit dans chaque commune une sorte de milice appelée « garde nationale », formée par les hommes restés au pays. Bien que Hauteville, à ce moment, eût cessé d'exister en tant que commune et fût rattaché à Montmartin, ses gardes nationaux formaient une compagnie à part. Le 20 messidor an VIII, Jacques Legallais était nommé capitaine en remplacement de François Viard. On lui adjoignit pour lieutenant Nicolas-Thomas Viard, comme sous-lieutenant Adrien Robillard, etc. Le 30 messidor an IX, le grand et petit état-major de la compagnie était ainsi constitué : capitaine Jean-Baptiste-André Viard, lieutenant Alexandre Le Roussel, instituteur ; sous-lieutenant Jean le Loup ; sergent-major Jean-Baptiste Billard ; sergents François Leloup fils, Gilles Marie, Jean Tiphaigne, fils Pierre, dit Rivage, et Odo Tiphaigne ; caporaux Pierre Créances, fils Julien, Guillaume Choux, François Fauvel, Tranquille Lemesle, Nicolas Lemesle, André Vidcoq, Jean Lemesle, fils François, et Jean Tiphaigne, fils Philippe. Tambour : Germain Jouanne (57).

Après les Cent Jours, les armées, qui avaient porté le renom de la France aux quatre coins de l'Europe, furent dissoutes par Louis XVIII, sur l'injonction des alliés, en vertu de l'ordonnance du 16 juillet 1815. Cette ordonnance fixait en même temps les bases sur lesquelles serait organisée l'armée nouvelle. La loi, prenant pour point de départ le recrutement par

------

(56) Titre VI, ordonnance royale 4 août 1771.
(57) Archives de Montmartin-sur-Mer.

engagement volontaire, admettait le tirage au sort entre les jeunes gens de 20 ans, si les engagements ne suffisaient pas. Les soldats levés par la conscription étaient astreints à six ans de service actif ; la force totale de l'infanterie, divisée par régions départementales, était fixée à 150.000 hommes. Les grades étaient accessibles à tous les Français, mais on ne pouvait être officier sans avoir servi deux ans comme sous-officier ou suivi pendant deux ans les cours d'une école militaire. Cette loi, votée par les deux Chambres le 9 février et 9 mars 1818, constituait un grand progrès (58).

Le roi Louis-Philippe, en 1830, rétablit les gardes nationales qui avaient été dissoutes (59). Sous le Second Empire, en pleine guerre de Crimée, une loi nouvelle parut sur la constitution de l'armée (décembre 1854). Elle créait une dotation militaire, et organisait le rengagement et le remplacement (volontariat) sur un nouveau mode.

La guerre de 1870 appela à la défense du pays les quelques unités hautaises qui se trouvaient dans l'obligation de servir. La rapidité des succès allemands ne les éloigna pas notablement, puisqu'elles furent rattachées à l'armée de la Loire. L'armistice de février 1871 les ramena sains et saufs dans leurs foyers, tout en préservant toute notre région de l'Ouest des horreurs de l'invasion. Les seuls visages ennemis, sinon hostiles, qui parurent dans notre contrée au xixe siècle, furent ceux d'un détachement de cosaques, cantonnés. au manoir d'Ourville, bizarres « mangeurs de chandelles » qu'appréhendaient tant nos grand'mères. Aucun méfait sérieux ne ternit du reste leur mémoire (1815-1818).

Le 30 août 1870, le conseil municipal de Hauteville-sur-Mer, pour se conformer à la loi du 13 juin 1851, procéda à la désignation de ceux de ses membres appelés à entrer par moitié dans le conseil de recensement de la Garde Nationale. Le nombre des conseillers municipaux s'élevant à 12, celui des membres à désigner fut de six.

Le premier novembre suivant, le Conseil, ayant pris connaissance de la circulaire 61 de M. le Préfet de la Manche, relative aux frais d'équipement, d'habillement et de solde des gardes nationaux mobilisés, vote à l'unanimité, pour subvenir à ces dépenses, la somme de 1.118 fr. 33 qui fut versée au Trésor ; le 6 novembre, une nouvelle somme de 65 francs est votée pour l'acquisition d'un tambour pour la Garde Nationale (60). Le 26 décembre, pour faire droit à la réquisition de

---

(58) Henri Martin : *Histoire de France.*
(59) Chanoine Pigeon : *Chron. du Mont Saint-Michel,* p. 284. La loi du 13 juin 1851 prescrivit de former un conseil de recensement de la Garde Nationale sédentaire.
(60) Les gardes nationaux faisaient chaque jour l'exercice.

« deux voitures, deux chevaux et deux hommes pour aller au Mans », le Conseil vote 50 fr. à donner à chacun des hommes pour les frais du voyage (61).

Nota. — Moins explicite que les registres des délibérations des sections de Montmartin et de Hauteville-sur-Mer de 1790 à 1836, le registre de la commune de Hauteville-sur-Mer de 1851-1873 ne contient aucune délibération citant les noms et le nombre des gardes nationaux hautais mobilisés en 1870.

---

(61) Archives de la Mairie.

CHAPITRE VII

Du début des guerres religieuses jusqu'à nos jours.

O Révolutions ! j'ignore   Qui sait si l'onde qui tressaille
Moi, le moindre des matelots   Si le cri des gouffres amers
Ce que Dieu dans l'ombre élabore   Si la trombe aux ardentes serres
Sous le tumulte de vos flots,   Si les éclairs et les tonnerres
La foule vous hait et vous raille   Seigneur, ne sont pas nécessaires
Mais qui sait comment Dieu travaille ?   A la perle que font les mers ?...

VICTOR HUGO (*Napoléon II*)

Les événements des siècles où nous entrons ont ceci de déplorable qu'ils eurent pour pivot la plus odieuse de toutes les luttes, la guerre civile, renouvelée jusqu'à trois fois au xvie siècle, elle s'appela guerre religieuse, au xviie la Fronde, et pour la Basse-Normandie la Révolte des Gabelles, dite révolte des Nu-Pieds ; au xviiie, la Révolution Française. La nation qui, aux siècles passés, avait uni ses efforts et sa misère, contre un ennemi étranger, ne put que s'en prendre à elle-même des désastres irréparables et des ruines de toutes sortes résultant de cette haine qui dressa si fréquemment toutes ses classes sociales les unes contre les autres.

De Bras, dans son histoire des Protestants, affirme : « Les troubles furent grands en ce royaume pour la religion en l'an mil cinq cent et cinquante-huit, parce que celle qu'on appelle prétendue réformée permet que l'on vive en une trop grande liberté et que toutes choses nouvelles plaisent. » Nous verrons, dans le chapitre IX, quels furent les effets de cette lutte de la Réforme dans notre région : le seigneur catholique de Hauteville, Goyon de Matignon, gouverneur général de la Basse-Normandie, lieutenant en chef des troupes royales, fut à la tête du mouvement de résistance opposé aux huguenots de la Manche marchant à la suite de Piennes de Colombières, seigneur de Bricqueville, et de Montgommery, seigneur de Ducey. La casaque blanche des Réformés et la casaque cramoisie des catholiques entrèrent en conflit avec une âpreté conduisant aux pires excès, mais les huguenots, en plus des scènes de dévastation dont ils se rendirent coupables, se couvrirent de la tache honteuse et ineffaçable d'appeler à l'aide, le secours étranger, et de recevoir subsides et troupes des Anglais et des Allemands leurs coreligionnaires ; et ce crime de lèse-patrie, au jugement des gens droits, ne peut même admettre pour excuse les sanglantes représailles dont la royauté de Charles IX a porté la responsabilité devant l'histoire. A peine cent ans s'étaient écoulés que nos malheureuses côtes revoient les chefs et les fantassins anglais : ceux-ci débarquent aux Rades, que les uns placent à Lingreville et les autres à Blainville (1). François de Colombières, avec 50 seigneurs, vont au-devant d'eux et de Montgommery, venant de Jersey (1514). Montgommery, conformant ses actes à ses opinions, avait donné sa fille en mariage à l'amiral anglais Champernon et, monté sur le vaisseau de son gendre « la Primerose », venait de la Rochelle, boulevard des calvinistes, pour leur permettre par des renforts, de résister au siège des troupes du roi de France. Ces agissements ne furent pas de longue durée. Montgommery, « homme si terrible que c'était un diable quand il avait le cul en selle » (2), fut pris le 27 may 1574 par Matignon, à Saint-Lô, et exécuté à Paris le 26 juin. Colombières fut tué pendant l'attaque. Paul de Bricqueville, son fils, revint au parti de Henri IV après la mort de Henri III (3). Le pays, théâtre de ces funestes opérations, ne présentait qu'un aspect lamentable, le peu de durée de cinq ou six trêves trop courtes et mal observées ne permettant pas, quarante années durant, de réparer les désastres. Alors que dans la guerre étrangère, le peuple de Normandie avait supporté l'occupation de l'ennemi avec une sombre résignation, les plaintes s'élèvent de toutes parts dès le début des guerres de religion et sont consignées dans les doléances présentées à Rouen par les Etats généraux de Normandie, dont les assises s'ouvrent en 1567. En voici quelques-unes : « Actes et remonstrances faictes au Estats de Normandie tenuz le quinziesme jour de novembre et austres jours ensuyvant mil cinq cent soixante et septt, à Rouen (4).... supplient la majesté du Roy ... ayans esgard aux choses qui sont avenüez ès années pas-

---

(1) *Mémoires de l'Académie du Cotentin*, t. II, p. 119.
(2) Le Héricher : *Avranchin monumental.*
(3) *Dictionnaire des Fiefs*, Rouen. Les châteaux des de Piennes furent alors rasés, entre autres celui de Regnéville.
(4) *Cahiers de Robillard de Beaurepaire, Bibl. de Coutances*, tome Ier et suivants.

sées à cause des troubles jà passez et ceux qui sont de présent dont les poures subjects du dict païs se ressentent, considérant la pénurie des biens de la terre signantement des bledz qui ont esté abbatuz par les grands vents et tourmentes qu'il a faicts, de faute de fruictages et austres calamitez qui sont avenüez en iceluy païs : passage et séjour de grand nombre de gens de guerre tant de cheval que de pied, qui ont esté et sont encore au dict païs... supplient les dicts délégués... » Le peuple était enfin délivré de la lèpre, mais non des charges qu'elle lui avait values. Les délégués signalent le fait comme d'abus : « Et pour ce que, en ceste province, y a plusieurs léproseries où il n'y a aucuns malades, du revenu desquelz joyssent néanmoins les seigneurs et gentilhommes ou austres ayans le maniement et administration d'iceulx, supplient Sa Majesté que le revenu soit employé à la réparation des édifices des dits lieux (si aucuns en y a) ou entretenement des maistres d'écolle des paroisses où les dicts hôpitaux sont respectivement assises. »

Réponse : Sa dicte majesté y pourvoira.

Les fonds provenant de la Maladrerie des Vouages (voir chapitre IX) profitèrent-ils à l'instruction des Hautais du règne de Henri IV ? On peut le croire avec raison, en présence du nombre de laboureurs qui, dès 1601, au bas des actes de l'état-civil hautais, apposent de fermes et lisibles signatures. En attendant, la situation s'aggravait : l'année 1569, toujours le 15 novembre, une remontrance de M. le Président Jean de Brévendant, lieutenant général aux Etats, s'élève, indignée : « A ce bon peuple, il ne reste que la figure de sa force ; le misérable laboureur ne peut cultiver sa terre en repos, étant ores mangé de subsides, tailles et empruntz et le pire de tous rançonné par le soldat qui court le pays, bref, qu'on leur ôte le sens et le moyen de demeurer en eux-mêmes. C'est le fait de la cruelle et barbare nation d'Allemans qu'une partie des Français sont errans et vagabonds par le royaume, privez de leurs biens, terres et possessions » (5). On ne peut dénoncer plus énergiquement la source des entreprises audacieuses des huguenots. A ces Etats de Normandie, en 1571, siègent, pour notre région : Jean d'Estouteville, sieur de Villebon, bailli et capitaine de Rouen ; Jacques de Matignon, seigneur de Hauteville, lieutenant général du roy en Basse-Normandie ; Nicolas le Conte, sieur de Dracqueville, maître des requestes, président au Parlement de Normandie, ambassadeur du roy aux Estats. Depuis 1564, Coutances était redevenu le siège du bailliage du Cotentin, sup-

____

(5) *Cahiers de Beaurepaire*, tome Ier et suivants.
(6) *Essai historique sur Coutances*, p. 30.

primé en 1499 par Louis XII (6). Cette mesure fut prescrite
par Charles IX, lors de son voyage en Cotentin durant une
des trêves dont on a parlé, et comme noblesse oblige, le bailliage de Coutances, en 1579, sur ordonnance royale, participe
au paiement des 5.000 écus levés sur les bailliages de la généralité de Caen (30 mars) et destinés à être servis à titre de
rente au sire de Matignon, lieutenant général. A ces Estats
de 1579, siègent Richard Quesnel, procureur délégué de la
noblesse des Etats de Normandie et Jacques de Pont-Bellan-
ger, sieurie de Caen. En 1583, les doléances sont présentées
par Guillaume le Maistre, député de la vicomté de Coutances,
et Jéhan Jourdain : « pour la peste dont ils sont universelle-
ment affligez dans toute la province et pour la famine dont
ilsz sentent les effects » : en 1587, l'hectolitre de blé valait
61 francs de notre monnaie actuelle, alors qu'il se vendait
6 fr. 43 en 1572 et qu'il valut 30 fr. 40 en moyenne pendant
les dix dernières années du siècle (7).

La Ligue vint réchauffer les cendres à peine éteintes et
tout rallumer, mais elle rendit en même temps un grand service à la Normandie. Six mois avant l'assassinat du duc de
Guise, Henri III, fuyant le roi de Paris qui triomphait, se
réfugia à Rouen, resté fidèle aux Valois, et, en récompense,
le roi de France donna satisfaction entière aux vœux du pays :
remise de la subvention de 28.000 écus (impôt du taillon), de
l'impôt des toiles, et confirmation des privilèges, droits et
libertés de la province (7 juin 1588). Le 19 juin, le Parlement,
de son côté, publia un édit pour lui promettre un « asscuré
repos » (8). L'avènement d'Henri IV en décida autrement : la
Ligue, renouvelant pour son propre compte la faute commise
par les huguenots, appela à l'aide les Espagnols, contre l'héritier légitime du trône, et ce fut au tour de la Haute-Normandie de supporter les déprédations des soudards étrangers (1589). Coutances lui-même prit parti contre le roi et
décida que son cloître serait fortifié. Pour le punir, par un
édit de cette même année, son présidial fut transféré à Saint-
Lô et la vicomté à Granville. Dès le 15 janvier 1790, reconnaissant leur faute et voulant la réparer, les habitants délé-
guaient des commissaires pour remettre la ville sous l'obé-
dience de Henri IV et le supplier de lui rendre ses juridictions (9).

En 1589, 4.000 Anglais étaient débarqués à Granville pour
être conduits à l'armée du roi ; le centre du département se
soulevait. Les gens de Cérences et des communes environ-

<hr>

(7) A. de Peyrat : *Annuaire des cinq départements de Normandie*, 1872.
(8) *Beaurepaire*, loc. cit., tome II.
(9) Delalande, p. 151 : *Histoire des guerres religieuses dans la Manche.*

nantes se jetèrent dans Villedieu et s'emparèrent de son église (10). Assiégés par le chef-ligueur, de Vicques, aucun d'eux n'échappa et tous furent passés au fil de l'épée. L'obstination de ce chef se maintint pendant sept mois entiers et inutilement devant le château de Chanteloup (11). En 1592, Granville vit un nouveau débarquement de troupes étrangères, qui 20 ans auparavant, débarquant comme adversaires, venaient aujourd'hui en alliées. Ces allées et venues perpétuelles contribuèrent certainement à provoquer l'épidémie pestilentielle qui désola alors Coutances et ses environs (12). L'édit de Nantes allait donner la paix, et la voix du canon ne couvrirait plus les plaintes universelles qui essayaient de se faire entendre aux oreilles du roi, à chaque session des Etats : « plaise qu'il n'y ait plus de réquisitions des capitaines et gens d'armes d'après la trève accordée (10 sept. 1593) ; — qu'il plaise à sa majesté avoir esgard qu'en plusieurs parroisses de la vicomté de Coutances proches la mer y a prévôts à elle redevables en grains qui, à cause que leurs terres ont esté en grande quantité submergées ne peuvent payer pour quoy il lui plaise les réduire et modérer au prix qui est de 4 à 5 souls le boisseau comme anciennement et faire quelle diminution au dict pays à cause des dictes terres submergées. » Le Béarnais était généreux et sensible, mais il était prudent et n'entendait pas être dupé. Il voulut être assuré que les doléances étaient justifiées et répondit : « sera pourveu, sur leurs requestes, après information ».

Le 22 novembre 1593, les délégués reviennent à la charge : «... Aujourd'hui en ceste province en tels endroits vos povres subjects ont esté prins et prisonniers jusqu'à 4 et 6 fois ; en tels endroits n'y a un cheval, jument, bœuf, mouton ou austre beste. C'est une chose lamentable : alors vos subjects faisaient faire par « collets » et serviteurs, avec charrue bien attelée bœufs, chevaux et juments, voir un père de famille, sa femme et ses enfants servir de bestes, la corde sur l'espaule tirer à force de rains une charruette, voir les pauvres gens en général si défaicts, si bazanés pour l'extrême pauvreté à laquelle ils sont réduicts desquels la moitié sont morts pour vous faire entendre leur misère et calamité. » Tristement, pauvre lui-même, Henry annote : « Pour la misère des affaires de ce royausme, le roy n'y peuct à présent pour-

---

(10) Delalande, loc. cit.
(11) Lecanu : *Histoire des Evêques de Coutances.*
(12) Renault : *Annuaire* 1847. Aux Etats Généraux qui s'étaient tenus à Blois en 1576, Coutances envoya comme députés Louis de Saint-Gilles, évêque de Porphyre, qui représenta le clergé du bailliage, le seigneur de Gratot, la noblesse et Gratien Bouillon, le Tiers-Etat (Masseville, tome V).

voir » (13). Mais rien ne dit que ce tableau saisissant de la
détresse normande frappant son esprit, n'ait fait prendre dès
ce moment à Henri IV la résolution de mettre tout en œuvre
pour procurer le dimanche, à chaque paysan, le moyen de
mettre « la poule au pot ». En dépit de si louables efforts,
ni le roy ni son ministre, tant que dura le règne de Henri,
ne purent faire que le froment valût moins de 25 francs l'hectolitre (14), et les partis des mécontents étaient loin d'être dispersés. Malgré l'édit de pacification que Louis XIII signait à
Mortain le 28 juillet 1621, Mauchrestien ou Montchrestien
semait la révolte. Il s'était assuré de Cerisy-la-Salle et de
quelques châteaux voisins (15) de Domfront et de Pontorson.
Tué en se défendant, son cadavre fut brûlé et ses cendres
jetées au vent. Après l'équipée des regrattiers qui souleva
Coutances (1623), surgit la révolte des va-nu-pieds. Le peuple
du Cotentin, qui venait de subir 40 années de guerre, un pillage général, et deux pestes, celle de 1592 et celle de 1625 (16),
miné, ruiné et aigri, couvait en lui-même une étincelle de
révolte qui ne demandait qu'à s'allumer. L'incendie éclata
en 1639, à propos des gabelles (voir chap. X). La source de la
rébellion fut dans les faubourgs d'Avranches : « Toute la
Basse-Normandie a esté généralement dans la révolte, les uns
pour avoir commis le crime, les austres pour l'avoir toléré.
Le noblesse de la campagne a souffert qu'on aye battu tous
les jours le tocsain dans leurs paroisses pour l'assemblée des
rebelles et que leurs tenanciers se soient soullevés pour cest
effect sans y avoir apporté remède quelconque. Et les officiers
dans les villes ont toléré la révolte du peuple abattant des
maisons et assassinant des personnes affectionnées au service
du Roy, les receveurs des tailles et des autres deniers de Sa
Majesté sans qu'ilz aient employé ny leurs personnes ny celles
de leurs amys pour arrester le cours d'un désordre de si
périlleuse conséquence. Ce n'étoit qu'un petit nombre de gens
de peu du commencement, et ainsy bien aizé de les dissiper.
Mais s'estant grossy peu à peu par la connivence des grandz
et par l'amas et l'assemblée générale des petitz, enfin ont
formé un corps de cinq à six mil hommes bien armez qu'ils
ont divisés en huict ou dix regiments commandez par les plus
aguerris d'entre eux et de là se sont estendus dans toute la
province. Pontorson les a reçeus le premier. Coutances leur
a fourny d'hommes et d'argent, Vire les a fortiffiez, Bayeux

---

(13) *Cahiers de Beaurepaire*, tome II.
(14) A. de Peyrat : *Annuaire des cinq dép. de Normandie*, année 1872.
(15) *Mercure français*, tome VII, p. 801.
(16) Cette peste avait été amenée de la Rochelle, dont les troupes royales
faisaient le siège à Cherbourg, d'où elle s'étendit à toute la Basse-Normandie.

les a soustenus et Caen les a impunément souffertz. Tout le plat pays leur contribuait avec joye, à la face du lieutenant du roy et des gouverneurs particuliers des places, et généralement de toute la noblesse. Ilz ont vomy leur rage en tous les lieux susnommés, ont abattu des maisons, ruiné des familles tout entières, assassiné les gens de bien. Bref, c'étoit faict de toute la province si le roy n'y eust employé la force de ses armes. » Le chef de la révolte était Jean Quetil, écuyer, sieur de Pont-Hébert, noble qui habitait une maison à lui dans le faubourg d'Avranches ; lorsque les séditieux se furent portés aux pires excès, jusqu'à enterrer vivants ceux qu'ils pensaient agents du fisc, n'espérant plus de pardon, ils songèrent à une résistance à main armée. La répression fut terrible. Richelieu, qui ne s'était pas, au premier abord, préoccupé outre mesure de la sédition, en présence de la gravité des faits, fit détacher promptement de l'armée de Picardie, avec les excellentes troupes qu'il y commandait, le maréchal de camp Gassion, qui arriva à Caen le 24 novembre 1640 avec 5.000 hommes de pied et 800 chevaux. Tout l'Avranchin fut bientôt en état de guerre. On se battit dans les rues de la ville, mais la victoire resta aux troupes royales. Elles prirent le drapeau des Nu-Pieds, qui fut envoyé au Roi, et les exécutions et les bannissements, sans parler du pillage, sévirent avec la dernière rigueur (17). La seule démonstration où les Hautais purent prendre part, ce qui n'est pas prouvé, et au sujet de laquelle ils ne furent pas inquiétés, du reste, fut le rassemblement formé le 18 octobre 1639 à la foire de Gavray, par les gens de Coutances, Cérences et Avranches, « armés de mousquets et de piques et firent le matin deux tours par la foire, et aultant l'après-disnée, disant qu'il ne falloit payer aucuns droits, que la foire étoit franche de tout. Les fermiers et leurs commis furent contraincts de se retirer, et se firent traiter par les habitants de Gavray, disant qu'ils venoient pour les délivrer des monopoliers (18). Le 23 octobre, ceulx de Cérences allèrent piller et ravager la maison d'un nommé Adam, en la paroisse de Muneville-sur-la-Mer » (19).

Ces révoltes successives, les luttes entre les grands, la Révolution d'Angleterre, connue par le voyage à Coutances de Charles II et Jacques d'York, son frère, et leur embarquement

-----

(17) Journal de voyage du chancelier Séguier en Normandie après la sédition des Nu-Pieds (1639-1640), publié par A. Floquet. Ruen, Edouard frères, ééditeurs (Biblioth. de Coutances).

(18) L'expression « grand manipolis » est encore une des injures courantes dans le patois hautais.

(19) Administrativement, Hauteville dépendait alors du bailliage de Cérences. Religieusement, son curé, Guillaume Jean, porte en 1655 le titre de doyen de Cérences.

à Blainville sur des navires hollandais (20) secouaient le peuple et lui donnaient des idées d'émancipation. Dans un aveu rendu le 7 novembre 1651 par Guillaume le Melle de Hauteville à Henry d'Orléans, duc de Longueville et seigneur de Hauteville, relative au droit de propriété sur les marais, dunes, mielles et communs de la paroisse, on voit que le seigneur avait composé et ne réclamait plus qu'une part : « parce que j'ai le droit de vraiquer, tanguer, pasturer et blester en icelle paroisse aux dunes, mielles, communs et landes en icelle paroisse avec les autres hommes et tenants de la dite sieurie » (21).

Bientôt, l'édit du 20 avril 1667, rendu par Louis XIV, ordonna la réintégration des habitants des paroisses dans les fonds, prés, pâturages, bois, terre, usages communaux, droits et autres biens communs dont ils avaient été dépouillés pendant les désordres de la guerre d'autant plus facilement que les intérêts des communautés sont ordinairement les plus mal soutenus et que rien n'est davantage exposé que ces biens, dont chacun s'estime le maître (22). Les troubles de la Fronde avaient, du reste, laissé un mauvais souvenir à Louis XIV de certains seigneurs, en général, et du duc de Longueville, en particulier. Ce dernier, descendant du fameux Dunois, était dévoré d'ambition. Excité par l'entreprenante Anne de Bourbon, sa femme, il fut gagné à la Fronde dès 1648 et partit pour Paris pour soutenir le Parlement de Normandie, dont il était, lui, Longueville, gouverneur général. Mazarin, comme réponse, le destitue et nomme en sa place le comte d'Harcourt qui, se présentant à Rouen à la tête de ses troupes, s'en voit refuser l'entrée, les Rouennais étant poussés à la révolte par les émissaires de Longueville. (Le centre de la conspiration était dans le Cotentin, et le projet envisageait le débarquement des Espagnols entre Granville et Cherbourg). Après divers atermoiements, Matignon (23), cousin et lieutenant de Longueville, prit parti pour la Fronde, mais le marquis de Bellefonds, gouverneur de Valognes, soutenu par divers seigneurs du Cotentin, se déclara pour le roy. Il offrit ses services à la cour et fit espérer qu'en cas de besoin une partie des gentilshommes du Cotentin se joindrait à lui. Aussi reçut-il du roi (31 janvier 1649) une lettre très flatteuse de remerciements et d'encouragement. Le comte de Matignon avait assemblé 7 ou 8.000 hommes ; il attaqua le château de l'Ile-

(20) Lecanu : *Histoire des Evêques de Coutances.*
(21) Registre des délibérations de la municipalité de Montmartin-sur-Mer.
(22) Mémoire à consulter et consultations pour les communes du département de la Manche.
(23) Voir chapitre VIII.

Marie, au marquis de Bellefonds, et le lui enleva. Le château de Valognes avait une garnison de 100 hommes, auxquels plusieurs seigneurs royalistes des environs voulurent se joindre. Matignon attaqua vigoureusement cette petite troupe, en ayant pour officiers les comtes de Thorigny et de Flers, les barons de la Luthumière, de Canisy, de Longaunay, les sieurs de Bellouze, de Franqueville, de Caillières, de Sainte-Marie, de Chanteloup et de Saint-Germain. Il fit venir de l'artillerie de Cherbourg et appela comme renfort la garde nationale de Bayeux (24). Bien que la paix se soit signée le 1er avril 1650, le siège continua et la garnison ne se rendit qu'après l'épuisement total des munitions. Le duc de Longueville, ayant licencié ses troupes irrégulières et désordonnées, celles-ci se répandirent dans la province, qui fut tout entière infestée de soldats débandés et de voleurs de grand chemin, pillant et rançonnant, assassinant même. « Les terres de la plupart demeurèrent incultes, désertes, désolées par l'abandonnement des laboureurs réduits au désespoir. » Le duc le reconnut lui-même en plein parlement, le 1er juillet, en déclarant qu'« il avait vu en Normandie beaucoup de lieux où l'ennemi n'eût pas fait plus de mal ». Les troupes royales commirent les mêmes excès. Le duc de Longueville fut arrêté en 1650 ; la duchesse, accourue à Rouen, n'eut d'autre ressource que de se réfugier à Dieppe et de s'en enfuir dans une barque (25).

Mais, à jouer à l'adversaire du roi de France, Matignon dut reconnaître qu'il en coûtait gros et que le jeu creusait le gouffre où s'engloutissait sa fortune publique et privée. Il fallut reconstituer ses finances en vendant ses fiefs. Contre bonnes espèces, le gentilhomme frondeur céda son fief de Hauteville, qu'il tenait de la duchesse de Nemours, à François-Hyacinthe Louvel. Le 10 novembre 1710, un fils pour Jean Norgeot et Marie le Mesle fut nommé François-Louis par François-Hyacinthe Louvel, seigneur et patron de Hauteville et de Montmartin, assisté de damoiselle Louise-Gabrielle Louvel, damoiselle de Liverville (26).

Messire Louvel, à qui Chamillart, dans sa recherche de 1666, avait reconnu 4 degrés de noblesse, ne conserva pas longtemps son fief. Il le revendit à Nicolas Sanson de Bretteville, écuyer, lieutenant général au bailliage et siège présidial du Cotentin. Il descendait de Gilles Sanson, écuyer, sieur de Groucy, qui justifia devant Chamillart d'une noblesse de quatre

---

(24) *Biblioth*. de Coutances, n° 9137, opuscule de M. A.-M. Laisné, président de la Société d'Agriculture.
(25) Le duc de Longueville fut rétabli dans sa charge par lettres patentes du 18 mars 1651 (G. Duponte: *Hist. du Cotentin*).
(26) État-civil de Hauteville-sur-Mer, Archives de la commune.

races (27), et portait « d'azur à trois fauconneries d'or, deux en chef et une en pointe » (28) (voir chapitre VIII).

Il semble que ce soit lors de toutes les ventes de fiefs englobant Montmartin et Hauteville, que fut attribué à la paroisse voisine le village d'Ourville qui, précédemment, dit-on, dépendait de celle de Hauteville, et qui échut à la famille Ferrand (29) (voir chapitre VIII).

A Hauteville résida, à partir de 1730, Pierre Pimor, notaire royal, garde-notes au siège de Montmartin et Bréhal depuis 1721, avocat du bailliage de Cérences. Les seigneurs ne résidaient plus, mais possédaient toujours une notable partie des fiefs qu'ils louaient à bail pour une durée déterminée et une rente fixe, ainsi qu'on procède à présent (30). Pour les impositions, voir chapitre X. La guerre continentale n'éprouvait plus nos populations, mais les luttes de Louis XV contre la puissance maritime anglaise avaient sur nos côtes une sérieuse répercussion. Dès le 2 août 1703, un convoi de 43 bâtiments marchands, naviguant sous l'escorte du chevalier de Tourouvre, fut attaqué et brûlé par les Anglais à la pointe de Carolles ; les corsaires de Granville, aussitôt qu'ils eurent connaissance de l'affaire, coururent à la défense du convoi et furent assez heureux pour faire échapper quelques navires français qu'ils prirent sous leur protection. Après cet épisode, le sieur Dumoulinet, commandant une galère du roy, vint croiser dans nos eaux pour donner la chasse aux corsaires de Jersey et de Guernesey. En 1710, un sieur Lefèvre, archer de la marine pour le port de Granville, fut condamné à 110 jours de prison pour avoir laissé échapper des coureurs de barques. Il y avait alors, paraît-il, une bande de forbans qui, sous la conduite d'un chef nommé La Butte, commettaient toutes sortes de pirateries ; ils entraient hardiment dans les ports au moyen de faux papiers que leur avait procurés un imprimeur de Coutances. On parvint à les arrêter, et ils furent tous condamnés à mort. Pendant la guerre de la succession d'Autriche, il ne fut pas possible d'aller faire la grande pêche à Terre-Neuve ; mais comme, depuis quelque temps, celle-ci se faisait armée, il resta peu à faire pour changer les bâtiments en corsaires ; on équipait chaque navire de 24 à 40 canons, et la course prit

---

(27) Nous avons pris ces renseignements dans un exemplaire de Chamillart, propriété de M. le docteur Pigaux, maire de Montmartin-sur-Mer, qui, très obligeamment, voulut bien nous le prêter.

(28) Renault : *Revue Monumentale, Ann. de la Manche*, 1853, p. 37.

(29) Marie-Anne Sanson épousa en premières noces Pierre Myssant, sieur de la Bénardière, seigneur et patron de Mesnil-Villemant et autres lieux (acte Etat-Civil de Hauteville, 29 août 1727).

(30) Le seul seigneur qui est indiqué mort et inhumé à Hauteville est messire Jean Encoignard (1707).

un très grand essor avec les Pléville-le-Pelley, Jacques Mulot, Pierre Le Doux, Mathieu Delarue, dit Face d'Argent, et Thomas Hautmesnil Hugon (31). Le port de Granville devint très redoutable aux ennemis par le nombre de prises faites sur eux. Quatre-vingt-quinze bateaux avaient réussi, entre la guerre d'Autriche et la guerre de Sept Ans, à se rendre sur le banc de Terre-Neuve ; mais, le 10 juin 1754, une escadre anglaise enlevait, à la hauteur de Terre-Neuve, deux bâtiments de guerre français et 300 bâtiments marchands qui, sur la foi de la paix, parcouraient les mers. En juillet 1756, les Anglais, sous le commandement de lord Orbut-Noth, avec une flottille chargée de troupes, prirent les îles Chausey. Le fort ne contenait qu'une garnison de 50 hommes de l'ancien régiment de Rouergue et 4 pièces de 4. Le capitaine obtint une capitulation qui lui permit de rentrer à Granville avec armes et bagages (32). Deux frégates ayant louvoyé sous Granville, le port se prépara à la résistance, mais les ennemis ne vinrent pas. Chausey, oublié dans le traité de Paris, resta français, grâce à Pierre Regnier, propriétaire de ces îles, qui obtint du gouvernement anglais une déclaration constatant que Chausey appartenait à la France. Dumouriez, voulant profiter de la guerre d'Amérique, alors qu'il était commandant de Cherbourg, voulait s'emparer des îles de la Manche, dont les corsaires nous causaient beaucoup d'embarras, mais la cour ne favorisa pas l'entreprise. Un audacieux coup de main, qui fut bien près de réussir, fut néanmoins tenté en 1780 contre Jersey, la plus importante de ces îles (voir chapitre III).

Une chanson, copiée et conservée par un canonnier hautais au moment de la guerre d'Amérique, nous révélera, dans sa naïveté goguenarde et sa versification fantaisiste, les sentiments du peuple français d'avant la Révolution à l'égard de ses voisins d'outre-Manche.

Elle est d'une longueur démesurée, comme toutes les complaintes du temps (33) :

<table>
<tr><td>

1.

Amis, le verre à la main
Chantons l'honneur de la France
Vive le comte d'Estain
Il est homme de prudence
    Bon françois
Il prétend sous sa puissance
    Bon françois
Réduire les Anglois.

</td><td>

2.

Il est parti de Toulon
Avec sa brillante escadre
Douze et fort bons
Vesseaux et quatre belles frég-
    Et des soldats   [des
Qui seront tous intrépides
    Et des soldats
A tous les combats.

</td></tr>
</table>

(31 et 32) *Chronique du vieux Granville.*
(33) Archives de l'auteur.

3.

Englois, prenez garde à vous
Le comte d'Estain vous menace
Ses soldats sont en courroux
Ils veulent prendre votre place
    Filez doux
Ils vous donneront la chasse
    Filez doux
  Comme à des loups !

4.

Il commande le « Languedot »
Cette forte citadelle
Il vous brisera les ots
Si vous faites le rebelle
    « Le César »
Qui fera avec grant zèle
    « Le César »
  Le feu des remparts.

5.

Pour son second commandant
Il a pris un fameux maître
Qu'on appelle le Tonnant
Vous devez bien le connaître
    Autrefois
Ne voulant pas se soumettre
    Autrefois
  Bravant les Englois.

6.

Il vous cherche depuis longtemps
Pour vous jouer une aubade
Mais il vous trouve à présent
Que vous faites la parade
    Dans un trou
Craignez celui qui commande
    Dans un trou
  Et vous suit partout.

7.

Nous som's allés dans 1000 ports
Tambour battant, mèche allumée
Malgré les jeux des vaisseaux
Nous faisions flamme et fumée
    De tribord
Et attendant une armée
    De tribord
  Qui put estre du renfort.

8.

Vous êtes venus trop tôt
Pour tâcher de nous surprendre
Mais nous sortîmes aussitôt
Vous deviez bien nous attendre
    Fiers poltrons
Vous avez levé vos ancres
    Fiers poltrons
  Craignant nos canons (34).

9.

Ce générale vous suit
Craignant que votre courage
Pour contenter son envie
Vous nous attendiez au large
    Ce n'est rien
Vous craignez tous la décharge
    Ce n'est rien
  Du comte d'Estain.

10.

Notre vaillant général
Poursuivi de l'infortune
D'une fureur sans égale
Fut tourmenté par Neptune
    Dieu fatal
Vous avez trop de rancune
    Dieu fatal
  De couper nos mâts.

11.

Vous avez été l'attaquer
Vous deviez en rougir de honte
Et le voyant démasté
Vous avez cru le confondre
    Tôt ou tard
Il vous plongera dans l'onde
    Tôt ou tard
  Comme des canards.

12.

Vous estes des importuns
Vous faites le diable à quatre
Quand vous estes six contre un
Vous aimez bien à vous battre
    Sur le flanc
Sans pouvoir faire abattre
    Sur le flanc
  Son pavillon blanc !

13.

Parlons du beau « Marseillais »
Commandé par un redoutable
Quoy qu'il était démasté
Il se battit comme un diable
    Au premier feu
L'Englois tourna le derrière
    Au premier feu
  S'en alla confeus.

14.

Joignant ici le « Protecteur »
L'« Hector » et le « Sagittaire »
« La Provence » d'un grand cœur
Il fera tout pour la guerre
    Et le « Vaillant »
Qui tient dans sa main
    Et le « Vaillant »
Un bâton de conquérant.

---

(34) Fait digne de remarque : Quoique nous ne soyons encore qu'en 1780,
Il n'est pas dans toute la chanson question une seule fois du roi. Le peuple
le tenait déjà pour quantité négligeable.

15.

Connaissez-vous le « Guerrier »
Il a de fortes défenses
Il en porte le laurier
Et vous fait perdre espérance
    De l'avet (avoir)
Faisant route pour la France
    De l'avet
... S'il lui plaît.

16.

Le beau « Fantasque » en tout
Il a fait voir sa vaillance [temps
Il se bat rapidement
Pour les honneurs de la France
    Et le « Zélé »
Il marche toujours d'avance
    Et le « Zélé »
  Bravant les Anglais.

17.

Croyez-vous comme jadis
Estre vainqueurs de la France
Vous avez trop tard parti
N'ayez aucune espérance
    Trop malins
Evitez la contre-danse
    Trop malins
Du comte d'Estain.

18.

Nous vous prendrons de tribord
Nous allons à l'Amérique
Passer le quartier d'hiver
Apprenez bien la rubrique
    Allez, au printemps
Nous tâcherons par pratique
    Allez, au printemps
De vous rendre tous contens.

19.

Nous avons de bons canons
Si vous savez la physique
Ils vous apprendront le ton
Accompagné de musique
    Ce refrain
Chantera : Vive la gloire
    Ce refrain
Du comte d'Estain.

20.

Allons, brave grenadier
Intrépide pour la victoire
Comme brave canonnier
Aurez-vous dans la mémoire
    Qu'à la fin
Dieu couronnera la gloire
    Qu'à la fin
Du comte d'Estain.

Il est fort regrettable que ce brave « bombardis », pour employer le mot du vocabulaire hautais en ce temps-là, n'ait pu joindre à sa chanson les notes qui l'auraient rendue complètement intéressante. Le pauvre petit cahier bien usé où elle se trouve, contient, de la main de son propriétaire, une relation sur la guerre d'Amérique, écrite en forme de journal, du mois de septembre 1781 au mois de septembre 1782, relation qui a sa valeur.

Pendant ces luttes pour la liberté américaine, les événements se précipitaient en France, et le frémissement précurseur du sursaut révolutionnaire, circulait déjà dans les masses. Les communautés, auxquelles Louis XIV avait reconnu le droit de cité, conservaient jalousement leurs prérogatives et établissaient les revenus qu'elles devaient légalement toucher. Un aventurier, issu, dit-on, d'une grande famille arabe, reçut le baptême à Paris et eut pour parrain et pour marraine des personnages importants. On lui donna le nom de Bouillon-Moranges. Il tenta, dans la généralité de Caen, les biens rendus aux communes par l'édit de Louis XIV du 20 avril 1667. Il parut s'effacer devant les comtes d'Anspar et de Polignac, mais, le 7 août 1784, un nouvel arrêt du Conseil révoque la concession accordée en 1761 à Bouillon-Moranges et la subrogation aux comtés de 1778.

Le 28 mars 1789, toutes chambres réunies, le Parlement de Rouen rendait un arrêt favorable aux communes. La tentative de Bouillon-Moranges inspira à messire Ynor, conseiller aux Aydes et Finances, seigneur de Hauteville, d'élargir son domaine, grâce aux marais, mielles, communs et terrains vagues existant sur le littoral hautais. Il obtient, le 11 décembre 1765, de l'amirauté de Coutances, une sentence « cassant et annulant » la délibération prise par les paroissiens le 6 janvier précédent comme attentatoire aux droits de propriété du sieur écuyer, tant pour la mare de Hauteville que les mielles, défendant aux habitants d'en arrêter de pareilles à l'avenir, ni de couper et enlever en même temps, tant sur la mare que sur les mielles, « les joncs, lesques, haudines et milgraines », et les condamnant aux dépens. Le procès dura 40 années, le général de Hauteville représentant les intérêts de la communauté. Il finit mal pour les habitants. Par arrêt de la Cour du Parlement de Rouen en date du 22 mars 1782, Monsieur Ynor gagne et reçoit 71 livres le 19 avril suivant. Mais tant d'atermoiements avaient lassé sa patience, et reconnaissant peut-être ses torts, il insista si peu que, le 4 novembre 1784, il vendait au conseiller Bonté ses domaines de Hauteville (voir l'acte chapitre VIII).

Le neveu de Pierre Ynor, « ayant protesté par droit de clameur », resta propriétaire d'environ 13 hectares de terrain dans les mares de Hauteville. C'est ce qui nous explique la reconnaissance de deux tenants de fiefs pour Hauteville, lors de la convocation des États Généraux de 1789. Cette convocation eut lieu le 10 septembre 1788 pour le 1er mai suivant. Un règlement du 24 janvier 1789 et une lettre du roi furent en outre portés à la connaissance des habitants, au prône de la messe paroissiale, le dimanche 22 février 1789. La date de la réunion des paroissiens eut lieu le 1er mars. On s'empressa d'élire ceux qui devaient représenter le pays aux assises du grand bailliage du Cotentin, dont le siège était à Coutances. Les paroisses n'envoyaient généralement qu'un député. Hauteville en désigna deux : messire Ch. Nicolas Bonté, possesseur d'un fief, et François Thiphaigne, représentant « les labours », et arrêta ainsi qu'il suit le cahier des charges et doléances de la paroisse, où étaient citées les réformes à exécuter et les avantages qu'on désirait obtenir.

HAUTEVILLE PRES LA MER (35) (p. 345)

I. Procès-verbal d'Assemblée

Date de l'assemblée : 1er mars ; nombre de feux, 75 (36). Députés : Messire Charles Nicolas Bonté de la Martinière, conseiller au bailliage de Coutances (3 jours 9 livres et 17 jours 68 liv. Refusées (37), François Tiphaigne, laboureur 3 jours 9 livres Refusées.

II. Cahier de Doléances

Manuscrit. Greffe du Tribunal de première instance de Coutances, pièces n° 401-401 bis. Originaux signés. Inédits.

Cahier des doléances donné par la paroisse de Hauteville près la Mer, le 1er mars 1789, suivant le règlement du 24 janvier 1789, pour la convocation des Etats Généraux à Versailles le 27 avril 1789.

1. *Eglises et presbytères.* Demande la dite paroisse qu'on oblige les gros décimateurs (38) à refaire et réparer la totalité des églises et des presbytères, ne paraissant pas juste d'y assujettir des paroissiens qui ont peine à labourer et récolter les blés dont les dîmes vont sans aucune peine au profit des décimateurs.

2. *Dîmes :* que l'on ne paye point de dîmes de charnage (39) luzerne, trèfle et trémaine, semence qui n'est mise

---

(35) Arrondissement de Coutances, canton de Montmartin.

(36) Population en 1793 : 452 hab. Naissances, 13 ; mariages, 4 ; décès, 7.

(37) Refusé : désirant être utile à l'Etat, en toutes autres choses, il le fera gratis, comme il le fait gratis.

(38) Les gros décimateurs de la paroisse étaient l'abbé et les religieux de Savigny, patrons et présentateurs à la cure qui, à la fin du xviii° siècle, percevaient toutes les dîmes et payaient au curé une portion congrue (Pouillé, folio 171). En 1790, les dîmes de Hauteville, Quettreville et Montmartin, appartenant à l'abbaye, sont affermées, par bail général, 2.000 liv. De son côté, le curé déclare n'avoir, outre sa pension de 750 livres, quelques aumônes, 10 à 12 vergées de terre en plusieurs petites pièces, évaluées à moins de 50 livres. Au total 1.185 livres 10 sols ; mais il rembourse au vicaire sa pension de 350 livres (Déclaration n° 134, folio 26).

(39) On appelait du terme générique de charnage, quelquefois aussi en Normandie abatage, la dîme du croît des animaux, qui d'ailleurs, dans la province, ne s'appliquait proprement qu'aux moutons, porcs et volailles, rarement aux veaux, « étant sans exemple », ainsi que l'observe Houard (Dict. Anal V° Dixme I, 503). Ces dîmes étaient généralement considérées, sauf celle des agneaux, comme insolites : c'est-à-dire que le décimateur ne

en terre que dans le temps qu'elle repose et pour nourrir les animaux qui la cultivent, soit plus considérable, lorsqu'on vient à la relabourer, dîme aussi qui de tout temps a occasionné quantité de procès par les différentes manières et usages de les percevoir dans différentes paroisses.

3. *Déports :* que l'on supprime les déports, chose qui n'est presque qu'en Normandie, et qui oblige les curés, pendant l'année d'iceux, à ne faire aucunes aumônes, ou du moins s'ils le font les mettent mal à leur aise ; pendant qu'un évêque et un archidiacre, qui n'entend point crier misère dans cette paroisse, met ce déport à grossir la masse de ses biens.

4. *Annates :* que l'on ne fasse plus passer en Italie aucun argent pour résignations, et que ces deniers restent en France.

5. Que l'on augmente les portions congrues, afin que les curés aient plus de facilité à faire l'aumône.

6. *Communautés :* que l'on supprime toutes les communautés qui ne sont point utiles au public pour l'instruction de la jeunesse ni pour soulager les malades, que leurs biens passent en vente et entrent en commerce.

7. *Landes et communes :* que toutes les landes et communes soient cultivées et, en conséquence, rendues et mises en commerce, ou du moins qu'elles soient plantées, le bois devenant rare.

8. *Aides :* demande qu'on anéantisse tous les commis et receveurs des aides, répandus en si grand nombre dans les villes et paroisses de Normandie (40), qui absorbent quantité

---

pouvait les réclamer qu'en faisant la preuve qu'elles avaient été d'ancienneté perçues dans la paroisse. En Cotentin, il ne semble pas qu'elles aient été, à l'exception de celle des agneaux, d'un usage fréquent ; le cahier de Hauteville est le **seul dans le ressort** de Coutances qui en fasse mention et, dans le *Pouillé* et les *Déclarations*, nous ne voyons mentionnées que les dîmes de brebis et agneaux, et encore très irrégulièrement. La jurisprudence du Parlement de Rouen avait établi que la dîme de charnage devait se payer en essence dès qu'il y avait nombre d'animaux suffisant, le jour de la Saint-Jean pour les agneaux, les décimables qui ne pouvaient payer en nature donnaient trois sous par agneau (arrêts des 27 mai 1639, 13 juin 1684 dans Basnage sur Art. 3, I 25). Malgré ces arrêts, la perception de la dîme de charnage était dans la pratique la source de contestations incessantes, notamment entre les décimateurs, lorsque les troupeaux, par exemple, pâturaient dans une paroisse, et étaient parqués dans une autre.

(40) La question des privilèges du Tiers-État est posée très peu nettement dans les cahiers, et il n'est pas inutile de préciser sur ce point. Il convient de distinguer les privilégiés pour la taille et accessoires et les privilégiés pour la capitation. Pour la taille, des exceptions sont accordées en 1789, soit totales, à certains fonctionnaires supérieurs (officiers des bailliages, receveurs particuliers des finances, officiers de vénerie, conseillers), soit jusqu'à un certain chiffre d'exploitation, à certains agents de l'administration (garde-étalons, maîtres de poste, commis buralistes et distributeurs, gardes des forêts, cavaliers de la maréchaussée) ou à titre de

d'argent, jeunes gens qui, en la plus grande partie, restent oisifs et incapables dans la suite d'être utiles à l'Etat. Qu'il soit mis à leur place, pour chaque denrée, un impôt qui débarrasserait le public et lui laisserait vendre ses denrées à son aise.

9. *Sel blanc :* que le sel soit mis en commerce et vendu à charge d'un droit modique sur icelui.

10. *Droits au sujet des changements de province :* que les droits qui se perçoivent des denrées sortant d'une province à l'autre soient supprimés ou du moins diminués.

11. *Contrôle :* que le contrôle sur les actes soit diminué, ce qui occasionnerait moins d'actes sous-seing et assurerait le bien dans les familles, qui souvent s'y perd à cause d'actes qui se trouvent perdus.

12. *Taille :* demande la suppression de la taille ; que le clergé, la noblesse et le tiers-état payent tous à raison de leurs fonds ; qu'ils payent également les réparations des chemins, corvées, prisons, etc., se servant desdits chemins et bâtiments de justice comme les roturiers, qu'en conséquence il y ait dans la Normandie un abonnement ou somme fixe pour imposer relativement aux biens-fonds de chacun (41).

----

secours et en compensation de certaines charges (invalides de la marine, incendiés, miliciens, etc.). En 1789, le nombre des exempts pour l'élection de Coutances est de 4 seulement ; celui des taxes d'office et privilégiés monte au contraire à 40, dont le plus fort contingent est fourni par les garde-étalons (18 personnes) et les employés de la poste (12 personnes) (*Archives Calvados*, C 4670). Pour la capitation, le nombre des privilégiés s'étend encore : on ne compte pas moins, dans l'élection de Coutances, de 350 privilégiés du **Tiers-Etat** à des titres divers. Le plus fort contingent était fourni par les officiers de Judicature, magistrats, avocats, procureurs, etc. 177 personnes imposées d'office pour un total de 6.909 liv. 12 sols de capitation ; les employés des traites et gabelles fournissaient 78 privilégiés, ceux des aides 64, ceux du contrôle 7, en tout 149 personnes pour une capitation de 1.859 livres 2 deniers. Avec 106 l. 10 s. produits par la capitation de 4 fonctionnaires royaux supérieurs qualifiés exempts de taille, la capitation des privilégiés du Tiers-Etat montait pour l'élection à 8.875 l. 2 s. 2 den. (Rôle de la capitation des exempts, privilégiés et employés de fermes pour 1789, *Archives Calvados*, C 4665).

Il n'est pas sans intérêt de noter que le rôle de capitation des nobles comprend de son côté 131 personnes pour une somme de 5.266 liv. 13 s. 4 den. en principal, qui font 6.272 l. avec les 4 sols pour livre compris (*Arch. Calvados*, C 4628)).

(41) Impositions pour 1789 : Taille, 862 liv. acc. 566 liv. 13 s. ; capitation, 557 liv. 14 s. Corvée, 286 liv. 6 sols ; vingt. 412 liv. 8 s.; terr. 36 liv., bât. 12 liv. Au total, 2.730 liv. 6 sols 3 den.

Privilégiés : le curé, Messire Guillaume le Mesle, la dame, fille mineure du sieur Christian de la Morinière, écuyer, dame patronne non résidante, et un employé des traites et gabelles taxé à 29 liv. 6 sols de capitation. Supplément des privilégiés, 83 liv. 6 deniers. Il n'y a pas d'autre bien ecclésiastique dans la paroisse que la cure, bâtiments et 10 vergées de terre (louée en l'an III 35 livres), et la grange décimale appartenant à l'abbaye

13. *Juridiction des bourgs et paroisses :* demande qu'on abolisse toutes les justices, tant royales qu'autres, qui sont dans l'entretien des bourgs et paroisses, très animeuses et coûteuses aux plaideurs.

14. *Juridiction des villes :* que les justices royales soient dans les villes et qu'il soit fait un arrondissement, afin que chaque paroisse ne soit point éloignée de sa juridiction et qu'elle ne passe point par-dessus un autre.

15. *Degrés de juridiction :* que l'on ne donne pas deux degrés de juridiction à ceux qui auront des procès qui surpasseront en principal la somme de 10.000 livres et qu'un seul pour la somme au-dessous.

16. *Réformation de l'ordonnance de 1667 et du règlement de 1769 :* que l'on réforme l'ordonnance de 1667 et le règlement de 1769, ce dernier ruinant par la taxe exorbitante les pauvres plaideurs (42), qu'en conséquence il soit donné une manière plus courte et moins dispendieuse pour finir les procédures, qui par l'avidité d'un grand nombre d'avocats et de procureurs traînent en longueur par les écrits et diligences énormes qu'ils suggèrent à leurs parties la procédure et qui, à la fin, ruine une des parties et même toutes les deux.

17. *Procédure criminelle :* que dans la procédure criminelle il soit donné à un accusé plus d'un juge pour assister à l'instruction de son procès. Ce criminel souvent, n'entendant le style dont le juge se sert et ne lui donnant plus assez à entendre, répond oui ou non sans savoir ce qu'on lui demande, saisi de crainte et même étant par lui-même le plus souvent un homme grossier et sans idée que celle de voler ; et qu'il soit donné au dit accusé un conseil.

18. *Maréchaussée :* que la maréchaussée étant sur pied de troupe, ne soit faite que pour arrêter les voleurs et non pour instruire leur procès, cette troupe étant censée connaître plutôt l'art militaire que les ordonnances criminelles et que, si on la laisse, il lui soit donné pour l'instruction desdits procès, au moins deux assesseurs pris dans les conseillers du siège de leur ressort.

19. *Emprisonnements faits par les seigneurs :* que les commandants de la province, pas plus que les seigneurs de paroisse, ne fassent emprisonner leurs vassaux sans que, au préalable, ils ne leur aient justifié le délit qu'ils ont commis,

---

de Savigny. Rentes ecclésiastiques, néant. Les biens nobles ne sont pas estimés. Le domaine du roi perçoit 65 livres 1 sol.

(42) Ordonnance civile touchant la réformation de la justice. Saint-Germain-en-Laye, avril 1667 (Isambert 18-183, n° 502). Règlement du Parlement pour l'administration de la justice dans la province de Normandie, revêtu de Lettres patentes du 18 juin 1769 (Recueil des Edits, IX, 1212).

pour être en état de se défendre et d'éviter l'emprisonnement et une amende, chose odieuse à tout citoyen.

20. *Suppression des procureurs :* que l'on supprime les procureurs dans les juridictions, personnages inutiles dans l'instruction des procès, faits seulement pour manger le public et s'engraisser de la chicane qu'ils suggèrent aux clients.

21. *Suppression des juridictions d'exception :* demande que l'on supprime toutes les juridictions d'exception.

22. *Priseurs-vendeurs :* que l'on supprime les priseurs-vendeurs, charge qui absorbe en la plus grande partie par les frais tout ce qu'un créancier pourrait prétendre du débiteur, et qui met ce débiteur dans la noire misère.

23. *Maîtrises :* demande que l'on supprime les maîtrises établies dans les villes, laissant à chaque individu la liberté de faire de son industrie et talent, et à ceux des villes le droit de se choisir un bon ouvrier qui, par son peu de fortune, ne peut venir demeurer en ville.

24. *Achat de noblesse :* demande qu'il ne soit permis à aucunes personnes d'acheter par argent la noblesse, mais l'acquérir par la valeur et les armes.

25. *Entrée des roturiers dans le militaire :* demande que les roturiers rentrent comme la noblesse dans le militaire et qu'il n'y ait que par la valeur et le courage que chaque individu ait des places.

26. *Tirage des matelots pendant la paix :* demande que dans les paroisses de dessus le bord de la mer, l'on ne tire point pour matelot pendant la paix, laissant à un père et à une mère au moins l'enfant seul qu'il a sauvé des guerres dernières, afin de procurer plus de population.

27. *Pêche en mer :* que la liberté soit à toutes personnes de dessus le bord de la mer de pêcher sans aucuns droits toutes sortes de poissons, même le lançon, dans la mer et les embouchures des rivières, ainsi que d'y prendre des sables.

28. *Emprunt d'argent :* demande qu'il soit permis d'emprunter l'argent à 5 % et de le rendre au temps fixé par l'emprunt, afin d'éviter la ruine par le grand nombre d'usuriers et filous qui se trouvent aujourd'hui, chose encore qui procurerait beaucoup d'avantages au commerce : ne pouvant plus trouver d'argent en rente de constitution, mais bien à prêt pour un temps limité, si cette permission était accordée.

29. *Colombiers :* demande que les colombiers des seigneurs soient supprimés et bouchés, les pigeons faisant un dégât très considérable.

30. *Sables de mer : Pont de la Roque :* demande que l'on rétablisse et répare le Pont de la Roque, très utile pour le passage des paroisses d'au-dessus d'icelui ainsi que pour le petit

port de Regnéville et principalement pour les engrais des
sables de mer appelés tangues, que l'on vient chercher de plus
de six lieues à la ronde.

Le présent cahier de doléances, mis aux mains de M. Bonté,
conseiller au présidial de Coutances, et de François Tiphaigne,
pour être porté à l'assemblée du 2 mars 1789, à charge de se
conformer à tout ce qui est prescrit et ordonné par les lettres
du Roi et règlement du 24 janvier dernier ; un double duquel
dit cahier a été déposé dans l'instant dans les archives de la
communauté, ainsi que les lettres, règlements et ordonnances
pour y avoir recours, au cas appartenant. Ainsi délibération
de ce jour 1er mars 1789.

> Viard, J. Billard, A. Viard, J. Leloup, N.-F. Lemesle,
> J. Guillard, Julien Hue, J.-G. Lemesle, Fr. Le-
> mesle, Jean Lemesle, Pierre Legallais, F. Tiphai-
> gne, G. Lemesle, P. Fauvel, G. Tiphaigne, G. Ti-
> phaigne, G. Lepeu, J. Le Roussel, F. Lemesle,
> Philippe Lemesle, J. Billard, N. Poulain, F. Ti-
> phaigne, F. Viard, Pierre Jean, J. Leloup, Jean
> Tiphaigne, A. Blaizot, Bonté, conseiller.

ADDITION *au cahier de doléances donné à MM. les Députés,
pour la rédaction des cahiers en un par les paroissiens de la paroisse de Hauteville près la Mer.*

Demandent que les comptes des taxes et impositions quelconques faites dans chaque ville par MM. les Maires et échevins et reçues par les receveurs des villes, soient apurés tous
les ans en présence de MM. les Maires et échevins et députés
de chaque corps d'icelles, afin d'éviter les grands frais que
les comptes occasionnent à chaque ville par la taxe exorbitante qu'exigent ces Messieurs de la Chambre des Comptes
pour l'apurement d'iceux ; et que MM. les Maires et échevins
des villes rendent compte tous les ans d'icelle des deniers qui
pourraient leur rester oisifs, ce que l'on ne peut savoir des
dits maires et échevins, soutenant ne pas devoir cette déclaration aux villes et afin d'employer cesdits deniers oisifs où il
paraîtrait nécessaire, au lieu de les laisser entre les mains d'un
receveur duquel ou de ses héritiers on a peine quelquefois à
les faire sortir (43).

------

(43) L'auteur de l'addition s'est manifestement inspiré des dispositions de
l'Edit contenant règlement pour l'administration des villes et principaux
bourgs du royaume. Compiègne, août 1764. Les articles 32, 33 et 50 règlent

Demandent que toutes les mesures de grains et autres soient les mêmes dans toutes les villes, afin que toutes personnes sachent où s'en tenir et d'éviter toutes contestations et assurer un commerce égal.

Le présent cahier d'addition donné à MM. les Députés pour la rédaction des cahiers en un par M. Charles-Nicolas Bonté, conseiller au bailliage et siège présidial de Coutances, un des députés de ladite paroisse, et autant du présent mis dans les archives de la commune ce 6 mars 1789.

BONTÉ, *conseiller*.

Ces quelques pages, qui furent, avec plus ou moins de variantes, celles que rédigea la généralité des paroisses, constituaient, à elles seules, toute la Révolution. Ce fut sans nul doute une grande imprudence d'avoir fait établir ces cahiers qui portèrent un coup mortel à l'autorité royale : d'un jet de plume, le peuple biffait l'œuvre de douze siècles de monarchie. Alors que toute situation sérieuse réclame un apprentissage, la masse des Français, tout à coup, se voyait revêtue d'une autorité qu'elle n'avait jamais précédemment, et parfois durement, fait que subir. Grisée d'autant plus par cette investiture que la nation avait souffert davantage, cette dernière se manifesta mécontente de tout et de tous ; elle prit volontiers pour hochet ce qui lui paraissait naguère surtout un épouvantail ; elle éleva à la liberté, son idole, un piédestal qui la sacra nouvelle religion, excommuniant en bloc tout le passé. Ayant reçu une telle base, les faits se déroulèrent dès lors mathématiquement, aggravés à la fois par le manque de clairvoyance des uns et le fanatisme des autres, le roi étant trop suranné pour son temps et le peuple trop en avant sur le sien. Du conflit de ces deux extrêmes devaient provenir tous les malentendus et toutes les catastrophes. Au début, ce fut inconsciemment toutefois que chacun interpréta son rôle dans la

la façon dont les comptes des receveurs des villes et bourgs devaient être rendus devant une assemblée de notables et arrêtés, sans frais ni droits, par les juges des bailliages (Isambert, XXII, n° 877, p. 405). Cet édit avait été enregistré difficilement au Parlement de Normandie, et la Chambre des Comptes avait obtenu, dès juillet 1766, un nouvel édit qui réservait au contraire, dans la province, à la Chambre et au bureau des finances, le droit exclusif d'apurer et d'arrêter les comptes des receveurs des villes, « sans toutefois que les épices desdits comptes puissent excéder 1 pour 100 du montant de la recette effectuée » (Edit portant règlement pour l'administration des villes du pays de Normandie, juillet 1766, dans le recueil des Edits, IX, 827).

grande tragédie : au témoignage des historiens, la préparation et la convocation des Etats Généraux eurent lieu au milieu d'un grand enthousiasme ; chacun espérait voir se lever de beaux jours pour la France, mais les apparences étaient bien trompeuses et durèrent bien peu.

Le lundi 16 mars 1789, en la nef de l'église cathédrale de Coutances, huit heures du matin, se réunit l'assemblée générale des trois ordres, sous la présidence du sieur Desmaretz de Montchaton, tenant la place du marquis de Blangy, grand bailli du Cotentin, à qui les lettre et règlement du Roi avaient été adressés par le duc d'Harcourt, gouverneur de la province.

Dès le 13 février, Desmaretz avait prescrit que les lettres royales et le règlement y annexés, lues, publiées, audience séante, et enregistrées au greffe de ce siège pour être exécutées en la forme et teneur, publiés à son de trompe et cri public dans tous les carrefours et lieux accoutumés et imprimés, publiés et affichés ainsi que notre présente ordonnance tant en cette ville et fauxbourgs que dans les villes, bourgs, villages et communautés du ressort du bailliage et convoquant audit jour, huit heures du matin, ceux qui auraient droit de s'y trouver, tenus de s'y rendre munis de leurs titres et pouvoirs.

A l'appel nominal pour Hauteville-sur-Mer répondirent :

1° Messire Guillaume Lemesle, curé de Hauteville près la Mer, présent (44) ;

2° Damoiselle Marie-Charlotte Christy, fille mineure de Christy de la Morinière, écuyer, seigneur de Hauteville près la Mer (45), représentée par Messire Charles Duprey des Ysles (46), capitaine d'infanterie au bataillon Dauphin, par procuration devant le notaire de ce lieu (Coutances), ce jourd'hui ;

3° Charles-Nicolas Bonté, conseiller du roi au bailliage et siège présidial de ce lieu, demeurant en cette ville, présent (47).

François Tiphaigne, député élu par les Hautais, ne figura pas. Cependant, il est porté comme Bonté pour avoir passé

---

(44) Procès-verbal de l'assemblée des trois ordres du grand bailliage du Cotentin, édité par Joubert, à Coutances, 1789, pages 26, 111, 194.

(45) Pierre Christy de la Morinière, conseiller du roi, lieutenant particulier au siège présidial de Coutances, avait épousé Charlotte-Marguerite-Françoise Bonté (*Revue Monum.*, Renault, *Ann.* 1853).

(46) Ce des Ysles est un des descendants de Jehan des Ysles, vicomte de Coutances pour le roi de Navarre (1360).

(47) Tous prêtèrent serment, le 19 mars au soir, et furent convoqués se rendre le lendemain, huit heures du matin, les ecclésiastiques, dans l'église du séminaire, les nobles dans celle des Capucins et le Tiers dans la grande salle de l'Auditoire.

trois jours à Coutances et mérité de ce fait 9 livres qu'ils refusèrent, comme on l'a lu plus haut (48). Il se lassa, revint chez
lui et laissa Bonté élaborer les cahiers du district pendant
17 jours.

Les lois des 14 et 22 décembre 1789 érigèrent en communes
les villes et les paroisses rurales. Hauteville devient commune
(pour les municipalités, voir chap. X). Le procureur de la commune fut Jean-François Lepeu, qui devint agent national le
10 septembre 1794. Le 22 février 1794, François Tiphaigne était
président du Comité de surveillance (49). Le premier juge de
paix élu fut Pimor, descendant des notaires ayant résidé à
Hauteville. Devant lui furent assignés, le 20 août 1792, plusieurs hautais qui avaient incité au pillage et à la dévastation
des mares et des claquets, et invité à donner une volée de
bois vert à l'huissier venu pour constater les dégâts (cela avait
lieu sur les domaines de la famille Cristy).

Les églises furent fermées au culte par arrêtés du 19 nivôse
et 30 ventôse an II. Bouret fut investi de cette charge dans la
Manche ; les arrêtés décrétaient en même temps l'enlèvement
et la vente de tout le mobilier précieux des églises et l'envoi à
la Monnaie de tout le restant de leur argenterie, déjà réduite
au strict nécessaire depuis le commencement de la Révolution. En pluviôse an II, la cathédrale de Coutances fut affec-
tée au service des grains ; elle ne le fut plus à partir du
6 complémentaire de l'an III, et le marché fut, par arrêté du
représentant en mission Dentzel, transféré aux Capucins (halle
au blé actuelle), dont c'était la chapelle. Le département de la
Manche ayant pris parti pour les Girondins, la Montagne, pour
se venger, envoya en Cotentin les commissaires conventionnels
Bourdon (de l'Oise) et Lecarpentier (de Valognes). Ce dernier
terrorisa le pays. Son arrêté du 25 germinal an II porte que
tous ceux qui ne voudraient pas donner leur démission de
prêtres, démission constatée par la remise des lettres de prê-
trise, devaient être emprisonnés comme suspects (voir chapitre IX). D'un autre côté, la croisière des flottes anglaises du
capitaine Saumarez, abritées à Guernesey et à Jersey, tenaient
continuellement en haleine les côtes françaises (janvier et mars
1794). Le seul contact sur la côte fut l'attaque du fort de Sur-
tainville, près Carteret. Les frégates anglaises firent taire le
fort après 6 heures de combat. Ce fort n'était défendu que par
deux ou trois pièces de canon manœuvrées par des pay-

---

(48) Pour la rédaction des cahiers de plaintes et doléances dans le doyenné
de Cérences, furent choisis : pour le clergé : Félix Le Chevalier, curé de
Saint-Louet-sur-Sienne ; pour la noblesse : Charles-Antoine-Alexandre Le
Forestier, possédant les fiefs de Muneville, de Séyi et des Loges, à Quettreville ; tiers-Etat : François Brohon, lieutenant général.

sans (50). De même, le fort de Montmartin était garni d'hommes, sa poudrière remplie de gargousses, et Hauteville avait sa garde nationale formant une compagnie à part (voir Milices, chap. VI), bien qu'il ne fût plus commune, mais fît partie, comme section, de celle de Montmartin, depuis le 18 prairial an II, en vertu d'un arrêté du Conseil du district de Coutances, homologué par arrêté du représentant du peuple Legot, en date du 27 du même mois (51). En tant que commune, Hauteville n'a donc agi officiellement que jusqu'à cette date (52). Les comptes décadaires ou rapports d'un agent envoyé tous les 20 jours au district et dont nous trouvons le premier modèle le 20 germinal an III (avril 1794), en pleine Terreur, furent rédigés par les deux sections ainsi qu'il suit (53) :

COMPTE DÉCADAIRE DU 20 GERMINAL AU 10 FLORÉAL AN II

Service des Armées

Point de cordonnier dans notre commune.

Les offrandes pour les défenseurs, lesquelles consistent en 88 chemises, 6 draps, 5 serviettes, une paire de bottes, une paire de bas de fil, 16 livres de charpie, 2 livres de laine en boule et 69 livres 10 sols, ont été déposées au magasin de ce district le 22 germinal.

Nous nous occupons maintenant de faire fournir une livre de chiffons par chaque individu, au terme de l'arrêté du Comité de Salut public du 12 germinal.

Sur la loi du 18 germinal, pour une levée extraordinaire de chevaux d'après la déclaration et les états fournis par toutes les municipalités de ce canton : il ne s'y trouve pas un seul cheval qui réunisse les qualités requises par la loi.

---

(49) Aucun nom de seigneur de Hauteville et des communes limitrophes ne figure sur les listes retenues par Hettier, *Relations de la Normandie et de la Bretagne avec les îles anglo-normandes pendant l'émigration*, p. 192-207 ; d'un autre côté, sur la liste des impositions payées par Hauteville en 1793, nous relevons les noms des « citoyens » Michel d'Annoville, demeurant à Coutances, et Nicolas-Charles Bonté (voir chapitre X).

(50) Archives de Montmartin-sur-Mer.

(51) Archives de la Manche, L. 879, f. 113 vo 886 f/v et 909.

(52) Tableau des lois révolutionnaires exécutées dans la commune de Hauteville-près-la-Mer (Archives de la Manche) : « Nous avons donné des réquisitions pour porter du beurre au marché de Coutances le 6 fructidor ; les citoyens requis ont demandé la paie de deux décades pour fournir le contingent, vu la rareté de l'herbe et des bonnes vaches » (Lois et Arrêtés, 1793.)

(53) Archives de Montmartin-sur-Mer.

Nous avons au bureau municipal vingt fusils de munition qui y furent transférés de Regnéville lors du siège de Granville.

Secours

Au terme de la loi du 21 pluviôse, les rolles de secours ont été arrêtés pour cette commune ; ils ont été présentés au citoyen agent national du district, qui les a envoyés pour en faire un double : d'ailleurs, ils n'auraient pas été acquittés, puisqu'il n'y a pas d'argent dans la caisse du receveur du district. Si ces secours tardent encore à arriver, je requerrai, au terme de la loi, les commissaires distributeurs d'y pourvoir.

Sûreté générale

Nous ne connaissons pas de personnes notoirement suspectes dans notre commune.

Signes de royauté

Il n'existe à ma connaissance aucunes marques de royauté ou de féodalité. Si l'on en excepte des fleurs de lis qui se trouvent sur quelques couvertures de laine dans lesquelles elles sont tissües et d'où elles ne peuvent être ôtées qu'en perdant la couverture ; je vous prie de me dire ce que j'ai à faire là-dessus.

Signes civiques

La cocarde tricolore est l'ornement inséparable de toutes les femmes de notre commune.

Surveillance des denrées et marchandises

Je ne connais aucune infraction aux lois relatives aux meuniers et boulangers et à la taxe des denrées et marchandises.

Fonctionnaires publics

Depuis le 11 nivôse, nous n'avons ni notaire ni juge de paix (54) ; nous comptions à chaque instant voir le citoyen Billard (55) remplir cette fonction de paix ; nous vous prions de vous en occuper. Joseph Adam, officier municipal, Nicolas Blaizot et Georges Ybert, membre du bureau de sùrveillance, sont partis sur mer (« A bord des vaisseaux de la République »). Ainsi trois places vacantes.

---

(54) M. Pimor, notaire à la résidence de Montmartin, section de Hauteville-sur-Mer, étant à la fois notaire et juge de paix, il est à présumer que ce 11 nivôse (31 décembre) est la date de sa mort. Un registre d'état-civil de cette époque n'a pas été conservé.

(55) André Billard fut nommé juge de paix le 8 vendémiaire an III (29 sept. 1794).

Biens nationaux

Nous n'avons pas de biens d'émigrés. Ceux de Ménard, déporté, sont vendus. Nous n'avons pas de parents d'émigrés, mais seulement la mère et la sœur de Belin, déporté, qui sont bien tranquilles.

Agriculture

Il y a encore quelques vergées de terre à ensemencer par la difficulté de trouver du grain ; je viens de requérir la municipalité de faire les perquisitions les plus sévères et de mesurer partout, de faire délivrer sur le champ du grain à ceux qui en manquent et d'envoyer sous quatre jours au district le résultat de leurs opérations.

Esprit public

Tous les habitants de cette commune seraient contents si les subsistances n'y étaient pas si rares : toutes les fois qu'il vient des réquisitions, les murmures se font entendre ; il ne serait pas difficile de les appaiser si on pouvait punir les coupables ; mais malheureusement ceux qui sont requis ne sont guère en état d'obéir ; nous les flattons de la douce espérance que vous subviendrez à leurs besoins.

L'agriculture va toujours son train. La richesse que promet partout la campagne est bien faite pour encourager.

Salut et fraternité.

Signé : E. Chauvin, *agent*.

Le 21 fructidor an II, le même agent communique aux cultivateurs hautais l'invitation d'approvisionner les marchés de toutes espèces de denrées de première nécessité et sans aucun délai. Le 6 fructidor, déjà, le contingent de beurre demandé n'avait pu être fourni, « vu la rareté de l'herbe et des bonnes vaches ».

Le rapport ajoute : La tranquillité est générale dans la commune (Montmartin et Hauteville). La récolte s'y fait avec exactitude et est même très avancée. Il ne reste presque plus rien à la réserve de l'avoine (?) des pois et des fourrages. Les cultivateurs s'empressent de faire la déclaration de leur récolte au fur et à mesure qu'ils la ramassent. Tout va assez bien.

Il y a réquisition de bois et de cendres pour la fabrication du salpêtre. Les fagots fournis sont entassés dans le temple de la Raison (l'église).

Il est ordonné aux habitants d'assister aux fêtes de chaque décade ; ce décadi, remplaçant le dimanche, était observé par crainte de dénonciation.

Un arrêté du conventionnel Le Carpentier, représentant du

peuple, enjoint de faire dissiper les processions nocturnes : nos ancêtres, n'ayant plus ni église, ni curé, avaient-ils conservé, en dépit des circonstances, l'habitude de la procession traditionnelle de « la Croix-Rouge » ? ou celle de la Sainte-Barbe ? Les arrêtés continuèrent à pleuvoir : recherche des bridons, selles, brides, bottes demandés par le commissaire Lemaître, offrandes pour les défenseurs de la Patrie, réquisition de chevaux, interdiction de la pêche de nuit par ordre du citoyen Regnier, général de brigade, chargé des inspections et surveillance des côtes maritimes depuis la Hougue jusqu'à Port-Brieuc, daté de Granville, 22 fructidor an II ; prescription d'inscrire soigneusement sur chaque porte du dehors le nom de tous les habitants de la maison. Il restait encore une cloche, la réquisition des cuivres et métaux l'enleva (voir chapitre IX). Tous les chandeliers, les cuivres et métaux de l'église la suivirent, mais on garda le calice, « un bien mince objet », les chapes et les chasubles.

Le rapport du 10 germinal an II (avril 1794) parle de secours distribués aux parents des deffenseurs de la Patrie : « les terres d'hyver sont ensemencées et celles d'été vont l'être ; ce sont tous laboureurs ici ». Mais on a enlevé tous les grains, et le rapport avoue : « Nous n'avons pas de quoy subsister six semaines. » Sans doute y trouva-t-on remède, et ce rapport est le dernier, deux communiqués de Barrère, au nom du Comité de Salut public, annonçant les succès de l'armée du Rhin et la chute de Robespierre et de ses complices, c'est-à-dire la fin de la Terreur (fructidor an III).

L'hiver qui suivit dut se passer paisiblement, si l'on s'en tient aux exposés contenus dans la lettre suivante, lettre écrite par André Billard, juge de paix du canton de Montmartin :

« Au citoyen Duhamel, agent national pour l'administration du district à Coutances.

« A Montmartin, maison du citoyen maire, le 15 germinal, l'an troisième de la République (6 mai 1795) (*Archives de la Manche*).

« Citoyen et ami,

« Je n'étais pas jeudi à Montmartin ; je sut (*sic*) obligé d'aller à Granville, pour l'affaire en clameur révocatoire de mes beaux-frères, comme leur fondé de pouvoir.

« Le citoyen Pierre Créances, qui tint mon bureau jeudy, m'apprend que vous avez nommé deux assesseurs de Hauteville qui ne savent pas signer, et que leur travail empêche de s'y trouver ; voyez comme la justice de paix va être montée si vous n'y portez remède...

« Voyez donc où vous en êtes avec vos nouvelles municipalités. François Lemesle, fils Hervé, est peut-être le seul qui conviendrait de la ci-devant commune de Hauteville. Si, par contraire, vous attendez trop longtemps, cela donnera lieu à des murmures fondés sur ce qu'il n'a que le refus d'un autre.

« A propos, j'ai réfléchi que votre affaire se termine mercredi. Je ne puis aller à Coutances ; je préfère y aller lundi prochain faire mes pasques avec vous.

« Je vous prie de remettre les pièces que la porteuse vous remettra au citoyen Lavallée Jean, et le prier de faire son rapport en Directoire ce jour-là. Je serais bien aise que le citoyen Tesson y serait.

« Salut, fraternité et amitié. »

Signé : BILLARD ANDRÉ (d'Annoville).

L'année précédente, le style et les idées de cette lettre auraient tout simplement désigné son auteur pour l'échafaud : on peut donc, à partir de 1795, considérer la Révolution comme terminée.

Les nouvelles municipalités auxquelles il est fait allusion ci-dessus, existaient, pour Montmartin et Hauteville, depuis le dix germinal l'an troisième de la République (1er mai 1795).

Voici la délibération contenant le procès-verbal :

« Du dixième jour de germinal l'an troisième de la République française une et indivisible, à Montmartin, chef-lieu de canton du même nom.

« Les citoyens habitants des communes dudit Montmartin et Hautteville, réunies en une seule et même commune suivant l'arrêté du représentant du peuple Legot, pour former la nouvelle municipalité et le corps général de la commune formant la dite commune sous le nom de commune de Montmartin, lesquels sont dénommés par administration du district de Coutances en date du 11 ventôse dernier, et dont les noms suivent, savoir :

« Pierre Créances, nommé maire de la commune de Montmartin. Jacques Lemesle, fils Denis, premier officier municipal de la commune de Hauteville, lequel a déclaré qu'il est le neveu de Guillaume Tiphaigne, lequel est aussi officier municipal de la même commune. Julien Quesnel et Marc-Alexandre Le Cœuret, de la commune de Montmartin, tous deux officiers municipaux. François Tiphaigne Gilleberdière, de la commune de Hauteville, nommé agent national. Les notables sont Jean-Baptiste Cousin, Jean Guillaume, Thomas Chauvin, Pierre Danlos, le frère, Thomas Bouchard, Jacques Duboscq, Jean Tiphaigne Odé, Pierre Billard, fils Claude, Jean Tiphaigne les Marais, Jacques le Gallais, Jean Choux le fils, Maréchal, Pierre Vid-

coq et Jean François de la Cour, secrétaire-greffier, tous des
deux dites communes réunies en une seule, lesquels ont tous
prêté le serment individuel à la réserve de Guillaume Tiphaigne, qui était absent, de remplir exactement les fonctions qui
leur sont déléguées, tant de maire, officiers municipaux, agent
national et secrétaire greffier, lesquels, après lecture et colla-
tion faite du présent procès-verbal, ont signé tous conjointement. » Suivent les signatures.

Les Hautais prenaient part, à Montmartin, aux fêtes et
réjouissances qui avaient remplacé décadi. On se demanderait
peut-être en quoi elles consistaient. Lisons plutôt :

« Le 25 messidor an VIII de la République française (14 juillet 1800), à Montmartin-sur-Mer, nous, maire et adjoint de la
commune et section de Hauteville y réunie, en conformité de
l'arrêt du préfet du département de la Manche et de la lettre
du sous-préfet de l'arrondissement communal de Coutances,
toutes deux tendantes à faire célébrer dans chaque commune
de la République la fête nationale du 14 juillet, représenté par
le 25 messidor (ère républicaine), époque à jamais mémorable
où fut renversée pour jamais la tyrannie sous laquelle le des-
pote faisait gémir un peuple entier né pour la liberté !...

« Instruits par les deux lettres précitées que cette journée
nous offrant en même temps à célébrer la fête de la concorde
qui devait suivre la paix de l'Ouest, animés du désir de ne
rien négliger pour donner à ces deux fêtes réunies toute la
solennité et l'éclat que pouvaient permettre les localités (?) de
notre commune, y avons procédé ainsi qu'il suit :

« Moi, maire de Montmartin, ai prévenu tous les officiers
de la garde nationale de Montmartin et section de Hauteville
y réunie (voir chap. VI), ainsi que le commandant du fort de
la Batterie de Montmartin, de se réunir et de faire réunir aujourd'hui, sur les dix heures du matin, au bureau de la *mairerie* de ce lieu, leurs soldats sous les armes pour avec moi
se rendre ensuite au lieu ordinaire de nos réunions pour y
entendre l'explication des objets pour lesquels ils étaient convoqués et se livrer aux transports de joie que doivent inspirer
à tout français vertueux et ami de sa patrie les deux époques
rassemblées dans cette fête. Tous les officiers de la garde
nationale, les employés aux douanes de la section de Hauteville et le commandant de la batterie de Montmartin (56), ac-
compagnés d'un grand nombre d'hommes de la garde natio-

----

(56) Le fort de Montmartin était depuis longtemps armé. Il était commandé
en 1789 par Pierre Goueslard, sieur du Vaucelle, capitaine des canonniers,
compagnie de Muneville, demeurant à Montmartin, assisté comme lieutenant de François Goueslard (procès-verbal de l'assemblée des Trois-Ordres
du grand bailliage du Cotentin).

nale dociles à mon invitation, se sont réunis à l'heure dite au bureau de la mairerie, plusieurs en armes s'étant mêlés avec moi, maire, et l'adjoint, et escortés tous deux par les canonniers sous les armes et plusieurs de la garde nationale, nous sommes rendus au lieu ordinaire de nos réunions où, arrivés, moi maire leur ai lu un petit discours analogue aux circonstances pour lesquelles nous étions rassemblés. Ce discours fini, j'ai invité toutes les personnes présentes de chanter des chansons et de faire éclater leur joie par des jeux et des danses. Beaucoup de personnes ont fait entendre des chants patriotiques, ont entonné des hymnes à la Liberté. On s'est occupé ensuite de jeux et de danses. Plusieurs décharges de fusil ont été faites par les canonniers, auxquels j'avais autorisé le gardien de la poudrerie du fort de Montmartin à faire une distribution modérée de poudre, afin de donner plus d'éclat à l'auguste fête que nous étions appelés à solenniser ensemble. Tout le jour ainsi passé, chacun s'est retiré paisible chez lui, plein de l'allégresse qui devait en être la suite. Et de tout j'ai rédigé le présent procès-verbal, etc... »

Le 6 fructidor an VIII recommençaient des contestations relatives aux biens communaux que le sieur Gallien demandait à l'Etat pour faire à ses frais les dépenses de construction des quais de Granville. Le 25 février 1806, le baron Duhamel et son beau-frère Gosselin, accroissaient leur domaine aux dépens des biens de la collectivité. La municipalité se débat inutilement. Le maire d'alors et l'adjoint étaient Montmartinais. Le 28 décembre 1807, on fit une place aux hautais en prenant l'adjoint chez eux (voir chap. X).

Nous nous occuperons, dans ce même chapitre, des diverses municipalités qui, au cours du XIX° siècle, ont administré Hauteville : nous y constaterons les efforts et les démarches qui furent nécessaires pour obtenir la pièce par laquelle nous terminons cet exposé historique, c'est-à-dire l'ordonnance royale rendant à Hauteville, avec son titre de commune, ses traditions, ses prérogatives et son indépendance.

Paris, le 15 février 1836.

LOUIS-PHILIPPE, Roi des Français

A tous présents et à venir, salut.

Sur le rapport de notre ministre, secrétaire d'Etat au département de l'Intérieur,

Le Comité intérieur de notre Conseil d'Etat entendu,

Nous avons ordonné et ordonnons ce qui suit :

ART. 10

La section de Hauteville-sur-Mer est distraite de la commune de Montmartin-sur-Mer, arrondissement de Coutances, département de la Manche, et érigée en commune particulière.

Art. 11

La limite entre la commune de Hauteville-sur-Mer et celle de Montmartin-sur-Mer est fixée dans la direction indiquée par un liseré vert au plan ci-annexé.

Art. 26

Les dispositions qui précèdent auront lieu sans préjudice des droits d'usage et autres qui seraient réciproquement acquis.

Art. 27

Nos ministres, secrétaires d'Etat au département de l'Intérieur et des Finances, sont chargés, chacun en ce qui le concerne, de la présente ordonnance.

Donné au Palais des Tuileries, le 15 février 1836.

Signé : LOUIS-PHILIPPE.

Par le Roi :
Le ministre, secrétaire d'Etat au département de l'Intérieur,
Signé : A. THIERS.

Pour extrait conforme :
Le maître des requêtes, secrétaire général du ministre de l'Intérieur,
Signé : EDMOND BLANC.

Pour copie conforme : *Le Préfet de la Manche,*

(Archives de la Mairie, Hauteville-sur-Mer).   Signé : GRATTIER.

CHAPITRE VIII

Seigneurs de Hauteville

Cil qui est sire d'Aubemare
E dom Willame de Romare
E li sire de Litehare
E cil de Touque et de la Mare
E li sire de Neauhou
E un chevalier de Pirou
Robert li sire de Belfou
E cil qui est sire d'Alnou
Li chamberlènc de Tancarville
E li sire d'Estoteville

E Wiestace d'Abbeville
E li sire de Magneville
Willame que l'on dit crespin
E li sire de Saint Martin
E dom Willame des Molins
E cil qui est sire des Pins :
Tuit cil furent en la bataille. (A)

ROBERT WACE.

(Roman de Rou XIe siècle)

Les fiefs, à cette époque troublée, passaient sans cesse d'un seigneur à l'autre, selon la volonté des suzerains. Dès 1140, la fiefferme de Hauteville se trouvait « *sous la mouvence* » de la baronnie de Bréhal, qui se composait ainsi : Hambye, Percy, Montabot, Chevry, le Loreur, Bourey, Montmartin, Hauteville-

---

(A) Celui qui est sire d'Aumale
    Et dom Guillaume de Roumare (Seine-Inférieure)
    Et le sire de Lithaire (Manche)
    Et celui de Touques et de la Mare (Calvados)
    Et le sire de Néhou (Manche)
    Et le chevalier de Pirou (id.)
    Robert le sire de Beaufort (Calvados)
    Et celui qui est sire de Laulne (Manche)
    Le chambellan de Tancarville (Seine-Inférieure) (a)
    Et le sire d'Estoteville (Manche)
    Et Gustave d'Abbeville (Calvados)
    Et le sire de Magneville (Manche)
    Willame que l'on dit Crespin (Seine-Inférieure)
    Et le sire de Saint-Martin (?)
    Et dom Guillaume des Moulins (Orne)
    Et celui qui est sire des Pins (id.)
    Tous ils furent à la bataille.
(Bataille d'Haslings (1066), qui donna l'Angleterre aux Normands).

sur-Mer, Bréhal, Hudimesnil, Cérences, où il y avait bailliage (1). En 1180, Etienne de Saukeville rend compte de 150 (2) livres pour la vicomté de Cérences. En 1186, Philippe de Hauteville, chevalier, seigneur de la paroisse de Hauteville, fils de Robert de Hauteville, chevalier, et aussi seigneur du lieu, du consentement de son fils Etienne de Hauteville, donne à l'abbaye de Savigny l'église Notre-Dame de Hauteville (3). Il donna aussi à cette abbaye les deux tiers des dîmes (4). Ces de Hauteville étaient de même famille que le célèbre Tancrède de Hauteville la Guichard (5), dont les fils firent la conquête de la Calabre. Leurs armes étaient : « Burelé de sable et d'argent de 8 pièces, au sautoir de gueules, à la bordure de même » (6).

En 1222, Guillaume et Raoul de Thiéville possédaient les fiefs de Cérences et de Bréhal, les de Hauteville ayant opté pour l'Angleterre en 1204, Philippe-Auguste, après l'annexion de la Normandie, les avaient dépossédés de leurs biens dans le Cotentin. Le roi de France donna alors la baronnie de Bréhal, par conséquent Hauteville, à un de ses féaux; Foulques Paynel, seigneur de Hambye et de la Haye, d'Ouville et de Mesnil-Rogues, baron de Bricquebec et de Moyon par ses alliances. Cette famille, originaire de Norvège, était venue avec Rollon (7). Son nom primitif était Pagen, Paganel ou Pagnanel. Robert Wace écrit « paienals », et le latin *paganellus* ; la forme la plus rationnelle est Paynel (8), les chartes écrivent Paens. Elle devint une des plus puissantes et des plus riches de Normandie. Dès 1137, Henri II, roi d'Angleterre et duc de Normandie, lui avait concédé les seigneuries de Hambye et de Bréhal. On lit en effet dans le livre des fiefs du roi Philippe-Auguste : « *Fulco Paganellus, Hambeiam et Brehal tenet de domino regis et in illis non percipit rex, aliud nisi graveriam suam.* » (graverie, espèce d'imposition foncière) (9). Deux des ancêtres, Guillaume et Raoul Paynel, avaient accompagné le Conquérant en Angleterre et y avaient reçu des domaines fort importants ; ils avaient jusqu'à 45 seigneuries dans le comté d'York (1068). Lorsque les Paynel optèrent pour la France, Jean sans Terre, comme représailles, fit saisir sur

(a) Les Tancarville étaient chambellans héréditaires de Normandie.

(1) Olivier le Bois, conseiller au présidial de Coutances, en était sénéchal (*Mém. de la Société Académique du Cotentin*, t. 1).

(2) Rôles de l'Echiquier de Normandie, Rouen.

(3) Charte n° 569, Archives Nationales, L. 971.

(4) Livre noir de l'Evêché de Coutances.

(5) Renault : *Revue monumentale*.

(6) *Mém. de la Société Académique du Cotentin*, tome V.

(7) Le Héricher : *Avranchin monumental*.

(8) *Bricquebec et ses environs*, par M. le chanoine Le Breton.

la terre de Bingham, dépendant d'une de ces seigneuries, tout ce qu'elle contenait « appartenant à Foulques Paynel, officier rebelle » : 18 bœufs, 26 vaches dont 13 « pleines », 2 taureaux, 9 juments, 8 chèvres, 131 brebis, 54 agneaux, 10 porcs, 8 truies, 6 poulains, 6 oisons, 26 fromages (10). En 1096, un Guillaume Paynel d'Agon accompagne Robert, fils du Conquérant, avec « grant foison de chevaliers, barons et aultres gens de Normandie » (11). Ceci prouve que les Paynel possédaient d'immenses domaines, s'étendant de Bréville à Agon, sur la côte, et de la Haye-Pesnel jusqu'à Hambye, à l'intérieur. Suivant Nicolas Harris, un Foulque Paenel, fils de « Raoul Lord of Dudley, comte Stafford living », était vivant en 1120. Ce qui est plus assuré, c'est que Guillaume Paynel, sur l'inspiration de l'évêque de Coutances Algar, fonde en 1145 la célèbre abbaye de Hambye et lui donne la dîme de la foire de Bréhal (*Cartulaire de Hambye*, Manuscrits des *Archives de la Manche*, *charte n° 2*). Il laisse quatre fils : Hugues, Foulques, Thomas et Jean, et porte simplement le titre « d'écuier ». En 1158, un Foulques Paynel donne au Mont Saint-Michel l'église de Sartilly (12). Ce devait être le futur seigneur de Hauteville qui, en épousant Lesceline de Subligny, fille de Gilbert d'Avranches, hérita des fiefs de Marcey et de Genêtz et devait aveu de ces *tenements* (13) aux moines du Mont. Philippe-Auguste ayant obligé tous les barons et seigneurs du Cotentin à lui prêter serment dans une grande assemblée qui eut lieu à Rouen au mois de novembre 1205, Foulques Ier, qui avait le droit d'y porter bannière (14), fut taxé, pour Hambye et Bréhal, à un chevalier qui devait le service au château de Thorigny (15). Il mourut avant sa femme et laissait cinq fils : Foulques II, Guillaume II, Hugues, Jean et Thomas, seigneur d'Orval.

Foulques II Paynel épousa Cécilia de Saint-Sauveur ; il possédait un château dans Coutances (16), très probablement ce fut dans ce château qu'il fonda en 1232 le couvent des Jacobins, qui occupait l'emplacement où fut édifié le grand séminaire (17). Foulques exhiba un décret royal qui l'exemptait de payer deniers pour sa baronnie de Bréhal et Hambye.

---

(9) *Annuaire de la Manche*, 1854.

(10) Rôles de l'Echiquier de Normandie sous les rois anglais, Rouen.

(11) Dumoulin : *Histoire de Normandie*.

(12) *Cartulaire du Mont Saint-Michel*, folio 3.

(13) Tenement, métairie dépendant d'une seigneurie (*Diction. Littré*).

(14) Le blason des Paynel était « d'or à deux fasces d'azur, à neuf merlettes de gueules, les 4, 2, 3, posées en orle. »

(15) Renault : *Revue monumentale*.

(16) *Liber feod. regis Philippi apud « liber nigra », dioc. Constant.*

(17) Masseville, tome 3.

Sa révolte contre Saint Louis lui fit perdre tous ses privilèges et on l'appela chevalier félon (18).

Guillaume II Paynel (1213), que le livre vert d'Avranches appelle « de bonne mémoire », épouse Pernelle, fille de Raoul Tesson, et confirme la donation faite par Foulques Ier, son père, de l'église de Bréhal avec dépendances, et des églises édifiées sur ses fonds, à l'abbaye de Hambye. L'église de Hauteville n'y est pas énumérée : les seigneurs de Hambye connaissaient la donation des de Hauteville à l'abbaye de Savigny puisqu'en 1264, Jean de Balon, dix-septième abbé de Savigny, passe, avec les religieux de Hambye, une transaction lui reconnaissant trois parts à percevoir sur le domaine de la baronnie de Bréhal. Ce contrat fut ratifié par Jean d'Essey, évêque de Coutances, et l'église de Hauteville resta sous l'administration des religieux de Savigny (19).

Guillaume III Paynel (1237), fils de Foulques II, épouse Jeanne Paynel, dame de Moyon, et lègue en mourant une somme considérable à son fils, Jehan, encore enfant (1254), et la confie au chapitre d'Avranches jusqu'à la majorité de l'héritier (20).

Foulques III Paynel, frère de Guillaume (1282), épouse Agnès de Chanteloup et confirme par charte à l'abbaye de Savigny la donation des de Hauteville concernant l'église de Hauteville, donation déjà renouvelée à Jean de Balou (21). Il fait aveu, du chef de sa femme, pour la baronnie de « Saint-Paër ». Agnès de Chanteloup, devenue veuve, fait à l'abbaye de Hambye une donation « pour son chier seigneur et compaignon, Foulques Paynel, jadis chevalier ».

Olivier « Paens » épouse Allix de Courcy et tient à Foulques Paynel par parage la Haye « Paens », et par ordre de Guillaume le Blond, grand bailli du Cotentin, fait le service d'un chevalier au chastel de Coutances 20 jours en temps de guerre (22) (1326). Allix de Courcy, veuve d'Olivier Paens, tient Saussey, Percy et Chanteloup, et à Cérences un fief de haubert (23) (1327).

---

(18) Robert Cenalis.

(19) *Cartulaire de Hambye, curiosités normandes*, G. Leconte.

(20) *Société Académique du Cotentin*, tome 3.

(21) Charte 82, collection Leber, Bibliothèque de Rouen. — Les Paynel, ayant recouvré la faveur royale, avaient droit de séance à l'Echiquier de Normandie (Livre Vert d'Avranches). Un troisième frère, Jean Paynel, archidiacre de Coutances, donne au Chapitre, en 1262, ce qu'il est nécessaire d'étendue de terrain en son fief d'Orval pour l'entretien d'un cierge devant brûler jour et nuit devant le maître-autel de la cathédrale (Toustain de Billy, tome II).

(22) Registres des fiefs du bailliage du Cotentin, Renault, *Ann.* 1847.

(23) Lettre de Philippe V, *Inventaire des Sceaux*, Demay.

La seigneurie de Hambye, à cette époque, valait 1200 liv. de revenu, d'après un acte de 1327 dans lequel on lit : « Fouquier Paenel, chevalier, tient Hambye o ses appartenances, c'est assavoir : Bréhal, Ouville, Hauteville, Courtils en la vicomté d'Avranches, et valent les choses dessus dites autant comme il en demeure en sa main environ 1200 liv. de revenus ». Ce Foulques paie annuellement au roy, pour la fiefferme de Hauteville, domaine fieffé en réauté, 65 livres 4 sols de *relief* en la vicomté de Coutances (24). Il figure au nombre des 50 nobles qui, en 1339, au lendemain de Crécy, « revêtus des pouvoirs et procurations des prélats, gens d'église, des autres nobles, des citoyens habitant les villes et de tout le commun peuple de Normandie », s'engagèrent, par un traité fait devant notaire, à fournir pendant dix semaines, 4.000 chevaliers hommes d'armes et 2.000 hommes de pied pour aider au roy de France à faire, au nom de son fils Jean, duc de Normandie, la conquête de l'Angleterre (25).

Jean Ier Paynel, fils de Guillaume III (1327).

Jean II Paynel, seigneur de Marcey, gouverneur de Saint-James (1355), fut nommé avec son parent le seigneur de Hambye et plusieurs autres pour faire observer en France la trêve conclue à Bordeaux (23 mars 1357) entre la France et l'Angleterre. Ce chevalier devint capitaine des pays de la frontière de Normandie (26).

Guillaume IV Paynel, chevalier, sire de Hambye, aussi capitaine, commis et establi par le roy ès parties du Costentin (26).

Guillaume V Paynel (1353), baron de Hambye, seigneur d'Orlonde, ayant épousé Jeanne Bertrand, de la puissante famille des Bricquebec, se trouva possesseur de la baronnie de Bricquebec et des domaines qui en dépendaient. Ils eurent un fils du nom de Guillaume (27). En 1362, le château de Hambye est occupé par les Anglais et les soldats du roy de Navarre.

Raoul Paynel est capitaine de Coutances le 16 janvier 1366.

Louis Paynel se bat contre le roi de Navarre (1370).

Guillaume VI Paynel, seigneur de Hambye et de Bricquebec, fils de Guillaume V, compagnon de Duguesclin et capitaine général de Normandie (1373), fut un des notables qui allèrent à Paris négocier un emprunt de 20.000 livres pour contribuer aux 60.000 ducs aux Anglais pour l'évacuation de

---

(24) Extrait de l'assiette de terre faite en la baillie du Cotentin par M. Godefroy, bailli, 6 juin 1327.
(25) *Ann.* 1843 signé : Couppey.
(26) Renault : *Ann.* 1854.
(27) *Bricquebec et ses environs*, M. le chanoine P. Le Breton.

Saint-Sauveur-le-Vicomte. Il eut quatre fils : Guillaume, sire de Hambye, mort en 1388 ; Foulques, sire de Bricquebec ; Colin ou Nicolas et Jean. Ces quatre frères firent ensemble un accord le premier mars 1401 et s'engagèrent à ne vendre ni aliéner leurs biens de succession sans leur mutuel consentement, sous peine d'une amende de 10.000 livres (27). Ce fut Foulques qui recueillit seul l'héritage.

Foulques IV Paynel épouse en 1398 Marguerite de Dinan, dont il eut une fille, Jeanne Paynel, entrée en religion (1430) ; née trois semaines avant la mort de son père, Jeanne de Hambye (fille soubs-aage), sous la garde noble du roy et de différents tuteurs, vit l'occupation de Bricquebec par les Anglais de 1418 à 1430. Devenue religieuse, elle fut nommée abbesse des Bénédictines de Lisieux, où elle mourut en 1457 (29).

Jean Paynel, capitaine et garde de la ville de Coutances en 1402 (30), neveu de Bertrand, seigneur de Mesnil-Céran, défendit le Mont Saint-Michel avec Louis d'Estouteville. Il donna par testament à l'abbaye de Hambye 40 livres tournois pour le jour de son service de sépulture, tout son fonds de Lengronne avec revenus et dépendances, même dans les lieux circonvoisins, à l'aide de quoi les religieux percevaient chaque année 30 liv. tournois pour célébrer à perpétuité trois messes dans la chapelle de la B. Marie-Madeleine, le surplus devant servir à quatre obits (31) dans cette même chapelle, plus quatre écus pour payer la statue de la V. Marie. A côté de ces fondations pieuses, il accordait à Jeanne de Bailly, sa bastarde, 20 liv. tournois par an pour trouver « *ad honeste maritandum* ». Les témoins étaient J. Paynel, seigneur de Hambie et Bricqueville, J. de Gué-Hébert, Radulphe de Camprond. Le même Jean Paynel fut inhumé chapelle de la Madeleine, à l'abbaye de Hambie (32).

Il convient ici d'ouvrir une parenthèse. Radulphe de Camprond, seigneur de Rantot, ami de Jean Paynel, qui le prend pour témoin, fit sans doute épouser à son fils Jean de Rantot une fille de Jean Paynel, puisque la dite famille de Rantot possédait au gravage de Hauteville, en 1475, le fief de la pêcherie « la Reculée », fief qui, logiquement, devait être précédemment aux Paynel.

Nicolas Paynel recueille en 1413 la succession de Bertrand

---

(28) Foulques Paynel, escuier, 1410, sceau rond, 29 millim. Archives de la Manche. Ecu portant 2 fasces à l'orle de merlettes penché, timbré d'un heaume couronné à volets aux armes et cimé d'une tête d'aigle dans un vol supporté par deux lions (*Sceaux*, Demay 5619).

(29) *Hist. somm. des anc. propr. de la baronnie de Bricquebec*, E. Tollemer.

(30) Edit de Charles VI, 15 juillet 1402.

(31) Obits (mémoires des morts) commencent vers cette date (Le Cacheux).

(32) Cartulaire de Hambye.

et de Jean Paynel, morts sans enfants. De son mariage avec Jeanne de la Champagne, il ne devait lui-même avoir qu'une fille. Capitaine de la garnison de Coutances, il capitule et rend la ville aux Anglais le 16 mars 1418. En 1421, il y eut une « monstre » (revue) de la garnison du Mont Saint-Michel : on y voit paraître Nicolas Paynel avec quatre chevaliers et quatorze écuiers de sa chambre (33). Jeanne Paynel, fille et unique héritière de Nicolas, épousa Louis d'Estouteville, grand sénéchal de Normandie, défenseur du Mont Saint-Michel. Par ce mariage, toute l'immense fortune et tous les fiefs des Paynel, y compris celui de Hauteville, passaient dans la famille d'Estouteville. Ce fut cette Jeanne qui se distingua à la défense de Coutances contre les troupes anglaises, et a donné son nom à un des boulevards de la ville. Elle fut inhumée dans l'abbaye de Valmont, qui dépendait de celle de Hambie, et avait été fondée en 1168 (34). La famille des Paynel n'était pas cependant complètement éteinte. Elle existait encore à Bricqueville-la-Blouette — un de ses fiefs — en 1517, dans la personne de Robert de Piennes, sieur de Bricqueville (35).

INTERREGNE ANGLAIS

Le 12 mars 1418, Henri V, roi d'Angleterre, donne au comte de Suffolk, qui assiège Coutances, les baronnies de Hambie et de Bricqueville, appartenant à la famille Paynel, déclarée rebelle (36). Guillaume de la Polle, comte de Suffolk, fut donc seigneur de Craon, Bricquebec et Hambie, par conséquent de Hauteville, de 1418 à 1429. Les domaines de la petite Jeanne de Hambie ne lui portèrent pas bonheur, car ayant été fait prisonnier par Jeanne d'Arc sous les murs de Jargeau, il fut obligé de les vendre à un de ses lieutenants, Bertin de Entwistle, pour payer sa rançon. Voici la teneur de la donation d'Henri V, datée de Bayeux (37) : « Henri, par la grâce de Dieu, roi de France et d'Angleterre, seigneur d'Irlande, à tous ceux qui ces présentes lettres verront, salut. Faisons savoir

---

(33) Renault, *Ann.* 1854. Dans tous les actes, les Paynel portent le titre de « bannerets ». Rouen.

(34) La juridiction de l'abbaye de Hambye sur celle de Valmont fut reconnue par une bulle du pape Alexandre III (1181).

(35) *Annuaire de la Manche*, 1852.

(36) *Mémoire de la Société des Antiquaires de Normandie.*

(37) L'original est rédigé en latin. Les seigneurs anglais contestèrent, avec l'appui d'Henri V, dans l'Avranchin, diverses seigneuries à l'abbaye de Savigny, et il y eut de la part des religieux lettre notifiée « ez assises d'Avranches » contre le seigneur anglais de Ducey (Invent. de Savigny).

que de notre grâce spéciale et à cause des bons et loyaux services que notre très cher parent Guillaume, comte de Suffolk, nous a admirablement rendus jusqu'à ce jour, nous lui donnons et concédons les châteaux et domaines de Hambie et de Bricquebec avec leurs dépendances et tous les autres fiefs héréditaires, terres, possessions qu'a eues Foulques Paynel, chevalier, mort dans notre duché de Normandie, pour en jouir lui, le dit comte et ses héritiers, de mâle en mâle, avec les dignités, franchises, droits quelconques appartenant aux dits châteaux, domaines, ainsi qu'aux fiefs héréditaires et autres possessions situées dans notre duché de Normandie, de la même manière qu'en jouissait le dit Foulques ou tout autre, à charge d'hommage à nous et à nos héritiers, et de nous fournir à perpétuité un cavalier armé, le jour de la fête Saint-Georges, à notre château de Cherbourg, nous réservant la haute justice et tout autre droit qui nous appartient ou pourrait nous appartenir, parce que encore le dit comte ou ses héritiers fourniront à leurs frais six hommes armés et douze arbalétriers pour chevaucher avec nous, nos héritiers et notre lieutenant, tant que durera la présente guerre, parce que, la guerre finie, il ne fera plus le service qu'en partie... En foi de quoi nous avons rendu publiques les présentes lettres. Donné dans notre ville de Bayeux le treizième jour de mai et de notre règne, la cinquième année » (38).

Bertin de Entwistle, acquéreur des domaines désignés ci-dessus, en fit hommage au roi Henri VI le 8 février 1431 — l'année de la mort de Jeanne d'Arc — ainsi que pour la vicomté de Valognes, l'un et l'autre confisqués sur Louis d'Estouteville et Jeanne Paynel. Ces derniers rentrèrent dans la possession entière de leurs biens après la victoire de Formigny, qui marqua le départ définitif des Anglais (1450).

FAMILLE D'ESTOUTEVILLE

Ecusson : burelé d'argent et de gueules au lion de sable rampant.

Cry : « A Estouteville mort-né ! » (Allusion au fait merveilleux suivant : un des ancêtres, nommé Léon, vint s'établir en Neustrie au IVe siècle et épousa la fille du seigneur de Caux. C'était, paraît-il, un enfant mort-né qui, marqué d'un lion sur la poitrine, avait été ressuscité par le pape saint Léon le Grand).

---

(38) *Bricquebec et ses environs*, chanoine Le Breton (*Mém. de la Société des Antiquaires de Normandie*, tome xv).

La maison d'Estouteville, une des plus anciennes de France, est contemporaine des premiers âges de l'histoire dé Normandie, et chacune de ses générations a servi loyalement sa province et a été mêlée à tous les événements importants du x⁰ au xvi° siècle (39).

Guillaume d'Estouteville (1096).

Nous voyons, en 1106, Robert Iᵉʳ d'Estouteville, « qui avait été à la conquête de Jérusalem », soutenir Robert, duc de Normandie, contre son frère Henri d'Angleterre. Les deux Robert sont battus et faits prisonniers à Tinchebray (40).

Nicolas d'Estouteville fonde l'abbaye de Valmont (1168). Il meurt en 1216 et a sa sépulture dans l'abbaye de Valmont, ainsi que son fils Robert, sont petit-fils Henri, François, comte de Saint-Pol, et sa femme Adrienne d'Estouteville (41).

Robert d'Estouteville, chevalier (1159), sceau type équestre, l'écu et la housse burelés au lion, légende détruite. Il avait pour surnom Grand Bois.

Son fils, Henri d'Estouteville, scelle de son sceau en 1205 le règlement passé à Rouen entre Philippe-Auguste et les clercs et barons normands (39).

Louis d'Estouteville, abbé de Savigny (1187).

Jean d'Estouteville (1385).

Guillaume d'Estouteville, évêque de Lisieux (1407), épouse Marguerite d'Harcourt, arrière-petite-fille de saint Louis.

Leur fils, Louis Iᵉʳ d'Estouteville, devient en 1413 seigneur de Hauteville par son mariage avec Jeanne Paynel, unique héritière des sires de Bréhal et de Hambie. (Ce fut un des plus grands capitaines de la guerre de Cent Ans ; il se comporta, entre tous les autres, vaillamment et honorablement (41 *bis*). Grand sénéchal de Normandie et gouverneur de Rouen (42), il fut le défenseur victorieux du Mont Saint-Michel contre les Anglais. « L'an 1434, 25 hommes d'armes et 50 archers de la petite ordonnance estant en garnison ès place d'Avranches, le Mont Saint-Michel et Tombelaine sous la charge de Monseigneur d'Estouteville » (43). La bannière de France continua de flotter sur la forteresse invaincue (38). Jeanne Paynel mourut pendant l'occupation anglaise. Privé de la jouissance de ses nombreux domaines, le ménage d'Estouteville était plus riche d'honneur et de bravoure que de ressources pécuniaires, et la

---

(39) Demay : *Invent. des sceaux de la Normandie*, Rouen. — M. d'Etaintot : *Recherches historique sur les d'Estouteville*. Robert Iᵉʳ assistait à la bataille d'Hastings (Roman de Rou).

(40) Archives de Rouen.

(41) Chartier du château de Valmont, *Annuaire de la Manche*, 1879.

(41 *bis*) De la Roque, tome VI, cité dans *Bricquebec et ses environs*.

(42) Ecu burelé au lion sur champ de fleurs (Demay).

(43) *Annuaire de la Manche*, 1856.

dame de Hambye quêta l'argent d'une robe à ses vassaux de
Bricquebec (44). Louis d'Estouteville mourut, ayant toutes les
faveurs de Louis XI, en 1464 : « Le seiziesme jour d'aoust
mouryt messire Louis d'Estouteville, seigneur de Hambye,
Bricquebec, Moyon, Chanteloup, Gacé et Apillé, grand sénéchal de Normandie, gouverneur capitaine de Rouen et du Mont
Saint-Michel » (45). Il fut inhumé avec sa femme dans le
chœur de l'église de l'abbaye de Hambie, réparée par leurs
soins. Sur leur tombeau, se lisait cette inscription : « Una
cum marito jacet Johanna Paganella in medio ecclesiœ choro,
sub tumulo œneo, monasterii restauratores habentur » (*Gallia
Christiana*). Ce qui veut dire : « Jeanne Paynel repose avec
son mari au milieu du chœur de l'église, sous un tombeau
d'airain. Ils furent les restaurateurs du monastère » (38).

Michel d'Estouteville, leur fils, conseiller et chambellan du
roy, capitaine de Falaise, chevalier, sire de Hambye, lieutenant au Mont Saint-Michel sous François, duc de Bretagne. Il
rendit aveu au roy pour la terre de Marcambie.

Robert d'Estouteville, conseiller chambellan du roy, garde
de la prévôté de Paris (4 janvier 1471).

Jacques d'Estouteville, fils de Michel, épouse Loyse d'Albret ; c'est le seigneur de Hambye.

Guyon d'Estouteville, frère de Jacques, chevalier, seigneur
et baron de Bricquebec, épouse en 1480 Isabelle de Croye,
dont il a une fille, Jacqueline (38).

Jean III d'Estouteville, fils de Jacques, réunit les deux
branches de la famille en épousant sa cousine Jacqueline en
1509, après dispense de parenté au second degré obtenue, reçue
et approuvée par l'évêque de Coutances Geffroy Herbert (28
avril 1501) (38). Il mourut jeune (1482-1517), ne laissant qu'une
fille, Adrienne, née le 21 octobre 1512. Sa veuve Jacqueline,
dame de Hambye, Moyon et Bricquebec, éleva sa fille, « ayant
sous la main du roy nostre sire le régime et gouvernement de
haute et puissante damoiselle Adriane, sa fille » (46).

Hauteville ne s'aperçut sans doute pas qu'il appartenait à
une petite fille de cinq ans. Jacqueline, du reste, administra
et conduisit en maîtresse femme son immense fortune. Depuis
le 25 mars 1490, les d'Estouteville avaient choisi comme administrateur de leur bien, messire Jean Carbonnel, seigneur de
Cérences.

---

(44) Acte de procédure d'octobre 1451 cité dans l'*Histoire des anciens propriétaires et seigneurs de la vicomté et baronnie de Bricquebec*, E. Tollemer.
(45) Siméon Luce, *Chronique du Mont Saint-Michel*, tome Ier : « Loys
d'Estoteville sacrifia au devoir la plus belle fortune de Normandie » (Le
Héricher).
(46) *Histoire de la baronnie de Bricquebec*.

Adrienne d'Estouteville, par sa grand'mère Loyse, se trouvait être la petite nièce de la fameuse reine de Navarre Jeanne d'Albret, femme d'Anthoine de Bourbon et mère de Henri IV. Ce fut cette reine qui fit le mariage de sa nièce et, en lui faisant épouser François de Bourbon, comte de Saint-Pol, l'introduisit dans la famille des rois. Telle était toutefois la puissance des d'Estouteville que le roi François Ier obligea l'époux à écarteler ses armes des pleines armes de la maison d'Estouteville, et à ne porter, lui et ses descendants, que les noms et titres d'Estouteville, *ducs* d'Estouteville (9 février 1535) (48). Le roy de France, comme cadeau de noces, érigeait galamment en duché les domaines des d'Estouteville.

Les derniers représentants des seigneurs de Hambye, contemporains de leur cousine Adrienne, furent Antoine d'Estouteville qui, en 1535, épousa Isabelle de Chasseguey, petite-fille de Jean Carbonnel, ci-dessus cité ; le cardinal Guillaume d'Estouteville, 35e abbé du Mont Saint-Michel, qui posa les fondements du chœur de la basilique que nous admirons maintenant. Il mourut en 1482 (49). Louis III d'Estouteville, abbé de Savigny (1523) donna à l'abbaye le catalogue de ses chartes (50). Il est affirmé en outre que la maison d'Estouteville forma des établissements en Angleterre. Elle y posséda dans le comté d'York la baronnie de Cotingham et la terre de Skipwith, dont le propriétaire, au début du XIXe siècle, sir Gray Skipwith, descendait, d'après le baronetage de Debrett, des sires d'Estouteville.

FAMILLE BOURBON-ORLEANS-LONGUEVILLE

L'union d'Adrienne d'Estouteville et du comte de Saint-Pol ne fut pas de longue durée. Le nouveau seigneur de Hauteville meurt en 1544, laissant un fils et une fille.

François d'Estouteville, duc d'Estouteville, selon les clauses de François Ier, comte de Saint-Pol, suivit de près son père et mourut en 1546, n'ayant pas 12 ans.

Adrienne d'Estouteville reprit la libre possession de ses

---

(47) Jean d'Estouteville avait été nommé par Louis XII grand échanson de France.

(48) *Recueil des titres de la maison d'Estouteville* (Bricquebec), *Mercure François* (1605-1644).

(49) *Revue archéologique du dép. de la Manche* (Bricquebec).

(50) Ce manuscrit de 76 feuilles a pour titre : « En ce libvre sont les lettres des nouveaulx acquestz et admortissemenz, les confirmacions des roys et princes, les libertez et franchises pour les religieux de Savigny et pour leurs hommes et subgiez et aussy les bulles apostoliques et les patronnages et les abbaies dependentes du dict Savigny » (*Ann.* 1855, Lemasson).

biens après la mort de son mari et de son fils, et la conserva jusqu'au mariage de sa fille Marie. La mère d'Adrienne, Jacqueline de Hambye, vivait encore ; les deux veuves, étroitement unies, vécurent ensemble. En 1546, elles achetèrent et aumônèrent proche Granville les fonds pour bâtir un couvent de Cordeliers. Elles obtinrent sans difficulté la permission de Paul III, Souverain Pontife, et de Philippe de Cossé, évêque de Coutances. Le peuple aussi contribua à cette bonne œuvre de ses aumônes et, le couvent étant achevé, messire Pierre Pinchon, évêque de Porphyre, suffragant, le consacra à Dieu sous l'invocation de la Sainte Vierge et du bienheureux saint François (1547). *Inhabitatur hic locus a 23 religiosis* (51).

Jean de Bourbon, comte d'Anguien, épousa le 14 juin 1557 sa cousine Marie de Bourbon, fille d'Adrienne, et renouvela l'engagement de prendre les nom, cry et armes des d'Estouteville, et de les porter en écartelures avec les siennes propres. Il fut tué le 10 août 1557 au siège de Saint-Quentin.

Marie de Bourbon resta veuve pendant trois ans (52).

François de Clèves, duc de Nevers et d'Estouteville, son cousin germain, épousa Marie de Bourbon (1560), et mourut en 1562, tué à la bataille de Dreux.

Marie de Bourbon épousa en troisièmes noces Leonor d'Orléans (1563), duc de Longueville et de Touteville, comte de Tancarville et de Dunois, souverain de Neufchâtel et Vallengin, en Suisse ; ce fut un brillant mariage, puisqu'il unissait les deux plus riches familles de Normandie (53). Léonor mourut à Tours, empoisonné, dit-on, par les huguenots, en rentrant du siège de la Rochelle (1573). Sa mort eut pour conséquence l'anéantissement du nom d'Estouteville : le descendant du « bâtard d'Orléans » ne pouvant plus remplir les conditions de la clause stipulée en 1534 (54).

François, comte de Saint-Pol (1570), fils de Léonor d'Orléans, duc de Longueville, et de Marie de Bourbon, duchesse

---

(51) Toustain de Billy, 3ᵉ volume.

(52) Jacqueline d'Estouteville était morte en 1550. Adrienne d'Estouteville meurt en 1560, à 48 ans, des suites d'une fracture à la jambe produite à la chasse par une chute de cheval. Les deux dames d'Estouteville furent inhumées, comme on l'a vu plus haut, dans l'abbaye de Valmont, à côté de Nicolas et Jean d'Estouteville. En qualité de capitaine du ban et de l'arrière-ban de Normandie, Jean d'Estouteville avait fait, en 1512, à la Hogue Saint-Waast, la « montre » des nobles et noblement tenans du bailliage du Cotentin.

(53) Le fief de Hauteville, appartenant à Son Altesse le duc de Longueville. Il s'étend dans la ditte paroisse et est une extension de la baronnie de Bréhal. Pierre Le Monnier de Hudimesnil en est le greffier (*Dénombrement des fiefs nobles de l'élection de Coutances*, Biblioth. de la ville).

(54) *Histoire des anciens propriétaires*, Tollemer.

d'Estouteville, chevalier des ordres du roy, fut créé duc de Fronsac (1608) (55).

Henri Ier, duc de Longueville et de Touteville (1573-1595).

Henri II 1595-1663), gouverneur de Rouen, où il avait succédé à Concini, maréchal d'Ancre (1630), épousa en 1617 Louise de Bourbon, fille du comte de Soissons. Le roi Louis XIII commençait à prendre ombrage d'une famille « qui tenait une partie de la Normandie » et qui était alliée aux Matignon, comte de Torigny, gouverneur et lieutenant-général de la Basse-Normandie, Charles de Matignon, successeur d'Odet Gouyon de Matignon, avait épousé en effet Eléonore d'Orléans, fille de Léonor et de Marie de Bourbon. C'est par suite de cette alliance que plus tard les Matignon devinrent seigneurs de Hauteville (1596).

Le 6 avril 1601 mourait Marie de Bourbon, « duchesse d'Estouteville, comtesse de Saint-Pol, vicomtesse de Roncheville et de Honnefleu, baronne de Bricquebec, Moyon, Orlonde, Gacé, Hambye, Lucheu, châtelaine de le Mesle-Raoul, de Chaumont, Trie-la-Ville, Trie-le-Chatel, Fresne, le Guillon, Bar-sur-Aube, Aulneau, Rochefort, Vallemont, les Loges, Foville, Hohet, Biville, Clerville et Berneval (56), les Perques, Bourey, Saint-Clair et Saint-Samson (57), Ouville et Mesnil-Rogues ».

Jean-Louis-Charles, duc de Longueville, fils de Henri II et de Anne-Geneviève de Bourbon, sa seconde femme, sœur du grand Condé, entre dans les ordres (1666).

Charles-Paris, frère du précédent, né à l'Hôtel-de-Ville de Paris pendant la Fronde (1649), « prince de grande espérance » (58), élève choisi de son oncle le grand Condé, fut tué au passage du Rhin (12 juin 1672).

Messire Jean-Louis-Charles de Longueville, abbé, reprit ses duchés et baronnies (1672-1694) (59). Sa succession fut débattue entre son cousin et le prince de Condé (fils du grand Condé) et la duchesse de Nemours, sœur du premier lit des derniers Longueville. Ce fut cette dernière qui l'emporta.

La duchesse de Nemours laissa en mourant (1707) sa fortune à la duchesse de Luynes, sa petite cousine (54).

Les Matignon réclament alors une part de l'héritage comme

---

(55) Les châtellenies de Hambye et Bréhal, terres du Mesnil-Céran, Montmartin, Hauteville et fiefs en dépendant, étaient alors estimées 295.000 liv. (Archives de Rouen).

(56) Toustain de Billy.

(57) Extrait d'une requête de Marie de Bourbon au pape Clément VIII (1594).

(58) Saint-Simon.

(59) L'abbé de Longueville possédait le manoir de Montmartin et des portions de terre à la limite de Hauteville nommées les Croûtes d'Ourville (Archives de l'auteur).

descendants d'Eléonore d'Orléans, fille de Léonor et de Marie
de Bourbon. Une transaction eut lieu : les Matignon conservèrent les domaines en versant aux Luynes 850.000 livres. Le
dernier Matignon, Antoine Grimaldi, épousa la fille unique
du prince de Monaco (1725) (60).

Jacques Gouyon de Matignon, comte de Thorigny, vendit
son fief de Hauteville (61) avant 1642, partie à Jean Encoignard, écuyer, conseiller du roy au bailliage et siège présidial
de Coutances, intendant de l'évêque de Coutances, partie à
François-Hyacinthe Louvel. (Messire Jean Encoignard, sieur
de la Croute, est parrain à Hauteville le 20 mars 1643 (Etat-
Civil). Il fut inhumé dans le cimetière de Hauteville, 9 novembre 1707).

François Louvel ne tarda pas à céder son acquisition à
Nicolas Sanson de Bretteville, conseiller du roy et lieutenant
général criminel aux sièges de bailliage et présidial de Coutances.

Nicolas de Bretteville est déclaré, le 24 juillet 1720, seigneur
et patron honoraire de la paroisse de Hauteville-près-la-Mer (62).

Jean Encoignard ne laissa que des filles. Le fief de Hauteville fut reconstitué en son entier par le mariage de noble
dame Marie Encoignard avec Nicolas Sanson de Bretteville.
Elle est déjà veuve en 1727 (62), et avait une fille, Marie-
Anne (63).

La seconde épousa Pierre Ynor aîné, du fief de Robert-
Paillart, en la Ronde-Haye, fief dont il fait aveu au roy dès
1680, seigneur d'Ancteville, conseiller du roy, avocat à Coutances, et en eut un fils, Pierre-Julien-Marie Ynor. Cette famille ne résida pas dans le pays. Par acte en date du 30 novembre 1730, Pierre Ynor d'Ancteville, escuier, conseiller du
roy, maistre en la cour des comptes, aydes et finances de Normandie, demeurant en la ville de Rouen, rue Grand-Pont,
parroisse Saint-Martin, et noble dame Elisabeth Encoignard,

----

(60) Archives de Rouen.

(61) Le fief de Hauteville à M. de Matignon, les dîmes à l'abbaye de Savigny (Comptes des domaines de Coutances et de Granville, Bibliothèque de
Coutances).

(62) Etat-civil de Hauteville-sur-Mer.

(63) Décharge donnée à l'acquéreur par noble dame Marie Encoignard,
veuve de Messire Sanson de Bretteville, pour l'acquit des droits et devoirs
seigneuriaux : « J'ai soussigné, veuve et non héritière de feu Monsieur de
Bretteville, tutrice et ayant la garde-noble royalle de Mlle de Bretteville,
notre fille mineure, en cette qualité reconnais avoir reçu du dit Pierre le
Peu le traiz'ème du présent contrat, et ce sans préjudice des rentes seigneuriales et austres droitz et devoirs seigneuriaux à quoy le dit fond peut
estre subject. à quoy je me réserve et de mes autres prétentions et
demandes. — Fait à Hauteville, le deuxiesme jour de juillet 1723. »
                          MARIE EXCOIGNART (Archives de l'auteur).

son espouse, vendent leur propriété ditte « la Croute » (64) à Pierre Pimor, nottaire royal au siège de Montmartin ; l'étude était située à Hauteville (65).

Pierre-Julien-Marie Ynor, leur fils, conserva cependant le fief de Hauteville, qui est mentionné fief noble lui appartenant en 1758. En 1760, nous trouvons la liste des « jouis » tenant de lui de nombreuses portions de terre pour lesquelles ils versent un total de 550 livres de revenu. L'état-civil cite messire Ynor comme parrain une seule fois en 1778. Il soutint contre le *général* de Hauteville, représentant les intérêts de la paroisse, un procès qui dura quatre ans et qu'il gagna par un arrêt de la Cour du Parlement de Rouen en date du 22 mars 1782 (66) (voir pour les détails chapitre X, administration civile). En 1784, le 4 novembre, messire Ynor vend à Nicolas-Charles Bonté, conseiller du roy au présidial de Coutances, demeurant au dit Coutances, rue du Pilori, paroisse Saint-Pierre (le domicile d'Ynor est toujours Rouen), toutes les terres situées en la paroisse de Hauteville près la Mer et appartenant au dit sieur Ynor, à charge par le sieur Bonté de tenir le dit héritage sans sujession d'aucune rente ni charge, moyennant 400 francs de rente viager sur la tête du dit sieur Ynor et celle de Madame Ynor au plus vivant (67).

En 1682, un Jean Ynor était religieux à l'Hôtel-Dieu de Coutances et, en 1670, un Jean Bonté, religieux de Hambye, fut nommé prieur de Saint-Nicolas de Buron (Thury, Calvados), appartenant à l'abbaye de Hambie.

Le neveu de Pierre-Julien-Ynor, « en vertu d'une remise qui lui en a été consentie sur clameur » par Nicolas-Charles Bonté, resta possesseur de 12 hectares 53 ares de terre situées dans les mares de Hauteville. Ce neveu, Pierre Christy, donna sa fille Marie-Charlotte Christy en mariage à Monsieur Quesnel de la Morinière (72).

Nicolas Bonté eut un fils, Ange-Charles-Martin Bonté, et le cousin germain de celui-ci, le lieutenant général baron Bonté, mourut en 1830 (19), commandeur de la Légion d'Honneur.

En 1825, il s'était produit une réclamation intéressante : le duc d'Orléans, depuis Louis-Philippe, pour lui et sa sœur, réclamait l'envoi en possession des domaines du Cotentin, de Carentan et de Saint-Lô. Le préfet de la Manche, par arrêté du 29 août 1826, le débouta, ne le réintégrant en tant seule-

---

(64) Champ se dit en celtique croft, crot, d'où est venu Croutes, portions de terre. Ce nom est excessivement commun en Normandie. (Le Héricher : *Avranchin monumental*).

(65) Contrat de mariage du 31 décembre 1749 (Archives de l'auteur).

(66) Archives de la Mairie de Hauteville-sur-mer.

(67) Acte passé en l'étude de M° Frémin, notaire à Coutances.

ment que dans les domaines ou objets dont Leurs Altesses
Royales auraient la disposition actuelle, ou qui seraient dans
les mains de l'Etat. La réclamation était basée sur ce qu'ils
étaient héritiers directs par leur mère de Louis-Alexandre de
Bourbon, descendant de ce prince de Condé qui avait, à la
mort du dernier Longueville, disputé son héritage à la duchesse de Nemours (1697).

FAMILLE MICHEL D'ANNOVILLE

Blason : d'azur à la croix d'or, cantonnée de 4 coquilles
de même (70).

Souche: Thomas Miche, écuyer, homme d'armes des ordonnances du roy, fils de Guillaume, mort en 1360. Epousa
Jeanne le Cordier, fille du seigneur de Roncey, et décéda
en 1388.

Ancienne famille de l'élection de Coutances dont la noblesse
a été reconnue à différentes époques, notamment en 1463, et
par Chamillart en 1666. Elle a fourni plusieurs branches :
celles de Monthuchon ,de Cambernon, d'Annoville, de Vieilles,
de Lépinay, d'Haccouville, etc.

Pierre-Michel d'Annoville, petit-fils de Thomas, marié à
damoiselle Avice de Villaines, meurt en 1434 à la défense du
Mont Saint-Michel.

Thomas Michel, sieur de la Michelière, vassal du seigneur
de Savigny, fut fait prisonnier avec Duguesclin en combat-
tant pour Charles V. Il fut inhumé dans l'église de Savigny (71).

Jean Michel, sieur de la Michelière, combattit à Azincourt
et y avait trois chevaux (1415).

Jean d'Annoville, escuier, garde du scel des obligations de
la vicomté de Coutances (1427).

Guillaume, seigneur de Ballouze, épousa Marguerite Her-
vieu de Sénoville (28 septembre 1561).

Charles, seigneur de Beaulieu, épousa Jeanne de Guernon.

En 1787, la famille d'Annoville payait pour le fief du Tôt
en Annoville, 6 liv. 5 sous à valoir aux rentes du présent (72).

---

(68) Coutumier de Normandie.

(69) Archives de l'auteur. Le baron Bonté était en plus chevalier de Saint-
Louis et de l'ordre de la Couronne de Fer d'Autriche. Nicolas Bonté avait
épousé en 1775 dame Dernary de Baclot.

(70) *Nobiliaire de Normandie*, E. de Magny, 2º volume.

(71) *Notice historique sur Savigny près de Coutances*, par l'abbé Le Masson.

(72) Pierre Christy étant mort en 1789, ce fut sa fille Marie-Charlotte qui

Messire Charles-Léonor Michel d'Annoville, escuier, seigneur d'Annoville, épousa Marie-Anne Sanson de Bretteville, fille de Nicolas et de dame Marie Encoignart, et fut héritier de leur fief de Hauteville, leur fief de Montmartin ayant été dévolu à leur autre fille. Elisabeth Sanson, épouse de Nicolas Ferrand (73) (1740).

Charles d'Annoville signe le 26 janvier 1760 un acte de baptême où il est parrain et sa femme marraine (62). Il y prend les titres de président du présidial de Coutances, seigneur d'Annoville, Tourneville, Hauteville et Montmartin. Il mourut peu après, car on mentionne Mme d'Annoville habitant seule « le Pavillon » (74) (1769).

Dans le compte « décadaire » du 20 germinal au 10 floréal an II (1794), les agents du district disent qu'il n'y a à Hauteville « ni émigrés, ni personnes suspectes, ni biens nationaux seigneuriaux ». De toute la puissance féodale, il ne subsistait plus rien, mais les propriétés et leurs titulaires restant en dehors de la tourmente, la vie reprit sur les bases nouvelles qui s'édifièrent au siècle suivant, et les rejetons des

---

figura à l'assemblée des Trois Ordres du Cotentin (représentée par Messire Charles-Michel Dupray, capitaine d'infanterie au bataillon garnison Dauphin (Archives de la Mairie de Montmartin).

(73) Les Ferrand de Montmartin étaient de la même famille que les Ferrand de la Conté, originaires de Saint-Sauveur-Lendelin. Ils portent : « De sable à la tierce ondée d'argent, accompagnée de trois fers de flèche d'argent, deux en chef et une en pointe, les pointes en bas » (Le Masson).

(62) Etat-civil de Hauteville-sur-Mer.

(74) Archives de l'auteur. Une fille de Madame d'Annoville avait épousé Messire Lefebvre de Geffosses, qui ratifie et signe les baux de sa belle-mère en 1764. Il reçoit 120 livres, le bail est de 9 années et contrôlé à Granville pour 26 sols. La portion de terre dont il s'agit, nommée « Les Giberies », comme elle s'appelle encore aujourd'hui, fut vendue par le sieur de Geffosses avant la fin du bail, en 1770. Ces baux sont rédigés exactement comme les baux actuels. Vingt ans avant la Révolution, les expressions « droits et devoirs seigneuriaux » n'étaient plus déjà que des formules désuètes auxquelles les mœurs du temps ne prêtaient déjà plus aucune attention, ni de la part de la noblesse, ni de la part du peuple. Le propriétaire et le locataire remplissaient exactement les clauses de leur contrat commun, et les quittances, jointes à l'original du bail, sont rédigées selon les formules usitées aujourd'hui. Voici le texte de l'une d'elles : « J'ai reçu de Jean Le Peu, de la paroisse de Hautteville, la somme de cent vingt livres pour les termes de Noël mil sept cent soixantesix et la Saint Jean-Baptiste mil sept cent soixante-sept des jouissances qu'il tient de moy. Ce vingt janvier mil sept cent soixante-huit. — Signé L.-G.-F. Le Febvre » (Archives de l'auteur). Un « seigneur » qui fait deux ans de crédit pour un terme et six mois pour le second vingt ans avant la Révolution, ne peut vraiment être suspecté d'avoir « bu le sang du peuple ». Le fermier en question en jouissait d'ailleurs de père en fils, depuis 1746 (Bail du 23e jour de décembre 1746).

anciennes familles reverdirent sur les troncs qui avaient poussé dans le sol de Normandie des racines aussi vigoureuses que profondes.

CHAPITRE IX

Vie religieuse de Hauteville

O toi que nul n'a pu connaître   Le dernier des fils de la terre
Et n'a renié sans mentir,   Te rend grâce au fond du cœur
Réponds-moi, toi qui m'a fait naître   Dès qu'il se mêle à sa misère
Et demain me feras mourir...   Une apparence de bonheur,....

Tu n'as rien fait qu'on ne l'admire
Rien de toi n'est perdu pour nous
Tout prie et tu ne peux sourire
Que nous ne tombions à genoux.

(ALFRED DE MUSSET, *Fragments.*)

La plus grande force de résistance qui s'opposa aux Romains lors de la conquête des Gaules fut l'œuvre de la puissance religieuse des druides. Astronomes, juristes, médecins et prêtres, adonnés à l'étude — dans notre contrée, sur le Mont Jovis, plus tard Mont Saint-Michel, s'élevait un collège de druides — ils formaient parmi les Gaulois une classe d'élite, respectée et écoutée. L'autocratie romaine s'émut d'une pareille influence. Elle voulut ébranler la confiance des Celtes pour ceux qui les rendaient indomptables en leur parlant d'immortalité, et détruire la sympathie nationale — si on peut dire — qui portait les masses des vaincus à suivre ceux qui voulaient la Gaule aux Gaulois et répudiaient les conquérants. Plus à raison qu'à tort, Rome rendit donc les sacrificateurs celtiques responsables des troubles qui entravaient les progrès des Latins dans nos provinces tributaires. A ceux des Celtes qui, lui étant favorables, avaient mérité et reçu le titre de citoyens romains, Tibère ordonna de reconnaître les dieux de l'empire et de ne point retourner « couper le gui l'an neuf » ni assister aux cérémonies druidiques parmi les menhirs, les dolmen et les cromlechs. Ces prescriptions du puissant César ne produisirent certainement pas l'effet voulu, puisqu'il fallut employer un moyen plus radical en décidant le massacre des druides. Afin d'ôter aux condamnés tout espoir de salut, le cruel empereur commença par faire raser les forêts des pays celtes (1). De toutes parts, jusqu'au bord de nos dunes, dans la profondeur des bois et des taillis saccagés, se déroulèrent alors des scènes odieuses, n'ayant pour suprême témoin qu'un jeune ouvrier charpentier venu pour accomplir une mission divine et qui, à l'autre extrémité du monde romain, dut, en ces heures sanglantes, compter à la fois dans sa pitié et sa justice les gémissements des victimes et les clameurs des bourreaux (27 de J.-C.). Les temples des divinités païennes, somptueux et innombrables, couvraient à peine le sol de la Gaule, que déjà les premiers apôtres du christianisme en éloignaient les adorateurs. Bien certainement, aucun édifice de ce genre ne s'élevait dans notre humble Alta-Villa, mais il est incontestable que parmi la garnison des explotatoria et des centenies, il se soit trouvé des chrétiens qui, dès le premier siècle de notre ère, aient révélé l'Evangile aux gallo-romains « hautais », spécialement en 323, à la suite de l'édit de Constantin qui décrétait la religion chrétienne comme religion de l'empire. Un lieu de prière bien modeste, prédécesseur de l'église Notre-Dame de Hauteville, fut sans doute édifié à ce moment par les soldats romains sur les pentes de notre colline regardant la mer, et les phrases latines du *Credo* résonnèrent là où, après seize siècles, des bouches chrétiennes les répètent encore (2).

Cent ans plus tard (429), saint Ereptiole fondait le diocèse de Coutances, dont il fut le premier évêque, et le culte chrétien s'établissait sur des bases officielles et immuables. Les paroisses se constituèrent, administrées par des curés (3). Il ne faudrait pas toutefois penser que les Gaulois « à tête ronde » accueillirent avec transport la nouvelle religion et se convertirent en masse. Leur tempérament et leur caractère n'avaient aucune sympathie pour les nouveautés en général, et les plus ardents patriotes dédaignaient d'autant plus le christianisme qu'il était soutenu et observé par les vainqueurs. Après trois siècles, la tradition des foyers celtes avait encore bercé les générations successives avec les récits enflammés des sacrifices et des cérémonies druidiques autour des autels de pierre des forêts déboisées. A tel point qu'un grand nombre de gens

---

(1) *Mémoires de la Société Académique du Cotentin.*

(2) Scolastique Sozmènes fixe à l'année 326 la prédication de l'Evangile aux peuples armoricains.

(3) Saint Jean Chrysosthôme, dès 1401, parle des charges curiales.

continuaient à observer une sorte de culte tacite à l'égard des pierres. Un canon du deuxième Concile d'Arles, tenu en 450 sous les Mérovingiens, défend, en effet, de vénérer les arbres, les fontaines et les rochers. Le 31e canon du Concile de Nantes en 638, renouvelle la même défense (4). L'Armorique restait, plus qu'aucune autre région, imprégnée des anciennes croyances. Les évêques, en se réunissant tantôt dans une province, tantôt dans une autre, essayaient de pénétrer dans les habitudes locales des différents pays, et en dévoilant les abus ou tenant compte des difficultés, de généraliser autant que possible les préceptes évangéliques. En 506, le Concile d'Agen tolère les oratoires pour la commodité des familles dans les lieux éloignés de la paroisse, mais on doit assister à l'église paroissiale aux offices de Pâques (5), Noël, l'Epiphanie, l'Ascension, la Pentecôte et la Saint Jean-Baptiste. Il est à remarquer que ce dernier saint, second patron de Hauteville, et dont nous reparlerons plus loin à propos de Savigny, était l'objet d'une grande vénération dès les premiers siècles de l'Eglise.(6).

Il semble que les dîmes ont été établies en ce temps par le roi Clovis, car au premier Concile d'Orléans (511), il est dit : « que les fruits de la terre, que les églises tiennent de la libéralité du roy », seront employés aux réparations des églises, à la nourriture des prêtres et des pauvres et à la rédemption des captifs. En 525, commence en Cotentin le pontificat de saint Lô, resté célèbre dans cette région par ses miracles et son zèle. Il assista au 2e et au 3e Concile d'Orléans (533 et 538), où se trouvèrent 26 évêques (7). Parmi les canons de ces Conciles, on remarque celui qui interdit d'entrer en armes aux offices — ceci regardait les barbares — et celui qui donne la liste des travaux interdits le dimanche : « labourer, façonner la vigne, faucher les foins, moissonner et battre les bleds, faire des haies, essarter (défricher) ». Saint Lô meurt en 566,

---

(4) Les païens célébraient la fête appelée Terminalia en l'honneur du dieu Terminus (mois de février). C'était un culte envers les pierres-bornes des champs. A Hauteville, on appelle ces pierres des « devises », du latin *divisum, dividere*, limite (Le Héricher).

(5) C'est un Gaulois, Victorius, habitant Rome, qui, sur la demande du pape Saint Léon le Grand, établit les calculs du cycle lunaire pour fixer la date de la fête de Pasques (457). C'est également au Ve siècle qu'en protection contre l'hérésie d'Arius, on prit l'habitude de terminer tous les psaumes par la *Gloria Patri* (Fleury : *Hist. ecclés.*, tome IV et suivants).

(6) En 580, le pape Saint Grégoire envoie au roi Recarede d'Espagne une parcelle de la vraie Croix et une relique de saint Jean-Baptiste. En 843, les Normands firent un grand massacre dans l'église Saint-Pierre et Saint-Paul de Nantes, où il se trouvait une foule immense de clergé et de peuple des îles voisines et des villes éloignées, à cause de la fête de saint Jean-Baptiste.

(7) Fleury : *Hist. ecclés.*, tome IX.

l'année du Concile de Tours. Ce Concile nous apprend que
« les églises avaient un chœur où s'assemblait le clergé »,
chœur séparé « par des balustres » de la partie de l'édifice
où se trouvait le peuple ; que, l'été, les messes étaient dites
de grand matin les jours fériés hors le dimanche, afin que les
laboureurs pussent ensuite travailler à la moisson ; que chaque ville doit avoir soin de nourrir ses pauvres, et que chaque
prêtre de la campagne et chaque citoyen doit nourrir le sien,
afin que les mendiants ne vagabondent pas dans les autres
citez. En 614, les cloches existent, et en conséquence les clo-
chers. Vers la fin de ce siècle, le dimanche, on n'allait ni en
chariot, ni en bateau, ni à cheval ; on ne pétrissait pas de
pain et on ne mangeait ni sang ni animaux étouffez. En
dehors des habitations des familles, il ne devait guère exister
de locaux pour serrer les récoltes. Les dépendances spacieu-
ses des villas romaines étaient sans doute tombées en ruines
ou avaient été détruites par les barbares, car nous voyons vers
700 qu'on avait assez l'habitude d'entrer les foins et les blés
dans les églises, malgré les canons de l'évêque d'Orléans Théo-
dulfe : on enterrait également dans les églises, et il n'est
question de cimetières que plus tard.

En 741, s'éleva une difficulté entre le pouvoir religieux et
le pouvoir civil. Charles-Martel, pour subvenir aux frais de
la guerre contre les Sarrazins, s'étant emparé des biens importants des églises d'Austrasie et de Neustrie, souleva des pro-
testations et des contestations qui se réglèrent à l'amiable au
Concile de Mayence, présidé par saint Boniface. Il fut toléré
que l'argent de l'Eglise servît contre les barbares moyennant
que le chef frank payât à chaque église par chaque famille et
chaque an 1 sou valant 12 deniers (le sou d'argent valait
25 sous de notre monnaie sous les Carlovingiens) (8).

Nous arrivons à l'époque de Charlemagne, « qui portait la
main partout où pouvait tomber son vaste empire » : religion,
défense nationale, politique, agriculture, sciences et arts, tout
fut l'objet de sa sollicitude. Un de ses capitulaires prescrit
aux prêtres de tenir des écoles dans les bourgs et les villages,
enseignant gratuitement et par charité les enfants qu'on leur
envoie (784). Trois classes de moines se trouvent alors dans
les monastères : 1° les lettrés qui, écrivant les manuscrits et

---

(8) La lèpre existait à cette époque, car elle fut jugée cause de dissolution
de mariage au Concile de Compiègne, sous le roi Pépin-le-Bref (757). Le
droit de « faïde » existait à la même date. C'était la vengeance prescrite par
les lois barbares aux parents d'un homme tué, où qu'ils trouvassent le
meurtrier (c'est la vendetta qui s'est perpétuée en Corse). Ce fut cette même
année que l'empereur d'Orient envoya à Pépin les premières orgues parues
en France.

les livres, connaissaient le *Trivium* (grammaire, logique et rhétorique) et le *Quadrivium* (arithmétique, géométrie, astronomie et musique). « Et de cette ancienne asnerie, dit Pasquier, il advint que la science fut appelée clergie, qu'on appela grand clerc l'homme savant et mauclerc celui qu'on tenait pour bête » ; — 2° les moines infirmiers, étudiant la médecine et les vertus des plantes, soignant les voyageurs et les malades (9) ; — enfin les moines agriculteurs, qui s'occupaient du bétail et ensemençaient les domaines des monastères.

En 787, l'empereur se préoccupe du chant dans les églises. Il demanda au pape et obtint deux chantres romains qui fondèrent une école à Metz pour l'Austrasie et une à Soissons pour la Neustrie. Charlemagne ordonna que dans toutes les cités de France, les maîtres de chant devinssent leurs disciples en se servant des antiphonaires de Saint-Grégoire (chant grégorien), au lieu des autres « que chacun avoir gastés à sa fentaisie ». Tous les chantres français apprirent donc la note romaine. Mais ils eurent fort à faire, surtout, paraît-il, les Neustriens, auxquels « la rudesse de leur gosier et leur prononciation barbare ne permettaient pas de bien exprimer les passages et la finesse du chant ». Sans doute, l'arrivée des Normands modifia plus tard les capacités vocales de nos aïeux puisqu'à l'heure actuelle les belles voix, à l'église et ailleurs, ne manquent, Dieu merci, ni en Cotentin, ni même à Hauteville. L'amour-propre national fut du reste piqué au jeu et, après le départ ou la mort « des chantres du pape », on n'appela plus le chant grégorien que « la note française ». Sous le règne de Charlemagne, on permet de voiturer le dimanche pour trois causes : pour l'armée, pour les vivres et pour les enterrements. Le nombre des fêtes chômables est ainsi fixé : Noël, Saint-Etienne, Saint Jean l'Evangéliste, les Saints Innocents, l'octave du Seigneur, l'Epiphanie, l'octave de l'Epiphanie, la Purification, l'octave de Pâques tout entière, les grandes Litanies (Rogations) (10), l'Ascension, le lendemain de la Pentecôte, la Saint Jean-Baptiste, Saint Pierre et Saint Paul, Saint Martin et Saint André (11). En 835, sur la prescription

---

(9) Il n'y avait pas d'hôtelleries à cette époque, et les voyageurs demandaient l'hospitalité en sonnant la cloche à la porte des monastères (*Essai historique*, M. Le Cacheux).

(10) Les processions sont aussi vieilles que le christianisme, puisqu'elles remontent à l'usage qu'avaient les premiers chrétiens de suivre en cortège dans les catacombes mêmes, les restes des martyrs, jusqu'au lieu de leur sépulture. Au jour des calamités publiques, l'habitude s'établit de se rendre de nouveau en cortège aux tombeaux des saints pour invoquer leur protection. (*Vie des Saints*, abbé Desbos).

(11) Lecanu : *Hist. des évêques de Coutances.*

de Louis le Débonnaire, on y ajouta pour la première fois la Toussaint, qui se célébrait à Rome depuis 607 (7).

Le capitulaire 76 de Charlemagne constate que le clergé se recrutait plus parmi les serfs que parmi les notables ; l'empereur constate également qu'on lui écrivait des lettres « dont le sens était bon, mais le style fort grossier ». Il recommande donc aux écoles des cathédrales et des monastères de se servir de livres « bien corrigez » (790). En ce temps, on s'empressait de pendre au bout de perches des papiers contre la grêle. Cet usage perpétuait à coup sûr une superstition quelconque, car il fut défendu dans le 18e capitulaire par le monarque, très dur aux sorciers et enchanteurs, qui abusaient de la crédulité publique.

Mais voici que des jours terribles se lèvent pour les gens d'église, les seigneurs et les populations. « Les peuples éperdus fuyant à troupes d'une province dans l'autre, la campagne déserte, les murailles des villes impuissantes à les protéger, les richesses du culte anéanties, les bibliothèques aux documents précieux réduites en cendres avec les monastères qui les contiennent, les tombeaux profanés, les vierges violées et torturées, les vieillards et les enfants massacrés : tel fut le spectacle épouvantable que l'église de Coutances présenta pendant 74 ans, alors qu'elle avait déjà été florissante sous trente-trois évêques »(12). Un cri d'angoisse universel retentit sans cesse : « De la fureur des Normands, délivrez-nous, Seigneur ! » En 890, la cathédrale de Coutances est si complètement détruite que l'évêque Théodoric fit construire contre un reste de muraille une chapelle en appentis où ce qu'il put conserver de chanoine s'assembla pour célébrer l'office divin (13). Si le ciel ne s'en fust meslé, toute la France devenait Normandie (14). Jusqu'en 960, le diocèse ne comporte

----

(12) Prima normanorum gravissima persecutione, nequissimi scilicet et sacrilegi Hasting suorumque prœsatorum sœviente amplius quam triginta annis ab anno Domini Incarnationis DCCCXXXVI ; secunda Rollonis, illustrissimi normanorum ducis anno DCCCLXXV, indictione VIII, Walachria, Flandria, Burgondia, Britannia et tota Neustria quœ nunc dicitur Normannia, partimque Francia inenarrabiliter desolatis, plurimœ captœ et desolatœ sunt urbes, oppida diruta, destructœ ecclesiœ, prœdia sanctorum et ecclesiasticœ jura et privilegia dirupta, clerus, populus incola gladiis, ceu fugit annullatus, sanctorum reliquiœ et corpora latibulis abscondita vel fuga per diversas provincias exportata. Ilis itaque ingrucutibus miseriis sancta Constantiensis ecclesiœ quœ prœterito jam multo tempore floruerat, jamque sub trigenta et tribus episcopis Deo fideliter militaverat, funditus avertitur prœdiis ac privilegiis privatur, reliquiis et sanctorum coropribus viduatur continuisque septuaginta quatuor annis fedatœ idolatriœ et paganis furibus conculcatur (Grand chartier du chapitre de Coutances).

(13) Toustain de Billy, tome Ier.

(14) Inventaire de l'Histoire de Normandie.

plus de chrétiens : *Christianis vacuut erat* (15). En dépit de la conversion de Rollon et de ses Normands, le pays resta longtemps sous le coup d'une profonde terreur. Les sauvages conquérants ne réparèrent pas les pertes incalculables qu'ils avaient causées, mais, décidés à prendre place dans le concert des peuples, ils plièrent peu à peu, du moins extérieurement, leurs instincts féroces aux lois divines et humaines : les seigneurs neustriens avaient fondé les monastères détruits par les Normands, les Normands rebâtirent les monastères des seigneurs neustriens, en fondèrent à leur tour et dotèrent les uns et les autres avec une royale générosité. Ce fut leur manière de témoigner leur conversion ; leur tempérament, resté barbare, ne rêvait que chevauchées et batailles, et ce fut entre toutes les provinces françaises la Normandie qui se refusa le plus longtemps à observer la Trêve de Dieu. Les ducs organisèrent cependant la société de leurs sujets sur un ensemble de lois favorables à la tranquillité et à la prospérité du pays. Avec leur approbation, leurs évêques instituèrent en 1061, au Concile de Caen, l'usage du couvre-feu, premier acheminement à la proclamation de la Trêve de Dieu au Concile de Rouen (1096). Entre ces deux dates, le duc Guillaume le Bâtard, entouré de sa chevalerie, ayant pour conseillers intimes le moine Lenfranc et l'évêque guerrier de Coutances Geffroy de Montbray, avait franchi le détroit et conquis l'Angleterre (1066). Il savourait orgueilleusement son triomphe lorsque son mariage avec sa cousine Mathilde, fille du comte de Flandre, déchaîna sur lui et sur tout son duché les foudres de l'excommunication. C'était le pire état où put alors tomber un pays : les cloches muettes, les cierges éteints et renversés, l'office divin suspendu, les enfants sans baptême, les mourants sans consolation, les morts sans sépulture chrétienne : telle fut la règle à laquelle l'église de Hauteville fut elle-même soumise. Le nouveau roi, « tout formidable qu'il fût au reste des hommes », se hâta d'envoyer en ambassadeur à Rome le même Lenfranc, « l'un des hommes les plus vertueux et les plus savants de son époque » (16). Celui-ci représenta éloquemment au pape Nicolas II le danger d'une guerre entre la Normandie et les Flandres, si Guillaume répudiait son épouse. Pour le maintien de la paix, le pape, se laissant persuader, leva l'interdit, Guillaume de Normandie s'engageant, de son côté, à fonder deux monastères, qui furent Saint-Etienne et la Trinité de Caen.

Comme ils avaient suivi leur seigneur Raoul Paynel sur les

---

(15) Registres de la cathédrale de Coutances.
(16) *Histoire universelle*, Mgr Daniel, évêque de Coutances.

traces du Conquérant soumettant l'Angleterre, combien de nos ancêtres, guidés par Pierre l'Ermite, s'en allèrent-ils à la croisade ? Nul ne le sait, sinon que beaucoup de gens du simple peuple partirent, enthousiastes et confiants, sans direction et sans chef, avant les chevaliers, conduisant avec eux une armée régulière ; les bandes de paysans, de serfs, de citadins errants dans les plaines de Hongrie et de Russie, périrent de misère ou exterminés par les indigènes (16), ayant avant de mourir la vision du clocher natal et sur les lèvres la devise des croisés : « Dieu le veult ! » Le seigneur de Hauteville, Foulques Paynel, et son cousin Guillaume Paynel d'Agunz (Agon), accompagnèrent Robert Courte-Heuse, fils du Conquérant, en Palestine. En les suivant, certainement plusieurs archers ou hommes d'armes « hautais » partagèrent leurs fatigues, leurs échecs ou leurs triomphes. Le départ de ces belliqueux seigneurs permit, pour un temps, aux populations normandes, de jouir des bienfaits de la Trêve de Dieu. Dans le diocèse de Coutances, elle était perpétuelle à l'égard des églises, de leurs parvis, des moines, des clercs, des religieuses, de toutes les femmes, des pèlerins, des marchands et de leurs serviteurs, des hommes et des animaux servant au labourage, des terres d'église et des biens de clercs (7). Une formule de serment fut prescrite pour l'observation de la Trêve. Tous les hommes au-dessus de 12 ans la durent souscrire.

Les vœux formulés durant les croisades, les malheurs qui se succédèrent à cette époque amenèrent une recrudescence de fondations pieuses, et toutes les abbayes célèbres de notre contrée vont naître au xiie siècle. « En 1066 parut durant quinze jours une comète du côté du nord-ouest ; elle reparut en 1106 avec un éclat si extraordinaire qu'elle sema l'épouvante et fit avouer bien des choses soigneusement gardées secrètes. Il y eut en cette année une grande mortalité, mais les plus sages ne jugeaient pas que ce fut grand mal. Car comme presque personne ne guérissait de ceux qui étaient attaqués, ils se préparaient sérieusement à la mort » (7). En 1091, le 6 des nones de novembre, il y eut un tremblement de terre et des éclairs d'une intensité effrayante. En 1094, une famine épouvantable se produisit : le muid de froment se vendit 24 livres, puis un fléau pestilentiel ravagea en mai tout l'occident ; en 1098, dans la nuit du 27 au 28 septembre, le ciel parut s'embraser, et le samedi, jour de Noël, le soleil s'obscurcit (17). En 1109, l'excès des pluies fit périr les fruits de la terre, la stérilité fut horrible, et une seconde famine fit périr beaucoup de personnes. En 1118, 1119, 1134, il y eut de

____

(17) Ordéric Vital, tomes 3 et 4.

violents ouragans, des inondations, des chutes de neige considérables. En 1136, année bissextile dont les anciens étaient
effrayés, Ordéric Vital écrit : « le bissexte tomba sur le roi
et son peuple en Normandie et en Angleterre. En 1137, on
éprouva une sécheresse telle que personne n'en avait vu ;
presque partout, les fontaines, les lacs, les citernes se desséchèrent, et quelques rivières cessèrent de couler ; les hommes
et les animaux souffrirent cruellement de la soif, et dans certaines contrées, on alla chercher l'eau jusqu'à sept lieues. En
1157, un tremblement de terre se produisit vers Saint-Lô ;
en 1159, les signes et les ouragans se multiplièrent à tel point
que l'évêque de Coutances — « pour la colère de Dieu » —
ordonna des prières publiques et ces litanies si longtemps en
usage dans le diocèse : le clergé chantait : *O vere Deus, trinus
et unus, exaudi preces populi hujus ;* et le peuple répondait :
Non sumus digni a te audiri, peccatis nostris nemo puniri (18).
Il ne faut pas s'étonner, en de si tristes circonstances, si, lors
du Concile tenu à Rouen le 7 octobre 1118, répondant au légat
Conrad qui implorait des subsides pour le chef de la chré-
tienté, l'évêque de Coutances déclara « que la Normandie était
pour le moins autant à plaindre et n'avait pas moins besoin
d'argent ». Et tout n'était pas fini. Une nouvelle peste et une
nouvelle famine s'abattirent sur le Cotentin en 1169, et comme
un malheur n'arrive jamais seul, la captivité de Richard Cœur
de Lion, duc de Normandie, retenu captif en Allemagne au
retour de sa croisade, acheva de ruiner les Etats du prisonnier. Pour fournir l'énorme rançon exigée par l'empereur d'Allemagne — 150.000 marks d'argent — tout fut taxé, et il fallut vendre jusqu'aux calices (19) (1187).

L'année précédente, Philippe de Hauteville déposait sur le
maître-autel de l'abbatiale de Savigny la charte, premier acte
officiel dénotant l'existence de Hauteville, et dont voici la traduction :

« A tous les fidèles du Seigneur à qui seront présentées
ces lettres, Wilmus, évêque de Coutances, salut... Philippe,
fils de Robert, pour l'amour de Dieu et le salut de mon âme,
du consentement de mon fils Estienne, lui et les héritiers
qu'il a ou peut avoir, je donne à l'abbaye Sainte-Marie de
Savigny, en perpétuelle aumône, le patronage de l'église de
Hauteville (Alta-Villa). Je fais cette donation au chapitre de
Savigny et l'offre sur le grand autel de l'abbaye en la Nativité
de Saint Jean-Baptiste... De cette donation, l'affirmation cano-

____

(18) O Dieu unique en trois personnes, exauce les prières de ce peuple.
Nous ne sommes pas dignes que tu nous écoutes, mais ne punis pas nos
péchés.

(19) Toustain de Billy, tome Ier.

nique est faite et signée en témoignage de sa libéralité, année de l'Incarnation du Seigneur MCLXXXVI. Les témoins ont posé leur signature : Nicolas de Saint-Germain, Robert de Gouville, Jacques de Thorigny... Henri... autres moines. Robert de Saint-Jean, Richard et Guillaume Galicher, clercs ; Pierre Doissel, Thomas, clercs de Hauteville ; Robert Guissaut, Regnault et plusieurs autres » (20).

Nous sortons désormais du domaine de l'hypothèse, et l'histoire de Hauteville commence avec les chartes où se trouvent son nom et celui de son curé, à côté du nom de son seigneur. L'avenir de son église, pour de longs siècles, restera lié à celui d'une des plus puissantes abbayes du Moyen-Age. Les ducs normands ne vinrent sans doute jamais prier dans l'église d'Alta-Villa, mais leurs hommes d'armes, au XIIe siècle, construisirent la tour qui a subsisté jusqu'en 1904 et fut abattue pour cause de vétusté. Ce fut un fort avant de contenir une cloche et d'annoncer la présence d'un édifice religieux. Elle servit, à son début, de refuge et de lieu de défense aux habitants dans les moments de trouble et d'invasion ; ses murs, épais de 1 m. 79 à la base, la rareté de ses ouvertures — une porte en bas et deux fenêtres aux croisillons moyen-âgeux au sommet — les remparts en galerie ménagés sur ses flancs sud et nord, larges de 0 m. 45, protégés par une rampe de granit de 0 m. 70 de hauteur (21), ne laissent aucun doute à cet égard. Elle dut être armée vers 1140, comme Regnéville, pour repousser Geffroy d'Anjou luttant contre Estienne de Blois (22). Construits avec des moellons (22 *bis*) de pierre granitique rose (23), soudés à la chaux, complétés d'un sable pullulant de coquilles bivalves, cette tour a pendant des siècles résisté aux épreuves du temps, peut-être des boulets. Ce ne fut qu'au XVIIe siècle qu'à son sommet, au-dessus des murailles est et ouest, on édifia deux triangles en maçonnerie beaucoup plus étroits qui en firent

---

(20) Manuscrit latin, 16 cent. sur 8. Archives Nation., L. 971. Sceau brisé en deux, cire grenat, un lion, la gueule ouverte, la patte droite levée, prêt à l'attaque.

(21) Les habitants appelaient ces remparts des « augets ». On y jouissait d'une vue magnifique sur la campagne, la pointe d'Agon, Granville et la mer.

(22) Les Paisnel, seigneurs de Hauteville, étaient restés hommes-lige de Mathilde, épouse de Geffroy d'Anjou et fille des ducs normands, rois d'Angleterre, mais Estienne de Blois, comte de Mortain, avait étendu sa domination sur la presque totalité du Cotentin.

(22 *bis*) Les mêmes moellons et le même genre de maçonnerie avaient été employés pour élever l'église, qui dut suivre ainsi de très près l'édification de la tour : un mur accolé au sud de la nef actuelle, et lui servant de base, le prouve de toute évidence.

(23) On trouve ce granit à Ourville, 600 mètres au nord de Hauteville.

un clocher en batière analogue à ceux de Lingreville et de Saint-Germain-sur-Ay, dont les tours avaient été construites dans un but analogue (24).

Le patronage de Savigny exerça son influence sur sa subordonnée, l'église de Hauteville. Nous voyons que l'abbatiale, construite sous Geffroy, deuxième abbé de Savigny, église aux dimensions remarquables (25), avait un autel Notre-Dame au levant, une chapelle Saint-Nicolas premier pilier du sanctuaire, une chapelle Saint Jean-Baptiste, côté septentrion (26). Or, dans le chœur de l'église de Hauteville précédant le chœur actuel, édifié en 1875, les vieillards hautais se rappellent parfaitement que Notre-Dame et Saint Jean-Baptiste avaient leur statue dans le sanctuaire, de chaque côté du maître-autel, tandis qu'un des petits autels était dédié à saint Nicolas, que les deux fenêtres du chœur étaient romanes, comme celles du reste de la nef actuelle, et que le rétable du maître-autel était occupé par un tableau représentant l'Assomption. L'abbatiale de Savigny était d'architecture romane, et fut inaugurée le jour de cette dernière fête. Les abbés de Savigny avaient donc donné aux paroisses leur appartenant, les mêmes autels, les mêmes patrons et les mêmes vocables que ceux de l'abbatiale (27). Dès la fin du XIIe siècle, plus de 50 abbayes relevaient de Savigny ; des milliers de manuscrits s'entassaient dans sa bibliothèque. Les chartes, fondements de son histoire et de celle des paroisses, venaient s'y joindre, au fur et à mesure de la libéralité des donateurs. En 1162, une bulle du pape Alexandre III (*Audivimus et audientes*), datée d'Anagni, 3 des ides de février, confirme à l'abbaye « l'exemption des dîmes des terres que cette abbaye fait valoir » (28). En 1202, Vivian, évêque de Coutances, nomme à l'église de Hauteville l'archidiacre Hugon, mais il réserve deux parties de dîmes de blé pour l'abbaye (29). Ainsi, l'abbaye avait deux gerbes sur

---

(24) *Annuaire du dép. de la Manche*, 1886. Dès 1135, Etienne de Blois, comte de Mortain, accorde des chartes à Savigny.

(25) L'abbatiale, consacrée en 1224 par Roger, évêque de Coutances, Turgis, évêque d'Avranches, et tous les suffragants de Normandie, avait une longueur intérieure de 82 mètres et demi, une largeur de 26 mètres et une élévation de 23 mètres sous la clef de voûte (*Gallia Christiania*). Dimensions de la cathédrale de Coutances : longueur 95 mètres, largeur 34 mètres, élévation des flèches, 77 mètres.

(26) *Abbaye de Savigny*, par Hippolyte Sauvage (Armand Leroy, éditeur, Mortain).

(27) L'église paroissiale de La Haye-Pesnel, détruite au XVIIe siècle, était également sous le vocable de Saint-Nicolas (*Avranchin monumental*, Le Héricher).

(28) Tabulæ normanniæ sub regibus angliæ, Sapleton, éd. à Londres 1844.

(29) Universis... Vivianus Const. eps. noverit... quod nos ad presentationem Willi... abbatis Conventus Savign. dedimus Hugoni, archidiacono

la dîme, et le curé la troisième, avec l'autelage et le casuel. « *Patronus abbas de Savigneo percipit duas gerbas ; rector percipit tertiam gerbam cum toto attalagio* » (30).

Le forfait de Jean sans Terre assassinant son neveu Arthur de Bretagne allait restituer la Normandie à la couronne de France. Le diocèse de Coutances tout entier se rendit à Philippe-Auguste sans se laisser forcer. En 1212, Savigny est favorisé d'une charte du roi de France, renouvelée par saint Louis en 1248, qui lui confirme tous ses privilèges, ainsi qu'aux paroisses qui en dépendent (31). Elle est adressée à tous les baillis de Normandie. Lorsque Louis IX vint en Basse-Normandie combattre Foulques Paynel, chevalier félon, il visita l'abbaye de Savigny et y mangea et coucha avec les religieux (21 avril 1256) (32). Quelques jours après, le monarque reconnaissait l'hospitalité des moines en octroyant de Domfront une charte où il insiste de nouveau sur les privilèges dont jouit l'abbaye : « Louis, par la grâce de Dieu, etc... en ce qui concerne les abbé et moines de Savigny, de l'ordre de Cîteaux, et toutes les choses et les hommes appartenant à la dite abbaye, tels qu'ils ont été aux main, protection et garde des rois anglais de bonne mémoire Henri et Richard, ainsi nous les prenons sous notre garde et ne permettons qu'ils ne soient en quelque sorte molestés » (33). Ce fut dans ce voyage que Saint Louis visita à Carnet une chapelle célèbre en l'honneur de Sainte Barbe. D'après le dicton, l'oracle a dit : « Tant que ce temple durera, Barbe de tempête préservera ». Le roi se recommanda à sainte Barbe et lui envoya son écusson (34). Est-ce de ce temps que Hauteville, sur la renommée des gestes de Saint Louis, « placé sous sa main, protection et garde

---

Const. ecclesiam de Hautevilla salvis duabus partibus decime bladi monasterio Savignei (Actum in anno MCCII) (Renault : *Revue monumentale*).

(30) On appelait attalagium, autelage, le droit des clercs de vendre à leur profit les offrandes que l'on présentait sur l'autel : grains, fruits, bois. « Le duc Guillaume Longue-Epée étant un jour à l'offrande, déposa dans le plateau qui lui était présenté un petit morceau d'écorce d'arbre, et les moines de Jumièges, où se produisait cet événement, surent ainsi qu'ils possédaient désormais le bois et le manoir de Vinnonois. (*Les Ducs héréditaires de Normandie*).

(31) Ludovicus, Dei gratiœ, rex Francorum, universis ballivis normanniœ, salutem. Noveritis nos diligenter imperisse litteras bone memora regis Philippis, avi nostri, sub hac forma : Philippus, Dei gratia... mandamus vobis qualimus dilectos nostros abbatem et monachos Savignenses in bona pace jura sua et libertates possidere permittates, sicut ci usi fuerunt temporibus regum Angliœ Henrici scilicet et Ricardi. Actum Parisiis, anno domini MCC duodecimi, mensi junio (*Cartulaire de Normandie*).

(32) *Histoire des Ordres monastiques*, P. Héliot, tome VI.

(33) Archives Nationales, C. L. 1146.

(34) *Avranchin monumental*, Le Héricher.

comme appartenant à Savigny », imita la confiance du souverain en établissant, par vœu, cette procession Sainte-Barbe que les générations modernes savent exister de temps immémorial ? Tous les ans, le jeudi qui suit le 11 juin, une procession où chaque famille est représentée, grossie des pèlerins de Regnéville, solidaires du même vœu, se rend à Lingreville (4 kilomètres) pour invoquer contre la foudre sainte Barbe, qui a dans cette paroisse une statue fort ancienne. C'est la tradition la plus populaire de Hauteville. Ceux qui ne peuvent aisément marcher suivent en voiture la théorie des piétons chantant litanies, hymnes et cantiques, dans la plus belle saison de l'année, au milieu d'une campagne chargée de récoltes, brillante de rosée matinale, remplie de l'harmonie du chant des oiseaux et des voix sonores des pèlerins (35).

Les seigneurs de Hauteville continuaient de donner à l'abbaye de Savigny des marques de leur bienveillance : en 1208, Estienne de Hauteville, fils de Philippe, donne la présentation à la cure de Hauteville et approuve la donation faite par Vivian, évêque de Coutances, des deux tiers des dîmes (36). Ce fut le dernier acte des Hauteville en Normandie ; restés attachés au comte de Mortain, Jean sans Terre, leurs domaines furent, à cette époque, confisqués par le roi de France et transmis aux Paynel (voir chapitre VIII). En 1243, Geoffroy le Cormier vend 1 boisseau de froment, mesure de Cérences (onze pots et demi), à l'abbé et aux religieux de Savigny, sur quatre pièces de terre en la paroisse de Alta-Villa (36). En 1273, Philippe le Hardi rend une ordonnance pour l'amortissement des acquêts de Savigny : « Philippe, par la grâce de Dieu, roy de France, faisons scavoir à tous présens et à venir comme ainsy soit que l'abbé et les religieux du monastère de Savigny, ordre de Cîteaux, diocèse d'Avranches, conformément à notre ordonnance, ayent fait accord avec nos baillis de Coustance et du Costentin, sur ce que sceux abbé et religieux se voulaient conserver et retenir à tousjours à leur dict monastère comme non fieffez depuis 30 ans en ça auparavant que nos fiefs mesmes comme lesquelles choses ont été acquis ce qui ensuit... PHILIPPE » (37). En 1292, acte de l'évêque de Coutances concernant la paroisse Sainte-Marie de Hauteville, dont il reconnaît que la présentation appartient à l'abbaye de Savigny (cachet brun, un évêque debout sans tête, tenant la crosse de la main gauche, deux doigts de la main droite levés). Le cimetière de Hauteville existe alors, et

____

(35) On faisait également, la nuit, des processions contre la gelée.
(36) Archives Nation., L. 971, n° 40133. Sceau de l'évêque, cire verte, un tiers absent, la tête et les bras d'un évêque tenant la crosse et debout.
(37) Bibliothèque de Rouen, collection Leber.

non auprès de l'église, car par acte de 1297, Pierre le Melle (le premier nom de famille qu'on trouve dans la paroisse) et sa femme Jeanne vendent une pièce de terre joignant au cimetière de Hauteville. L'église ne pouvait se trouver au milieu des champs. En 1292, Foulques Paynel avait ratifié la vente faite à Savigny de la grange de Hauteville « et tous les biens moebles et non moebles qui puissent radvenir » (36).

En ce siècle, l'évêque Jean d'Essey fit rédiger ce qu'on a coutume d'appeler « le livre noir de l'évêché », statistique complète du diocèse à cette époque. On y voit que la cure de Hauteville valait alors 36 livres et qu'elle avait environ un acre de terre aumônée : « *elecomosina continet unam acram vel còcirca* ». Le curé payait 4 sols pour la chappe de l'évêque et, plus tard, 6 sols 6 deniers pour la débite (38) : *rector solvit pro cappa episcopi quatuor solidos ; solvit pro debita sex solidos, sex denarios* (39). Le même évêque fit également paraître un livre rituel sous le nom d'Ordo, composé en 1259 ou 1260, d'où il ressort qu'alors il fallait pour un mariage trois bans et même plus, que l'argent et l'anneau des mariés étaient bénis au jour de leurs fiançailles et que, comme il n'y eut pas d'été en 1258, la récolte fut chétive, ce qui provoqua au mois d'avril suivant une grande mortalité. La maladie était instantanée et la mort presque subite. En 1318, un doyen (sans doute celui du chapitre, commis par l'évêque) fait une information qui justifie comme la présentation à la cure de Hauteville appartient au monastère de Savigny (40). A partir de l'épiscopat de Robert d'Harcourt (1291-1325), les fêtes chômables furent plus nombreuses ; c'étaient : Noël, Saint-Etienne, Invention du corps de Saint Etienne, les Saints Innocents, Saint Thomas Becket, Saint Silvestre, l'octave du Seigneur, l'Epiphanie, la Nativité de la Vierge, l'Assomption, la Purification, l'Annonciation, la Conception, l'Invention de la Sainte Croix, l'Exaltation de la Sainte-Croix, Pâques et les trois jours suivants, l'Ascension, la Pentecôte, la Nativité de Saint Jean-Baptiste (41), sa décollation, Saint Pierre et Saint Paul, Saint André, Saint Jacques, Saint Thomas, Saint Barthélemy, Saint Mathieu,

---

(38) On appelait « débite épiscopale » une rente de moins de 20 sous imposée aux églises du diocèse par l'évêque Silvestre de la Cervelle, en 1372, maintenue après lui et applicable aux réparations et à l'entretien de la cathédrale.

(39) Renault : *Revue monumentale, Annuaire* 1853.

(40) Archives Nation., L. 971. Bande de parchemin d'un mètre sur 18 cm.

(41) Le peuple avait coutume de célébrer cette fête par de bruyantes et brillantes réjouissances. Dès la veille au soir, les flambards ou falots (on dit ici des fali-falots), qui avaient remplacé les brandons qu'on brûlait dans les fêtes païennes au temps jadis, étaient allumés. Cette coutume, dont St Bernard parle dans une de ses homélies, avait été instituée au xii° siècle.

Saint Simon et Saint Jude, Saint Marc, Saint Luc, Saint Vincent, Saint Clément, Saint Denis martyr, St Michel archange, la dédicace de chaque église ou chapelle, la Toussaint, la St-Martin, Saint Nicolas, Sainte Marie-Madeleine, Sainte Catherine, et la fête des Reliques de la cathédrale, au lendemain de la Saint-Michel (11). Il y eut 59 jours de jeûne : Carême, Quatre-Temps, Vigiles de Noël, de l'Assomption, de Saint Jean-Baptiste, des Saints Apôtres Pierre et Paul, de Saint Mathieu, Saints Simon et Jude, la Saint-Laurent, la Toussaint, la Saint-André, le jour Saint-Marc et les trois jours des Rogations. Les cabarets existaient, car un péché public d'ivrognerie entraînait une pénitence de trois jours au pain et à l'eau. Ce n'était pas un châtiment bien dur pour un peuple décimé par les maladies et la famine, appauvri et révolté au point d'incendier deux fois le château de Montchaton (42). Les afflictions s'accroissent avec les Anglais, et la France tombe dans un état si pitoyable qu'au dire des historiens les générations de ce temps infortuné naquirent de complexion faible, petits, sans force ni santé (43).

En 1334, le bailli du Cotentin formule une sentence rendant la terre tenue à Hauteville par Th. Guérin. Est-ce au seigneur ou à l'abbaye ? En 1377, il est ordonné aux curés de défendre aux parents de mettre les petits enfants à coucher avec eux, de peur de les étouffer. En 1392, le bailli du Cotentin, présidant les assises de Mortain, publie la lettre de sauvegarde accordée à Savigny par Charles VI (43 *bis*).

Cette protection était plus nécessaire qu'efficace ; tout était au pillage de la part des Navarrais, et les paysans du Cotentin étaient obligés de cacher leur bétail dans les églises : *Statut in syngutomnali anno Dni 1375, art. XIII item ; inhibitum fuit ne de cœtero equi, vaccœ, suppel lectilia in ecclesiis ni de necessitate, ponantur. Quod que, a talibus, impedimento cessante, cituis quam potuerint, evacuentur* (11).

A toutes ces misères morales et physiques, se joignait un fléau d'une gravité exceptionnelle, contagieux et permanent, auquel nulle contrée n'échappa au Moyen-Age : la lèpre, développée par le contact des Orientaux, faisait de tels ravages au XIIIe siècle qu'il fallut de toute nécessité construire une foule d'hôpitaux, et les noms de Maladrie, Maladreries, léproseries sont fréquents dans la région. Nos pères, en effet, ne furent

---

(42) Liber feodorum domini regis Philippi.

(43) Toi qui leiras cet escrit remembre — Que le vingtiesmé de novembre — L'an mil trois cent et trente üit — Chair en grand neis jour et nuit — Et après gela si fort mait — Que homs ne poet fere fromens (*Neustria Pia*, p. 740).

(43 *bis*) Demay : *Inventaire des Sceaux*, Rouen.

pas épargnés. Des circonstances de lieux et de moyens de communication nous l'indiquent, ainsi que les constatations des historiens. A cinq cents mètres du clocher de Hauteville et de toute habitation, se trouve une superficie assez considérable de terrain (3 h. 28 a. 95 c.) qu'on nomme encore « la Maladrie » (44). Un sentier bordé de haies vives, laissant place à un piéton, tout au plus à un cavalier, permettait de se rendre de l'église ou du presbytère à la léproserie. Aujourd'hui encore, cette voie n'est connue que sous le nom de « Sentelle ès Prêtres ».

Nous ne décrirons pas cette horrible maladie, nous nous contenterons d'indiquer les formalités précédant l'internement des malades.

Lors donc que quelqu'un était contaminé, sa séparation urgente et immédiate d'avec la société était prononcée, et le curé du lieu allait aussitôt le conduire à la léproserie, asile dont la porte était strictement défendue à tous ceux que n'y appelaient pas leurs fonctions. Le prêtre y célébrait la messe des lépreux ; à l'Offertoire, il se retournait vers son malade et lui adressait une allocution à peu près conçue en ces termes : « Cette maison sera désormais votre demeure ; la charité l'a élevée pour vos besoins ; elle ne cessera pas d'y pourvoir à vos nécessités. En vous humiliant sous la main de Dieu qui vous afflige, remerciez-le de sa bonté qui, dans votre détresse, permet qu'on vous assiste. Vous êtes à tout jamais séparé du monde. Vous n'avez plus d'époux ou d'épouse ; ne vous souvenez de vos parents et de vos enfants que dans vos prières. Vous ne sortirez jamais de cet asile sans être accompagné de votre clochette que vous sonnerez le long des chemins pour avertir les gens de fuir votre approche. Vous n'ôterez point votre chapeau pour saluer. Vous ne parlerez à personne le long de la voie, excepté à ceux qui vous interrogeront, et dans ce cas vous aurez soin de prendre le dessous du vent, de crainte qu'ils ne soient souillés de votre haleine. Lorsque vous irez par les champs, si vous apercevez des hommes, vous sonnerez votre clochette pour les avertir. Si vous allez par les prairies et les lieux boueux, vous n'empoignerez point une branche pour vous aider à gravir un fossé qu'auparavant vous n'ayez mis vos gants, de crainte que si quelqu'un venait à la prendre après vous, il ne contractât votre maladie. Vous ne marcherez pas les pieds nus sur la terre, vous ne cracherez pas dans l'eau coulante, ni dans les mares, ni dans les fontaines. Vous n'y jetterez rien de ce qui vous a appartenu ; vous n'y laverez pas votre tête, ni vos mains, ni vos vête-

---

(44) Cadastre de Hauteville-sur-Mer, section D, n°° 279-294-299-300.

ments, vous n'en prendrez pas dans vos mains et vous ne vous baisserez pas pour y boire, dans la crainte de communiquer votre mal à ceux qui viendraient y puiser, s'y laver ou y boire après vous. Si vous crachez par terre, vous aurez soin de couvrir votre salive de poussière et de l'effacer avec le pied. Si vous aviez besoin d'acheter quelque chose dans les villes ou ailleurs, vous montrerez l'objet avec votre baguette, sans y toucher ; vous serez toujours pourvu de votre bidon de bois pour puiser l'eau qui vous sera nécessaire et recevoir les aumônes qu'on vous donnera » (45).

Les bâtiments proprement dits de la léproserie en question étaient situés sur Hérenguerville, village des Vouages ; ils portaient le nom de « Grande Maladrerie ». Les dépendances de cette maison s'étendaient effectivement sur la portion du territoire de Hauteville portant le nom de « Maladrie » (46). Les tenanciers des établissements de lépreux étaient le plus souvent les Hospitaliers de Saint-Jean de Jérusalem (50). Ils s'étaient fait connaître durant les Croisades par les services qu'ils avaient rendus aux pèlerins et aux troupes (47). Leur sceau comportait la tête de leur patron saint Jean-Baptiste, représenté avec de longs cheveux et une longue barbe (48). On peut admettre que les seigneurs, de retour, en reconnaissance des secours qui leur étaient venus de la part de ces religieux, aient adopté saint Jean-Baptiste pour patron dans leurs paroisses respectives, et ensuite aient appelé les Hospitaliers pour autres habitants ; nous voyons Hienville, où se trouvait également une maladrerie fort importante, avoir aussi pour patron saint Jean-Baptiste.

Les épidémies et la lèpre, les guerres et la famine amenèrent sous Louis XI une telle recrudescence de mortalité que les cimetières devinrent trop petits, et qu'on les édifia autour des églises (49). Notre cimetière ne doit pas, par conséquent, être antérieur à 1470. Les contreforts de la tour qui faisait corps avec l'église en limitèrent l'étendue, et à l'ombre de l'if déjà séculaire, les générations misérables de nos aïeux commencèrent à peupler le nouveau champ de repos. Au synode de 1481, l'évêque Geffroy Herbert régla à nouveau les fêtes,

---

(45) Lecanu : *Hist. des évêques de Coutances*. Le même auteur assure qu'il existe à la bibliothèque de Valognes plusieurs missels des xive et xve siècles, où cette oraison se trouve en termes liturgiques. Les lépreux avaient été brûlés en 1321 pour accusation d'avoir empoisonné les fontaines.

(46) Renault, président de la Société des Antiquaires de Normandie, bibl. Rouen.

(47) Statuts des Frères Hospitaliers, chartes du roi du Trésor de la Sainte Chapelle, 1732.

(48) Demay : *Inventaire des Sceaux*, 3117, Rouen.

(49) *Essai historique sur l'hospice de Coutances*, M. Le Cacheux.

mais il en distingua de deux sortes : les unes chômables à tout le monde, et les autres de l'observation desquelles il exemptait les laboureurs seulement. Ces dernières étaient : Saint-Vincent, la conversion de Saint Paul, la chaire de Saint-Pierre, l'Invention de la Sainte Croix, la Madeleine, Sain Pierre ès Liens, Saint Louis, la décollation de Saint Jean-Baptiste, Saint Gilles, l'Exaltation de la Sainte-Croix, Saint Denis, Ste Catherine et Saint Nicolas (19). Bénéficiant de la paix, le peuple s'amusait. En 1487, les assemblées et les danses dans les églises lui furent interdites. Les blasphémateurs furent condamnés à une pénitence de sept jours au pain et à l'eau, et de sept dimanches à la porte de l'église, les pieds nus et la corde au cou (51).

Après la défaite de la Bicoque (29 avril 1522), pendant le Concile de Rouen (1523), François Ier vint au Concile et lui exposa assez au long les besoins de l'Etat. Le clergé lui accorda un secours de 80.000 livres à répartir entre les sept diocèses de Normandie. La quote-part de celui de Coutances s'éleva à 9.666 livres 8 sols 4 deniers, dont le curé de Mesnil-Rogues fut choisi pour être le receveur (52).

La cure de Hauteville, à l'époque où nous arrivons, faisait partie du doyenné de Cérences (53). Le doyen de Cérences était le douzième dignitaire dans les synodes. Le premier curé de Hauteville dont nous ayons trace depuis l'archidiacre Hugon est Guillaume Doissel (1250), puis une lacune de deux cents ans nous porte à Pierre des Loges, écuyer, de Quettreville (1460) (54). Nous arrivons ensuite à Michel Godefroy, qui, curé de Hauteville en 1520, devint moine et abbé du Val-Richer (55). C'est en parlant de lui que l'on ajoute pour la première fois à *Hauteville* les mots de *sur mer* : « Michaël Godefroy, ex rectora ecclesiæ de Alta-Villa supra mare, dio-

---

(50) Le grand maître de l'Ordre du Temple en Normandie, au début du xiiie siècle, était Robert Paillart, dont le fief de la Ronde-Haye rendait aveu à Louis XIV en 1680, en la personne de messire Pierre Ynor, père du seigneur de Hauteville.

(51) Statuts de Geffroy Herbert, évêque de Coutances (1479-1550). Il succédait sur ce siège à Julien de la Rovère, qui fut pape sous le nom de Jules II. Il devint premier président au Parlement de Normandie, institué en 1498.

(52) Toustain de Billy (3e volume).

(53) Le doyenné de Cérences, archidiaconé de Coutances, comprenait les paroisses d'Annoville, Tourneville, Grimesnil, Grimouville, Guéhebert, Hauteville-sur-Mer, Hérenguerville, Hyenville, le Mesnil-Aubert, le Pont-Flambard réuni à Lengronne, Le Quesnay, réuni à Contrières, Lengronne, Montchaton, Lingreville, Montmartin, Muneville-sur-Mer, Quettreville, Regnéville, Saint-Louet-sur-Sienne réuni à Trelly, Trelly, Urville-sur-Mer (*Semaine religieuse de Coutances*, articles de M. Humel, 1912).

(54) Fonds de l'abbaye de Savigny, H. 120.

(55) Renault : *Revue monumentale de l'arrondissement de Coutances.*

cesis Constantiensis, factus monachus. Thomas cadente, fit abbas » (56). Il avait dû, comme ses ouailles, appréhender en 1514 la fièvre noire, qui fit de tels ravages à Coutances que la ville devint presque déserte et que l'officialité transporta ses bureaux à Orval. La peste avait également ravagé la région en 1473 et en 1484, au point que, cette dernière année, on fit des prières publiques et des processions pour implorer la cessation du fléau (11).

Cinquante années où on put dire que le peuple fut heureux parce qu'il n'avait pas d'histoire, nous amènent aux sombres jours des guerres religieuses. La Réforme avait pénétré dans la Manche. Plusieurs gentilshommes avaient adhéré à la nouvelle religion et prêté leurs châteaux et leurs chapelles à ses ministres. Des chefs et des soldats lui vinrent : Montgommery, seigneur de Ducey, poursuivi pour la mort du roi Henri II, qu'il avait blessé dans un tournoi, se mettait à la tête des disciples de Calvin avec les de Bricqueville-Colombières, de la Luzerne et de Pienne, et tous commençaient avec Matignon, seigneur de Thorigny et Hambye — le nôtre — un duel qui dura 15 ans, et où ils furent vaincus. On préluda à la guerre par des massacres et des dévastations réciproques. Les Réformés de Saint-Lô, après avoir brisé les statues de l'église Notre-Dame, pillèrent la bibliothèque de leur cité, l'abbaye de Cerisy, le trésor de la cathédrale de Coutances, la maison et les biens du curé de Monthuchon (19), l'abbaye de Savigny, où ils brisèrent les orgues, brûlèrent la charpente de l'église, emportèrent les cloches, quatorze calices, quatre en or et dix en argent, ainsi que la crosse et la mitre de l'abbé (57), Avranches (8 mars 1562), où titres, reliquaires, vases sacrés, ornements précieux : tout, excepté ce qu'on avait pu confier aux moines du Mont Saint-Michel, fut râflé en un jour (58). Six mois s'étaient à peine écoulés depuis que le nouvel évêque de Coutances avait pu prendre possession de son siège, lorsque, le 10 août 1562, Colombières, parti de Saint-Lô avec 200 chevaux et des fantassins, fit irruption dans la ville épiscopale. Là, s'il faut en croire un des anciens historiographes de nos évêques, ce furent des carnages si horribles qu'on entendait les cris confus des hommes qu'on égorgeait, des femmes qu'on violait, des prêtres, religieux et religieuses qu'on massacrait (59). La porte du chapitre forcée, les chanoines sont brûlés dans leurs maisons, préalablement pillées. Les images des saints et les reliques servirent à alimen-

---

(56) *Gallia Christiania.*
(57) Seguin, p. 351.
(58) Desmes, p. 360.
(59) Rouault, p. 339 et suivantes.

ter un immense feu de joie qui faillit consumer notre plus beau monument chrétien. Arthur de Cossé, surpris avec son chapitre, dut assister au sac de sa propre église : on le garrotta, on l'assit sur un âne dont il dut prendre la queue en guise de rênes, une mitre en papier sur la tête, un jupon en guise de chappe sur les épaules, il fut promené à travers sa ville épiscopale au milieu des crachats et des moqueries des huguenots. Après un mois d'emprisonnement, des honnêtes gens lui procurèrent des moyens d'évasion qui lui permirent de se retirer à Granville, d'où il gagna Saint-Malo et Rennes. s'exilant volontairement du port normand pour lui éviter le siège des calvinistes et sa mise au pillage (60).

Les mémoires du chapitre de Coutances rapportent en outre que les protestants ravagèrent les campagnes et pillèrent partout les ecclésiastiques. Beaucoup s'enfuirent, et on ne célébrait plus l'office divin dans un grand nombre de paroisses, « quoy voyant, aucuns Prédicans sortis de Genève se saisirent des temples et églises » (19).

L'office divin, qui avait alors cessé entièrement à Coutances, ne recommença qu'après l'édit de pacification signé à Amboise (19 mars 1563). Ne restant plus aucune argenterie dans l'église, le culte se célébra assez pauvrement. Les chanoines ne portèrent pas d'habits d'hiver dans la cathédrale pendant ces années de troubles, partie par pauvreté, partie par suite de l'interruption du commerce des draps. D'ailleurs, les gentilshommes se mettaient en possession des dîmes et les faisaient bailler par le prix qu'ils voulaient (19). Même au temps de l'occupation anglaise, le pays n'avait subi une si grande désolation ; en 1587, les délégués du Cotentin aux États Généraux de Normandie présentent cette requête (61) : « Plaire à Sa Majesté lever la mesure qui réclame 15 escus à chacun clocher et permet la vente des trésors et fabricques comme faire cesser le divin service, parce qu'en la plupart des paroisses il n'y a de quoy fournir le luminaire et austres choses nécessaires à l'Eglise, joinct, que plusieurs églises sont desmolies et ruinées par les troubles passez et n'a le peuple aucun moyen de les réparer » (62).

L'église de Hauteville était-elle réduite à cet état misérable ? On peut le penser. La tradition veut qu'un certain marquis de Piennes, que nous savons descendant des Paynel, ayant conservé sans doute quelques bribes du domaine sei-

---

(60) A. Delalande : *Hist. des guerres de religion dans la Manche*, p. 38.

(61) Ces délégués étaient, pour le Cotentin : Richard Quesnel, procureur et Jacques de Pont-Bellenger, sieurie de Caen.

(62) Articles des Etats de Normandie, Cahiers Beaurepaire, Bibliothèque de Coutances.

gneurial en l'ancienne paroisse de ses ancêtres, ait laissé le souvenir d'un maître dur au pauvre monde, prenant pour cible les couvreurs en paille réparant les chaumes, et qui se serait heurté au refus d'un nommé Jean Lepeu (les Sablons) de lui abandonner une charretée de paille ou de fourrage dont il voulait s'emparer pour l'envoyer à son château de Regnéville. Nous voyons les Piennes dans les rangs calvinistes, et sur les confins de Hauteville et d'Hérenguerville, se trouve une certaine portion de terre nommée actuellement encore « le Vos Huguenot », complétée plus loin par une autre pièce de terre désignée sous le nom de « Cimetière des Protestants ». Etait-ce le patrimoine de ce Piennes ? Un engagement eut-il lieu à cet endroit ? De Piennés avait-il fait construire, tout près de là, une maison absolument isolée de toute habitation, qui s'est conservée presque intacte et s'appelle « la Maison du Mot », et cela pour y installer un « presche » ? Cela expliquerait la dénomination : il fallait « le mot » du guet pour y entrer. D'autre part, les fiefs de haubert avaient seuls droit à un presche, d'après l'édit de Charles IX rendu en 1570 et rappelé au Conseil du roy à Gaillon, le 18 juin 1571: « Remonstrent très humblement les gens des trois états (63) du dict pays, comme il ayt pleu à Votre Majesté par son édict dernier de pacification, permettre à ceux de la nouvelle religion qui ont fief de haucbert au dict pays faire presche et exercices d'icelle religion en l'une de leurs maisons où ils feront résidence : qu'ils seront tenus nommer en justice avant pouvoir jouyr d'icelui édict » (64). Les psaumes calvinistes purent être chantés dans la campagne de Hauteville, et les paroissiens catholiques se serrer tristement autour d'une église en ruines et sans pasteur. Est-ce dans ces heures de détresse et d'abandon, est-ce pour se déclarer fidèles à leur seigneur, le général catholique de Matignon, que les « Hautais » établirent le touchant usage, maintenu jusqu'à nos jours, et qui se retrouve dans bon nombre de localités bretonnes et normandes, peut-être comme un emblème distinguant les « papistes » des huguenots dans ce duel acharné du XVIᵉ siècle ? Au-dessus de chaque porte principale de chaque maison, on ménage une niche suffisante pour recevoir une statuette de la Vierge (65),

____

(63) Jean d'Estouteville, sieur de Villebon, bailli et capitaine de Rouen, Jacques de Matignon, chef de l'armée du Roy en Basse-Normandie, Nicolas le Conte, sieur de Dracqueville, maître des requêtes, président au Parlement de Normandie, ambassadeur du roy aux Etats.

(64) Cahiers de Beaurepaire.

(65) Les statuettes de Hauteville sont généralement en plâtre ; en Bretagne, spécialement à Fougères, elles sont plus petites et en porcelaine coloriée.

et elle reste là, témoin des joies et des deuils du foyer, protectrice de la famille, et entourée de respect.

Colombières, Montgommery et leurs partisans, vaincus par Matignon, tués ou exécutés, la lutte religieuse prit fin. Elle avait été meurtrière. En 1580, aux Etats de Melun, l'évêque de Coutances, Nicolas de Binoy, portait le cahier de doléances de son diocèse, qui présentait un effectif de 12.082 personnes tuées par suite des disputes religieuses (66). Pour ne pas interrompre l'exposé des troubles, nous avons jusqu'ici passé sous silence une autre réforme, pacifique celle-là, et dont l'importance se fait toujours ressentir : ce fut l'ordonnance de Charles IX fixant, en août 1564, le commencement de l'année au premier janvier (dans notre diocèse, elle commençait le 25 mars). Cette première réforme en amena une seconde en 1581. Une bulle de Grégoire XIII, tenant compte des quelques secondes qui avaient été omises lors de la fixation de l'équinoxe au 21 mars, ordonna « qu'on retrancherait dix jours de cette même année qui seraient en octobre, dans lequel le lendemain du jour Saint-François, au lieu de compter cinq comme on en avait l'habitude, on dirait cette année le 15 » (19). Voici la teneur de la lettre qu'Henri III envoya à tous les évêques sur le changement du calendrier : « A notre amé et féal conseiller l'évêque de Coutances ou ses grands vicaires. Notre amé et féal, ayant nostre Saint-Père le Pape Grégoïre XIII ordonné un calendrier ecclésiastique, lequel Sa Sainteté nous a envoyé comme à tous les autres Roys, Princes et Potentats de la chrestienté, par lequel elle a trouvé nécessaire de retrancher 10 jours entiers en la présente année pour les causes et raisons amplement déduites en icelui, et combien qu'elle ait ordonné que le dit retranchement se ferait dans le mois d'octobre dernier passé, néanmoins nous n'aurions pu le faire exécuter et ensuivre audit mois. Et voulant que les saintes ordonnances du Saint Siège ayent cours et soient observées en nostre Royaume comme il convient, même en ce fait, pour ne nous désunir et séparer des autres Princes qui ont jà reçu et fait observer le dit calendrier, Nous voulons et ordonnons qu'étant le neufviesme jour du mois de décembre expiré, le lendemain que l'on comptait le trixiesme soit tenu et nombré par tous les endroits de nostre Royaume, le vingtiesme du dit mois, et le lendemain vingt-uniesme auquel se célébrera la feste de Saint Thomas ; le jour suivant après sera le vingt-deuxiesme, le lendemain le vingt-troisiesme et le jour en suivant le vingt-quatriesme, de sorte que le jour d'après, qui autrement et selon le premier calendrier eust ésté le quin-

---

(66) De Thon : *Hist. universelle*, et Masseville.

ziesme, soit compté le vingt-cinq et en iceluy célébré et solennisé la Feste de Noël ; et que l'année présente finisse six jours après la dite Feste et que la prochaine que l'on comptera 1583 commence le septiesme jour après la célébration d'icelle feste de Noël, laquelle année et autres subséquentes auront après leur entier et complet comme devant. De laquelle notre intention et ordonnance avons bien voulu vous avertir, afin que vous ayez à l'ensuivre, faire observer et pourveoir au service qui se doit faire aux advents de la dite Feste de Noël et aux Fêtes ordonnées par l'Eglise es ditz jours retranchez, et le faire proclamer et lire ès prosnes des églises de vostre diocèse, comme nous enjoignons présentement à nos Cours de Parlement, Baillis et Sénéchaux, de faire en l'étendue de leurs ressorts et juridiction, afin que nul n'en puisse prétendre cause d'ignorance. Et à ce, ne faites faute, car tel est notre plaisir. Donné à Paris, le troisiesme de novembre 1582. » Signé HENRY et plus bas : NEUFVILLE, avec paraphe.

Cette ordonnance à peine reçue, M. de Binon eut soin de la faire enregistrer, publier et envoyer à tous les abbés, prieurs, curés et vicaires du diocèse avec le mandement y attaché : « Messieurs, vous voirrez par la teneur du Mandement du Roy, nostre Sire, dont la copie est ci-dessus escripte, comme Sa Majesté veult et ordonne qu'il soit retranché », etc. (19).

Ce n'était pas la première ordonnance du roy Henri III qui se lisait dans la chaire de Hauteville-sur-Mer. Désolé de n'avoir pas d'enfants, Henri s'adressa au clergé, demandant oraisons et processions pour obtenir du ciel un héritier. Voici quelques passages de cette très longue épître : « L'une des choses que nous avons la plus désirée et requise à N.-S. à nos particulières prières et oraisons, depuis notre heureux mariage, et semblablement les reines, notre honorée dame et mère et notre très chère et aimée compagne, a été qu'il lui plût nous donner un fils, etc.... Vous ferez prescrire et ordonner à tous gens d'église qui sont sous votre charge et aux églises paroissiales, tant aux villes closes ou par la campagne, aux dimanches et festes recommandées, afin que le peuple n'en soit pas distrait de ses œuvres manuelles, etc...... ayant fait dresser un mémoire de l'ordre et des prières propres à implorer de Dieu la grâce que nous lui demandons et désirons de sa bonté, lequel nous vous envoyons avec la présente pour le faire mettre à exécution, ainsi que vous en aviserez pour le mieux. Donné à Paris, le 22 octobre 1581. Signé : HENRY. »

En conséquence, dans toutes les « parrochiales », le dimanche, après les Vêpres, on fit une procession au cours de laquelle, entre autres prières et oraisons nombreuses, on répétait trois fois à genoux le *Domine, salvum fac regem....* et l'invocation suivante en forme de litanies : « *Ut regi nostro Henrico christianissima, filium regni Francorum heredem fructuosum concedere digneris, te rogamus, audi nos.* » Les prières furent faites avec toute l'exactitude qu'on put, « mais Dieu en avait décidé autrement » (19).

En 1528, l'évêque de Binoy avait présenté au Parlement de Rouen cette requête : « A raison des troubles et guerres civiles advenües, et qui ont esté en ce royaume, principalement au dit diocèse de Coutances, depuis l'an 1561, les lettres, titres et enseignemens concernant les droits, dignitez et libertez, tant de la dite église cathédrale que des églises abbatiales, paroissiales, mesme des Prieurés, hospitaux et chapelles du diocèse, ont esté la pluspart perduz, égarez, les autres rompus, cassez, brûlez par les gens de guerre qui ont tenu garnison et fait leurs corps de garde tant auxdites églises cathédrale que paroissiales et maisons ecclésiastiques (67), à raison de quoy les redevables tenans biens et héritages dépendans desdits Evêché, Eglises cathédrale, abbatiales et paroissiales, mesme desdits hôpitaux, prieurés et chapelles, scachant la dite combustion et perte des dites lettres, titres et enseignemens ont depuis dénié et dénient et ne veulent reconnaître ny payer les dites rentes et arrérages d'icelles, droits et devoirs, dont les précédents évesques, chapitre, abbez, prieurs, curez, chapelains, trésoriers et marguilliers des dites églises jouyssaient auparavent desdits troubles, tellement que la pluspart des dites rentes sur lesquelles les ecclésiastiques ont à supporter grande charge, se trouvent mises en contredit et totalement déniées. A raison de quoy, plusieurs des dites églises et maisons ecclésiastiques sont tombées et tombent de jour en jour en ruines, et n'y a moyen de satisfaire aux charges d'icelles, pouvoir faire célébrer le divin sacrifice. Tendans les dits Evesques et Députés par leur dite requête à ce qu'il leur soit sur ce pourveu... et outre déclarer que les dits redevables ne pourront eux aider de prescription pour le temps des dits troubles et guerres civiles, conformément aux édits et dispositions du droit : en laquelle ne sera compté ni compris le temps encouru depuis le dit

---

(67) En 1582, les Etats Généraux de Rouen constatent que les léproseries sont totalement ruinées, tant à l'occasion des troubles qu'autrement, la maladie ayant complètement disparu. En 1585, il est expressément défendu aux trésoriers des paroisses d'employer les deniers ailleurs qu'à la destination d'iceux, à peine d'en répondre en leur propre et privé nom. Défendu également aux gens de guerre molester les ecclésiastiques ny loger en leurs maisons et presbitaires (Cahiers de Beaurepaire).

an 1561. » La Cour entendit l'appel et ordonna que les registres des dites églises, comptes, papiers, titres, journaux, enseignements et dernières quittances serviraient de lettres et possession aux demandeurs, que les dits redevables ne pourraient se servir de prescription pendant les dits troubles et se retireraient vers les dits demandeurs pour compter à l'amiable, ou qu'autrement ils y seraient contraints par toutes voies (19).

En raison de l'importance des dégâts, les redevances, si elles furent payées, restèrent bien insuffisantes : l'abbaye de Savigny, en envoyant à la cure de Hauteville, à l'aurore du XVIIe siècle, messire Jean le Roux, l'introduisait dans une église qu'en qualité de « gros décimateur » (68), il devait maintenir en l'état convenable pour l'exercice du culte. « Les gens tenans les requestes au Palais de Rouen, conseillers du roy et commissaires en sa Cour du Parlement », nous apprennent que les paroissiens de Hauteville-sur-Mer en avaient appelé à leur juridiction « pour condamner l'abbé commandataire de Savigny à faire réparer le chancel (chœur) de la dite paroisse de Hauteville, à laquelle il y a plus de deux ans que l'on a dit messe, faulte de réparation. Comparant les dits paroissiens demandeurs par Me Jean Petit, procureur, d'une part, et le dit abbé, défendeur, comparant par Me Guillaume Halley, d'autre part, et Me Jean Le Roux, prestre, curé de la dite paroisse de Hauteville, appelé en la cause, comparant par Me Jehan Le Saché, son procureur, d'une autre part....

« La Cour, faisant droit aux parties, condamne les religieux à faire les réparations à l'équipolent de ce qu'il jouit des dixmes d'icelle, dans le temps de trois semaines, autrement, icelles passées, sera fait droit sur la condamnation totalle des dites réparations, ainsi qu'il appartiendra...

« Donné sous le scel de la cour, aux dites requestes, le quatriesme jour de mars mil six cents et deux. »

Au dos de la pièce, on lit : « Hauteville, 4 mars 1602 », et de la main d'un religieux de Savigny : « Sentence des Requestes — du Palais de Rouen — qui nous condamne — aux réparations du cœur — de l'église de Hauteville comme décimateurs » (69).

Toutes choses furent remises en état, puisque messire Le Roux resta douze ans curé de Hauteville (70). C'est sans doute

---

(68) C'est-à-dire ceux qui touchaient la majorité des dîmes. Le Concile de Rouen (1335) les obligeait aux réparations du chœur.

(69) Archives de la Manche. Fonds de l'Abbaye de Savigny.

(70) Etat-civil de Hauteville.

de son temps, à en juger par le style et l'orthographe, qu'on chantait à Pâques le plus vieux cantique qu'il ait été donné à l'auteur de découvrir et qui, dans sa naïve simplicité, est la traduction exacte des sentiments exprimés dans l'Evangile du lundi de Pâques. L'air devait être celui de l'*O Filii*, si on s'en tient à la mesure des strophes. Le voici dans son entier (71) :

1. Deux des disciples de Jésus
   Etoient partis pour Emmaüs
   Parlant de ce qu'il endura. Alleluia.

2. Et disoient avec ennuy
   Ce qu'ils sentoient en eux pour Luy
   Lorsque Jésus se présenta. Alleluia.

3. La payx de Dieu soit avec vous
   De quoy, leur dist-il, parlez-vous
   Peut-on scavoir ce secret-là. Alleluia.

4. D'estre aveq vous c'est mon désir
   Nous parlerons aveq plaisir
   Moins le chemin nous ennuyra. Alleluia.

5. L'un d'eux alors luy respondit
   Qu'il saurait ce qu'ils avoient dit
   Sans estre importun en cela. Alleluia.

6. Si vous n'estes pas étranger
   Vous ne pouvez pas ygnorer
   Ce qui fait ici tant d'éclat. Alleluia.

7. L'envie ayent assaziné
   Le plus saint homme qui fut né
   La terre d'horreur en trembla. Alleluia.

8. Jusques ici de sa grandeur
   Chaqun espère son bonheur
   Mais on ne voit rien de cela. Alleluia.

9. Il avoit dit à ses amis
   Qu'en sépulture seroit mis
   Et sortiroit bientôt de là. Alleluia.

10. Des femmes ce matin pourtant
    Nous ont dit qu'il étoit vivant :
    Ce qui nous surprend c'est cela. Alleluia.

---

(71) Archives de l'auteur.

11. Jésus leur dit : Ecoutez-moy
    Vous ne scavez donc pas pourquoy
    Les tourmens le *Crit* endura. Alleluia.

12. Plusieurs fois, il vous l'avoit dit
    Les prophettes l'avoient prédit
    Qu'il devoit triompher par là. Alleluia.

13. Alors par Moïze comença
    L'écriture parcoura
    Tous les seqrets leur dévoila. Alleluia.

14. En Emmaüs sur ce discours
    Ils vindrent sur la fin du jour
    Jésus les voulut quitter là. Alleluia.

15. Mais eux, ravis de l'écouter
    Le contraignire de goûter
    Ce que Jésus leur accorda. Alleluia.

16. Il prist du pein et le bénit
    A chaqun d'eux le départit
    Se découvrit et s'en alla. Alleluia.

17. Alors un d'eux dans son transport
    Voyant Jésus qu'il croyait mort
    A son compaignon s'écria : Alleluia.

18. Je suis content, il me sufist
    De voir vivant ce divin Crit
    Que la mort chaqun regretta. Alleluia.

19. Je me sentit sur le chemin
    Dans le cœur un feu tout divin
    Dès le moment qu'il nous parla. Alleluia.

20. Si nos frères sont désolés
    Ils seront bientôt consolés
    En apprenant de nous cela. Alleluia.

21. Affligés ne soyez donc plus
    De la mort du divin Jésus
    Car toujours vivant il sera. Alleluia (72).

Messire Le Roux est le premier curé qui ait commencé à tenir les registres de la paroisse, déposés au greffe de Coutances depuis la Révolution, et qui constituent les débuts de

____

(72) On avait l'habitude de chanter matines « le jour de Pasques à nottes » (1661). (*Essai histor.*, M. Le Cacheux).

l'état-civil de Hauteville. Le premier registre est daté de 1601.
Il a pour titre : « Registre des baptesmes, mariages et sépul-
tures faicts en la paroisse de Hauteville-sur-la-Mer par moy,
Jean Le Roux, prestre, curé de la dicte paroisse, pour les
années mil six cents et ung et mil six centz et deulx. » La
tenue de ces annales était réclamée depuis 1570, où nous
voyons cette requête présentée aux Estats de Normandie :
« Supplient les dicts délégués que tous curez, vicaires, not-
taires, tabellions, greffiers et sergentz soyent tenuz à l'adve-
nir faire registre d'assise en assise des délibérations, publi-
cations, réceptions, de constats, sentences et exploits, tant en
héritage qu'en meubles ».

En 1612, messire Quotil succède à messire Jean Le Roux ;
il s'intitule, au bas des actes, « noble homme et écuyer »
(1637). En 1644, nous trouvons qu'il est remplacé par messire
Guillaume Jean, qui devient, en 1655, doyen de Cérences,
tout en restant curé de Hauteville. Avec lui, les baptêmes sont
intitulés baptistères, les mariages, espousailles, et les sépul-
tures, inhumations. Ce fut du temps de messire Quotil que
le tocsin sonna par toute la Basse-Normandie pour appeler le
peuple à la résistance aux receveurs de la gabelle. Il ne paraît
pas que les Hautais aient pris part officiellement à cette
révolte qui, de l'Avranchin, avait gagné Coutances et Caen,
et que les armées royales réprimèrent avec une grande
rigueur.

Certaines familles s'adressaient en ce temps aux cures
pour établir les contrats de mariage. Voici la teneur de l'un
d'eux, qui est rédigé de la main de messire Heudeline, curé
de Hauteville de 1672 à 1679 :

GÉNÉRALITÉ

DE

CAEN

Douze sols

Sceau du Roy. [Petit papier]

« Pour pactions du mariage espéré estre faict après avoir observé les constitutions de l'Eglise Catholique, Apostolique et Romaine, entre Vincent Tiphaigne, filz Charles et de deffuncte Gillette Créances, de la paroisse de Hauteville près la Mer, d'une part ; et Jeanne Nicolle, fille de Barnabé Nicolle et de Catherine le Mesle, aussi de la dicte paroisse, d'autre part... (Suit l'énumération des dons faits aux mariés par leurs parents. Voir les détails chapitre XI)... Fait ce sixiesme jour de juillet mil six cents soixante et dix-sept, présence dudit Charles Tiphaigne, de Guillaume Tiphaigne, frère de Vincent, du dit Barnabé Nicolle et de la dite Catherine le Mesle, de messire Ollivier Hendeline, prestre, curé de la ditte paroisse, de Pierre Laignel, de Jean Viard, de Jean Tiphaigne, filz Guillaume et de Jacques Robillard. »

La plupart signent avec de magnifiques « parafes ». Il est remarquable que dans les actes du xviie siècle, aucune femme, mariée ou marraine, ne sait écrire.

L'usage s'était établi que, pour éviter le maintien des collecteurs de dixmes, l'abbaye de Savigny louât à bail au curé, pour un certain nombre d'années, l'ensemble des dixmes de la paroisse. Nous voyons qu'en 1686 maistre Hervé Delarue, prestre curé de Hauteville, loue à bail, pour 7 années consécutives, à Monsieur de la Vieuville, abbé de Savigny, les dixmes de Hauteville et de Montmartin pour la somme annuelle de 222 livres. L'abbé de Savigny étant mort avant la fin du bail, il y eut matière à procès entre Arnoult, fermier général de l'abbaye, et le curé Delarue, qui toutefois continua de jouir.

L'ordonnance de 1695 mit à la charge de la communauté des habitants l'entretien des nefs des églises, des clôtures des cimetières, et le logement des curés. Quelquefois, le seigneur aidait à reconstruire ou à réparer, mais il lui était défendu de démolir, de relever ou réparer sans l'autorisation de l'évêque. Nous verrons, au chapitre X, les causes pour lesquelles les paroissiens étaient tenus à l'entretien de la nef, et non les titulaires des dîmes.

Nous arrivons à une pièce intéressante. C'est la gestion des marguilliers de Hauteville-sur-Mer pour l'année 1707 :

« Le 29 septembre 1707, Pierre le Peu et Luc Talvat, trésoriers de la fabricque de Hauteville-sur-Mer, sont chargés de toucher les rentes tant de froment que d'argent deulz à la ditte fabricque pour fournir aux nécessités de l'église du lieue:

« Rentes de froment pour le pain de la charrité de Pasques (72 *bis*).

» 8 livres 8 sols 8 deniers.

» 20 sols pour le vin de la communion de Pasques.

» Des « obits » sont payés par les sieurs Encoignard, André Norgeot, Vincent Tiphaigne, Barnabé Quesnel, Martin Jouenne, Julien Mahey, Jean et Pierre Norgeot, Jean Tiphaigne, fils Georges, Marin Jouenne, André de Lisle, Laurent Godefroy, Adrien et Guillaume Tiphaigne, frères, filz Thommas, à cause de la jouissance du champ Guille et du champ des Bouillonnets, appartenant à la fabricque, paient 10 sols.

» Le sieur curé, pour l'obit de Martin Jouenne et d'Anne Foucard, sa femme, jouit du champ de l'Aumesle, paie 10 sols; pour jouissance du champ de la Croyx (donation Marin Robil-

---

(72 *bis*) Ceci prouve qu'avant la Révolution existait de la part de l'Eglise une organisation de bienfaisance, distribuant aux pauvres une certaine portion des revenus de la fabrique.

lard), cinq sols ; pour la donation du champ de sept vergues d'André Jouenne, sept sols, six deniers ; pour le champ de la Ceste donné par Mathurin Choux, sept sols six deniers ; pour le Champ Guille d'Adrien Jouenne, deux sols ; pour la donation Jean Tiphaigne, filz Guillaume, deux sols six deniers.

» La présente charge à nous représentée par Jean Le Roussel et la présente *minse* aux mains du dit Pierre le Peu et Luc Talvat pour en rendre bon et fidèle *conte* à la fin de leur gestion.

» Signé par moy, curé du dict lieu, le 10ᵉ juin 1708.

» DE LA RUE. »

Les laboureurs, endormis à l'ombre du grand if, dans le cimetière de Hauteville, avaient désiré que les suffrages de l'Eglise perpétuassent leur souvenir. Mais la race qui les continuait, la terre où ils avaient vécu, devaient voir, selon l'expression de Bossuet, « toutes les extrémités des choses humaines » (73). Le siècle qui se levait finirait dans un bouleversement qui, une première fois, entraînerait tout...

Le dimanche 22 février 1789, la foule des paroissiens qui emplissait l'église — car les dimanches étaient alors fidèlement observés (74) — ne se douta pas, en voyant monter en chaire son curé Guillaume Lemesle, qu'elle vivait une des dates les plus retentissantes de l'histoire, et que cette minute marquait l'écroulement d'un monde. Le prêtre lisait au peuple la lettre du roi Louis XVI avec le règlement touchant la convocation des Etats Généraux du Royaume. Le prône (75) achevé, la lettre fut affichée à la porte principale de l'église. Ce fut encore un dimanche, et au prône, qu'on lut le décret de l'Assemblée Nationale, touchant les élections des municipalités (31 janvier 1790). Le 24 août suivant, l'Assemblée Constituante imposa à tous les membres du clergé en fonctions ce qu'on appelle le serment constitutionnel. Voici la pièce des archives hautaises qui concerne cette formalité, non approuvée par l'Eglise :

---

(73) Oraison funèbre de Henriette d'Angleterre.

(74) Hauteville comptait alors 55 feux.

(75) Le prône était non seulement une instruction religieuse, c'était aussi une instruction administrative et parfois judiciaire. L'Eglise et l'Etat étaient étroitement unis et se prêtaient mutuellement aide et assistance. L'Etat poursuivait par le juge séculier certaines infractions aux lois religieuses. L'Eglise lui prêtait sa publicité réelle. Il y avait peu de moyens de diffusion, l'imprimerie n'ayant pas fait de progrès suffisants pour mettre les feuilles publiques à la portée de tous. Pour faire connaître les actes de l'autorité, la mort des princes, les victoires remportées, les événements sensationnels à des gens simples et souvent ignorants, il était nécessaire de leur en donner lecture, et l'on avait choisi l'heure de la messe paroissiale pour le faire, parce que tous les habitants se faisaient un devoir d'aller aux offices (Babeau : *Le Village sous l'ancien régime*).

« Du dimanche vingt février mil sept cent quatre-vingt-onze, issue de la messe paroissiale de Hauteville-près-la-Mer. En conséquence des décrets de l'Assemblée Nationale en date du vingt-sept novembre mil sept cent quatre-vingt-dix et sanctionnés par le roy le vingt-six décembre suivant, lus, publiés et affichés conformément à ce qui est prescrit, touchant le serment que les curés, vicaires et autres prestres fonctionnaires doivent prêter pour être continués dans leur état et fonctions, maistre Guillaume Lemesle, curé de cette paroisse, aussitôt que la messe a été finie, qu'il a lui-même célébrée, a fait approcher et appeler le conseil municipal de la ditte paroisse, lui en étant le maire, en présence duquel et des personnes qui ont assisté à la messe, a dit à haute et intelligible voix, la main levée, étant au pied de l'autel : « Je jure de veiller avec soin sur les fidèles de la paroisse qui m'est confiée, d'être fidèle à la nation, à la loi et au roi, et de maintenir de tout mon pouvoir la constitution décrétée par l'Assemblée Nationale et acceptée par le roi. » Duquel serment nous avons accordé acte au dit sieur curé pour valoir et servir qu'il appartiendra, ayant le dit sieur curé fait sa déclaration sur le registre de la municipalité, sur lequel il a signé l'onzième jour du présent mois, ce que nous dits officiers municipaux et plusieurs paroissiens ont signé avec nous après lecture faite. Ont signé : G. Lemesle, Fr. Lemesle, Pierre Legallais, N. Viard, M. Poullain, Julien Hue, G. Tiphaigne, J. Leloup. Viard, greffier » (76).

Et voilà comment Hauteville-sur-Mer, pendant la Révolution, eut un maire prêtre et un curé « jureur » : la tradition hautaise lui a conservé ce nom.

Quelques jours auparavant (7 février 1791), les autorités de la commune avaient envoyé la requête suivante :

« A Messieurs les Administrateurs du département de la Manche, supplient très humblement le conseil municipal conjointement avec le général de la commune de la parroisse de Hauteville près la Mer soussigné, et vous expose que les tempêtes qui sont arrivées vers la fin de décembre dernier et le mois de janvier de la présente année ont découvert et fait sauter les ardoises en différents endroits de la couverture de l'église de la parroisse, ce qui fait qu'il y tombe beaucoup d'eau et qu'on ne peut y faire l'office avec la descence qu'il convient à nos saints mystères pour quoy on a recours à vous, Messieurs, à ce qu'il vous plaise y faire donner ordre et ce conformément aux désirs de 'Assemblée Nationnale en ce faisant vous fairez justice. G. Tiphaigne, pr. vic. de la

---

(76) Mairie de Montmartin. Archives de Hauteville-sur-Mer.

commune ; G. Lemesle, maire et curé ; Viard, Fr. Lemesle, Pierre Legallais, J. Le Loup, A. Viard, Jean Le Roussel, P. Fauvel, P. Vidcoq, J. Lemesle, F. Tiphaigne, Jean Lemesle, Julien Hue, J.-F. Le Peu, R. Poullain, J. Guilard, G. Lemesle » (77).

Nos arrière-grands-pères étaient bien forcés d'appeler à l'aide : les biens de la fabrique, devenus biens nationaux, n'appartenaient plus ni à la paroisse, ni aux seigneurs, ni à l'abbaye, mais à l'État, Bien-fonds, Rentes, Droits et Bâtiments dépendant des cures, de tout fut dressée une liste rigoureusement exacte. Elle est conservée aux Archives départementales, et nous la reproduisons ici :

CHAPITRE PREMIER

« La maison presbytérale du bénéfice cure de Hauteville se consiste en une salle, une cuisine, une cave avec leurs superficies qui se consistent en quatre petites chambres et les greniers dessus le tout, en très mauvais état.

» Une grange, une étable, une écurie.

» Un champ de terre en la campagne de Montmartin, de viron 18 perches de terre.

» Un champ de terre sis en la parroisse de Hauteville, au réage de l'Audemelle, de contenance de 35 perches ou viron.

» Un champ de terre scis en la paroisse de Hauteville, réage de la Scéte, contenant 30 perches ou viron.

» Un champ de terre au réage des Sept Vergues, contenant 1 vergée ou viron.

» Un champ de terre au réage du Haut-Chemin, contenant 30 perches ou viron.

» Un champ de terre nommé la Croix de continence (Croix Rouge), de viron quinze perches de terre.

» Un champ de terre au réage du Val de la Cour, contenant viron cinq perches.

» Un champ de terre au réage de Février de continence, de 18 perches ou viron.

» Un champ de terre au réage de la Chesnelle de continence, de 18 perches ou viron.

» Un champ de terre au réage des Sept Vergues, contenant une vergée et une pièce de terre d'une vergée proche du jardin du curé.

» Un champ de terre au réage de la Fosse-au-Bret, d'une vergée ou viron.

» Pour tous les dits champs et pièces ci-dessus dénom-

(77) Archives de la Manche, L. 1722. Vers 1780, il avait été défendu d'enterrer désormais dans les églises (*Le Mont Saint-Michel*, abbé Pigeon, p. 75.)

més, le sieur curé est chargé d'acquitter par chacun an quarante messes, 23 hautes avec des Nocturnes et des Liberas, dix-sept messes basses, une procession le jour du Saint Sacrement, à un demi-quart de lieue de l'eglisé. (Cet endroit, dénommé la Croix Rouge, sur la route de Montmartin à Granville, est toujours le but traditionnel de la « procession du Sacre ». Autrefois, une pierre spéciale y était fixée pour servir de console où on déposait l'ostensoir. Depuis la guerre de 1870, un oratoire en l'honneur de Notre-Dame de la Salette y a été édifié, et la vénération des habitants de Hauteville et des paroisses environnantes y allume fréquemment des bougies).

» Les dits champs de terre régis par le sieur curé de la dite paroisse.

» L'église est en très mauvais état.

» La grange décimale appartenant cy-devant aux abbé et religieux de Savigny.

» Fait et arrêté par nous, officiers municipaux de la paroisse de Hauteville-près-la-Mer, le vingt-deux octobre mil sept cent quatre-vingt-dix.

» Signé : Viard, J. Lepeu, officier, G. Lemesle, maire. »

Les événements se précipitaient ; la Constitution Civile divisait le curé et le vicaire, M. Gabriel Tiphaigne. Ce dernier refusa le serment et préféra passer à Jersey. Le 13 décembre 1792 (an Iᵉʳ de la Liberté) (Etat-Civil de Hauteville), le curé résignait ses fonctions de pasteur et passait sans doute aussi à l'étranger (77 *bis*). Jusque là, l'église restait ouverte et le nouveau maire, Nicolas-François Lemesle, avait essayé d'y maintenir le culte en envoyant cette pétition dès le mois de janvier précédent (2 janvier 1792) (Archives départementales, N. L. III) :

(77 *bis*) Voici le modèle de passeport qu'au début de la Révolution on accordait aux prêtres qui n'avaient pas prêté le serment constitutionnel :

« Liberté, Egalité, Fraternité. Département.... District de.... Municipalité de.... Laissez passer (nom, prénoms), ci-devant curé (ou vicaire) de ...... n'ayant pas prêté le serment requis par la loy. Et pour se conformer à la loy du 26 août dernier, déclare se retirer à Jersey, domination anglaise. Domicilié dans la municipalité de... district de... département de.... âgé de... ans, taille... (signalement complet). Et prêtez-lui aide et assistance en cas de besoin. Délivré en la maison commune de.... le... septembre 1792 an IV de la Liberté. Et a signé... — Route que doit suivre le dénommé, au présent, suivant sa déclaration, pour se conformer à la loi du 26 août dernier : allant de.... à.... de.... à Vire, de Vire à Villedieu, de Villedieu à Granville, de Granville à Jersey, sous le 21 du présent mois, la loy ayant été promulguée le 5 du présent de septembre 1792. » Au verso : « Vu passer à la municipalité de Granville pour Jersey ce.... septembre 1792 an IV de la Liberté. Signé : La Houssaye. » Plus de 1.200 prêtres passèrent ainsi en exil (Méniger : *Chronique du vieux Granville*).

« Messieurs les Administrateurs du Directoire (?)
du département de la Manche,

« Les citoyens et officiers municipaux de la paroisse de Hauteville-sur-la-Mer, District de Coutances et de votre département,

» Ont l'honneur de vous exposer qu'il est très intéressant que leur église soit conservée, soit comme paroissiale, soit du moins comme succursale (78).

» Le nombre de leurs habitants, rassemblés pour ainsi dire en un seul hameau autour de leur église, forme une population de près de 500 personnes (79), éloignée des églises voisines d'environ une demi-lieue. Leur genre d'occupation est la pêche de la mer en basse-eau ; elle est par conséquent subordonnée à l'heure des marées, qui varie d'un jour à l'autre ; leur curé a la complaisance de varier en conséquence l'heure de ses offices, sans quoi ils seraient privés du consolant exercice de leur religion ; ils ne peuvent quitter ce genre de travail, qui est le seul moyen de leur subsistance, et tout autre curé qui scroit obligé de suivre une heure fixe pour satisfaire au plus grand nombre de ses paroissiens, les en priverait nécessairement.

» D'ailleurs, les supplians composent entre eux une famille de frères et d'amis distingués par leur patriotisme ; ils craindraient de se voir réunis aux paroisses voisines, avec lesquelles ils ne compatiraient qu'avec peine.

» Présenté à Coutances, le deux janvier mil sept cent quatre-vingt-douze (la présente double). Signé Pierre Legallais, *offisiet*, Philippe Tiphaigne, *officier*, G. Lemesle, curé de Hauteville, N. Poullain, N. F. Lemesle, maire, Viard, greffier, J. F. Le Peu, procureur, Pierre Jean, F. Lemesle. »

Le mugissement du torrent révolutionnaire, toujours grossissant, couvrit la voix des humbles citoyens hautais : après l'exécution de Louis XVI (1793), l'église de Hauteville fut fermée, et comme il fallait des canons pour braquer sur l'Europe coalisée contre la France, les trois cloches hautaises disparurent dans le creuset de la fonderie de canons de Saint-Lô (80), qui, du 21 avril 1793 au 2 décembre 1794, reçut

---

(78) Les registres de l'état-civil devaient être enlevés aux curés par la loi du 22 septembre 1792 (Lemasson).

(79) Au recensement du 9 avril 1791, la commune de Hauteville-sur-Mer comptait 73 citoyens et 364 femmes, enfants et domestiques. Signé : G. Lemesle, maire, P. Legallais, Viard et J.-Fr. Lepeu.

(80) Il n'y avait pas 9 ans qu'elles occupaient le clocher : « L'an 1784, le 18 août, on a fait fondre les cloches de Hauteville, et on y a ajouté une troisième. La première s'appelle Sabine et a été nommée par Messire Ynor, maître des comptes, seigneur de Hauteville, et par Sabine de Hariodelesville, femme du dit. La dite cloche pèse 337 livres. Elle a été bénie par Mes-

1.028 cloches provenant du seul département de la Manche (81).

Hauteville cessa d'exister comme paroisse et comme commune et fut réuni à Montmartin par arrêté du conseil du district de Coutances en date du 11 ventôse an III (29 février 1795) (82).

Mais les tempêtes et les tourmentes, si longues et si angoissantes soient-elles, finissent par s'apaiser et, de nouveau, le soleil brille dans un ciel bleu. M. Guillaume Lemesle et M. Gabriel Tiphaigne, au début du XIXe siècle, pris de la nostalgie du pays natal, rentrèrent à Hauteville. Cette fois, le vicaire fut curé et le curé resta son vicaire. La masse de la population hautaise s'était concertée pour obtenir la réouverture de son église, et sa démarche collective fut couronnée de succès (83). Voici le procès-verbal de l'événement, tel qu'il est consigné aux archives de Montmartin :

« Du 27 novembre 1808, devant Jacques-François-Léonor Bourdon, maire de la commune de Montmartin-sur-Mer, chef-lieu de canton, arrondissement communal de Coutances, département de la Manche, soussigné : se sont présentés les principaux contribuables et habitants de Hauteville, section du dit lieu de Montmartin, ci-après nommés, savoir : MM. Gabriel Tiphaigne, prêtre desservant, Guillaume Lemesle, prêtre, Jean Billard, Pierre Billard, Jean Choux, fils Jean, Pierre Fauvel, Julien Guillard, Jean-Joseph Gendrin, Jean-Baptiste Hocquigny, François Hue, Jacques Antoine Jouanne, fils feu Jean, Germain Jouanne, Marguerite Jouanne, veuve de Charles-Léonor Lepeu, André Jouanne, Pierre Jean, Marguerite Jean, veuve d'André Viard, Jacques-Philippe Lemesle, fils Pierre, François Lemesle, fils Denis, Marie Lemesle, fille d'idem, Jean-Baptiste Lemesle, fils Pierre, Pierre Lemesle, fils Richard, Nicolas-François Lemesle, Grégoire Lemesle, Philippe Lemesle, Marie Lefrançois, Jean Lefrançois l'aîné, Marie-Madeleine Leloup, veuve de Guillaume Billard, François

sire J.-Fr. Ameline, curé. La seconde s'appelle Charlotte, nommée par messire Nicolas Bonté, conseiller à Coutances, et bénie par maître Guillaume Lemesle, vicaire. La dite cloche pèse 251 livres. La troisième s'appelle Anne-Marie, nommée par M. J. Pimor, ancien consul et directeur de l'hôpital de Granville, et bénie par M. G. Tiphaigne, prêtre. La dite cloche pèse 174 l. $\frac{1}{2}$. La cérémonie a été faite par Messire Aimable Bonté, curé d'Annoville. (Extrait textuel du registre de la paroisse).

(81) Vicomte de Brachet : *Le conventionnel J.-B. Le Carpentier*, page 92, en note.

(82) Archives de la Manche, L 879, f. 113 v° 886 .

(83) La population n'a pas sensiblement varié dans notre pays de 1590 à 1790. Depuis 1790, elle est au-dessus de ce qu'elle a été constamment pendant les 200 ans qui ont précédé la Révolution (Dubosc, *Ann.* 1854).

Leloup, Jean Leloup, Jean-François Lepeu, François Lepeu, Jacques Legallais, Marie Legallais, Guillaume Le Roussel, Jean Mustel, fils François, Marie Mustel, veuve Jacques Choux, Marie-Angélique Mulot, veuve Jean-Baptiste-Alexandre, Gilles Poullain, Nicolas-Thomas Viard, François Viard, Jean Vidcoq, Pierre Vidcoq, Pierre Tiphaigne, fils Jean, Jean-Odet Tiphaigne, Jean Tiphaigne les Marais, Jean Tiphaigne fils feu Julien, André Tiphaigne, fils Pierre, Pierre Tiphaigne, fils Julien, François Tiphaigne Gilberdière, Vincent Tiphaigne, fils Vincent, Jean Tiphaigne, fils Pierre, Nicolas Tiphaigne, fils Julien, François Tiphaigne, fils Vincent, Marie-Anne Lepeu, veuve d'André Billard, Marie Hinet, veuve de François Choux, Guillaume Choux, François Lepeu, fils Jean (le jeune), Baptiste-Noël Lepeu, fils d'idem, Pierre Lepeu, fils d'idem, Jean Onfroy, Pierre Boitard, Jean Boitard, fils Pierre, Marie Tiphaigne, femme Billard, capitaine de vaisseau, André Tiphaigne, fils feu Jean, Geneviève Lemesle, veuve Charles Vidcoq, Gabriel Tiphaigne, fils feu Pierre, Jacques Lemesle, J.-B. Lefrançois, François Lemesle, Pierre Poullain, André Vidcoq, Ernouf Jean, Jean Le Roussel, Guillaume Moulin, Guillaume Jean (adjoint), Philippe Tiphaigne, Pierre Tiphaigne, Jean Tiphaigne, fils Vincent, Jean-François Lepeu, J.-B. Viard, fils feu André, Louis Mustel, Gilles Mustel, Marie Billard, femme d'André Viard, Nicolas Le Gallais, Paul Lepeu, François-Jean Billard, François Tiphaigne, fils Guillaume, Jean-Baptiste Lepeu, fils de feu Charles, Nicolas Poullain, fils Nicolas, Guillaume Tiphaigne, fils Guillaume, Jeanne Pannier, veuve Jean Guillard.

» Tous profession de cultivateurs.

» Lesquels, ayant eu lecture du décret impérial du 30 septembre 1807 et de l'arrêté de M. le Préfet de la Manche en daté du 8 de ce mois, voulant se montrer jaloux de conserver leur église et de la restaurer comme annexe, attendu son indispensable utilité.

» Se sont soumis, comme de fait ils se soumettent par ces présentes, de payer, dans l'espoir que Sa Majesté l'empereur et roi aura pour agréable de conférer à l'église de Hauteville le titre d'annexe, la somme de 210 francs par an au prêtre vicaire de ce lieu, la dite somme faisant le complément de celle de 400 francs déterminée dans la délibération du conseil municipal de la commune de Montmartin-sur-Mer en date du jour d'hier, sauf à suppléer, dans le cas où les revenus présumés de Hauteville, venant en déduction de la somme intégrale ci-dessus, aux termes de la délibération, seraient inférieurs à la somme de probabilités à laquelle ils ont été portés, comme aussi la réduction de la dite somme de 210 francs, si ces revenus s'élevaient à une plus forte somme que celle résultant de la présomption actuelle. Promettent et s'obligent les dits habitants de Hauteville, payer personnellement et chacun pour sa part et portion virile la dite somme de 210 francs pour chacun an de quart en quart, sauf les réserves employées ci-dessus.

» De laquelle soumission le maire susdit et soussigné a accordé aux habitants de Hauteville ci-dessus dénommés, lesquels ont signé avec lui excepté... qui ont déclaré ne savoir signer, de ce requis, lecture faite » (84).

Satisfaction étant donnée aux habitants et leurs anciens prêtres continuant d'officier dans l'église, la période révolutionnaire ne dut plus sembler qu'un mauvais rêve. Le curé et le vicaire (85), comme ils avaient vécu longtemps ensemble, trouvèrent que la vie séparée ne leur convenait pas, et moururent l'un et l'autre à deux mois d'intervalle (3 janvier et 5 mars 1824) (86).

Les paroissiens de Hauteville rêvaient cependant de redevenir indépendants. En 1821, un d'entre eux, Gabriel Tiphaigne, ayant été élu maire de Montmartin, en profita pour adresser au Ministre de l'Intérieur la supplique suivante :

« Monseigneur,

« En conséquence de l'arrêté de M. le Préfet de ce département en date du 13 mars 1824, nous nous sommes réunis en conseil au bureau de la Mairie, le 17 du mois et an susdits, pour délibérer sur le sort actuel des habitants de l'ancienne paroisse de Hauteville-sur-Mer, réunie par le malheur des temps à celle de Montmartin.

» Après avoir mûrement réfléchi sur la position présente des dits habitants par rapport au culte religieux et sur les motifs ci-après détaillés.

» Considérant : 1° que la population de l'ancienne paroisse de Hauteville, desservie de temps immémorial par un curé et un vicaire jusqu'à l'époque de la Révolution, se monte à plus de 650 habitants.

» 2° Que les deux églises, déjà trop petites pour contenir chacune respectivement ses habitants, n'offrent aucune possibilité d'opérer une réunion.

____

(84) Archives communales de Montmartin.
(85) M. l'abbé Tiphaigne habitait une maison démolie en 1906 et située dans la propriété de Mme Mulot-Durivage, au nord exactement du magnifique cèdre qui s'y trouve. M. Guillaume Lemesle avait sa résidence au lieu dit la Cavée, maison qui appartient à M. Basile Fauvel.
(86) Etat-civil de Hauteville-sur-Mer.

» 3° Que la commune, en raison de la presque nullité de ses ressources, est hors d'état de subvenir aux frais qu'entraînerait la construction d'une église beaucoup plus grande.

» 4° Que la communication entre les deux paroisses, distantes d'ailleurs l'une de l'autre d'au moins trois quarts de lieue, est interceptée, pendant une partie de l'année, pour les personnes à pied, par un ruisseau très large.

» 5° Que les habitants de Hauteville-sur-Mer, dont l'église, depuis sa réunion, avait été desservie jusqu'à ce jour et gratuitement par les anciens curé et vicaire, qui étaient originaires de ce lieu, et que la mort vient de leur enlever dans l'espace de deux mois, sont nécessairement obligés de suivre le reflux de la mer jour et nuit, pour y exercer la pêche ; le seul moyen qu'ils aient pour subsister, et, par conséquent, ne peuvent nullement concilier l'accession d'une église éloignée avec les occupations habituelles qui leur sont propres.

» 6° Qu'il existe dans la dite ancienne paroisse de Hauteville-sur-Mer, à cause du voisinage de la côte, un poste d'employés aux Douanes que l'éloignement de l'église chef-lieu priverait, à raison du service actif auquel ils sont assujettis, de l'assistance au service divin et de l'enseignement de la religion, si propre d'ailleurs à faire de fidèles serviteurs de notre auguste monarque.

» 7° Que l'extrême pauvreté de cette portion de nos administrés les tient dans l'impossibilité de subvenir aux frais d'un desservant.

» Nous osons, Monseigneur, dans leur intérêt et dans celui de la religion, pleins de confiance d'ailleurs dans votre bienveillance et dans l'équité de notre demande, supplier humblement Votre Excellence de vouloir bien solliciter auprès de Sa Majesté notre Roi très chrétien, la grâce d'ériger en succursale l'ancienne paroisse de Hauteville-sur-Mer.

» En attendant une réponse favorable, nous avons l'honneur d'être, avec le plus profond respect,

» De Votre Excellence, Monseigneur, les très humbles et obéissants serviteurs.

» *Signé :* G. JEAN, M. SAVARY, J. LELOUP, G. TIPHAIGNE. »

Les conseillers municipaux montmartinais qui avaient alors refusé leur concours adhérèrent à cette démarche par une délibération du 11 mai 1826, qui porte les signatures des six conseillers de Montmartin et des quatre conseillers de Hauteville (87).

Une ordonnance du 26 novembre 1826 leur donna satisfaction. Mais ce n'était pas tout que d'avoir une succursale :

---

(87) Archives de Montmartin.

M. Nicolas Lemesle, prêtre, qui avait remplacé son oncle M. Guillaume Lemesle et M. Tiphaigne, sitôt après leur décès, continua d'assurer le service religieux. Il fallut s'occuper d'un presbytère, l'ancien ne pouvant être utilisé. Il avait été vendu en même temps que les biens d'aumône et la grange de dîmes (88). On s'occupa de pourvoir à ce besoin : une assemblée des conseillers municipaux de la section de Hauteville, dont M. Nicolas Lemesle faisait partie (89) et des personnages les plus haut imposés, se réunissait à la mairie de Montmartin le 30 mars 1830 ; on y admit le besoin de fournir un logement au succursaire de Hauteville, d'acheter à cette fin une partie de l'ancien presbytère, de l'abattre et d'y faire une construction neuve (90). Hauteville ayant reconquis son rang de commune en 1836 (voir chapitre X), le Conseil municipal, par les délibérations des 20 mai 1839, 28 juillet 1839, 14 février 1841, 9 juin 1841 (91), régla toutes les questions relatives à la reconstruction de la nef de l'église et fit exécuter l'escalier en bois de la vieille tour, où l'on accédait par une échelle. Cette nef est toujours celle qui existe aujourd'hui ; de nombreux cercueils la traversèrent lors de l'épidémie de choléra en 1849, et celle de dyssenterie noire en 1859, qui enleva *seulement* trente-deux personnes dans le seul mois d'octobre. La population, qui comptait alors plus de 700 âmes, ne combla jamais plus

---

(88) « Dép. de la Manche. Du 6 thermidor, quatrième année de la République. Nous, administrateurs du dép. de la Manche, district de Coutances, avons, par ces présentes, vendu et délaissé dès maintenant et pour toujours au citoyen François Le Bailly, demeurant à Bricqueville près la Mer, à ce point et acceptant pour lui et ses héritiers ou ayant-causes les domaines nationaux dont la désignation suit : Le ci-devant presbytère et dépendances de la commune de Hauteville près la Mer, consistant en maison manable, composée de deux salles, un cellier, deux chambres et trois cabinets et superficie, une grange, une étable, une Irue, la cour avec un jardin légumier et une petite portion de terre plantée en luzerne, les dits biens provenant de la ci-devant cure de Hauteville près la Mer moyennant 1.200 livres » (Archives de Hauteville). M. Nicolas Lemesle, desservant, en avait une partie, rachetée par son père au sieur Lebailly. Par acte en date du 12 février 1841, le curé de Hauteville vendit à la commune l'acquisition paternelle qui compléta le presbytère tel qu'il existe actuellement. (Archives de Hauteville, Mairie).

(89) Le 29 juin 1829, un arrêté préfectoral avait nommé M. l'abbé Lemesle conseiller municipal, en remplacement de son père, Nicolas-François Lemesle, décédé (Archives de Montmartin).

(90) Délibérations du Conseil municipal de Hauteville-sur-Mer (1er registre) : 20 mai 1839, 28 juillet 1839, 7 février 1841, 14 février 1841.

(91) Premier registre des délibérations de l'année 1836 à l'année 1851. La reconstruction du chœur, décidée dès 1856, discutée de nouveau en 1869, fut votée par les 9 membres du Conseil présents à la séance du 27 mars 1873. Le devis s'élevait à 29.123 fr. 80. La reconstruction de la tour fut votée le 7 juin 1903 par les sept conseillers municipaux présents à la séance. Les dépenses ont atteint 21.129 fr. 60. (Archives communales).

les trop nombreux vides, et le curé de cette époque, M. Lecointe, voyant son troupeau décimé, ordonna des processions publiques comme en un temps de réelle calamité.

Les municipalités qui ont suivi, appartiennent, comme leurs concitoyens, à l'histoire contemporaine : ce sont les plus âgés qui l'ont vécue et la racontent aux plus jeunes. Le chœur de l'église, en 1875, fut l'œuvre justement admirée d'un maire, la tour élevée sur les ruines de l'ancienne, en 1905, fut exécutée pendant le mandat d'un autre ; la cloche, résultat d'une magnifique souscription couverte par tous les habitants, fut bénie par M. l'abbé Gautier, curé-doyen de Montmartin, le 20 janvier 1906 ; la Séparation de 1904, renouvelant pour les fondateurs du XXe siècle ce que la Révolution a fait pour ceux du XVIIIe, n'a pas empêché les Hautais d'entretenir un véritable culte pour leurs morts, qu'ils conservent autour de leur église, et si l'indifférence laisse bien des vides, les traditions de foi des ancêtres maintiennent au cœur des plus rebelles l'amour indéfectible du clocher natal.

CURÉS ET VICAIRES DE LA PAROISSE DE
HAUTEVILLE-SUR-MER

dont les noms ont pu être retrouvés dans les Archives

CURÉS

Messires :

PIERRE DOISSEL (1186) (charte de Robert de Hauteville, *Arch. Nationales*, 971).

HUGON (1202) (d'après Renault, *Revue Monumentale*, Arrondissement de Coutances).

GUILLAUME DOISSEL (1250) (Livre noir de l'évêché, abbé Hulmel).

PIERRE DES LOGES (1460) (fonds de l'Abbaye de Savigny, abbé Hulmel).

MICHEL GODEFROY (1520), qui devint moine et abbé du Val-Richer.

JEAN LE ROUX (1600) (Etat-civil de Hauteville, greffe).

CHARLES QUOTIL, écuyer (1612) (Etat-civil, greffe).

GUILLAUME JEAN (1644) (Etat-civil, greffe).

Du jeudy septième jour d'octobre seize cent quarante-neuf, a esté présenté messire Guillaume Jean, prêtre, curé de la paroisse de Hauteville près la Mer, assisté de Pacary, son avocat, lequel, en ensuivant l'ordonnance de ce jour d'entre lui et le sieur abbé de Savigny, en conséquence de l'arrêt du grand conseil du Roy donné entre les dites parties en règlement de portion congrue tant pour lui que pour son vicaire (Odet Criances) a satisfait a signé comme il abandonnait tous les revenus de bénéfice de la dite paroisse suivant les termes portés par les dits arrests sans y déroger, en lui payant la dite portion congrue (92) à la raison de trois cents livres pour luy et son vicaire à la réservation toutefois des novales (93) si aucune y en a à luy appartenant, ce qu'il a signé. Jean, comme paraphe, et Duboscq (94).

A partir de 1651, le curé Guillaume Jean, dans les actes du registre paroissial, s'intitule : doyen du doyenné de Cérences (95). Il fut inhumé dans le chœur de l'église de Hauteville ; la pierre tombale, déplacée en 1826, est sous le siège du célébrant (96).

Ollivier Hendeline était curé le 9 janvier 1672. Il meurt le 13 août 1679 (96). Voici son acte d'inhumation : « Décès de Messire Ollivier Hendeline, prêtre, curé de la ditte paroisse de Hauteville près la Mer, fut inhumé dans le chœur de l'église du dit lieu le lendemain du dit mois par Messire Pierre Le Myère, prêtre, curé de Hérenguerville, doyen de Cérences, aux présences de Messire Jean Hendeline, prêtre, curé de..... et de Messire Gilles Hendeline, advocat à Thorigny, ses frères, qui ont signé, et plusieurs. »

Jacques Baillehache (1679) (Etat-civil, greffe).

Hervé de la Rüe (1688) (Etat-civil, mairie).

Guillaume Pézeril (1711) (Etat-civil, mairie). Il signe en dernier acte le 7 juillet 1733.

En 1736, Messire J.-B. Ledoux, ancien vicaire, est dit desservant du déport (97).

Guillaume Paturel (1738-1748). « Hinnumation (sic) dans le

---

(92) Les dîmes étant perçues par les gros décimateurs, ceux-ci laissaient au prêtre qui desservait l'église une portion appelée portion congrue, parfois insuffisante, payée en nature au moyen-âge, puis fixée à une somme d'argent, en progression égale à la diminution de la valeur de l'argent : 120 liv. sous Charles IX, 300 liv. sous Louis XIII, 500 liv. en 1768, 700 liv. en 1786. Celle des vicaires était inférieure. Pour augmenter la portion congrue, les paroisses étaient souvent obligées de fournir une allocation (*Le Village sous l'ancien régime*, Babeau).

(93) Dîme levée sur les terres nouvellement défrichées.

(94) Archives de la Manche. Fonds de Savigny.

(95) Etat-civil, Greffe de Coutances.

(96) Registre de la paroisse.

(97) Le déport était un retardement voulu par l'évêque de Coutances à la nomination d'un curé ou à la prise de fonctions du curé nommé. Il durait généralement un an. L'évêque nommait un prêtre pour assurer pendant ce temps le service religieux de la paroisse. Il lui faisait une pension, mais il conservait pour l'évêché les revenus de la cure.

chœur de l'église de Messire Pasturel, ci-devant curé de Hauteville, originaire de Saint-Nicolas de Coutances, âgé de 58 ans, fils de deffunt Guillaume Pasturel et de deffunte Marie Fontaine, tous de la paroisse de Saint-Nicolas de Coutances, décédé hier, dix-neuf décembre, sur la minuit. Fait par Quinette, curé d'Annoville-Tourneville, en présence de Messires Desbases, curé de Montchaton, Encoignard, curé de Cretteville, François Macé, curé de Lingreville, et plusieurs autres. »

Second déport, assuré par le ministère de Messires NICOLAS LALANDE, A. TANQUEREY, et L. DUVAL.

PIERRE BOUDET (1757) n'est connu que par son inhumation dans l'église le dimanche 20 février. Le défunt est âgé de 64 ans. A la sépulture, assistent Messires Quinette, curé d'Annoville, Lemaistre, curé de Montmartin, Lemaistre, curé d'Hérenguerville, Pézeril, curé de Regnéville, Dufour, curé de Montmartin, Laurent-Charles Duval, prêtre, et

JEAN-FRANÇOIS AMELINE, curé de ce lieu depuis le 19 décembre précédent. Il devait y accomplir son ministère pendant 31 ans (1756-1787), époque à laquelle il résigna sa cure en faveur de son vicaire, M. Guillaume Lemesle, né à Hauteville, et qu'il avait élevé. Messire Ameline avait été épargné par la contagion qui enleva, en 1786, vingt-deux de ses paroissiens (fièvres putrides) (98).

Messire GUILLAUME LEMESLE, né à Hauteville le 1er septembre 1740, curé le 18 janvier 1788, prête le serment civil (1791), quitte Hauteville (1792) pour y rentrer après le Concordat, et remplit les fonctions de vicaire jusqu'à sa mort (3 janvier 1824).

Monsieur l'abbé NICOLAS LEMESLE, né à Hauteville le 9 août 1795, remplace en 1824 le desservant de l'annexe de Hauteville, M. l'abbé Gabriel Tiphaigne, également enfant de la paroisse, qu'il administrait depuis 1808. M. Nicolas Lemesle reconstitua la paroisse et mourut en 1850.

Monsieur l'abbé ALPHONSE BOULAY, vicaire, devient curé de Hauteville le 7 février 1850.

Monsieur l'abbé GUILLAUME GOSSELIN, curé (1854).

Monsieur l'abbé LECOINTRE (10 janvier 1858).

Monsieur l'abbé ALEXANDRE ANQUETIL (10 décembre 1865) (99).

---

(98) Archives du Calvados, Généralité de Caen, C. 936. Ce fut cette épidémie qui enleva, entre autres, Pierre Lemesle, dit la Fontaine, qu'on peut appeler le grand-père de Hauteville. Né en 1700, ayant eu 9 fils et filles, il compte en effet, aujourd'hui, dans la commune, plus de 200 descendants. (Etat-civil).

(99) Etat-civil et Registres paroissiaux de Hauteville-sur-Mer.

Monsieur l'abbé JEAN LEPETIT (31 mai 1885).
Monsieur l'abbé PAUL TRÉHU DE MONTHIERRY (juin 1889).
Monsieur l'abbé EMILE LEVÉEL (octobre 1912) (100).

VICAIRES

Messires :
THOMAS, clerc de Hauteville (charte de Robert de Hauteville).
JEAN SIMON (1613).
ODET CRIANCES, prêtre de Hauteville (1649-1682).
RICHARD SYMON (1682).
PIMOR (1687).
JEAN GIRET (1693).
ADRIEN VINCENT (1695).
GUILLAUME LE SENEY (1697).
FRANÇOIS MACÉ (1699).
HENDELINE (1704).
PIERRE GUILLARD (1704-1712).
JEAN-BAPTISTE LEDOUX (1715-1733).
GUILLAUME LEMESLE (1783).
GABRIEL TIPHAIGNE (1788-1792).
GUILLAUME LEMESLE (1808-1824).

MM. les abbés :
ADRIEN DELAMARE (1846).
ALPHONSE BOULAY (1847).
AUGUSTE SAUGRAIN (1850).
PIERRE LENORMAND (1855)
PIERRE LECARDONNEL (1855).
LEBOULANGER (1869).
VICTOR ORVIN (1871).
EMILE LECAPLAIN (1872).
CLOVIS MARIE (1880).
AUGUSTE CUDELOUP (1883-1885).

LES ABBÉS DE SAVIGNY *dont on retrouve les noms :*

Saint VITAL (1050-1122), fondateur.
Saint GEOFFROY et saint GUILLAUME (1136).
EVANS ou EVANUS (1139).
JEAN D'ESTOUTEVILLE, 12e siècle (*Gallia Christiana*).
SERLON (1140-1158) rattache Savigny à la règle de Cîteaux.

---

(100) Les tombeaux de MM. Nicolas Lemesle et Anquetil sont situés au pied de la Croix, dans le cimetière de Hauteville. Auprès d'eux reposent des prêtres originaires de Hauteville : M. l'abbé Pierre Hocquigny (1806-1886), et M. l'abbé Aimable Billard (1804-1880), dont le frère. M. l'abbé Gabriel Billard, est mort curé de Muneville-le-Bingard en 1871.

Etienne de Filgères devint évêque de Rennes ; historien de
saint Vital (1178) (Charte de l'Abbaye).

Gérard (vers 1200) (Archives du Calvados).

Raoul de Condé (1210) (Charte de l'Abbaye, coll. Leber, Bibliot.
Rouen).

Etienne de Sexington (1243).

Jean de Balou (1264).

Garin (1279) (Chartes de Savigny, coll. Leber, Rouen).

Pierre de Cardis (1280), ibid.

Louis d'Estouteville (1287), ibid.

Jean (1325) (sceau *Ble Mariæ Savignensis*, coll. Leber, Rouen).

Jean (1410) : dans une niche gothique, l'abbé, tête nue, crossé,
tenant un livre accosté de deux écus, portant un arbre
au tronc enlacé par la lettre S. Dans un compartiment
supérieur, la Vierge tenant l'Enfant-Jésus (Inventaire des
Sceaux, Demay, Rouen).

François de la Tresmouille (20 octobre 1518).

Cardinal Louis d'Estouteville (1523), fait établir et donne à
son abbaye le catalogue des chartes de Savigny.

César de Brancas fut égorgé avec 12 moines par les huguenots
(9 décembre 1562). Ces derniers dévastèrent la bibliothèque, où les manuscrits se comptaient par milliers.
En 1678, il en restait seulement une centaine.

Charles d'Augetertot, évêque du Mans (1566-1568), concède
des rentes sur les dîmes de Hauteville.

Cardinal de Rambouillet (1582), abbé commendataire.

Adrien Louvel (1584).

Claude du Bellay (1596-1609).

Jacques Praslin (1614).

Antoine de Bourbon (1615).

Charles de la Vieuxville (1630).

Claude Auvry (1645) devint évêque de Coutances et eut pour
intendant messire Encoignard, conseiller au présidial
de Coutances, seigneur de Hauteville-sur-Mer.

Charles-François de la Trémoille (1669), évêque de Rennes.

Toussaint-Cardinal de Janson de Forbin, évesque et comte de
Beauvais, pair de France, chevalier des Ordres du Roy
(1690) (Archives de la Manche).

Massillon (1735).

Dom Guillaume Liégeard (1745-1755).

Pierre-Marie Bonnet (1766-1772) (manuscrit Bonnet, Biblioth.
d'Avranches).

ECOLES

Les écoles établies par Charlemagne avaient promptement disparu, entraînées par le courant mortel de l'invasion des pirates, qui avait englouti en même temps nombre d'ouvrages inestimables dans les bibliothèques des abbayes. Sur l'ignorance voulue ou inévitable des barons normands querelleurs et peu soucieux de « clergie » avait lui un moment l'esprit prudent et éclairé d'Henri 1er Beau-Clerc, ce fils du Bâtard, élève de Lenfranc, qui, en établissant des écoles gratuites (1), voulut élever le moral de ses peuples de Normandie. C'est sans doute grâce à ce mouvement d'études provoqué par leur duc, que nous voyons les seigneurs du xII° siècle capables d'apposer leur signature sur les chartes qu'ils concèdent. Nous avons vu, en tous ces événements du moyen-âge, le clergé, et régulier, et séculier, sortir des rangs des serfs et parvenir aux dignités ecclésiastiques ; c'est donc que les aptitudes de ces fils du peuple, observées et développées dans leurs paroisses d'origine, complétées dans, les collégiales des monastères et des cathédrales, étaient soigneusement mises en valeur. Le pouvoir royal encourageait la culture intellectuelle, mais ce n'était qu'une approbation morale qui ne s'étendait en rien au maintien ou à l'entretien des locaux ni des maîtres. A partir du xvi° siècle, sauf quelques exceptions, les communautés d'habitants, désignées sous le nom de paroisses, construisent, achètent ou louent les maisons destinées aux écoles, et subviennent par des allocations annuelles à l'insuffisance des rétributions que les parents payaient chaque mois aux maîtres (2). Les chefs de famille ne se montraient nullement récalcitrants, puisqu'un ambassadeur vénitien déclare à cette époque qu'il n'y avait personne en France qui ne sût lire et écrire (3). On parle « d'escholes et collèges espandues par toutes les villes et villages du royaume. » Le clergé réclamait seulement la surveillance ecclésiastique et n'enseignait pas lui-même : « Il ne faut pas faire représenter aux escholes de villes et villages aucunes comédies et tragédies, dialogues et colloques, ni faire déclamer oraisons sans les communiquer et les faire approuver par l'évesque ou ses grands vicaires, curez ou vicaires des lieux » (4). Au moment des guerres reli-

(1) *Chronique du Vieux Granville.*
(2) *Le Village sous l'ancien régime*, Babeau.
(3) *Relations des Ambassadeurs vénitiens*, Babeau.
(4) Archives de l'Aube. 10 à 13. Articles des remontrances du clergé du bailliage de Troyes (1588).

gieuses, le clergé, craignant une diminution d'influence en cette matière, s'adressa au pouvoir royal pour conserver son autorité. Un édit de 1551, renouvelé par Henri IV en 1606 et par Louis XIV en 1698, prescrit aux maîtres d'école de se faire approuver, avant d'exercer, « de ceux à qui il appartient de le faire ». En 1576, au Concile de Rouen (5), l'évêque d'Evreux, Claude de Sainctes, théologien et administrateur remarquable, se plaint amèrement qu'en dépit des efforts des hommes de bonne volonté, la situation faite à l'instruction reste déplorable : « Autrefois (sous les ducs), il ne se trouvait pas une paroisse qui n'eût une maison ou une fondation où on formât la jeunesse, où l'on élevât des prêtres pieux, des juges, des administrateurs, mais, dans ces malheureux temps de discordes, les nobles, les gens d'église, les paroissiens s'entendent pour s'approprier et vendre les maisons d'eschole, de telle sorte qu'il ne s'en rencontre plus ni dans les villages, ni dans les bourgs, plus mesme dans les villes. » Et il édicte des peines sévères. En 1581, l'archevêque de Rouen ordonne à ses suffragants de rétablir dans leurs diocèses les vieilles écoles, de procéder par censure ecclésiastique contre tous les détenteurs des revenus appartenant à ces écoles, et de donner tous leurs soins à en faire ouvrir là où il n'en existe point. » En 1600, François de Péricard, évêque d'Avranches, décide que les écoles seront remises « aux sièges où elles avaient accoustumé d'estre ». Il est prouvé qu'à cette époque il existait une école de garçons à Hauteville : les actes de l'état-civil, qui débutent en 1601, portent, pour la plupart, la signature des chefs de famille, qui les enluminent de magnifiques paraphes. Nous disons « de garçons » : toutes les femmes figurant dans les actes, marraines ou mariées, déclarant « ne savoir signer », on en doit conclure qu'elles n'avaient fréquenté aucune école. Les écoles mixtes étant prohibées, beaucoup de paroisses, dont la nôtre, ne pouvaient fournir les ressources suffisantes pour l'entretien de deux établissements d'enseignement. En 1644, un autre évêque d'Evreux ordonne aux curés de prendre un soin tout particulier pour ne pas laisser dilapider les fonds affectés pour les écoliers, mais de les faire donner à un maître d'école, prêtre ou laïque ; il traite l'enseignement « d'œuvre de charité ».

M. de Mesmond, évêque de Bayeux, défend, en 1662 aux maîtres et maîtresses de s'ingérer dans l'instruction sans y avoir été admis par les doyens ruraux, et défend de tenir les écoles dans les églises et chapelles. En 1674, l'évêque de Séez, en 1676 et 1682, Charles de Loménie de Brienne, évêque de Coutances, en 1680, Messire Léonor de Matignon, évêque de Lisieux, en 1682, l'évêque d'Avranches Gabriel de Froulay, en

1693 le célèbre Daniel Huet, son successeur, renouvellent les mêmes expresses défenses (5). Louis XIV, ayant injustement confisqué les biens des protestants fugitifs après la révocation de l'Edit de Nantes, ne trouva pas de meilleur usage à en faire que d'employer ces ressources à fonder de nouvelles écoles (1698). Le besoin s'en faisait sentir : les seules écoles primaires existant dans la Manche à la fin du XVIIe siècle étaient tout simplement, pour le diocèse de Coutances, réduites à celles de : Cérences, Périers, Coutances, Cenilly et Saint-Pair (6). Ce fut pour prescrire l'ouverture des nouvelles écoles que le Roi-Soleil publia l'ordonnance du 13 décembre 1698 : « Enjoignons à tous, pères, mères, tuteurs et autres personnes qui sont chargées de l'éducation des enfants, de les envoyer aux dites écoles jusqu'à l'âge de 14 ans. » C'est par suite de cette ordonnance que les paroisses durent s'imposer pour fournir, jusqu'à 150 l. au maximum, la somme manquant pour la subsistance des maîtres (7). Ce règlement subsista jusqu'aux lois du Second Empire sur l'instruction primaire rétribuée par l'Etat, car nous voyons que, par suite de la loi en question, le Conseil municipal de Hauteville-sur-Mer vote 60 francs pour le logement et le traitement de l'instituteur en 1838. Ce traitement fut élevé à 600 francs en 1859, tandis que celui de l'institutrice ne comprenait en 1852 que la seule somme de 50 francs, qui fut doublée en 1853 (8 et 13).

Au milieu du XVIIIe siècle, l'usage s'établit que le curé, le syndic ou l'intendant proposaient aux suffrages des habitants celui qui leur semblait réunir les qualités voulues pour devenir « recteur d'école ». L'élection avait lieu à 30 voix, si le vote était douteux. La nomination était consignée dans un acte dont les termes étaient débattus et consentis par les habitants ; rédigé par un notaire, il était résiliable, comme un bail, après 3, 6 ou 9 années, à la volonté des parties. Le traité stipulait le taux de la rétribution, la part que devait verser la communauté, la jouissance de certains biens communaux, la nature de l'enseignement (lecture, écriture, arithmétique, lectures des vieux manuscrits, instruction religieuse), le nombre

<hr>

(5) Manuscrit de Savigny XVIIe et XVIIIe siècles, *Ann.* 1854. Recueil des Conciles des 7 évêchés de Normandie, intitulé *Conciliorum Rothomagensis Provinciæ et Statutorum Synodalium omnium ejusdem Provinciæ dioc*, a remotissimus temporibus usque ad hodiernum diem collectio.

(6) Archives de l'Evêché, *Ann.* 1854.

(7) Anciennes lois françaises, XX, 317. Cette loi fut promulguée à nouveau, sinon dans les mêmes termes, du moins dans le même sens, le 28 juillet 1833.

(8) Premier registre des délibérations du Conseil municipal de Hauteville-sur-Mer (1836-1851). Hauteville, en 1838 comptait 655 habitants et 620 en 1853.

des classes, la durée des vacances. Le recteur s'engageait souvent aussi à sonner la cloche, à servir de secrétaire à la paroisse, à lire les actes émanant de l'autorité civile, services qui lui permettaient d'ajouter à ses maigres émoluments le moyen de vivre à l'abri du besoin. Nommés et payés par les habitants, les recteurs et les maîtresses d'écoles, s'ils étaient parfois en butte aux tracasseries de certains, trouvaient auprès des autres aide et protection, et se dévouaient aux enfants et aux parents. En 1782, lors d'une épidémie de fièvre putride qui prit le caractère d'une véritable calamité et désola les cantons de Bréhal et de Montmartin, l'Etat envoya des sommes d'argent aux maîtresses d'école pour fournir du bouillon qu'elles préparèrent et distribuèrent infatigablement ; parmi elles, pour nos paroisses, est conservé le nom de Mademoiselle Madeleine Simon (9).

La Révolution, nous l'avons vu, ne changea à peu près rien aux mœurs scolaires. Vers 1808, Hauteville possède comme maîtresse d'école Marie-Françoise Hocquigny, qui exerça sans doute ses fonctions jusqu'en 1827, où elle meurt âgée de soixante ans (10). En 1836, lorsque Hauteville fut séparé de Montmartin et érigé en commune, le nouveau Conseil, qui ne possédait aucun local, ni mairie, ni écoles, ni presbytère, fut tout heureux de pouvoir voter 60 francs par an à Alexandre-Toussaint Le Roussel, maître de pension, originaire de Hauteville, afin qu'il s'occupât de l'instruction élémentaire des petits hautais d'alors (11). Par délibération du 17 mai et du 8 septembre 1838, les administrateurs hautais décidèrent l'achat d'une maison d'école de garçons, mais, pour diverses causes, cette acquisition ne s'effectua qu'en 1853. Une école de filles s'ouvrit cette année même dans une construction neuve, élevée aux frais de la municipalité, et où elle existe toujours. La vieille institutrice Angélique Lepeu, qui avait succédé à Marie Hocquigny, n'étrenna pas le nouveau local. Elle mourut en 1854. L'Etat réglait désormais les nominations et décrétait l'enseignement gratuit pour les enfants pauvres (12).

M. Le Roussel n'exerçant plus, ce fut un M. Jean Lepeu qui, le 6 mai 1855, entrait dans l'école des garçons de Haute-

---

(9) Archives du Calvados, Généralité de Caen, C. 936. La maîtresse d'école hautaise de cette époque s'appelait Marie-Madeleine Harel, de Caillebot-la-Salle (Montpinchon) (Etat-civil).

(10) Etat-civil de Hauteville-sur-Mer. Archives de la Mairie.

(11) M. Le Roussel, dans la maison occupée aujourd'hui par M. Eugène Alexandre, avait, comme pensionnaires, à cette époque, jusqu'à 18 Anglais. Il tenait classe à ses élèves dans un local qui forme aujourd'hui une des dépendances de la propriété de M. Albert Mahé.

(12) Lettre du sous-préfet de Coutances à la municipalité, 15 octobre 1850 (Archives de la Mairie).

ville (12 *bis*) complètement terminée, et où il vit s'asseoir les petits-enfants de ses premiers élèves, puisqu'il occupa ce poste trente ans (1885). Mademoiselle Marie Loison, qui avait remplacé Angélique Lepeu, consacra, comme l'instituteur, sa vie à la commune, où elle donna, 32 ans durant, un enseignement remarqué qui lui valut la médaille d'argent. L'un et l'autre reposent dans le cimetière de leur paroisse d'adoption, au milieu des générations qu'ils ont vues naître ou mourir.

Les maîtres et maîtresses qui leur ont succédé se sont toujours maintenus à la hauteur de leur tâche ; les parents, de leur côté, comprenant leurs devoirs d'éducateurs et de citoyens, font tous les sacrifices pour assurer à leurs enfants une instruction saine et forte les préparant aux obligations de l'avenir.

———

(12 *bis*) Cette école, située village de la Brasserie, avait servi, depuis 1849, d'école pour les filles. M. Lepeu, originaire de Hauteville, habitait alors sa propre maison et faisait sa classe dans une salle, sur l'emplacement où s'élèvent maintenant les communs de M. Jules Lepeu.

(13) Deuxième registre des délibérations du Conseil municipal de Hauteville-sur-Mer (1851-1873), Archives de la Mairie.

CHAPITRE X

Administration romaine et féodale

Douze comtes d'aulte puissance
Que l'on clamoit les pairs de France.
ROBERT WACE, *Roman du Brut*, (XIIe s.)

Après la conquête romaine, les Druides, tout en conservant, longtemps encore, le pouvoir religieux et le pouvoir judiciaire, perdirent la puissance temporelle, qui leur fut enlevée par l'établissement d'un Sénat héréditaire, chargé des intérêts communs et politiques, composé des hommes les plus distingués par leur naissance ou leur fortune (1). Ce fut cette administration civile qui permit aux Romains de garder le gouvernement exclusivement militaire du pays et de fondre en un code pratique l'observation des lois romaines et les usages des tribus gauloises. Le conquérant, évitant même tout ce qui pouvait blesser les susceptibilités des autorités celtiques, prit soin de déguiser l'impôt sous le nom honorable de « solde militaire ». Ce premier tribut était de 40 millions de sesterces, qu'on estime à 8 millions 200.000 francs de notre monnaie actuelle (2). Un procurateur impérial était chargé du maniement des deniers publics. Sous Auguste, la Gaule devint province de l'empereur et fut régie par un officier, lieutenant impérial, révocable à volonté, chef unique de l'armée, de l'administration civile et de la justice. Le recensement général de la population et des propriétés (an Ier de notre ère) servit de base à un nouvel impôt qui parut excessif. Par prudence, les Romains désarmèrent les Gaulois du centre et du midi, mais non ceux du Nord, toujours sous la menace incessante des

---

(1) *Annuaire des cinq départements de Normandie*, 1872.
(2) *Histoire de France* de MM. Henri Bordier et Ed. Charton.

invasions des Germains, et, pour se fortifier à la fois contre les surprises du dedans et du dehors, huit légions furent échelonnées tout le long du Rhin (3). La population fut répartie en quatre classes : 1° les sénateurs, exempts d'impôts ; 2° les curiales, qui avaient le poids des charges municipales ; 3° le peuple des marchands et des artisans libres ; 4° les esclaves Sous Claude, le droit de cité fut accordé à la plus grande partie des Gaulois ; nos ancêtres partagèrent avec les Romains toutes les charges de l'empire : « Aimez et respectez la paix et Rome qui, vainqueurs ou vaincus, nous reçoit tous à titre égal, au rang de ses citoyens. » (Tacite).

L'invasion des Barbares, pressentie par les Romains, devait, dans la personne des Franks, bouleverser les mœurs politiques et sociales de la Gaule. Association d'hommes libres, ils s'infiltrèrent peu à peu partout où se révéla la faiblesse de la puissance romaine chez les Celtes. La seule loi qui s'imposa à ce moment aux diverses classes de la future société française, abolissant la législature romaine (Codex, Pandectes, Novelles, etc.), fut cette fameuse loi salique, code des Saliens, civil et pénal, transmettant les biens patrimoniaux de mâle en mâle. Une fois ou deux par an, le chef qui recevait l'investiture de l'autorité, en étant élevé devant le peuple sur un pavois ou bouclier, réunissait, en pleine campagne, les évêques, les seigneurs et les guerriers pour délibérer des intérêts de l'Etat. Ces assemblées portaient le nom de Champ de Mars ou de Champ de Mai, suivant le mois où elles avaient lieu. On y traitait de la paix, de la guerre, des règlements, mais le chef exerçait en réalité une monarchie absolue. Trois conditions bien distinctes se rencontraient chez les Francs : 1° les nobles, ou leudes ; 2° les hommes libres ; 3° les esclaves ou serfs. Les principaux nobles portaient les titres de *proceres* et *optimates*. Dans cette classe, le roi mérovingien choisissait les comtes (*comites*), pour la gestion des affaires administratives, les ducs (*duces*) et les marquis (*marchiones*), gouverneurs des *marches* ou provinces frontières. Les officiers chargés de l'administration du domaine royal et de toutes ses *villæ* étaient appelés *major domus regiæ* (maires du palais, surintendants de la liste civile (4), si on peut dire. Leur puissance devait s'accroître de telle sorte que moins de trois siècles après Clovis, la race de ses fils s'effondrerait pour leur céder la place.

Les hommes libres payaient au roy quelques restes d'impôts romains. Les serfs cultivaient la terre, ou moyennant une

---

(3) Ibid.
(4) *Histoire de France*, J. d'Arsac.

redevance, ou attachés à la glèbe sans rémunération d'aucune sorte. On distinguait trois sortes de terres : les alleux, les bénéfices et les terres censives ou tributaires. Les alleux n'étaient autre chose que les biens patrimoniaux. Ce mot devait plus tard, à l'époque féodale, changer de sens. Les bénéfices consistaient en terres concédées à titre viager, moyennant certains services dus par le *vassus* au *senior*. Ce n'est pas encore le fief, car le service militaire est encore dû au roi seul, mais déjà le vassus suit le senior à la guerre, et au IXe siècle, la différence n'existera plus. Tout le nord de la Gaule, *aoster reich* (Austrasie, à l'est) et *Ne oster reich* (Neustrie, qui n'est pas à l'est) (5) fut soumis au pouvoir mérovingien ; le midi (au sud de la Loire) suivit encore le droit romain.

La justice de ce temps était fort simple et exécutive ; dans les cas douteux, l'accusé, par l'eau bouillante ou le fer chaud, était déclaré innocent ou coupable selon que sa main portait ou ne portait pas de traces de brûlure : c'est ce qu'on appelait le Jugement de Dieu. D'autres fois, les deux adversaires, accusateur et accusé, devaient vider leur querelle en champ clos, déplorable origine du duel (6). St Louis supprima le duel judiciaire et référa la justice aux sénéchaussées.

Charlemagne exerça une puissance à peu près absolue dans ses divers États ; mais il fut assisté dans ce vaste gouvernement par une sorte de ministère : l'archi-chapelain, directeur des affaires ecclésiastiques ; le comte du palais, directeur des affaires judiciaires ; le camérier, directeur des finances, et le chancelier, gardien du sceau impérial. Au-dessous de ces hauts fonctionnaires, le « dapifer », qui sera un jour le grand sénéchal, gère les domaines de l'empereur. L'administration des provinces reste confiée aux comtes, qui président le « mallum », antique tribunal germain, et où il est assisté désormais par douze fonctionnaires, nommés scabins, qui, plus tard, seront appelés échevins. L'institution militaire est fondée sur le service de l'homme qui possède trois manses (7) ; celui qui en a douze doit venir avec un cheval, une cuirasse et un casque. Les chariots de transport sont conduits par les hommes libres et les serfs des abbayes. Les soldats libres apportent des vivres pour trois mois.

Ce n'est pas tout : l'œil du maître pénètre dans les moindres recoins de son vaste empire par de véritables « inspec-

(5) En 752, Aubert et Richard, son fils, ducs de Neustrie, portent l'oriflambe ou l'oriflamme au sacre de Pépin le Bref (*Ann.* 1845).

(6) *Histoire de France*, J. d'Arsac.

(7) La manse comprenait l'habitation et les dépendances de la famille, avec une étendue de terrain variant de 128 à 165 ares (B. Guérard, t. II).

teurs généraux de l'administration » qui circulent partout sous le nom de *missi dominici* et rendent compte de leur mission dans les grandes assemblées, les *placita generalia*, où s'élaborent les lois nouvelles appelées « capitulaires » (8).

Cette organisation fort simple et fort sage survécut à son auteur, et alors que les bouleversements des invasions normandes ébranlaient déjà nos côtes, en 843, l'évêque Eirard, l'abbé Thierri, Herlouin et Hardouin, missi dominici, effectuent leur tournée dans le Cotentin et l'Avranchin (9). Trente ans plus tard naissait la féodalité. Charles le Chauve, sans clairvoyance et sans autorité, incapable de repousser les Normands, et ambitieux prétendant à la couronne impériale pour s'assurer l'appui des seigneurs, fut obligé de leur céder par l'édit de Kiercy-sur-Oise, l'hérédité des terres et des charges qui, jusque là, n'avaient été accordées que temporairement (877). A partir de cette date, les fiefs se divisent en fiefs de dignité et fiefs simples. Aux premiers, apanage des grands feudataires, se rattachent le paiement des impôts, l'exercice de la justice, le service militaire, la frappe des monnaies. Les seconds, accordés à des fidèles à titre d'usufruit, sont le partage des *vassi* (vassaux, tenus à l'hommage envers d'autres plus puissants, les *seniors*, aînés). Et tous, vassaux aux seigneurs et seigneurs au roi, font le serment solennel de leur aider à se défendre : le service militaire est l'essence du fief (10).

A tous les degrés de la hiérarchie féodale, se trouve donc l'hommage, investiture ou aveu. Voici une formule d'aveu extraite du *Grand Coutumier* (tome II) : « Tu me jures que d'ici en avant tu me porteras foi et loyauté comme à ton seigneur et que tu te maintiendras comme homme de telle condition comme tu es ; que tu me paieras mes dettes (ce qui m'est dû) et devoirs bien et loyaument, toutefois que payer les devras, ni ne pourchasseras choses pour quoi je perde l'obéissance de toi et de tes hoirs (héritiers), ni ne te partiras de ma cour, si ce n'est par défaut de droit et de mauvais jugement. En tout cas, tu advoues ma cour pour toi et pour tes hoirs. »

Le dénombrement était une déclaration que chaque vassal était tenu de faire à son seigneur quarante jours après l'hommage. Elle devait contenir l'énumération de toutes les terres et droits qui dépendaient du seigneur. Ce dernier avait aussi

---

(8) *Histoire de France*, Bordier et Charton, loc. cit.
(9) *Annuaire des cinq départements de Normandie*, année 1835.
(10) Ibid.

quarante jours pour constater l'exactitude du dénombrement (11).

Les principaux devoirs du vassal étaient le service militaire, le service judiciaire ou obligation d'assister le seigneur lorsqu'il juge un autre de ses vassaux, et d'être lui-même jugé par le seigneur ; les services pécuniaires, portant sur une infinité d'impôts aux noms différents, et dont nous nous occuperons plus loin.

De son côté, le suzerain était tenu non seulement à ne faire aucun tort à son vassal, mais à le protéger, à le maintenir envers et contre tous en possession de son fief et de tous ses droits, à lui rendre enfin bonne justice devant ses pairs, etc.

Rollon, arrivant avec ses hommes indomptés, et voulant entrer dans la civilisation féodale, après avoir exigé pour lui et ses Normands l'abandon de la Neustrie, s'empressa de satisfaire, et on sait comment, à l'obligation de l'hommage envers le roi de France, son suzerain, et il plia toutes les volontés de ses soldats aux règles du code des fiefs. Il apparaît que plusieurs ne lui plurent point : le servage disparût moins de soixante ans après sa mort, dans toute la Normandie (12), et il voulut conserver une autorité sur les chatellenies, baronnies et comtés dont il avait gratifié ses fidèles, et refréner en même temps leurs désirs d'indépendance en faisant rédiger l'« Ancien Coustumier Normand », aux exposés pleins de sagesse. De plus, il se réserva ce droit de haute justice nommé « clameur de haro », qui s'est perpétué chez nous jusqu'à nos jours, et qui faisait prêter l'oreille aux réclamations de l'opprimé par-dessus les redoutables barrières de l'autorité du suzerain.

Dans les quelques citations que nous donnons de ce vieux coustumier normand, on remarquera, en outre, que le droit d'aînesse n'existe pas : « Partie entre frères doit estre faicte selon la coustume du païs. — Se le frère ainsné de la terre partable (partageable) a donney à son frère puisney meubles.»

« Les ainsnés doivent garantir les terres à leurs puisnés.»

Les partages selon cette coutume se faisaient à Hauteville au cours du XVIIIᵉ siècle (voir à la fin du chapitre).

« La femme, pour le forfet de son baron (mari), ne perd pas son héritage. »

« Nul, s'il n'a accompli 21 ans, ne peut estrangier (donner à un étranger) nul tenement (droit de propriété). »

« L'orphelin doit avoir la saisine tel comme son père, De courts et de pledcours (plaideurs). Et si a le plat de l'espée,

---

(11) *Mémoires du duc de Saint-Simon*, tome VI.
(12) Léopold Delisle : *Etude sur la classe agricole.*

comme de robeour, vol, murdre, homicide, trèves, faintes, assaut en félonnie, froisseure déchennée, assaut en temps de paix, froissement de misons, sont furtifs (fautifs) par quel raison que ce soit. »

« Vivant son père, et li done en dvère ou une partie ou tout le mariage de sa mère. »

« Fieu de haucbert ne baronnie, ne sergenterie franche qui appartienge à la seigneurie au duc, nul ne peut de ce tenement estre querellé par brics de la propriété, fors de la possession de son ancetour tel ce comme il l'avait quand il mourut. »

« Chacun peut donner de sa terre en almosne jusqu'à la tierce partie de son héritage. »

« Le duc qui doit gouverner tout le peuple doit garder et gouverner l'orphelin plus léalment (loyalement). »

« L'orphelin qui est oirs héritier) ne doit pas marier sans l'assentement de son seigneur, qui doit le marier léalment ne la pucelle (jeune fille) qui est oirs autrecy (non plus). »

« La charrüe doit estre en la pès (paix) li duc et en sa défansse il garde cels (ceux) qui la mainent. »

« Li comte et li baron et li chevalier qui avaient la garde des chemins en leurs terres metoient malement les marcheanz e les autres qui passoient par les chemins, ne se recordaient (souvenaient) pas des commendemenz de Nostre Seigneur qui dit : Tu ameras ton prime (prochain) si comme toi-même. »

« Plusieurs riches homes pranent les terres as povres en gages et les tiennent par lonc temps et puis veùlent muer le gage en héritage. Ce ne pucent le fere. »

« La jurée ne soit faite par home qui ne soient cosin ne home à l'une partie ne à l'autre. »

« L'orphelin est en la garde sainte Yglise et en celle du duc de Sessine. Se aucunz est despoilliez de son tenement puis le derrenier aost (récolte) ou puis celui devant le derre-nier », etc... (13).

Ces règlements, on peut même dire ces maximes, cités entre beaucoup d'autres, nous apprennent les résultats cher-chés et obtenus par le duc Rollon pour le gouvernement et l'ordre de son duché ; nous y trouvons abordées et résolues toutes les questions vitales qui, dans tous les temps, ont fait ou détruit la prospérité d'un peuple, selon qu'elles étaient sui-vies ou non : le respect de la vie humaine et de la propriété, les droits des mineurs respectés et défendus, la dot de la femme intacte, le douaire du veuf constitué, les voleurs et cri-

---

(13) Manuscrit latin 1426 et français 5955, Biblioth. Nation. L'Ancien Cous-tumier, toutefois, respecte l'article de la loi salique : « De la terre salique, qu'aucune portion ne revienne aux femmes. »

minels déclarés coupables, la transmission des héritages sauvegardée, les injustices dénoncées et réprimées, les alliances soumises à l'examen et à l'approbation du tuteur, la protection entière de l'agriculture, la sollicitude pour le récoltant et pour la récolte, le souci de rendre la justice impartiale en supprimant le témoignage des parents : il est vraiment tout naturel que le prince applicateur d'un tel code, ait pu suspendre à un arbre des forêts normandes la pesante chaîne d'or qu'il y retrouva au bout de six ans. Mais Rollon, qui connaissait l'humanité et ses changements, voulut rendre son œuvre aussi durable que possible en lui créant des défenseurs, et il fonda l'Echiquier. La justice de l'Echiquier « fuct aynsi desnommée pour ce que les causes y estoient bien desbattuez et disputéez aynsi qu'il se faict entre iceux qui se jouent en ung tablié qu'on appelle Eschiquier, à ce jeu d'Eschets lesquels advertissent et se donnent garde de tout ce qui se faict par leur partie adverse pour n'estre surprins et rendus matz, c'est-à-dire comme mattez et vaincuz. » C'était le tribunal suprême qui n'ouvrait ses assises que deux ou trois fois l'an. Les droits de haute et basse justice des seigneurs et des abbés étaient suspendus durant ce temps. Le duc en était le président naturel ou « ung justicier greigneur appelé le grand séné_ chal » (14). A droite étaient assis les gens d'Eglise, à gauche les nobles, au pied de la Cour les baillis, greffiers et procureurs, puis les sages assistants, les attournés et les conteurs, d'où sortirent les avocats et les jurés. Cette assemblée de « haultz justiciés amende ce que les aultres baillifz et mendres (moindres) justiciés ont mal faict et mauvaisement jugié » (15). Ses jugements étaient sans appel. Louis XI se vengea des Rouennais, entrés dans la Ligue du Bien Public, en brisant l'anneau ducal en séance solennelle de l'Echiquier et en déclarant la province soumise aux lois du royaume. Un édit de Louis XII atténua cette rigueur en instaurant en Normandie un tribunal perpétuel ou Parlement comme pour le reste du royaume (1498). A cette date, le président fut Geoffroy Herbert, évêque de Coutances.

Guillaume le Conquérant, par le Doom's day Book ; les rois anglais, ses successeurs, par les *Tabulæ normanniæ sub regibus angliæ* (16) ; Henry II, roi d'Angleterre, par The greats Rolls of the Pipe for the 2 *d* and 3 *d* and 4 *th* (fourth) years of the reign of King Henry the Second, pièce qu'on a dénom-

---

(14) En 1150, le grand Seneschal était Henri, fils de Henri II, roi d'Angleterre et duc de Normandie.

(15) Ceci explique qu'en dépit des menaces anglaises, l'Echiquier refusa nettement de sanctionner la sentence de mort de Jeanne d'Arc.

(16) Stapleton, édité à Londres, 1844.

mée Grands Rôles de l'Echiquier, constituèrent un véritable cadastre, dénombrant les fiefs et leurs propriétaires, ainsi que l'étendue et la valeur desdits fiefs ; l'Echiquier, en se rapportant à cette fidèle nomenclature, pouvait ainsi prononcer en toute connaissance de cause.

Mais l'Echiquier se tenait à Rouen, et les fiefs étaient innombrables. Les libéralités des seigneurs augmentaient la confusion ; en détachant de leurs fiefs les biens accordés aux abbayes, celles-ci se trouvaient à leur tour suzeraines de fiefs. Beaucoup de seigneurs, ne s'astreignant plus à démêler leurs droits et leurs devoirs, préférant la chasse « et les coups d'estoc et de taille », s'empressèrent de nommer des représentants, nommés prévosts. Le prévôt veillait à la conservation des droits de son seigneur. Il jugeait les causes portées au tribunal de la seigneurie (18). Tantôt le prévôt était fieffé, c'est-à-dire que les fonctions de prévôt étaient exercées par le possesseur d'un certain héritage ; tantôt le seigneur choisissait son prévôt pour un an ; tantôt c'étaient les hommes du fief qui élisaient le prévôt ; ailleurs, ils présentaient au seigneur plusieurs candidats ; c'était sans doute ce dernier mode que choisissaient les abbayes possédant le fief et les dîmes, car nous trouvons la liste de ceux qui « ont passé à la prévôté » pour Hauteville en 1774 (19). Les veuves payaient pour leur douaire.

Le service d'ost ou de guerre, c'est-à-dire le ban, était de 40 jours au moyen-âge. Le seigneur devait assister le roy à la guerre dans toute la Normandie pendant 40 jours, faire la guerre à ses frais et payer ses hommes ou soutenants. Par le contrat de fief, le seigneur abandonnait la propriété de la terre cédée, mais exigeait pour lui et ses successeurs à perpétuité, certains services appelés corvées, certaines redevances appelées rentes seigneuriales et, de temps en temps, la reconnaissance de l'aveu de ces diverses obligations. Il se réservait aussi le droit de faire saisir et réunir à son domaine les terres dont les possesseurs méconnaîtraient les services et les redevances. Comme les terres cédées (fiefs) devaient être divisées plus tard pour cause de vente, de mort ou d'échange, le fils aîné du vassal ou son représentant et de même dans la suite, était chargé de faire les aveux et corvées, sauf recours contre ses puînés. Il devait aussi recueillir toutes les rentes de son fief et les verser entre les mains du prévôt seigneurial. Celui-ci touchait ou ne touchait pas, mais les versements des vassaux assemblés ou représentés étaient contrôlés par un

---

(17 et 18) *Notice sur Savigny*, par l'abbé Lemasson.
(19) Archives personnelles.

sénéchal assisté d'un greffier appelé nottaire, lequel sénéchal condamnait à l'amende les absents non excusés et ceux qui ne produisaient pas les déclarations prescrites. La réunion annuelle des vassaux devant le sénéchal était nommée plège, plaid ou gage-plège. La *tenue* en était annoncée par un des vassaux à l'issue de la messe paroissiale et hors le lieu saint (17).

Quels étaient ces droits dont les seigneurs exigeaient l'observance en hommes, nature ou argent ? Ils variaient à l'infini, selon les provinces, ou selon les fiefs. Certains fiefs en étaient accablés, d'autres étaient réduits à des redevances insignifiantes. Tout dépendait de la volonté du suzerain, de l'étendue des fiefs, de la fertilité du sol, de la situation géographique, des besoins du temps, des circonstances de paix ou de guerre. On ne voit pas bien, par exemple, un seigneur du Maine revendiquer le droit de varech ni un seigneur du temps de Louis XI invoquer l'ost et le service de chevauchée contre les Anglais. Les rentes et revenus ordinaires étaient ceux-ci :

Premier chef : Impositions treiziesmes aydes et taillées après Poitiers, quint du sel pour la rançon du roi Jean (20), augmenté plus tard du quart sur la fabrication du sel (quart-bouillon).

Deuxième chef : Perception de rentes en grains ; panages, péages ou pontelages, portelages, imposition des foires, droit

---

(20) Le relief était un droit que le seigneur dominant exigeait du vassal dans des cas prévus. Les fiefs furent d'abord amovibles avant de devenir héréditaires. Le fief, malgré ce droit d'hérédité, ne passait pas directement du vassal à son héritier ; il revenait fictivement au seigneur, et l'héritier n'en devenait propriétaire que par une nouvelle investiture, toujours accordée par le seigneur, moyennant un prix nommé relief. Ce droit était ainsi appelé parce qu'il relevait le fief tombé en caducité par la reversion qui en était fait au profit du seigneur. — Le droit de treizième consistait aussi en une redevance que le vassal payait au seigneur lorsqu'il vendait son fief (abbé Lemasson). La capitation, prélevée sur chaque personne, et le vingtième, étaient dus par les nobles, mais la plupart savaient s'en faire exempter, en totalité ou en partie, au détriment des bourgeois et des roturiers, sur qui pesait la plus grande partie d'impôts directs. La taille ne se prélevait que sur les biens du peuple ; son nom lui venait de ce que les paysans marquaient leurs payements sur une taille de bois. La corvée consistait en un travail gratuit et obligatoire, fourni par les roturiers soit en journées de corps, soit en journées de chevaux, pour l'entretien des routes et des chemins publics (*Hist. de France*, d'Arsac). Le tonlieu était un droit de passage ou d'entrée. Il y avait aussi des aydes pour le paiement des gages des capitaines et gens d'armes des garnisons, les travaux à faire aux châteaux-forts, les paiements aux Anglais pour l'évacuation des forteresses, les rançons réclamées par l'ennemi pour « tenir les habitants paisibles ». Le droit de panage, glandée ou paisson (pastio) s'étendait aux pâturages des forêts ; le portelage, origine de l'octroi, s'acquittait à l'entrée des villes, le droit de pourvoirie ou réquisition pour le service de guerre du roi.

de pouldrage, revenu des prévotés, garde-noble des terres des mineurs, relief des terres, tiers et danger sur les bois du seigneur, forfaitures, confiscation de fief par défaut d'hommes, produit des greffes, tabellionnages et exploitz, émolument du scel et des mémoriaux des vicomtés, amendes, etc., impôt des toiles depuis 1268, impôt de main-morte sur les roturiers qui acquéraient des fiefs, le droit de gîte, qui remontait à l'empire romain, etc.

Troisième chef : Imposition de 12 deniers par livres de toutes les marchandises ou denrées vendues, même en foire ; le treizième sur le prix des vins et breuvages ; la surtaxe de crue (quand les animaux étaient arrivés à leur grosseur), 4 deniers, le tonlieu, la moulte (moulin).

En Normandie, les aydes étaient dues principalement pour trois cas : lorsque le fils du seigneur était fait chevalier ou qu'il mariait sa fille aînée, lorsqu'il était fait prisonnier et qu'il fallait payer sa rançon, lorsqu'il partait en pèlerinage pour la terre sainte.

Quand le vassal mourait, son héritier devait, pour entrer en possession du fief, payer au seigneur « le relief », c'est-à-dire un droit pécuniaire équivalant à une année de revenu. C'est l'impôt qui s'est maintenu jusqu'à nos jours sous le nom de mutation par décès. La forfaiture, c'est-à-dire l'oubli de ses devoirs, entraînait pour le vassal la commise, c'est-à-dire la confiscation de son fief : c'est par déclaration de commise que Philippe-Auguste put habilement enlever, à titre de suzerain, son fief de Normandie à Jean sans Terre, son vassal, assassin de son neveu, et par conséquent coupable de forfaiture (1204) (21).

Tout ceci aboutit à faire de chaque fief un petit Etat qui, selon l'expression d'un chroniqueur, « ne forment plus un royaume, mais des morceaux de royaume ». Le roi en haut, le peuple en bas s'émurent également. Le roi, reconnaissant la lourde faute commise à Kiersy par Charles le Chauve, essaya d'enrayer l'influence seigneuriale en rattrapant, autant que faire se pouvait, le privilège de haute justice par l'établissement d'un contrôle régional désigné sous le nom de bailliage, qui ne relevait que de la juridiction royale. En plus, avec la clairvoyance du danger général, il favorisa le développement des communes, parti des classes les plus obscures. Celles-ci, en effet, avec cet ensemble de logique et de justice que possèdent les masses quand elles ne sont pas exaltées, avaient tout de suite déduit que si le seigneur s'entourait de

---

(21) Le roi de France marque son autorité en instaurant immédiatement Milet de Levis premier grand bailli du Cotentin.

représentants destinés à maintenir et défendre ses droits, lui, peuple, pouvait également faire soutenir sa cause par des mandataires qu'il désignerait. Ces sentiments sont exactement rendus, et d'une manière touchante, par ce quatrain de Robert Wace, dans son *Roman de Brut :*

> Pourquoy nous laisser faire dommage ?
> Nous sommes hommes comme ilz sont
> Les membres avons comme ilz ont
> Et de tout autant grands cœurs avons
> Et tout autant souffrir pouvons.

Telle fut l'origine des communes. Les plus réfléchis, les plus intelligents, les mieux renseignés des hommes libres, artisans ou manants, prirent la tête de cette organisation, fondement de la bourgeoisie française, ce tiers-état qui, selon un mot trop célèbre, n'avait été rien, et voulait, sinon devait, être tout. La noblesse avait été tout : il en sortit la féodalité ; la bourgeoisie chercha à être tout : elle enfanta les révolutions ; le peuple aujourd'hui veut devenir encore tout : il plongerait la nation dans une ignorance inimaginable et livrerait la société, victime de ses rêves, à des instincts purement matériels et quasi sauvages. L'harmonie et la prospérité d'un Etat exigent, sous peine de donner le champ libre aux pires excès, comme cela s'est vu, exigent que les différentes classes de ses citoyens se résignent à être seulement une partie du tout, et à remplir consciencieusement ce que chaque partie réclame de ses membres respectifs, situation que les Anglais ont si bien équilibrée dans la phrase fameuse que n'auraient pas désavouée les ducs normands, leurs rois : *The right man in the right place.*

Au XIᵉ siècle, on ne prenait pas le temps d'analyser ses opinions ; ces dernières furent uniquement pour ou contre l'innovation audacieuse causée par la misère des populations. Les vilains de Normandie baptisèrent dans leur sang, contre le comte d'Evreux, cette première proclamation de la liberté. « Communes, dit un auteur du XIIᵉ siècle, est un mot nouveau et détestable. Et voici ce qu'on entend par ce mot : les gens taillables ne paient plus qu'une fois l'an à leur seigneur la rente qu'ils lui doivent. S'ils commettent quelque crime, ils en sont quittes pour une amende légalement fixée » (22). D'autre part, à l'exemple du roi, des seigneurs libéraux et intelligents prirent, en certains endroits, la tête du mouvement communal. Voici, à titre de preuve, une pièce trop rare

---

(22) Guibert de Nogent.

et trop spéciale pour qu'on ne la signale pas. C'est un appel
tout autant qu'une charte (23) :

« Moi, Henri, comte de Troyes, fais scavoir à tous présents
et à venir que j'ai établi les coutumes ci-dessous pour les
habitants qui viendront à ma ville neuve près Pont-sur-Seine.
Tout homme demeurant dans la dite ville payera chaque
année douze deniers et un boisseau d'avoine pour prix de son
domicile, et s'il veut avoir une portion de terre ou de pré, il
donnera 4 deniers de rente par arpent. L'acquéreur pourra y
vendre ou aliéner à sa volonté ses maisons, villes ou prés.
Les habitants de la dite ville n'iront ni à la guerre ni dans
aucune expédition, si je ne suis moi-même à leur tête. Je
leur accorde en outre le droit d'avoir six échevins qui admi-
nistreront les affaires communes de la ville et assisteront mon
prévôt dans ses plaids. Nul seigneur, chevalier ou autre, ne
pourra tirer hors de la ville aucun des habitants, pour quelque raison que ce soit, à moins que celui-ci ne soit son
homme de corps ou qu'il n'eût un arriéré de taille à lui payer.
Fait à Provins, en l'an 1175. » L'abbé de Fleury-sur-Loire
concéda une charte à peu près semblable.

Au siècle suivant, à côté de la commune (*communia*), on
voit apparaître la communauté (*communitas*), représentant la
réunion des habitants de la même localité. « Alors les évêques formèrent en France la communauté populaire, et l'on
vit les paysans armés, sous la conduite de leurs prêtres, bannière en tête, résister à d'injustes oppressions et faire respecter la Trêve de Dieu » (24). Babeau établit, dans son livre
Le Village sous l'ancien régime, et de la manière la plus
claire qu'il soit possible, la différence très marquée qui existe
entre la commune et la communauté : « La commune est une
exception, un privilège, elle résulte d'une charte et d'un contrat, elle peut disparaître après avoir été consentie, elle peut
être supprimée après avoir été octroyée ; nées en antagonisme
avec l'organisation féodale, elles disparurent avec le pouvoir
qu'elles combattaient ; leurs traces se perdent au XVI° siècle,
à mesure que croît l'autorité monarchique. Les communautés
furent l'agglomération des travailleurs, sans juridiction, unis
pour soutenir leurs intérêts ; elles ont donné leurs premiers
signes de vie en dehors des pouvoirs publics, peut-être malgré
eux, soutinrent des procès contre les seigneurs, agissant en
corporation, sous le nom d'habitants (25). Le clergé les

---

(23) *Histoire de France*, Bordier et Charton.
(24) Orderic Vital : Edition Léopold Delisle, III, 415. *Illuc prscbyteri cum
parochianis suis vexilla tulerunt et abbates cum hominibus suis coacti con-
venerunt.*
(25) Babeau : *Le Village sous l'ancien régime.*

reconnut : elles entretenaient une partie de l'église, et le clocher servait de beffroi à la communauté ; après la Justice et l'Eglise, la monarchie reconnut également la communauté, lorsque le roi leva directement sur elle les impôts. » La communauté devint personnalité civile lorsqu'elle nomma ses procureurs pour la représenter devant la justice et ceux qu'elle chargeait de procéder à la répartition et à la levée des subsides. *Liceat.. communitatibus se congregare... pro tractando, tailliando, portando, et congregando dictas pecunie summas* (Ordonnance de 1358).

Charles V fit élire les asseurs et collecteurs des aydes « par les habitants ou par la plus saine et greigneure partie, telz et tant comme bon leur semblera en leurs périlz » (Ordonnance 1379).

Essayons, avant d'aller plus avant, et avec les faibles données que nous possédons, de retracer ce qui nous semble devoir être le rôle tenu par Hauteville en ces premiers siècles de féodalité. Notre seule base sera fondée sur les chartes de 1186 à 1292.

Dans la première charte, qui donne le patronage de la cure de Hauteville à l'abbaye de Savigny, trois générations des seigneurs hautais sont présentes : Philippe, fils de Robert ; Estienne, fils de Philippe ; Robert, Philippe, Estienne. Nos seigneurs ne sont pas des compagnons de Rollon : leurs noms sont les noms des rois francs qui occupent le trône à cette époque, et le nom d'Estienne — Stephanus — est de consonnance romaine, comme son origine ; une fois de plus, après avoir évité l'oppression barbare, Alta-Villa n'a pas échu en partage à un homme du Nord ; est-ce en reconnaissance de ce maintien de leurs droits que les de Hauteville conservèrent fidélité et hommage au duc Jean, en dépit de la pression que leur fit subir Philippe-Auguste ? Les de Hauteville préférant abandonner leur fief que s'exposer à la forfaiture, Estienne chercha-t-il auparavant à « rogner » le plus possible sur la part du nouveau seigneur aux inclinations françaises, en ajoutant, en 1208, à la confirmation du patronage à l'abbaye de Savigny, l'abandon des deux parts des dîmes de Hauteville « qu'il eût pu prétendre » (26). Le fief n'en fut pas plus dédaigné pour cela, car cette liberté de transmission dont nous voyons jouir Etienne nous rappelle la règle féodale que ce fief devait immédiatement venir après les fiefs de dignité et constituait en conséquence, et comme Foulques Paisnel le constate soigneusement lui-même, un fieu de haucbert. Le pays, du reste, a vraiment tout l'air d'un petit Etat : on y

---

(26) Charte man. lat. 20 × 20. Voir la partie historique.

possède, on y achète et on y vend ; l'évêque lui-même ne choisit pour curé que l'élu de Savigny ; l'abbaye fait l'acquisition d'une grange de dîme ; Foulques ratifie la vente ; ce n'est donc pas lui qui vend, et les villageois hautais, organisés assurément en communauté, en plus des valeurs en nature et en espèces représentant les dîmes, vendent aux religieux, en 1243, un boisseau de froment à prendre sur 4 pièces de terre en la parroisse de Alta-Villa (Chartes de 1243, 1292, 1298, 1318, *Arch. Nat.*, L. 971).

Cette expression parroisse prouve que l'agglomération hautaise s'était dès longtemps constituée et avait obtenu le droit officiel d'agir en commun. « Les villages furent, à certaines époques, désignés sous le nom de paroisse, l'assemblée paroissiale se confondant souvent avec l'assemblée de la communauté ; la monarchie autorisa les bonnes gens des campagnes à résister aux excès du droit de prise, leur permettant d'appeler aide par cry, son de cloche ou autrement (Ordonn. 1356, 1357, 1367). Cette époque était vraiment désastreuse pour le paysan qui portait, plus qu'aucun autre, à Hauteville, le poids des invasions anglaises et navarraise, qui modifièrent si profondément l'organisation politique et sociale de la Normandie.

Dès après la réunion de cette province à la France, l'administration judiciaire, financière et militaire du royaume s'y introduisit comme pour les autres provinces. Le siège du grand-bailliage était à Coutances pour toute l'étendue du Cotentin, et les sièges secondaires à Valognes, Saint-Sauveur-le-Vicomte, Périers, Carentan, Saint-Lô, Avranches, Mortain et Tinchebray. Le bailliage, au point de vue judiciaire, relevait de l'Echiquier de Normandie, remplacé en 1515 par le Parlement de Rouen. Afin de décharger ce Parlement, qui jugeait en dernier ressort, un Présidial fut établi à Saint-Lô en 1551 par le roi Henri II. Saint-Lô ayant pris parti pour les protestants, pendant les guerres de religion, le Présidial fut transféré à Caen ; vers 1580, il fut définitivement établi à Coutances et mérita une grande renommée d'intégrité.

Le bailliage secondaire et vicomté de Saint-Sauveur-Lendelin, qui avait un siège de juridiction à Cérences et son principal à Périers, comprenait les sergenteries de la Halle (la nôtre), de Cérences, Haye-Pesnel, Périers, Couraye, d'Aubigny, Le Lessay, Blanlo et Beaumont. La haute justice de la châtellenie de Hambie, au temps des Paisnel, relevait de la vicomté de Coutances. Le grand-bailliage de Caen et le grand-bailliage du Cotentin formèrent la généralité de Caen, une des trois de Normandie. Il n'y avait en France que quatre généralités au XIVe siècle, seize au XVIe et vingt-six au moment de la Révolution (27).

Les sergenteries royales étaient fiefs mouvants du roy pour un huitième de fief de haubert. Au XIIIe siècle, elles rééditent les centenies romaines. L'office de sergent ne pouvait être occupé que par des personnes nobles, à cause des fonctions qui y étaient attachées. Les sergents devaient accompagner le vicomte à la guerre, rassembler par son ordre le ban et l'arrière-ban, faire payer dans ces assemblées ce qui était imposé sur les contribuables et sur ceux imposés du taillon, veiller à la garde des châteaux et au bon ordre dans l'étendue de leur territoire (28) (voir les titulaires de la sergenterie de la Halle au XIVe siècle, chap. VI).

Cette classification des fiefs entre les différents bailliages était, nous l'avons dit, celle de l'administration royale. Celle qui l'avait précédée, sous les ducs de Normandie, était différente. Nous, c'est-à-dire Hauteville était englobé dans le comté de Mortain. Celui-ci, qui sous le duc Guillaume occupait le deuxième rang parmi les grands fiefs normands, était devenu l'apanage de Robert Taille-fer, frère utérin du duc, et s'étendait, au XIIe siècle, sur tout le sud de la Manche (Saint-James, Saint-Hilaire, Pontorson, Avranches, Villedieu), mais aussi sur Saint-Lô, Coutances, Valognes, Argentan, Falaise, Pont-l'Evêque, Tinchebray, etc. La défaite de Robert, duc de Normandie (1106), lui enleva son importance. Philippe-Auguste enleva au comte de Boulogne, en 1203, le comté qu'il tenait de Bérangère, veuve de Richard Cœur de Lion, pour le donner à son fils Philippe. Ce dernier mourut en 1233 et le comté fut partagé en trois lots, dont deux revinrent au roi de France et un à Mathilde de Boulogne, à titre de douaire. Dans ce lot furent toujours compris les bailliages secondaires au sud de la Sienne, à partir de Mons Chatonis (Montchaton) et ainsi celui de Cérences (Cerencie), avec les paroisses qui en dépendaient (29).

Cette suzeraineté ne fut pas d'ailleurs de longue durée, puisqu'en 1255, saint Louis redevient possesseur des terres de Mortain, apanage de Mathilde (29), et les bailliages de Mortain et de Tinchebray, à partir de cette époque, relèvent définitivement du grand-bailliage du Cotentin.

Les populations se flattèrent, trop tôt, hélas ! de vivre désormais sous la juridiction du roi de France : nous voyons Hauteville, au terme de la Saint-Michel 1326, valoir au roi, par Foulques Paynel, 32 livres ; au terme de Pasques 1327,

---

(27) *Divisions civiles du diocèse de Coutances*, abbé Hulmel.
(28) *Chronique du Mont Saint-Michel et Genêts*, chan. Pigeon.
(29) *Mém. de la Société Académique du Cotentin*, tome III.

l'autre moitié de la même ferme se monte à 32 l. 10 sols ; ce
sont domaines fieffés en réauté (30). Ces deux termes de Pasques et de Saint-Michel sont l'ancien mode normand maintenu et confirmé par le mandement de Philippe-le-Bel au
bailli de Rouen le 20 avril 1309 (31). A la date de 1327, c'est
Jean, fils de Philippe VI, qui est duc de Normandie. Il participe à l'administration du royaume, par cette Cour des Pairs,
créée par Philippe-Auguste, et qui forme le Conseil suprême
de la France et jouit, en ce temps, d'une grande renommée.
Quels étaient les personnages formant cette cour féodale ? Il
y avait six archevêques ou évêques, trois ducs et trois comtes : l'archevêque duc de Reims, l'évêque duc de Laon, l'évêque comte de Beauvais, l'évêque duc de Langres, l'évêque
comte de Châlons et l'évêque comte de Noyon.

A la tête des pairs laïques, on plaçait primitivement le duc
de Normandie, *primus inter laïcos et nobilissimus ;* à partir
de 1363, le duc de Bourgogne devient doyen des pairs de
France, le duc de Guyenne, le comte de Flandre, le comte de
Champagne et le comte de Toulouse. Leurs secrétaires, appelés clercs du secret, sont les ancêtres des secrétaires d'Etat.
Florimond Robertet prend le premier ce titre, sous Louis XII,
en contre-signant les ordonnances du roi (32).

Les pairs de France, débordés par la Guerre de Cent Ans,
signèrent-ils les pages funestes du traité de Mantes qui, le
22 février 1353, nous couchait sous la domination de Charles
de Navarre : « Item et li seront baillés le clos du Constantin
et les vicomtés de Valloignes, Coustances et Quarantan, avec
toutes les appartenances par la manière que dit est. Les 12.000
livres de rente assignées en mariage à Madame de Navarre
(fille de Jean le Bon) lui seront assignées au clos du Constantin et ses appartenances et, s'il y a lieu, pour parfaire, sur
les terres que le roi lui assiet à présent » (32 *bis*). C'était la
ruine à bref délai pour nos malheureuses populations. D'après
la Charte de Restitution, le roi de Navarre eut droit, avec
l'approbation du roi, de nommer tous les fonctionnaires publics du ressort des domaines à lui rétrocédés. En voici l'énumération : les gouverneurs, chefs des places fortes, châteaux,
villes, subdivisions du territoire, les recteurs, curés, les baillis, les vicomtes et les prévosts, que nous connaissons, les
receveurs, les juges, assesseurs du bailli, du roy ou des baillis

----

(30) Extraits de l'assiette de terre faite en la baillie du Constantin par les
commissaires du roy et par ceux de hault et puissant homme Monsieur le
Comte d'Evreux et par messire Godefroy, bailli du Cotentin, le 6 juing de
l'an de grâce 1327.

(31) Comptes et receptes du roy de Navarre en France et en Normandie.

(32) *Mémoires du duc de Saint-Simon*, tome VI.

d'une justice seigneuriale, les gardes des sceaux (il ne s'agit ici nullement de ministres de la justice, mais de certains dignitaires chargés du sceau de l'Etat pour les actes entre particuliers ; ils percevaient des droits sur la concession qu'ils en faisaient aux notaires, leurs délégués ou représentants ; leur nom figurait en tête des actes) ; les tabellions (c'étaient les notaires, rédacteurs des actes au nom des gardes des sceaux de qui les pouvoirs de chacun émanaient) ; les bayles, administrateurs des domaines du prince ou d'un seigneur ; les maîtres des eaux et forêts (cet emploi était de la plus haute importance à une époque où la moitié de la Normandie était couverte de bois et où, suivant Froissart, tout le milieu de notre presqu'île, depuis Charbourg jusqu'à Coutances, n'était qu'une lisière de forêts) ; les verdiers, subordonnés aux maîtres des eaux et forêts ; les sergents, dont nous parlons plus haut ; les trésoriers, conseillers, gens de comptes. La Cour des Comptes restreignit les droits du prince Charles, fils du Mauvais, peut-être d'après le consentement secrètement exprimé du roi de France, faisant à regret des concessions qu'il ne pouvait, de bonne foi, refuser (33).

Pendant que la vicomté de Coutances était cédée au roi de Navarre, la ville elle-même restait aux mains du roi de France, auquel elle garda fidélité, ainsi que quelques localités voisines (34). Cela n'eut que la conséquence assez bizarre d'établir à Coutances un bailli pour le Navarrais, Jehan des Ysles, et un bailli pour Charles V, Aimery Regnoult, chargé de veiller à la conservation des droits de la couronne et de percevoir les redevances sur ceux des habitants de la vicomté qui étaient restés ses sujets. Jehan des Ysles ne fit aucune difficulté, du reste, pour remettre au roi de France, par les mains d'Aimery, 742 liv. 1/4 10 deniers.

Les recettes ordinaires de Normandie de 1367 à 1368 sont de 37.419 fr. d'or. Avec les impositions, treiziesmes, quint du sel, aydes, aides de France, recette commune, recettes pour garnisons, les sommes, à la récapitulation totale, s'élèvent à 322.604 francs d'or, plus les sommes perçues en autres monnaies, ce qui donne, en notre monnaie, une valeur métallique de 5.043.453 fr. En outre, si l'on admet, avec les auteurs compétents, que l'argent avait alors un pouvoir cinq fois moindre qu'à l'époque actuelle, on évaluerait à plus de 25 millions la somme annuelle touchée en Normandie par Charles le Mauvais (35). Il mourut en 1387.

(32 bis) *Préface des Comptes et Recettes d'Ysarn*, par G. A. Le Prévost.
(33) *Annuaire de la Manche*, 1849.
(34) Siméon Luce : *Histoire de Bertrand Duguesclin*, t. I, p. 264.
(35) Préface d'Izarn : *Comptes et receptes du roy de Navarre*.

La collectivité de l'impôt une fois déterminée, il restait à la répartir entre les vicomtés, les paroisses et les habitants. L'assiette entre les paroisses fut établie par les vicomtes, la répartition entre les habitants de chaque paroisse était laissée à leur initiative. L'ordonnance du 4 mars 1356 portait que pour l'assiette dans les paroisses, les habitants devaient « élyre bonnes gens, trois, quatre, cinq ou six, autant comme bon leur semblera qui assiéront justement ladite cueillette par telle manière que le fort portera le faible au plus égaument (également) que faire se pourra » (Recueil des ordonn., t. IV). En 1369, les nobles et les clercs paient les impôts, mais, vu la misère du temps, revenus et redevances ne rentrent, même partiellement, qu'avec la plus grande difficulté. Il faut employer des gens d'armes à leur recouvrement, parce que plusieurs sont « refusants de payer ». La « clameur du peuple » force à consentir des réductions, et souvent on constate que rien n'a pu être levé « pour la povreté du païs pour les guerres » (35). Remises du tiers des sommes à fournir sont faites à Robert Audouin, fermier de l'imposition de la Halle, et à Ricard le Renestable, son collègue de la même sergenterie, pour les mois de juillet, d'août et de septembre 1358, « pour les pertes qu'ils avaient soutenues pour causes des grans compaignies » (35).

En plus de toutes les charges, les seigneurs exigent leur part. En 1365, celui de Hambie (le nôtre) prend et lève à son profit les impositions « de Brahal et Heudimesnil », ce qui nécessite une remise aux fermiers des dites impositions. En 1369, les campagnes étaient réduites à un tel état de désolation et d'abandon que Renier le Coutellier, bailli de Caen, lance cette ordonnance le 24 juillet : « Complains se sont à nous plusieurs et grant quantité de gens disans que, se toutes manièrez de mestiers ne se cessent, pour aller cueillir les blés qui sont sur le païs, ceux pourroient demourer et pourrir sur les terres, se pourveu n'y estoit. Et pour ce, en considération aux choses dessus dictes, a esté ordenné par le Conseil et procureur de roy nostre sire et par pluseurs autres sages que toutes manières de ouvriers de laine et de... cesseront et seront contrains à aler cuillir les dis blés en la manière que dessus, par leur paiant leurs journées raisonnables   (36). Le 27 août suivant, Charles V adressait la lettre ainsy conçue : « De par le roy : Bailli de Caen, nous avons entendu de certain que les Englois, gens de compaigne, qui sont yssus de Chastiau-Gontier et estoient nagairez entrés en Bretaigne, s'en sont retournez et sont à présent à Saint-Sauveour le Viconte et

---

(36) Léopold Delisle : *Hist. du Chât. des sires de St-Sauveur le Vicomte.*

environ et ailleurs au païs de Costentin et ne savons à quel
titre ou instance ilz y sont venuz, ne quelle entention ou vol-
lente il ont, ne quel aide ou confort il pevent avoir sur le dit
païs. Et pour ce, mandons à aucuns cappitaines et chastellains par-delà et autres sur quanque il se pevent meffaire
envers nous que il se tiengnent sur leurs gardes et facent
faire en leurs chastiaux et forteresches bon guet et seur, de
jour et de nuit, et n'y laissent entrer personne quelconques
dont il n'aient très bonne congnoissance, ne telle qu'il ne
soient tous jours les plus forts et auxi qu'il se gardent des
dechevancez que aucuns ont acoustumé de faire soubs abis
de fames et de laboureurs et autrement, si que dommage ne
péril n'en puisse venir. Si voullons et vous mandons expressément que vous faciez faire semblable commandement de par
nous aux cappitaines et chastellains des chastiaux et forteresches de vostre bailliage, tant nostres que comme autres et de
ce vous chargeons. Si gardez que deffaut n'y ait. Donné à
Saint-Joire (Jouarre), le xxviie jour d'aoust. A notre bailli de
Caen ou à son lieutenant » (36). Le seigneur de Hambie, Guillaume Pesnel, garantit le paiement de 40.000 fr. d'or à Thomas Chatterton pour la reddition du château de Saint-Sauveur-
le-Vicomte. Tout le monde s'aida à payer l'emprunt forcé,
consenti par le roi. Nobles, clercs, roturiers du Cotentin aspi-
raient à être débarrassés de tels ennemis. Ils ne le furent
qu'en 1450, après la prise de Coutances par le connétable de
Richemont. Les impôts perçus par les Anglais depuis 1425
jusqu'à 1446 s'élèvent à 2 millions 485 livres tournois, somme
énorme pour l'époque, sans compter les pillages des soldats
et les fournitures de denrées exigées des bourgeois et des paysans (37). Les Navarrais et eux, en ennemis acharnés de la
monarchie française, s'étaient unis pour épuiser jusqu'au sang
le pauvre peuple de France, mais Charles de Navarre, aussi
rusé que rebelle, ne se résigna pas à perdre complètement les
produits de ses fiefs florissants et imposa aux Anglais, moyennant espèces sonnantes et trébuchantes, de s'abstenir de tout
pillage sur les territoires lui appartenant et manda à ses
vicomtes le traité qu'il avait conclu avec ses alliés : « Charles,
par la grâce de Dieu, roy de Navarre et comte d'Evreux, à
Girart de Crêpon, nostre vicomte de Valoignes, salut. Comme
pour refraindre et eschiver à plus grans malz qui par le fait
des Englès, à présent estants à Saint-Sauvour et à Guernetot
avenoient, peoient ou peussent avoir et estre faiz en nostre
pays et sur noz subgez de noz vicomtez de Valongnes et de
Carenten, certain traictié ait esté fait par noz genz, de nostre

____

(37) Dom Lenoir, bénédictin : *La Normandie pays d'Etats.*

consentement, avec le capitaine des dis Englez, par lequel
traictié il deivent tenir en seur trième; jusques au terme de la
Saint Michiel prochainement venant, tous les habitanz et genz
des dictes vicontez èt de tout le cloz de Costentin et tous leurs
biens, sans y prendre homme, ne femme ne enfant, ne beste,
ne chevaucier aucuns blez vers ou seks, ne autres biens,
excepté tant seulement herbes, fuerre et fain pour fourrages
et y sont comprinzes toutes les parroiches du cloz du Costentin, exceptéez la ville de Néauhon et la ville de Bricquebec,
par lesquel traictié est promis et accordé aux diz Englès que
il auront la somme de douze mille francs d'or à trois termes,
est assavoir à la quinzaine de la Sainct Jehan deirenèrement
passée troiz mile francs, à la fin de troiz sepmaines prochainement après en suivant autres troiz mile francs et au terme de
la Sainct Michel six mile francs, de laquele some est ordené
que vous prendrez et paierez sur vostre viconté huit mile
francs ; c'est assavoir au premier paiement deux mile, au
second paiement autres deux mile avecques huit cens et quatre vins francs pour les renchons de deux prisonniers englès
qui par le dict traitié leur sont délivrez : est assavoir Adam
Egregat, prisonnier de Michielco Datiz, de six cens quarante
francs et........ prisonnier de Dominguet de deux cens quarante francs, lesquels raenchons vous paierez à notre amé et
féal chambellan Fernando d'Ayens, capitaine de Cherbourg,
au dit second paiement lequel Fernando de nostre commandement en a fait la délivrance, lesqueles raenchons de prisonniers tendront lieu sur le derenier paiement de la somme de
six cens francs et pour faire les deuz premiers paiements,
desquelz vous estes chargiez qui montent quatre mile huit
cent quatre vins francs, compté ens la délivrance des dicts
prisonniers, est faite une assiète par plusieurs nobles et autres
genz des dictes vicontez, laquelle est escripte en un rolle
scellé de notre séel contenant les parties. Pour ce est-il que
nous vous mandions et commettons, se mestier est, que les
dictes parties vous levez et faites lever bien diligeamment, en
constraignant ceulx à qui il appartendra, ainsi que le cas le
désire, pour haster les paiements, et faites les diz paiements
aux termes dessus devisez, en tele manière que, par deffaut
d'yceulx, aucun dommage ne puisse venir à nostre dit pays
ou à certaines personnes de nos genz et subgez, chevaliers,
écuiers et autres qui envers les diz capitaines s'en sont obli-
gez. Mandons et commandons, etc... » (38).

Les Anglais de Saint-Sauveur ne se contentèrent pas des

(38) Léopold Delisle : *Hist. du Château et des sires de Saint-Sauveur le
Vicomte* (1370).

subsides du roi de Navarre. Nous trouvons la liste des gages-plèges de neuf mille royaulx envers Monseigneur Jean de Chandos, chef de la garnison anglaise de Saint-Sauveur, vers 1370. Tout le grand-bailliage y est représenté : Bernier Guérart, bailli de Pontorson ; Mathieu de Carridou, vicomte de Saint-Sauveur-Lendelin ; Nicolle de Bricqueville, Raoul de Bruilli, seigneur de Saint-Patrix de Clees (Claids), Thomas de Campront, Jehan du Coisel, Philipot Gardelot, Jehan Yvon de Lessay, Jehan les Gardins de Périers, Aubin de Luithère (Lithaire), Ferrant de Saint-Germain, Bernard du Buret, Jehan des Plains, Jehan de Ferrière près Périers, Nicolle Lucas, Richard Coudren. Et de ce furent receveurs Thomas le Melle et Thomas le Cordier (38), fonctionnaires du roi de Navarre.

En 1375, le château de Saint-Sauveur était délivré de l'occupation ennemie et le peuple allégé des charges qu'elle lui imposait. La mort prématurée de Charles V ne permit pas d'affranchir ses provinces de tous les subsides qu'elles avaient dû lui fournir pour combattre ses adversaires ; le XIVe siècle replongea le peuple dans un désordre et une misère extrêmes, dont ne se relevèrent pas davantage les seigneurs de la féodalité. A la mort de Charles VII, la Normandie versait la presque totalité de ses impôts (600.000 livres) dans le trésor royal (39). La Cour des Aides, qu'avait fondée le roi, commençait à répartir plus uniformément et plus équitablement l'impôt territorial et personnel désigné sous le nom de taille. A travers les troubles, les guerres, les invasions, les famines, les crimes et les exactions, l'autorité royale atteignait le sommet où elle allait briller seule, et vers cette lumière unique se tourneraient tous les regards curieux des peuples, empressés à connaître comment se construisait la France.

----

(39) Les impôts normands, descendus à 300.000 livres en 1475, s'élèvent à 765.000 livres en 1478. Le sceau et le contre-sceau de Charles de Navarre, brisés en partie, sont fort compliqués : sous un pavillon, le Prince (auquel il manque la tête et le bras droit) est assis, soutenu par deux satyres, tenant en sa main gauche un sceptre fleuronné, lec pieds appuyés sur les croupes de deux lions couchés et retournés, leurs têtes supportant les griffes des satyres. Une levrette courante à dextre et une à senestre. Le contre-scel est celui-ci : sur un fond fleuronné à la frette d'argent, un cavalier (toujours sans tête) en cotte de mailles, brandissant l'épée de sa main droite, sur un cheval au caparaçon échiqueté de rays et de fleurs de lis ; une levrette courante au bas. Légende : *Carolus, Dei gratiœ, Navarrè regis comitis Ebroïce* (Catalogue des sceaux d'Anisy).

Administration royale et contemporaine

> « L'homme ne doit pas régner, il doit se
> contenter de faire régner les lois. »
>
> FÉNELON, *Dialogues politiques.*

L'administration, créée par Charles le Mauvais en Normandie, s'étendant au reste du royaume, fut maintenue par les successeurs des Valois directs, en dépit de toutes les transformations qu'apporta la Renaissance. Les gouverneurs se rendirent presque souverains dans leurs provinces, maniant les deniers publics à leur fantaisie et commandant les troupes, privilège que leur enleva Louis XIV. Chaque place militaire avait un chef particulier sous les ordres du gouverneur général. La Normandie comptait donc : un gouverneur général, deux lieutenants-généraux, un pour la Haute-Normandie, l'autre pour la Basse (1) ; sept lieutenants du roi, un par bailliage. Le Parlement, qui, depuis 1499, remplaça l'Echiquier de Normandie, se composait de 4 présidents, 28 conseillers, dont 13 ecclésiastiques et 15 laïques, avocats, procureurs généraux du roi ; 2 greffiers, une chancellerie, secrétaires et 6 huissiers. Le Parlement siégeait à Rouen ; l'évêque de Coutances, le premier grand chantre, l'abbé de Blanche-Lande, les barons de Hambye, de la Haye-du-Puits et de Varenguebec avaient droit de séance. Le bailli de Coutances dépendant du Parlement, avait, dans tous les chefs-lieux de chaque châtellenie ou vicomté, un lieutenant ou sénéchal qui jugeait provisoirement les affaires ; les vicomtes, nous l'avons vu, commandaient plusieurs sergenteries à épée, ayant droit de justice. D'après le papier terrier dressé par ordre du roi en 1540, Coutances renfermait seize sergenteries, 136 paroisses et 22.615 feux. Jusqu'au début du XIVe siècle, tous ces officiers étaient en même temps chargés de recueillir les impôts, tant pour les seigneurs que pour le roi ; Philippe le Bel leur avait donné pour chef et surveillant un trésorier appelé surintendant des finances ; Philippe le Long rendit sédentaire la Chambre des Comptes, fondée par Saint Louis, et remit l'administration des finances à des receveurs ; les Etats Généraux de 1356, créant

---

(1) En 1571, Jacques de Matignon, seigneur de Hauteville, est lieutenant-général de la Basse-Normandie.

de nouveaux impôts, instituèrent des commissaires généraux ou élus pour les percevoir. La Normandie se partagea, nous l'avons vu, en trois généralités, et nous fîmes partie de celle de Caen ; les archives officielles du xvi° et du xvii° siècle, en plus de ce sceau, portent « élection de Coutances », mot qui venait du mode de répartition employé dans les paroisses par l'élection de certains notables qui fixaient l'impôt ; le contrôle s'en faisait à Coutances, chef-lieu du bailliage. Tout procès relatif aux impôts était rendu par la Cour des Aydes, siégeant au chef-lieu de l'élection ; la Cour des Aydes de Rouen jugeait en dernier ressort (2). Une Cour des Comptes pour la Normandie, souveraine et sans appel, fut également érigée à Rouen en 1580. On nommait « Tables de marbre » les juridictions qui tiraient leur nom de la grande table de marbre située dans le palais de justice de Paris, et autour de laquelle siégeaient primitivement les juges. Ces juridictions étaient au nombre de trois : l'amirauté, la connétablie, les eaux et forêts. L'amirauté de Coutances dépendait du siège particulier de Rouen, subordonné lui-même à la table de marbre de Paris, siège du grand amiral de France. Une maîtrise des eaux et forêts existait de même à Rouen, avec des lieutenants par bailliages et par vicomtés. La Normandie avait trois sièges de maîtrise ou tables de marbre sur les dix-huit que comprenait toute la France. La connétablie était la juridiction des maréchaux de France prononçant dans les cas militaires.

On commença, dès le xiv° siècle, pour la perception des impôts, à les affermer partiellement. Plus tard, cette mesure, en se généralisant pour les aides, fut cause d'un grand nombre d'abus et de vexations. Une haine violente se déchaîna contre les fermiers, qui rançonnèrent le peuple sans miséricorde, lequel s'en vengea en les flétrissant des noms de maltotiers, partisans, traitants (3). Dès 1567, les délégués aux Etats de Normandie se font les porte-paroles du peuple : « Supplient la majesté du roy... excepter spécialement le dit païs de Normandie, lequel est grandement chargé d'imposts et tailles trop plus que les autres provinces de son royaume... ay esgard aux calamiteuses afflictions qu'ilz ont soutenues, tant à cause des gresles, fouldres et stérilité des années dernières, que des troubles ayant cours, dès cette heure faire cette grâce à votre peuple de Normandie qu'ilz soyent réduicts au paiement du huictième de leurs boissons, qui sont vendues au dict païs, cesser et révocquer l'impôt de cinq sols tournoys

----

(2) La généralité de Caen avait, en plus, un grenier à sel, ou tribunal, jugeant les contraventions aux ordonnances concernant les gabelles.
(3) *Annuaire des cinq départements de Normandie*, 1872.

pour muyd de vin. » Réponse : « Sa dicte Majesté y pourvoira. » Les délégués passent à un autre article : « ... Et à cause du continuel passage et long séjour des gens de guerre, lesquels ont faict et font encore plusieurs et incroyables excès, vivant à discrétion, battant et outrageant leurs hôtes : et maintenant on prétend les travailler sur la réformation des eaux et forêts, qui ont été closes, recloses et ouvertes tant de foys qu'il leur a convenu, payer plusieurs espèces visitations, de procès, sallaires, et vaccations extraordinaires pour produire et retirer à grand peine leurs titres et chartes des juges et commis pour cet esfaict... ordonnez, supplient qu'il plaise à Vostre Majesté faire procès de telle façon que les libertés au dict pays soyent gardées comme elles ont esté par le passé, mais sans transporter les subjects du dict païs hors icelluy comme on prétend le faire. » Réponse : « N'entend Sa Majesté que ses subjects du dict païs à ceste occasion, ne soyent aucunement grevez » (4).

Ce fut en 1517 que le texte de la « Coustume » de Normandie fut rédigée par ordre de Henri III. Les députés de la vicomté de Coutances aux Estats qui se tinrent à Rouen à cet effet furent messires Nicolas de Binon, vicaire général et official de l'évêque de Coutances ; noble homme Jean Le Marquetel, sieur et châtelain de Saint-Denis pour la noblesse de la dite vicomté, maître Gilles Dancel, lieutenant général au bailliage du Cotentin, et Guillaume Pennier, conseiller au siège présidial du dit bailliage, pour la justice, et Guillaume de Saint-André pour l'état commun (tiers-état) de la dite vicomté (5). Les coutumes locales ne furent rédigées qu'en 1586 ; le vicomte de Coutances fut sommé d'indiquer les usages locaux de sa vicomté ; il paraît qu'il n'en existait pas, car les habitants furent déclarés déchus du droit d'en alléguer aucuns à l'avenir (6). Aux Etats de 1579, « Sa Majesté ordonne être levés, sur les bailliages de la généralité de Caen, deux mille écus de rente et cinq mille écus pour le sire de Matignon, seigneur de Thorigny, Hambye et Hauteville, lieutenant général de la Basse-Normandie » (7). Ce fut en 1580 que le présidial, qui de Saint-Lô avait siégé à Caen au temps des guerres religieuses, fut définitivement transféré à Coutances. Cette décision était la plus naturelle et la plus raisonnable, puisque Coutances, capitale du Cotentin, se trouvant presque

---

(4) *Cahiers de Beaurepaire*, tome II, Biblioth. de Coutances.

(5) Lors de l'entrée de François Ier à Coutances (1532), le peuple est encore appelé « les labours » ; 40 ans ont déjà marqué une gradation, servie à la fois par les idées et les luttes.

(6) Basnage, p. 38.

(7) *Cahiers de Beaurepaire*, loc. cit.

au milieu du bailliage, les peuples de ce pays sont fort soula-
gés d'avoir leur tribunal chez eux-mêmes (8). La juridiction
du présidial, en effet, comprenait la circonscription de territoire représentée aujourd'hui par le département de la Manche. Il est remarquable que les derniers seigneurs de Hauteville (de 1640 à 1789) furent tous des magistrats dépendant du
Présidial et du Parlement de Rouen : Jean Encoignard, seigneur de Hauteville, conseiller au présidial de Coutances,
inhumé à Hauteville le 9 novembre 1707, sous le titre de sieur
de la Croûte ; Pierre-Julien Ynor, son gendre, écuier, conseiller du roy, maistre en la Cour des Comptes, Aydes et
Finances de Normandie, rue Grand-Pont, Rouen (1758) ; Char-
les-Léonor-Michel d'Annoville, petit-fils par sa mère de Jean
Encoignard, écuier, président du présidial de Coutances (1760);
Nicolas-Charles Bonté, acquéreur des biens de messire Ynor à
Hauteville, en 1784, conseiller du roy au Présidial de Coutances (voir chap. VIII).

Les bailliages normands ne s'occupaient pas exclusivement
des intérêts ou des obligations de leur province : ils étaient
invités à débattre toutes les questions de la politique générale
du royaume. En 1576, Coutances envoya comme députés aux
États de Blois, Louis de Saint-Gilles, évêque de Porphyre,
représentant du clergé, le seigneur de Gratot, élu de la
noblesse, et Gratien Bouillon, nommé par le tiers-état (9). Ces
trois délégués y portaient les doléances du bailliage du Cotentin. Le règne de Henri IV s'appliqua à satisfaire le plus de
désirs possibles et à réparer le plus de malheurs que l'état des
finances le permettait ; mais, dès la minorité de Louis XIII,
l'agitation et les réclamations reparaissent. La convention des
trois Etats de Normandie demandait, le 7 décembre 1616, la
stricte observation des lois maritimes et la répression de la
piraterie, malheureusement préférée à un loyal trafic, et enfin
la diminution des tailles, pesant uniquement sur ce tiers-Etat
dont on ne saurait bientôt plus tirer que des soupirs et des
larmes (10). « Cette année me souvient pour les maladies de
langueur, il fallut attendre l'hyver en suivant et bien davantage avant que d'oser toucher aux meubles, et se fist un tel
soulèvement de soldats et soudrilles par les paroisses qu'il ne
fallut rien demander pendant qu'ils eurent les armes à la
main et longtemps après » (11).

____

(8) Masseville, p. 35, tome V.
(9) Renault : *Essai historique sur Coutances*.
(10) *Mémoire des Antiq. de Normandie*, tome X.
(11) Soupçonné de favoriser la Fronde, le Parlement de Rouen fut supprimé le 17 décembre 1639 : « Commandons à nos huissiers qu'à ce faire

Nous avons parlé, au chapitre VII, de la révolte des campagnes basses-normandes contre les gabelles et de tous les excès qu'elle entraîna (11 *bis*). Cela ne remplissait pas les coffres publics, et au plus fort de la guerre d'Allemagne (1668-1697), il fallut, pour couvrir les frais de guerre, recourir à des expédients financiers, tels que la création d'officiers vénaux. L'idée vint au gouvernement de s'emparer des magistratures urbaines et de vendre le plus cher possible, les fonctions d'échevins, consuls, capitouls, jurats, syndicats (12). Précédemment à cette mesure, qui mettait à la fois l'autorité et le capital aux mains de la monarchie, Louis XIV, en 1659, avait déclarées mineures les communautés d'habitants, obérées, appauvries et ruinées. Il en prit résolument la tutelle, leur défendant d'aliéner leurs biens ni d'emprunter sans sa permission.

Là encore il devenait seul maître, et, tout naturellement, de cet état de choses, découla le célèbre édit du 20 avril 1667, ordonnant la réintégration des habitants des paroisses dans les fonds, prés, pâturages, bois, terres, usages, communes, communaux, droits et autres biens communs « dont ils avaient été dépouillés pendant les désordres de la guerre depuis 1620, par les seigneurs, officiers et personnes puissantes, d'autant plus facilement que les intérêts des communautés sont ordinairement les plus mal soutenus, et que rien n'est davantage exposé que ces biens dont chacun s'estime le maître. » C'était une habile décision ; les communautés, soutenues par le roi, ne pouvaient invoquer la non-possession des biens qu'il connaissait et se voyaient contraintes à verser un impôt plus complet et plus régulier, sans pouvoir alléguer de prétexte pour s'y soustraire ; les comptes des bureaux de

---

commettons de se transporter à la dite cour du Parlement de Rouen et icelle séante, lui signifier ces présentes nos lettres d'interdiction, à ce qu'elle ne prétende cause d'ignérance, luy faisant commandement d'y déférer et obéir et aux officiers d'icelle de sortir quatre jours après la dite signification de la dite ville et se rendre à nostre cour et suite, sur peine d'être procédé contre eux comme contrevenans à nos commandements, faisans à cette fin par les dits huissiers tous exploicts requis et nécessaires, sans demander placet, visa ne pareatis, nonobstant aussi clameur de haro, chartre normande prise à partie et autres choses à ce contraires : car tel est notre plaisir. En témoin de quoi, etc... » (Ordonnance royale). La cour des Aydes fut également interdite. Les huissiers Nicolas Tourte et Claude Legay remplirent leur mission le 3 janvier 1640 et signifièrent encore en plus l'interdiction aux officiers du bureau des finances. Le 22 octobre 1641, les juridictions, y compris le Parlement, furent rétablies. (Documents concernant la Normandie extraits du *Mercure Français* (1605-1644).

(11 *bis*) En 1651, les impôts pour la généralité de Caen s'élevèrent à 1.865.575 livres.

(12) *Histoire de France*, J. d'Arsac.

finances des élections reposèrent enfin sur une base fixe, qui ne fut plus sous la dépendance de la fantaisie des collecteurs ou de la volonté bonne ou mauvaise des contribuables, et nous trouvons en effet, en ce qui concerne Hauteville, consignée dans les « Comptes des Domaines de Coutances et Granville pour 1693 », la somme de 962 livres versée par 60 contribuables, Hervé de la Rue étant curé, le duc de Longueville seigneur, et l'abbé de Savigny patron, ce dernier touchant les dîmes (13).

Lors du partage des fiefs réunis de Hauteville et de Mont-

---

(1) Toutes les branches de l'administration, furent complètement remaniées par celui qui avait déclaré : « L'Etat, c'est moi ! » et il se produisit un singulier mélange d'habitudes féodales et de prescriptions modernes. L'hommage ou aveu se réclame encore de la noblesse ; c'est l'hommage simple ou l'hommage lige. Pour le premier, le vassal se tenait debout, gardait son épée et ses éperons, pendant que le chancelier lisait la formule du serment. Le vassal se bornait à répondre, quand la lecture était terminée : « Voire (*verum*, c'est vrai) ». Celui qui devait l'hommage lige ne gardait ni éperons, ni baudrier, ni épée. Il fléchissait le genou devant son seigneur, mettait les mains dans les siennes et prononçait la formule suivante, qui nous a été conservée par Bouteiller, dans sa « Somme rurale » : « Sire, je viens à votre hommage et en votre foi et deviens votre homme de bouche et de mains. Je vous jure et promets foi et loyauté envers tous et contre tous, et garder votre droit en mon pouvoir. » L'hommage rendu par un noble était souvent terminé par un baiser. De là l'expression devenir l'homme de bouche et de mains que l'on trouve dans la formule précédente. Ainsi furent prêtés l'hommage de messire Ynor en 1680 pour le fief de Robert Paillart, en la Ronde-Haye, et celui de Charles, duc de Lorraine, en 1699, « pour le duché de Bar est ses autres terres mouvantes de la couronne » (*Mémoires du duc de Saint-Simon*, tome 2). Son devoir de suzerain rempli, Louis XIV s'occupait de la direction des affaires publiques, assisté de ses conseils. Le conseil des parties, présidé par le chancelier, se composait de conseillers d'Etat et de maîtres des requêtes qui faisaient le rapport des affaires. On y traitait des règlements de juges, des évocations ou actes de l'autorité souveraine, enlevant la connaissance d'un procès à un tribunal pour l'attribuer à une autre juridiction ; de la cassation d'arrêts contraires aux ordonnances, etc. Le conseil des parties était donc un tribunal suprême souvent en lutte avec les parlements. Le conseil des dépêches, composé comme le précédent, était fréquemment présidé par le roi. On t traitait toutes les questions relatives à l'administration des provinces. « Au dit conseil, dit l'ordonnance du 18 janvier 1630, seront lues toutes les dépêches du dedans du royaume et délibérées les réponses sur icelles. » Dans l'origine, les quatre secrétaires d'Etat assistaient pendant un mois, à tour de rôle, aux délibérations de ce conseil et en transmettaient les décisions sous formes de dépêches aux intendants chargés de les exécuter. De là venait le nom de Conseil des dépêches. Ses attributions répondaient en partie à celles du ministère actuel de l'Intérieur. Le Conseil des finances, en plus des personnalités faisant partie des autres conseils, comprenait les intendants et les contrôleurs des finances. Il y avait un Conseil de grande direction, présidé par le chancelier, englobant la question financière dans toutes ses formes, et le Conseil de petite direction, présidé par un Ministre d'Etat désigné par le roi et s'occupant des impôts, de leur répartition et de l'administration financière (*St-Simon*, tome I, notes).

martin, vers 1725, le village d'Ourville, qui dépendait alors, dit-on, de la paroisse de Hauteville, fut attribué à celle de Montmartin.

Il nous paraît intéressant, aussi bien pour nos compatriotes qui pourraient y retrouver les noms de leurs ancêtres en même temps que les contributions payées par eux, que pour les personnes s'intéressant au morcellement de la propriété avant 1789, de donner ici, sous forme de tableau, « le Rolle et Imposition pour 1758 » des habitants de la paroisse de Hauteville près la Mer, alors composée de 58 feux (*Archives de l'auteur*).

Rolle et Imposition faite par Jean Lepeu et Pierre Lepeu, frères, Nicolas Tiphaigne et Gabriel Hue, *collecteurs* nommés par le général (commissaire) de la paroisse de Hauteville près la Mer, pour l'année prochaine mil sept cent cinquante-huit de la somme de sept cent trente-une livres, suivant le mandement de Monseigneur Lieutenant, du 17 octobre dernier, pour le principal de la taille de la dite année.

CHAPITRE DES CONTRIBUABLES

Adrien Jouenne, journalier, et la veuve du fils du dit, jouissant de quatre vergées de terre 3

Denis Le Roussel, laboureur, jouissant de quatre vergées de terre 8

François Jean, fils Robert, non exploitant 10

Guillaume Tiphaigne, fils Guillaume, Richard Tiphaigne et ses fils, laboureurs, jouissant en propriété de six vergées de terre........................... 8

Guillaume Tiphaigne, fils Jean, laboureur, jouissant d'environ six vergées de terre 4 10

Guillaume Tiphaigne, fils Odé, et François, son fils, journaliers, jouissant en propriété de six vergées de terre 7 10

Guillaume Hocquigny 10

Gabriel Hue, matelot, jouissant en propriété de trois vergées de terre 1 10

Guillaume Dumont, journalier 10

Guillaume Jeanne, laboureur, jouissant de quatre vergées de terre, tant en cette paroisse qu'en celle de Montmartin 4

Hervé Le Mesle, François et Richard, ses fils, laboureurs, jouissant en propriété de quinze vergées de terre 26 13

Hervé Lepeu, matelot, et Julien, son fils, jouissant en propriété de quatre vergées de terre, tant en cette paroisse qu'en celle d'Annoville 7

Jean Tiphaigne, fils André, laboureur, jouissant en propriété de vingt-quatre vergées de terre 44

Julien Lepeu, fils Antoine, jouissant en propriété de quatre vergées de terre 7 10

Jacques Hue, laboureur, jouissant en propriété de trois vergées de terre 5

Jean Jouenne et ses fils, laboureurs, jouissant en propriété de sept vergées de terre 6

Julien Lepeu et ses fils, jouissant en propriété de sept vergées de terre, tant en cette paroisse qu'en celle d'Annoville 7

Julien Hue, matelot, et Julien son fils, jouissant en propriété de deux vergées de terre 5

Jean Lemesle, fils Pierre, et Denis son fils, jouissant en propriété de quinze vergées de terre 27 18

Jean Lemesle, fils Jean, laboureur, jouissant en propriété de quinze vergées de terre, tant en cette paroisse qu'en celle de Montmartin 28 12

Jean Chou, fils Jacques, et ses fils, jouissant en propriété de six vergées de terre 5

Jean Guillard, et Julien son fils, matelots, jouissant en propriété d'une vergée de terre 5

Jean Billard, Pierre et Hervé ses fils, laboureurs, jouissant en propriété de huit vergées de terre 13

Jean Dumont, journalier 10

Jean Viard, Guillaume et Jean-Baptiste, ses fils, laboureurs, jouissant en propriété de treize vergées de terre, tant en cette paroisse qu'en celle de Montmartin 25 6

Jean Le Rouxel, fils Pierre, laboureur, jouissant en propriété de huit vergées de terre, tant en cette paroisse qu'en celle de Montmartin 13 2

Jacques, Guillaume, Jean et Alexis Blaisot frères, laboureurs, par entreux jouissant en propriété de huit vergées de terre 15

Jean et Noël Onfroy frères, matelots et laboureurs, jouissant de quatre vergées de terre solidairement 7 10

Jean Fauvel, tisserand, pour son industrie 2

Jean et Guillaume Leloup frères, laboureurs, jouissant en propriété de cinq vergées de terre 10 10

Louis Hocquigny, fils feu Jean, non exploitant 1

Louis Mustel et François son fils, laboureurs, jouissant en propriété de dix vergées de terre 26 18

La veuve et les jouissants des héritages de Jean Robillard 6

La veuve de Jean Billard et Pierre son fils, laboureurs, jouissant en propriété de huit vergées de terre solidairement 11

La veuve Guillaume Leloup, jouissant en propriété de quatre vergées de terre 6

La veuve Jean Viard, Jean, André et Guillaume ses fils, laboureurs, jouissant en propriété de douze vergées de terre, tant en cette paroisse qu'en celle de Montmartin 22   5

La veuve Jean Hocquigny et Jean son fils, jouissant de deux vergées de terre 1   10

La veuve Jean Norgeot et François son fils, jouissant en propriété de vingt vergées de terre, tant en cette paroisse qu'en celle de Montmartin 27   15

La veuve Pierre Onfroy, jouissant en propriété d'une vergée de terre 1   10

La veuve et les jouissants de bien de Jean Tiphaigne, environ cinq vergées 4

La veuve Thomas Bessin et Nicolas Tiphaigne, son gendre, laboureurs, jouissant en propriété de six vergées de terre, tant en cette paroisse qu'en celle de Montmartin solidairement 10

La veuve et les jouissants de bien de Pierre Dumont.   2

La veuve et les jouissants de bien de Pierre Tiphaigne, d'environ dix-sept vergées, tant en cette paroisse qu'en celle de Montmartin 30   12

La veuve Martin Billard, Jean et Pierre ses fils, laboureurs, jouissant en propriété de six vergées, tant en cette paroisse qu'en celles d'Annoville et de Hérenguerville 9

La veuve Philippe Tiphaigne, Julien et Vincent ses fils, laboureurs, jouissant en propriété et fief d'environ douze vergées de terre et pour la fieffe en plus jouissant de dix vergées pour M. Ynor 20   17

Michel Lefranc et Pierre son frère, journaliers 2

Nicolas Aubert et Joseph son fils, journaliers 4

Philippe Pimor et les jouissants des héritages de la veuve Pierre Pimor, pour toute exploitation tant en cette paroisse qu'en celle de Montmartin 22

Pierre Lemesle, fils Jean, Nicolas et Pierre ses fils, laboureurs, jouissant en propriété de vingt vergées de terre, tant en cette paroisse qu'en celle de Montmartin 29   6

Pierre Hue, laboureur, jouissant en propriété de trois vergées de terre 2

Pierre Videcoq, journalier, jouissant en propriété de

cinq vergées de terre 6 10
Pierre Billard, fils feu Claude, matelot, pour son in-
    dustrie, et jouissant des héritages de feu son père. 6 10
Pierre Lepeu, Jean et Pierre ses fils, laboureurs,
    jouissant en propriété de vingt vergées de terre, tant
    en cette paroisse qu'en celle de Montmartin 25 15
Pierre Norgeot, congréieur, jouissant en propriété de
    douze vergées de terre 13
Pierre Jouenne, matelot, jouissant en propriété de
    deux vergées de terre 4 10
Pierre Lecluze, Jean, Pierre et André ses fils, journa-
    liers et matelots 6
Pierre Hocquigny et Pierre son fils, matelot 2
Philippe Duprey, journalier, jouissant en propriété
    de cinq vergées de terre 7
Pierre Le Gallais, pêcheur, jouissant en propriété de
    six vergées de terre 4
Richard et Jean Leloup, matelots, jouissant en pro-
    priété de six vergées de terre, tant en cette paroisse
    qu'en celle d'Annoville 6
Thomas Tiphaigne, laboureur, jouissant en propriété
    de six vergées de terre, tant en cette paroisse qu'en
    celle de Montmartin 10 10

CHAPITRE DES NON-NATURELS TAILLABLES

Les jouissants des héritages de la veuve Jean Chou,
    fils Jean 1 5
Les jouissants des héritages de Thomas Lechevallier. 6 14
Les jouissants des terres du Pavillon 6 15
Les jouissants des lieu et terre Coulomb 3 3
Les jouissants des héritages de Jean Tiphaigne, d'en-
    viron cinq vergées, exploitées par Robert Jean, à
    cause du douaire de sa femme 7
Les jouissants des héritages d'Antoine Lemesle, autres
    que ceux possédés par Julien l'Ecuyer 4 10
Les jouissants des héritages ayant appartenu à Tho-
    mas Lepeu 4
Les jouissants des dîmes de cette paroisse 60
Les jouissants des héritages et fermages de la veuve
    Robert Guislard 3
Les jouissants et acquéreurs d'un pré pour Charles
    Couraye de Lingreville 3
Les jouissants des héritages de feu Louis Céron 10
    Complétons cette étude sur le mécanisme des impôts avant
la Révolution, par cette lettre du personnel financier de l'élec-

tion de Coutances pour la levée des Impositions en l'an
1760 (14) :

« DE PAR LE ROY,

» Et nos seigneurs de la Cour des Comptes, Aydes et Finances
de Normandie,

» Nous, conseillers du Roi, Président, Lieutenant, Assesseurs et Elus en l'Election de Coutances.

» Enjoignons aux sindics collecteurs en exercice, principaux
Habitans, Praticiens, Notaires et autres de la Paroisse de Hauteville près la Mer, de se trouver le deux septembre prochain,
sur les huit à neuf heures du matin, en la maison de Monsieur l'abbé Mourocq, paroisse de Trelly, où l'un de nous se
trouvera pour être présent au procès-verbal de chevauchée (15)
qui sera par nous dressé suivant les règlements, auquel lieu
lesdits collecteurs apporteront les mandements des tailles, capitation et ustenciles et autres impositions, leurs rôles ou
papiers cueilleurs, les quittances des paiemens faits à la
recette, les contraintes et diligences décernées et exercées
contre eux à la requête du sieur Receveur des Tailles, les
quittances des frais par eux payés, les pièces et baux pour
établir et constater le taux commun de leur paroisse.

» Enjoignons pareillement aux dits sindics collecteurs et
habitans en général de la dite paroisse de conférer entre eux
pour se mettre en état de répondre pertinemment et en connaissance de cause sur tous les articles et chefs de demandes
qui leur seront faites et qui sont contenus dans le projet de
procès-verbal de chevauchée qui leur sera remis avec le présent mandement, aux fins de les instruire de ce qui leur sera
demandé pour par eux se préparer à y répondre convena-
blement.

» Leur enjoignons encore de faire dresser et représenter un
état détaillé et circonstancié du nombre de tous les fiefs et
arrière-fiefs nobles qui sont dans leur paroisse, lequel état
contiendra les noms, qualités, situation desdits fiefs et arrière-
fiefs, les noms, âge, qualités et demeures de ceux qui les possèdent ; de qui ils relèvent, soit du roy ou d'autres seigneurs,
s'ils sont simples ou de dignité, d'ancienne ou de nouvelle
création, de quelque nature qu'ils soient ; les mutations arrivées aux dits fiefs depuis deux ans, soit par mort, vente,
échange ou autrement, même à l'égard des laïques ; si les
nouveaux propriétaires étaient mineurs lors des dites mutations à droit successif, comme aussi tous les biens apparte-

---

(14) Archives de l'auteur.
(15) Tournée annuelle des fonctionnaires des finances.

nant aux ecclésiastiques et autres gens de main-morte, la nature et le revenu annuel desdits biens dans ladite paroisse, conformément aux arrêts de la Cour des Comptes, Aydes et Finances de Normandie des 9 avril 1699, 4 mai 1731 et les ordres du roi postérieurs.

» Et afin de rendre notoire auxdits sindics et habitans en général, le contenu en notre présent mandement et formulaire de chevauchée, ils seront lus par les sieurs curé ou vicaire au prône de la messe paroissiale le dimanche qui suivra immédiatement le jour de la réception d'iceux, qui en certifieront la lecture au pied pour être représentés par les sindics lors de la dite chevauchée ; et faute par eux de s'y trouver avec tous les collecteurs en exercice et douze au moins des principaux habitans les plus haut cotisés, notaires et praticiens, ils seront poursuivis comme désobéissants aux ordres du roi.

» Fait en la Chambre du Conseil, le treizième jour de juillet mil sept cent soixante. »

Tout ce qui précède étant imprimé, ce qui suit est écrit en cursive :

« Les sindics et les collecteurs nous présenteront un état circonstancié :

» 10. Des biens exploités par des privilégiés qui l'étaient cy-devant par des taillables.

» 20. Des taillables morts qui n'étaient imposés qu'à la taille personnelle et industryelle et qui n'ont laissé aucun fonds.

» 30. Des biens exploités par des taillables et qui l'étoient cy-devant par des privilégiés.

» 40. Des successions échues par des taillables et qui l'étoient cy-devant par des privilégiés.

» 50. Des pertes subies depuis un an par les maladies épidémiques... » (la dernière ligne complètement illisible).

En marge : « Aux collecteurs et sindic en charge de la paroisse de Hauteville près la Mer » (16).

Une signature lisible sur deux : P. LE MONNIER.

Après nous être occupés des rapports de l'Etat et des particuliers dans la seconde moitié du XVIII' siècle, voyons quels rapports existaient entre les seigneurs et ceux qui faisaient valoir leurs fiefs. Le bail suivant nous en donnera une juste appréciation :

« Du vingtiesme jour de décembre mil sept cent cinquante-neuf, à Hauteville.

---

(16) Impôt territorial en 1775 : 46 liv. 5 sols, reçu de Jean Le Peu, collecteur de Hauteville-sur-Mer (Archives de l'auteur).

» Fut présent Monsieur Pierre-Julien-Marie Ynor, écuier, conseiller du roy, maistre ordinaire en la Cour des Comptes, Aydes et Finances de Normandie, demeurant actuellement à Coutances, lequel a, par ce présent, reconnu avoir baillé à jouir à bail, ferme et loyer, pour le temps et terme de sept années et sept dépouilles qui ont commencé comme du jour sainct Michel dernier et finiront à pareil jour, à Jean et Pierre Lepeu, frères, de la paroisse de Hauteville, présents, preneurs et solidairement acceptant :

» La moytié d'un petit prey nommé le Prey des Héritiers, avec le fossé du bout du septentrion au grand et portant. La rive vers orient, de continence de viron demye vergée, tenant du levant Pierre Videcoq au droit de Pierre Robillard, au couchant, les dits preneurs en partie, en autre partie Jean Lemesle, du midy Monsieur d'Annoville, du septentrion, au chemin d'Hérenguerville à la mer, et une portion de terre au réage du Quesne, contenant deux vergées quatorze perches, ensemencé de bois jan dont les preneurs pourront la dézarter et défricher quand ils jugeront à propos, pendant le cours du présent. Des joints et buts de la dite portion de terre, lesdits preneurs n'ont voulu qu'il en soit fait plus ample désignation, déclarant les bien connaître pour en avoir cy-devant jouit. Le tout assis et situé en la dite paroisse de Hauteville, à charge par les preneurs d'entretenir le fossé, de le réparer de terre comme à locataire appartient et pour en jouir comme ils ont fait cy-devant.

» Le présent bail fait pour et moyennant le prix et somme de vingt-quatre livres par chacun an, payable au jour Saint-Michel de chaque année, première année due au jour Saint-Michel prochain, payable et portable en l'hôtel de mon dit sieur Ynor, à Coutances, et ainsy continuer jusqu'à l'expiration du présent bail ; pour les jouissances passées et échues du jour Saint-Michel dernier, les dits Lepeu se sont trouvés redevables jusques y compris le jour Saint-Michel dernier de la somme de trente-huit livres, laquelle somme ils s'obligent payer toutes fois et quantes, en l'hôtel de Monsieur Ynor, à Coutances. Le présent fait double et signé des partyes, ce dit jour et an que dessus, plus mon dit sieur Ynor réservé avecque les preneurs pour les arrérages d'une partye douze livres de rente. » Suivent les signatures. (*Archives de l'auteur*).

Du peuple au roi, les formules sont plus désuètes et le fossé plus large que du seigneur propriétaire au fermier : le gouvernement qui succéderait à la monarchie pouvait renverser les sommets sans ébranler les fondations ; après la tourmente, les bases de la France, restées immuables, permettraient à l'élément social de reprendre son cours interrompu mais non détruit.

On a dû remarquer que dans la nomenclature des impositions de 1758, aucun employé des gabelles ne se trouve taxé. Le garde des traites privilégiées, d'après le rôle de 1789, fut imposé d'office à 29 livres 6 sols de capitation. Tout l'immense rouage qui fonctionnait alors allait s'arrêter pour toujours sous le doigt de la Révolution.

Nous n'entreprendrons pas l'étude du nouveau mécanisme administratif, décrété par les premières assemblées républicaines, et qui est tel que nos contemporains le connaissent et le contemplent encore aujourd'hui. Nous mettrons simplement sous leurs yeux les événements que la nouvelle forme du pouvoir civil provoqua ou dirigea dans ce qui se nommait, en 1791, la commune de Hauteville près la Mer, titre qu'elle perdit momentanément en 1795 pour reprendre en 1836 et conserver jusqu'à nos jours, où elle est régie, comme toutes les autres communes françaises, par la Constitution de 1875.

Au lendemain des nouvelles lois que les Assemblées issues des Etats Généraux de 1789 (voir Ch. VII) décrétèrent, furent instaurés comme autorités locales : 13 décembre 1792, Nicolas-François Lemesle, maire ; Jean-François Lepeu, procureur (31 janvier 1793), puis agent national (10 septembre 1794) ; Pierre Le Gallais, Philippe Tiphaigne, assesseurs ; membres du Conseil : Jean Billard, Jean Leloup, François Girard, François Lemesle, François Lepeu, notables ; André-Jean Viard, secrétaire-greffier.

Les impôts, depuis 1758, ont plus que triplé. En 1793, les impositions de Hauteville atteignent environ 2.360 livres. Tous les citoyens paient : nobles, prêtres et laboureurs. La population a pourtant sensiblement diminué : au recensement de 1791, elle s'élève à 73 citoyens et à 364 femmes, enfants et domestiques (*Archives de la Manche*).

Voici la liste des contribuables pour 1793 (le système monétaire est encore celui de l'ancien régime) :

150 Le « citoyen » Michel d'Annoville, demeurant à Coutances	192	16	60
151 Jacques Mahé, de Granville	82	16	6
152 François Tiphaigne Gilleberdière, ses frères et neveux	283	15	6
153 La veuve Pimor et ses fils, demeurant à Montmartin	73	6	5
154 Gabriel Hue, laboureur	25	13	9
155 Guillaume Leroussel, laboureur	25	9	4
156 Jean Leroussel	26	7	4

157 Nicolas Tiphaigne	54	5	7
158 La veuve François Mustel et ses fils	53	8	7
159 Jean Onfroy	15	0	7
160 Pierre Tiphaigne, laboureur	22	18	7
161 Les héritiers Philippe Duprey	10	8	
162 André Viard, laboureur	28	16	8
163 Pierre Poulain	16	3	5
164 Les héritiers Jean-Baptiste Viard	76	3	2
165 La veuve Vincent Tiphaigne et ses fils	42	17	5
166 Gilles Poulain, laboureur	10	4	6
167 Julien Tiphaigne, laboureur	28	11	3
168 Pierre Billard, laboureur	33	15	
169 La veuve Robert Jean	22	18	5
170 La veuve François Jean et ses héritiers	46	1	3
171 Jean Leloup, laboureur	25	9	6
172 La veuve et fils Jean Hocquigny	7	4	4
173 Jean Tiphaigne les Marais	12	4	6
174 Charles-Nicolas Bonté	84	1	
175 François et Jean Tiphaigne frères	26	1	5
176 Julien Hue, laboureur	6	13	4
177 Jean Lecluze, laboureur	13	13	4
178 Jean et François Choux, laboureurs	23		1
179 Denis Le Mêle, laboureur	72	19	6
180 Pierre Videcoq	10	8	10
181 Pierre Videcoq, laboureur	9	6	9
182 Jean Jouenne, laboureur	55	8	
183 Guillaume Choux, tant de lui que de sa femme	15	7	6
184 Jean Blaizot, laboureur	7	12	9
185 Alexis Blaizot, laboureur	5	2	
186 Guillaume Alexandre, à cause de sa femme, demeurant à Hyenville	8	5	8
187 Pierre Boistard, l'aisné	37	0	3
188 Pierre Boistard, le jeune	43	9	3
189 François Leloup, laboureur	42	4	5
190 Richard Tiphaigne	21	17	3
191 Jacques Blaizot, laboureur	4	13	5
192 La veuve Richard Lemêle et ses fils	38	4	3
193 La veuve Thomas Créances	19	2	
194 Guillaume Le Mêle	18	4	
195 Jacques-Philippe Lemesle, tant pour lui que pour sa femme	37	6	4
196 La veuve Joseph Aubert et sa fille	3	16	5
197 Jean-Baptiste Le Mêle	26	19	3
198 Guillaume Le Mêle, curé	14	15	3
199 La nation pour le presbytère de Hauteville	3	3	9

200 Nicolas-François Le Mêle, laboureur	48	8	9
201 François Lemesle, fils Pierre, laboureur	14	8	7
202 Jean Ernouf	13	11	8
203 Aimable-Joseph Ernouf	10	8	
204 La veuve Jean Guillard et son fils	10	3	9
205 Georges Lemesle, laboureur	18	13	
206 Pierre Legallais	24	9	2
207 La veuve Pierre Viard et ses fils	35	13	3
208 Jean Viard, laboureur	32	5	3
209 Jean Lepeut ou ses représentants	68	13	3
210 La veuve Charles Lepeut et ses fils	34	16	3
211 La veuve Jean Lepeu et ses fils	23	11	6
212 Pierre Lepeu, fils feu Jean	3	16	5
213 Nicolas Poullain, laboureur	19	12	3
214 Jean-Baptiste Billard, laboureur	4	4	10
215 Guillaume Billard, laboureur	4	4	10
216 Jean Billard, laboureur	7	11	7
217 Philippe Tiphaigne, laboureur	8	9	2
218 François Tiphaigne, fils Guillaume	7	0	3
219 Les représentants Cottereau, dit Maisonneuve (Annoville)	13	2	3
220 Guillaume Tiphaigne, laboureur	24	2	3
221 Jean Choux, laboureur	18	13	6
222 La veuve Jacques Choux et sa fille	10	16	6
223 Pierre Fauvel, laboureur	11	9	3
224 Julien Guillard, laboureur	2	5	
225 Jean-Baptiste Alexandre, à cause de sa femme	6	7	4
226 La veuve Philippe Lepeu et fils, laboureurs..	6	19	3
227 Guillaume Lepeut	7	0	11
228 François Lepeut	7		
229 François Le Mêle	39	7	9
230 La veuve Quesnel, demeurant à Hérenguerville	4	17	7
257 Le citoyen Quesnel, demeurant à Coutances..	50	6	1

Au premier juge de paix, Pimor, descendant des notaires résidant à Hauteville, avait succédé André Billard, de la paroisse d'Annoville, avec pour assesseurs Pierre Créances, Nicolas Lengronne et Guillaume le Courel ; les trois derniers se trouvent rarement aux audiences, dont le greffier est Jacques Duboscq.

Les électeurs du canton de Montmartin-sur-Mer, ne choisissant pas dans notre commune aucun de leurs élus aux Conseils d'administration des districts, ce fut Billard du Hamel, d'Annoville, qui le représenta au Conseil général. Dès 1790, il faisait partie, comme le sieur Bonté, du Conseil du District

et du Directoire du District de Coutances (17) (voir chap. VII
et IX). A ces élections, qui eurent lieu le 23 septembre 1792,
sept cent dix électeurs s'assemblèrent dans l'oratoire de Saint-
Pierre, à Coutances. C'était un dimanche ; sur la proposition
de l'évêque, on se rendit à la cathédrale entendre la messe ;
la Garde Nationale les escortait. Le président du bureau fut
Antoine Vieillard, dit de Boismartin, ancien député à la Constituante. On lui donna pour assesseur Jubé, premier électeur
du district de Cherbourg, et comme scrutateur l'abbé Lemon-
nier, curé de Montmartin-sur-Mer, Blanche, vétéran de la gen-
darmerie, et Havin, administrateur du district de Saint-Lô.
Les électeurs furent répartis entre sept bureaux comptant chacun deux commissaires par district et siégeant dans des locaux
différents désignés par le sort (18). Aux termes de la loi du
28 pluviôse an VIII (18 mars 1800), la Manche comprenait
cinq arrondissements (Cherbourg dépendait de Valognes et fut
rétabli comme chef-lieu d'arrondissement le 19 juillet 1811).
Les cantons de la Manche, que la loi de l'an III avait portés
à 63, furent réduits à 48 par la loi du 23 vendémiaire an X
(13 décembre 1802).

Le 9 avril 1809, la municipalité des deux sections de Montmartin et de Hauteville décida de tirer parti des biens communaux. Le prix de pâturage pour chaque animal fut fixé par
an par tête d'aumaille à 1 fr., par tête de cheval ou d'âne à
0 fr. 50, par tête d'agneau, brebis ou mouton, à 0 fr. 25, par
oie à 0 fr. 25. Pour assurer la surveillance de ces animaux,
on choisit un fonctionnaire remplaçant les blaviers, et que l'on
nomma garde-champêtre ; le citoyen Jean Dorière, de Hauteville, fut le premier à occuper cet emploi (13 mai 1810).

A peine le maire et l'adjoint avaient-ils fait prêter à leurs
conseillers municipaux serment de fidélité au roi, « véritable
et légitime héritier du royaume de France », à cause du changement de gouvernement « qui s'est opéré au grand désir de
tous les bons Français » (25 septembre 1814) (19), que pour la
première et unique fois, ils étaient soumis à l'élection directe
des électeurs (14 mai 1815). Le bureau fut présidé par
M. Bourdon, maire, le secrétaire fut Pierre Dubois, les scru-
tateurs Jacques Dubost, Pierre Robillard, de Montmartin, et
Philippe Lemesle, de Hauteville. Il y eut 210 votants. M. Bourdon fut élu maire et Gabriel-André Tiphaigne, de Hauteville,
adjoint, fut élu par toutes les voix.

____

(17) Sarot : *Organisation des pouvoirs publics dans la Manche sous la
Ire Révolution.*
(18) *Le conventionnel Lecarpentier*, par le vicomte de Brachet.
(19) Archives de Montmartin-sur-Mer.

Si jusqu'alors la section de Montmartin avait été avantagée dans le nombre des conseillers municipaux fournis par elle au détriment du nombre des défenseurs des intérêts hautais, il n'en fut plus de même à partir de 1823. Cinq furent pris dans chaque localité ; ceux que le Préfet avait désignés pour Hauteville étaient : MM. Marc-Antoine Savary, Guillaume Jean, Jean Leloup, Nicolas-François Lemesle, Gabriel-André Tiphaigne. Depuis quelques années déjà, ce dernier était maire de la commune, et ses pouvoirs, déjà maintenus en 1821, lui furent renouvelés en cette année 1823 où on lui nomma pour adjoint Jacques-Benjamin Bourdon. Dès 1825, Gabriel-André Tiphaigne démissionnait ; l'adjoint devint maire et fut remplacé dans sa première fonction par M. François-Louis Jourdan, qui prêta serment en cette qualité le 19 mars 1826 (19). La loi électorale votée en 1817 régissait alors les consultations du peuple ; pour être électeur, il fallait payer un impôt total ou cens de 300 fr. par an et être âgé de 30 ans ; pour être éligible, il fallait 40 ans et verser un cens de 1.000 francs. En 1840, le cens des électeurs fut abaissé à 200 francs, ce qui valut à Hauteville de fournir simplement deux électeurs : MM. Billard et Viard (20). Le suffrage universel devait être l'œuvre de la République de 1848.

Le 24 septembre 1829, la fraction du Conseil municipal composée des représentants de Montmartin se trouvant supérieure à celle des représentants hautais, trouvant utile et avantageuse la réunion des deux sections, s'opposait à leur séparation en des termes doux et persuasifs qui flattèrent peut-être les six Montmartinais, mais que les quatre Hautais, mal convaincus, ne voulurent pas ratifier. Bien plus, ils rédigèrent, au nom de leurs commettants, une nouvelle pétition qu'ils envoyèrent au préfet de la Manche, et que voici :

« Les habitants de la paroisse de Hauteville-sur-Mer à M. le comte d'Estournel, gentilhomme de la Chambre du Roi, Préfet du département de la Manche ;

« Monsieur le Préfet,

« La paroisse de Hauteville-sur-Mer, qui avait, avant la Révolution, une administration locale, fut, à cette époque, réunie à celle de Montmartin-sur-Mer.

» Monseigneur l'Evêque et le clergé en général ayant reconnu l'utilité de la séparation de ces deux communes, viennent

---

(20) Tableaux censitaires, Archives municipales. En 1865, Hauteville est catalogué 5e classe pour la répartition des impôts, la journée de travail y étant cotée 1 fr. 80 (*Annuaire* 1855).

d'obtenir son rétablissement en succursale. Des intérêts non moins graves militent en faveur d'une séparation civile et définitive que les circonstances seules ont pu, jusqu'ici, nous empêcher de solliciter.

» Une population de plus de 600 habitants, des intérêts particuliers et même opposés à soutenir, la rivalité existant par rapport à la répartition des fonds à employer sur chacune de ces deux communes, et qui ne peut tourner qu'au détriment de Hauteville, les inconvénients qui résultent de la réunion pour la tenue des registres de l'état-civil, la presque impossibilité de se marier le même jour à la mairie de Montmartin et à l'église de Hauteville, impossibilité essentiellement contraire aux mœurs ; enfin, le désagrément que nous éprouvons de faire des sacrifices pécuniaires dont nous ne pouvons disposer, et que nous ferions bien plus volontiers et avec bien plus de fruit s'il nous était permis d'en diriger l'application. Toutes ces considérations nous font désirer bien vivement une administration toute paternelle.

» Nous osons espérer, Monsieur le Préfet, que vous voudrez bien les prendre en considération et donner à la commune de Hauteville, en la rétablissant, un nouveau motif de louer votre administration particulière.

» Agréez, Monsieur le Préfet, l'hommage du profond respect et de l'entier dévouement de vos très humbles serviteurs. »

Signatures : A. Le Roussel, J. Lepeu, G. Jean, J. Leloup, Jacques Lemesle, J. Billard, F. Lemesle, Jean Lemesle, M. Savary, P.-J. Lemesle, Jean Videcoq, François Hue. G. Tiphaigne, Pierre Vidcoq, François Leloup, Rustique Poulain, Jean Carpourson (?), Jean Viard, Charles Le Blanc, Jean Boitard, J. Billard, Pierre Jean, Fr. Tiphaigne, J.-B. Tiphaigne, André Jouenne, J.-B. Alexandre, André Viard, J. Audoint, M. Tiphaigne, Pierre Poullain, Gilles Mutel, François Billard, J. Ernouf, G. Billard, Ch. Banneville, P. Lepeu, P. Tiphaigne, Thomas Legallais, J.-F. Lepeu, J.-B. Guillard, Billard, Le Roussel, G. Tiphaigne, H. Tiphaigne, Jean Choux, Guillaume Le Roussel, P. Lemesle, Louis Mutel, P. Tiphaigne, J.-B. Viard, Jacques Mustel, B.-P. Lepeu (21).

RÉPONSE

« Paris, le 12 novembre 1830.

« Monsieur le Préfet,

« J'ai l'honneur de vous transmettre une pétition par laquelle plusieurs habitants de Hauteville-sur-Mer demandent que cette section soit érigée en commune, ainsi qu'elle était avant 1795, époque à laquelle elle a été réunie à la commune de Montmartin-sur-Mer. Ils exposent que leur section renferme plus de 600 habitants, qu'ils forment une succursale, et qu'ils possèdent des marais considérables et susceptibles de procurer des ressour·· suffisantes pour subvenir à tous les frais de l'administration.

» D'après ces considérations, je suis disposé à donner suite à la demande des habitants de Hauteville. Afin de me mettre à portée de la soumettre promptement à l'approbation du Roi, veuillez m'adresser, avec votre avis et celui du Directeur des Contributions Directes, une délibération du Conseil municipal de Montmartin-sur-Mer et un plan indiquant le périmètre de la commune, la position des deux chefs-lieux et la limite qui séparera le territoire de Hauteville de celui de Montmartin.

» Vous voudrez bien y joindre un tableau indiquant l'étendue et la population des deux sections, ainsi que leurs recettes et leurs dépenses présumées après leur séparation.

» Recevez, Monsieur le Préfet, l'hommage de ma considération distinguée (22).

» Pour le Ministre Secrétaire d'Etat de l'Intérieur et par autorisation,

» *Le Chef de la Division*, signé : LABICHE. »

Le six mai 1831, le sectionnement de la commune pour les élections municipales était décidé à l'unanimité. Les élections des 5 et 7 septembre 1831 donnèrent le résultat suivant :

Hauteville : MM. Jacques Le Mesle, Jean Leloup, Guillaume Jean, Gabriel-André Tiphaigne, Od. Tiphaigne, J.-B. Le Roussel.

Montmartin : MM. Pierre Robillard, Jean-Philippe Pannier, Pierre Danlos, Thomas le Requier, Jacques-Benjamin Bourdon, Julien Créances.

L'arrêté préfectoral (23) du 8 novembre 1831 nomma maire M. Pierre Robillard et adjoint M. J.-B. Le Roussel (24).

Le 6 janvier 1835, le Préfet, peut-être pour favoriser l'érection de Hauteville en commune, érection restée depuis 1830 en

---

(21) Une semblable demande a été mise sous les yeux du Conseil général le 17 août 1827. Archives de la Manche, n° 825, 2, 4 C.

(22) Archives de la Manche.

(23) La nomination des maires et adjoints fut une prérogative des préfets jusqu'à la proclamation de la République de 1848. Les maires et adjoints furent nommés par élection par décret du 3 juillet 1848. La première application de cette loi date du 20 août 1848.

(24) Archives municipales.

suspens, désigna pour maire M. J.-B. Le Roussel, qui prit son adjoint, M. Victor Bouchard, parmi les Montmartinais.

Le nouveau maire s'empressa de transporter chez lui, à Hauteville, toutes les pièces et archives de Montmartin et, dans une réunion tenue à son domicile, où cinq des conseillers municipaux de Montmartin refusèrent de se rendre, il se fit non seulement approuver par les membres présents, mais encore il obtint que toutes les opérations administratives de la commune se fissent chez lui ou dans un local voisin, à l'exception des opérations administratives du tirage au sort et les réunions cantonales des maires, ce qui fut admis à l'unanimité (24) (8 février 1835). La cause de Hauteville était désormais gagnée. Le 30 juin 1835, le Conseil municipal donnait un avis favorable à la séparation des deux sections, à l'unanimité des membres présents : quatre montmartinais et six hautais. L'ordonnance royale du 15 février 1836 rendit à Hauteville son droit de cité. On y comptait alors exactement 655 habitants.

Le 20 avril 1836, le Préfet de la Manche prescrivait l'établissement de listes électorales distinctes. Le 21 août suivant, eut lieu l'élection de six membres nouveaux qui, avec les six membres déjà en exercice, formèrent le premier conseil municipal de la nouvelle commune (25). Il était ainsi composé :

> MM. J.-B. Le Roussel, maire ; Guillaume Jean, J.-B. Guillard, Jean-François Tiphaigne, Gabriel-André Tiphaigne, Jean Leloup, François-Georges Lemesle, Jean-François Viard, François Leloup, Pierre Billard, Jacques Mustel, Jean Tiphaigne Rivage.

La situation n'était pas brillante : tout manquait à la nouvelle commune : presbytère, mairie, écoles ; nous avons vu, au chapitre IX, comment fut réglée la question du presbytère et celle des écoles. Les délibérations, dont le premier registre porte la date du 20 février 1836, se rédigèrent au domicile du maire jusqu'à ce que fût édifié, entre le cimetière et le presbytère, le petit immeuble qui fut démoli en juin 1911 et remplacé par la mairie neuve (26).

Le premier budget de la commune, qui s'élève à 1.077 fr. 65 restant bien insuffisant pour faire face à toutes les dépenses, auxquelles se joignirent les frais d'entretien des chemins, il fallut vendre une partie des biens communaux, mettre les

------

(25) Ibid. Le premier registre de Hauteville.

(26) Ce fut dans la vieille mairie que l'on vota, aux plébiscites ordonnés en 1852 et en 1870. Le premier, appel à la nation pour l'établissement de l'empire, fut accepté par 183 voix sur 183 votants. Le second, 18 mai 1870, approuvait les actes de l'empereur par 182 voix contre 1.

autres en lotissement et ensuite les louer par adjudication,
comme la méthode s'en est maintenue depuis (27).

Au début du xxᵉ siècle, la taxe vicinale ayant remplacé les
prestations, qui elles-mêmes avaient pris la place des corvées
de l'ancien régime, le budget municipal hautais s'élevait, en
recettes, à 4.367 fr. 16.

MAIRES DE HAUTEVILLE-SUR-MER

MM.

Jean-Baptiste Le Roussel (1836-1859).

Jean-Désiré Guillard (1859-1865).

Ferdinand Michel d'Annoville (1865-1891) (ce fut lui qui fit
    construire le chœur remarquable de l'église).

François Viard (1891-1892).

Ludovic-Michel d'Annoville (1892-1900).

Gabriel Lemesle (1900), mandat renouvelé en 1908 et 1912.

HAMEAUX OU VILLAGES DE HAUTEVILLE. — FAMILLES.

— DIVISIONS DU CADASTRE (28)

Hauteville a dû avoir, dès le début, la superficie qu'il
occupe actuellement. Il semble toutefois que le village du Nord
soit le plus moderne. Celui de l'Eglise forme la plus importante agglomération et sans contredit la plus ancienne, et
celle ayant subi le plus de transformations. Viennent ensuite
les Mallières, la Brasserie et la Verguie ou Verderye, dont les
noms se rencontrent dans les documents du xᵉ au xiiiᵉ siècles. La Brasserie peut, avec raison, être supposée exister
aux viiiᵉ et ixᵉ siècles, avant l'invasion normande, époque où
les fabriques de bière étaient florissantes, même dans les campagnes. Les Mallières indiquent, en vieux langage, une fosse
à fumier, et ce mot est employé dans le vocabulaire des
dépendances des abbayes. Le mot verderye donne à entendre
qu'un employé important des eaux et forêts, nommé Verdier,
au Moyen-Age habitait sans doute un manoir ayant moulin
et colombier, ce moulin et ce colombier, privilèges des fiefs
de haubert, ayant été désignés sur la carte de Cassini (29),
et ayant conservé jusqu'à la fin du xixᵉ siècle le nom de Houquet. Le village du Four-à-Ban s'appelle encore Hamet du
Four ; les villages de la Croûte (30), les Jardins, le Haut-Che-

---

(27) En 1868, M. Anna Marie vendit à la commune de Hauteville une
mielle ou marais (10 hect. 42 ares 94) au nord du chemin d'Ourville (cadastre de Montmartin-sur-Mer, section C, numéro 1087 P).

(28) Archives de la Mairie.

(29) Archives de la Manche.

(30) A l'extrémité du village de la Brasserie, se trouve le château du

min et les Carrières complètent l'ensemble des habitations, occupées par les descendants des vieilles familles primitives, augmentées elles-mêmes de celles qui sont devenues hautaises depuis le début de l'état-civil (1600). Parmi ces dernières, les Billard sont venus d'Annoville-Tourneville, les Alexandre, de Hyenville, les Fauvel et les Le Gallais, de Coutances, les Guillard, d'Ouville, les Onfroy, de la Ronde-Haye (31). Ont complètement disparu : les Norjot ou Norgeot, Aubert, Hue, Lecluze, Louaintier, Moulin, Sallogue, Hocquigny, Poullain, etc.

Les divisions du cadastre, dont certains noms ont été indiqués au chapitre V, trahissent également une origine très ancienne. Après les Mares et les Claquets, les Grands Yos (Clos) et les Croûtes, les Grands Courtils et les Hardes (du gothique hairde, troupeau), les Fondans et les Jean Briant, on trouve, en revenant au Nord, les Piadours (pledours, plaideurs, français du XIIIe siècle), pièces de terre et prés sans doute sujets de litiges à cette époque ; les Gens, les Giberies (vieux français giber, jouer), et en gravissant le coteau les Palet-Créances, les Chesnelles, les Camps de Bataille, la Maladrie, le Val du Moulin, dénominations évoquant de lointains faits historiques. En allant du nord à l'est et au sud, nous rencontrerons encore l'Entre-Chemins, les Jardins, les Pallières, les Sept-Vergues, les Camps-Guisle, le Mot, le Yos Huguenot, les Vaux de la Lande, les Douets (latin *ductus*, conduit) (32), les Quesnes (chênes), les Hayes, les Sêtes, la Fosse-Aubray, les Sevets, les Champs-Maillart, les Coutures, la Croix Rouge, les Travessins (traverser), l'Acre, le Val de la Sour, etc. Toutes ces étendues diverses de plusieurs hectares chacune, subdivisées en champs bornés de-ci de-là par des haies ou de simples fossés, existent, sous les mêmes appellations, dans les ventes, baux et partages des XVIIe et XVIIIe siècles.

Pavillon et une pièce d'eau, écoulement des prés, qu'on nomme le Canard. C'est cet endroit qui marque la limite entre le Nord et le Sud de Hauteville. Les villages de la Vaulière et de la Verguie sont désignés ensemble sous le nom de *bout du sû*.

(31) Etat civil de Hauteville de 1600 à 1700.

(32) Ces douits, douys, jadis, prés marécageux, sont baignés par le ruisseau « Passe-Vin », qui conduit l'eau d'un pré à l'autre ; dans un sens différent, le chemin rural qui dessert ces prés conduit de la route de Hauteville à la campagne (impasse) à la route de Hérenguerville et de Quettreville.

CHAPITRE XI

Mœurs et Coutumes

> ..... J'assistais, non à une scène d'un jour, mais à la scène
> éternelle que Dieu a dressée en mettant l'homme en société, avec
> ses passions grandes ou petites, basses ou généreuses, l'homme
> toujours semblable à lui-même, toujours agité et toujours conduit
> par des lois profondes autant qu'immuables.
>
> A. THIERS, Fragments de la Préface du XIIe volume
> de *Le Consulat et l'Empire*.

Autour des *villæ* romaines et de leurs colons, des fermes
des rois francks ou leurs compagnons ou leudes, qui recevaient de leur chef la nourriture, le couvert, les vêtements et
les armes, se groupaient les habitations des hommes de la
glèbe et des artisans, cabanes basses, obscures, couvertes de
chaume, dont les murs de bois ou de terre ne résistaient
qu'avec peine aux rigueurs des saisons. Il fallait peu de temps
pour édifier ces logis et peu de temps pour les détruire. Ils
ne pouvaient, du reste, avoir plus de valeur que leurs occu-
pants que l'on échangeait et que l'on transplantait au même
titre que le bétail dont ils avaient soin : c'est l'époque de
transition où le serf garde encore l'allure d'esclave par suite
de la confusion où se trouvent les mœurs, hésitant entre l'état
barbare, et les règles du christianisme. Lorsque les invasions
normandes jetèrent la terreur et la désolation dans les campagnes, l'organisation féodale se forma petit à petit pour leur
résister : pour défendre son fief menacé, ses laboureurs avec
leurs femmes, leurs enfants et leurs troupeaux, le seigneur
fortifia en hâte les églises, élevées généralement sur une hauteur, les engloba dans un système de défense et de construc-

tions de plus en plus complet, à mesure que se déroulaient les années, et en fit les châteaux-forts où s'abritèrent, au moment du danger, toute la population de la plaine. Ce plan, militaire dans la forme et dans le fond, fut le seul efficace et sauva d'un anéantissement complet les familles neustriennes. Il est facile de s'assurer que les abbayes, parce qu'elles étaient surtout des exploitations agricoles recherchant la fraîcheur et la fertilité des eaux et des vallées, et restant ainsi, en dépit de leurs remparts et de leurs fossés, plus vulnérables aux attaques de l'ennemi, furent presque toutes anéanties par les pirates, « qui exigeaient des rançons immenses et se faisaient livrer les serfs avec leurs femmes et leurs enfants » (1). Ce sont pourtant ces mêmes barbares qui, au début du x⁰ siècle, abolissent le servage; l'homme des champs n'est plus désormais une pauvre chose errante, assujettie au caprice du maître, il n'est plus cruellement séparé des siens ; il reste avec eux sur le domaine, transmis avec lui, il est vrai, à un nouveau maître, mais libre de s'affranchir et de posséder, s'il lui est possible de le faire, par gain ou par faveur. Lui qui, de tout l'héritage romain, n'a gardé que son titre de ruptarii, rupteur, rompeur de terre, le reprend comme son véritable parchemin de noblesse, et ce duptarii devient roturier, la force et l'ancêtre du peuple de France : sujet, cultivateur, artisan, vilain ou manant, il commence à recevoir une paie pour son travail, il peut acheter et, de ce coup, devenant possesseur, il verse à son tour une redevance, il s'appelle mainmortable, franc tenancier, ouvrier, marchand ; un pas encore, il deviendra au xii⁰ siècle auxiliaire de l'Etat et homme de confiance du seigneur et s'appellera alors sergent, prévot, notaire, sénéchal, bailli, receveur, maître ès-arts ; hier, toute sa masse s'intitulait « les labours » ; demain, elle est devenue Tiers-Etat. Essayons de la suivre un peu dans ces développements successifs.

Le premier pas du serf vers la condition d'homme libre s'effectua par l'établissement, ou plutôt l'adoption des noms de famille, nécessité imposée par les croisades, où chacun, jouant un rôle dans la masse militaire, devait avoir un signe distinctif rapide et clair. Les seigneurs couvrirent leurs armures de figures symboliques se rapportant à leur entourage, aux circonstances de leur vie, à la situation de leur fief, etc., qui furent leur blason et formèrent les armoiries ; en même temps, ils joignirent à leur nom de baptême le nom d'un de leurs domaines : Guillaume de Saint-Jean, Raoul de Bricquebec, Arnoulphe de Subligny, Robert du Mont, etc. ; le menu

____

(1) Charte de 1297. Archives Nationales, L 971.

peuple suivit la même méthode et ne fut point embarrassé ;
la taille, le caractère, la profession, le lieu d'origine, les
oiseaux, les animaux, les qualités ou même les défauts fournirent à chacun le nom qui lui convenait et, à partir du
XIIe siècle, ces noms sont officiellement acceptés dans les actes.
Les deux plus anciens noms de famille hautais, fidèles sans
doute à leur choix, furent Le Franceis et Le Mesle (1). Le premier est un nom indiquant son origine de race ; le second
dénote un gai neustrien, siffleur comme un merle (2), allié
peut-être au sang normand et peut-être au sang romain, les
deux types s'étant maintenus dans sa famille. Mesle, merle,
melle ou mellulo (latin) sont consignés sous une même dénomination. Foucaud Melle ou Merle, Fouqueron Mellulo (merle
ou mesle) (3), 1254-1304. Ce XIVe siècle va nous livrer une
foule de noms hautais qui ont été sans nul doute introduits
par les soldats de Charles de Navarre. Citons au hasard les
noms de famille et les noms de lieux : Amaury Roussel (1385),
Aufrid Harde-Croute, Michel Tiphaigne (1371), Typhaigne
Beaumont (1402), Jouenne (1500), Louis, Gilles, Guillaume
Choux ; la rue de la Ruette, les Sous-Ville, la mare Fauvel
(1402). Aucun de ces noms n'est inconnu à Hauteville, où
chacun les a prononcés et où ils existent, mais le plus bizarre,
c'est que ce ne sont pas des noms originaires de Hauteville ;
nous les trouvons cités dans la *Chronique du Mont Saint-
Michel*, de M. le chanoine Pigeon, comme noms courants des
familles et des villages de Genetz, localité de la baie du
Mont Saint-Michel, et la coïncidence ne peut s'expliquer que
par la communauté de faits historiques dont Genetz, comme
Hauteville, a été le théâtre : Genetz était le seul port important de la Basse-Normandie au XIVe siècle ; les Navarrais,
maîtres des domaines du Cotentin, s'emparèrent de Genetz
pour la facilité de leur trafic avec l'Espagne, et à partir de
1368 jusqu'à la mort de Charles le Mauvais, ce fut une allée
et venue incessante des troupes de ce roi entre les forteresses de Regnéville, de Coutances et de Gavray, et le port où
embarquaient et débarquaient les marchandises et les provisions de toutes sortes. Rien d'étonnant, dès lors, que les
habitants, par crainte, par espoir de gain ou par nécessité, ne
suivissent les soldats et n'aient ainsi mélangé les familles et
les noms d'endroits avec d'autant plus d'aisance que notre

---

(2) Les merles, en patois hautais, sont appelés mesles. Les armes de Guillaume le Melle, lieutenant général du bailli de Rouen (1449), viennent affirmer cette assertion. Elles sont : un ange tenant des deux mains un voile
chargé de trois merlettes sur des rameaux (Archives de la Seine-Inférieure,
sceau apposé sur un acte concernant l'abbaye de Valasse).

population était elle-même une population maritime. Le fait est assez unique pour avoir mérité d'être signalé.

Le deuxième échelon que gravirent les serfs pour atteindre l'émancipation fut le droit d'acquérir, nouveau bienfait des Croisades. Dans l'enthousiasme du départ, beaucoup de seigneurs, plus riches de renommée et de bravoure que d'écus, cédèrent, pour remplir leur escarcelle et équiper leurs archers, partie ou totalité de leurs fiefs les moins importants. Parmi leurs tenanciers, chacun put alors acquérir un petit lopin, fruit de bien des sueurs, augmenter son troupeau et ensemencer plus de grain ; nous voyons en effet, vers l'époque de Saint Louis, la valeur du froment plus bas qu'aux siècles précédents. Pour donner à ces transactions de suzerain à vassal le caractère voulu d'authenticité, le seigneur créa les notaires, simples scribes qui, au XIe siècle, rédigeaient les actes et ne les signaient pas. Auparavant, on se contentait d'indiquer aux personnes présentes que telle convention, faite en telle année, est signée du donateur en présence des témoins. Seigneur, abbé, évêque ou bourgeois corroborent leurs écrits en ajoutant leurs armes ; les sceaux étaient appendus aux chartes par une lanière de parchemin (3). Au XIVe siècle, Philippe le Bel défendit aux seigneurs d'instituer à l'avenir aucun notaire ou garde-note. Il n'y eut dès lors que des tabellions royaux auxquels Charles VI, en 1411, permit de mettre, à l'entrée de leur étude, les panonceaux du roi. Ils signent désormais leurs actes, avec grande profusion de lettres gothiques et d'entrelacs. Les actes touchant à l'administration reçoivent le sceau des vicomtes qui, en temps d'occupation anglaise, se jugent hommes de grand sens en écartelant leur écu, les trois fleurs de lys d'une part, et les trois léopards de l'autre (4). Nous avons vu, dès le XIIIe siècle, les sergents, agents de surveillance dépendant du roi, collecteurs des impôts et recruteurs des troupes. L'ordre et la hiérarchie, après la propriété, pénétraient dans les mœurs. Les plus favorisés, peut-être sur l'impulsion de saint Louis, penché

---

(3) Extraits du 3e registre de la Chambre des Comptes, C fol. 87 (1350).

(3 *bis*) *Chronique du Mont Saint-Michel*, chan. Pigeon. Lorsqu'on voulait donner à la charte une approbation plus solennelle, le seigneur déposait le parchemin sur l'autel de son église ou de l'église qu'il favorisait. Robert de Peretot (Prétot) et sa femme Béatrix concèdent de cette manière l'église de Prétot à l'abbaye de Lessay (Journal d'Odon Rigault, archev. de Roune (1258). Ann.. 1851). Philippe de Hauteville renouvelle le même geste en donnant à l'abbaye de Savigny l'église de Hauteville (1186). Arch. Nat., L 971.

(4) Armes du grand bailliage du Cotentin 1331 : Fleur de lis complète ; à droite vers le chef une porte ou château surmontée de trois tours, dont celle du centre est plus élevée ; en pointe, du même côté, un petit écu de France.

avec sollicitude sur les misères humaines, commencèrent à connaître la pitié et la solidarité entre concitoyens : semblables aux enfants qui épèlent, les peuples se familiarisaient avec l'alphabet des vertus et des devoirs : on fonde à ce moment les Charités, premiers bureaux de bienfaisance qui existent jusqu'à la Révolution sous le contrôle de l'Eglise. Les luttes sanglantes qui se produisirent aux différentes phases de la guerre de Cent Ans ajoutèrent à la compassion pour les vivants, le souvenir et le respect des morts. Les monuments funèbres s'élevèrent de tous côtés et prouvent des sentiments qu'on pourrait presque s'étonner de constater en ces temps restés encore rudes. Les événements des XVIe et XVIIe siècles ont malheureusement anéanti ou brisé ceux qui ornaient les églises, les cloîtres et les chapelles. Le culte des morts s'affirma également par l'institution des obits ou services religieux pour les défunts, qui commencent au XVe siècle (5) ; il est presque certain, si l'on a égard au soin pieux avec lequel les Hautais d'à présent entretiennent la mémoire de leurs morts, que les donations dont nous trouvons les traces dans les archives à partir du XVIIe siècle (voir chaptre IX) n'étaient que la suite d'autres donations consenties dès le début de cette respectable coutume. « La grande pitié régnant au royaume de France », selon le témoignage de Jeanne d'Arc, s'était à coup sûr révélée aux populations de toutes les parties du royaume ; le sentiment patriotique, éclos au milieu des angoisses, resserrait les rapports entre les concitoyens ; les habitants des paroisses recevaient l'écho des désastres par la voix des prêtres, avertis eux-mêmes par les lieutenants des vicomtes et des baillis ; ceux-ci chargeaient le curé de prévenir les paroissiens des levées d'impôts extraordinaires, des réquisitions réclamées par la nécessité des armements, de l'organisation des milices. En sortant de l'office, les assistants restaient sous le porche, échangeant entre eux leurs réflexions, fixant la manière dont ils verseraient l'impôt, étudiant les moyens de résister à l'invasion anglaise : véritables conseils de commune, premières assemblées municipales dont les arcades de granit des monuments religieux furent les premiers hôtels-de-ville. Le grand nombre des assistants s'en rapportait aux plus notables et approuvaient d'avance ce qu'ils devaient décider. Lorsque les temps de trouble laissaient quelque répit, c'était encore au sortir de la messe que, suivant la coutume de Normandie, le notaire lisait les contrats de vente publiés et audiencés devant le peuple et appelait quatre

---

(5) *Essai historique sur l'hospice de Coutances*, M. Le Cacheux.

témoins qui le signaient avec lui. Les fonctionnaires étaient déjà considérés comme liés d'honneur au pouvoir dont ils dépendaient — celui du roi de France, tout fou et abandonné qu'il fût en 1418 — puisque les chroniques appellent l'attention sur un certain Jean Hune, vicomte de Coutances, qui se sauva à Rennes en laissant aux mains des Anglais les papiers de sa recette ; c'était l'année du début de l'occupation anglaise en Cotentin ; personne ne se sentait le cœur en joie, et pour chanter les offices les jours de fête, les curés des paroisses, pour s'assurer de chantres, prirent l'habitude de les garder à dîner, coutume qui, aux grandes fêtes, s'est conservée depuis lors dans nos campagnes. Si le peuple trouvait bien difficilement les ressources suffisantes pour vivre, les garnisons des troupes ennemies ne manquaient pas de se ravitailler sérieusement. Les comptes du roi de Navarre nous révèlent « que furent fournis aux troupes occupant le château de Gavray, sous le scel du bailliage de Villedieu », c'est-à-dire réquisitionnés sur la population du dit bailliage : 22 boisseaux de pois, 5 quartiers de fèves, 35 fliches de lart, 60 livres de beurre et 40 boisseaux de sel. Une quantité si prodigieuse de sel devait entrer dans la composition de la poudre (1367). Bien peu de forteresses résistèrent à ce nouvel engin : Duguesclin, tout le premier, en fit sauter plusieurs, entre autres ce « chastel de Gavray » où Charles avait déposé ses trésors. Le peuple ne regretta pas ces donjons et ces formidables murailles qui lui avaient naguère servi d'asile, et que l'époque de la Renaissance devait transformer en leur imprimant un caractère plus moderne et plus accueillant. Mais on peut déplorer la disparition de ces meubles anciens, d'une valeur inestimable, bahuts, armoires, lits et sièges de chêne sculpté, disloqués ou brûlés avec les manoirs qui les contenaient, et dont on a pu copier la forme sans leur donner le cachet et la patine que leur avaient imprimés les siècles. Plus de 20.000 meubles anciens qui ornaient les habitations seigneuriales des XVe et XVIe siècles, dans le Cotentin et l'Avranchin, se sont trouvés ainsi réduits à quelques centaines presque hors d'usage, la plupart relégués dans les greniers, où il a fallu les découvrir au siècle contemporain. Autrefois, les ducs de Normandie rois d'Angleterre, avaient établi, dans la forêt de Cerisy des ateliers de tourneurs et de tailleurs de bois qui remplirent les abbaies, les églises et les châteaux de toutes sortes d'œuvres, ayant asteliers de hucherie, buffeterie, literie, tabletterie, faudestellerie et toutes autres mennœuvres (6). Il y avait en 1552, 205 chefs d'atelier dans la forêt de Cerisy, l'ameublement

____

(6) Annuaire 1860.

ayant suivi, comme en toutes choses, les progrès du luxe et
l'amour du confortable. A partir du xvi' siècle, s'y joignit la
construction de ces hautes horloges normandes aux caisses
toutes hérissées de moulures et bosselées de figures en relief
qui retiennent l'admiration. L'administration des eaux et
forêts, dès 1434, avait donné aux tourneurs le règlement ci-
après : «.. Et sy peuvent prendre le bois que ilz mettent en
œuvre quelque part que il leur pleit par achat ou autrement
hors les forêts du roy, et sy sont en pocession et saisine que
quand leur mennœuvre est faicte de la mener et porter vendre
ès foires et marchies et quelque part que il leur plest, sans
coup de martel et sans aucun signe ou escantillon prendre
pour ce faire et sans ce que eulx doient ou puissent par raison estre arrestez ne empeschiez en ce faisant. Et de ce, ont
eu bonne pocession et saisine de si long temps et tel qu'il
n'est mémoire du contraire veu leurs tiltres. Et pour les fran-
choses dessus desclairées sont tenuz rendre et paier chascun
an à celui qui tient la flefferme les rentes et services qui en
suivent, cest assavoir deniers aux termes de Saint-Michiel et
de Pasques, selon la quantité de leurs tenements et pour chascun qui tient illec feu et lieu un quartier d'avaine à la mesure
du lieu. Item sont tenuz aidier à fener le fouin des prés Jouen
et à faire ou aider à faire le carriage des meules et dit mes-
rien (midi) et cauchier (coucher, ouest), le no (nord du moulin
de la dite flefferme » (7).

C'est sans doute en ces « foires et marchies » où les artistes
tourneurs portaient leurs coffres, dressoirs et armoires que les
Hautais du temps prirent l'habitude et le goût de ces vastes
meubles dont ils peuplaient leurs salles basses, aux épaisses
solives reliées par des « rouis » ou rondins de bois soudés à
l'argile, et aux vastes cheminées capables de réunir autour du
feu toute une famille. Les dimensions de ces logis, dont beaucoup existent encore, ne variaient guère d'un foyer à l'autre :
on y ménageait la place de deux lits au fond, séparés par
l'armoire, transmise jalousement de mère en fille ; près de la
fenêtre courait un banc, entourant la table ; le dressoir, près
de la porte, le buffet, en face la cheminée, et un petit placard,
« l'aumare », entre la cheminée et la fenêtre, formaient tout
l'intérieur familial. Les plus aisés y ajoutaient l'horloge ou un
de ces « coucous » coloriés, au mouvement bavard et qui était
indispensable dans le logis des « mariniers », attentifs nuit
et jour à l'éternel et régulier balancement du flux et du reflux. Vivant toute leur vie entre ces deux natures de la terre
et de la mer, toujours pareilles et toujours renouvelées, nos

(7) Extrait de l'Etat des forêts de Normandie, Biblioth. de Rouen.

paysans introduisaient dans leurs mœurs cette stabilité dont le tableau se fixait sans cesse devant eux, et rien à l'extérieur ne leur présentant de nouvelles figures, les générations reproduisaient exactement l'allure et les gestes de celles qui les avaient précédées. Les rites religieux coupaient seuls l'uniformité de leur existence, et, toujours immuables eux-mêmes, ramenaient les paroissiens dans le cercle des mêmes traditions. Certaines n'étaient que la transformation des coutumes païennes ou la continuation d'un geste latin : combien de petits Hautais d'antan, aux heures du carnaval, se réjouissant de fixer « un bégas », bois ou chiffon, dans le dos d'un passant, ont toujours ignoré qu'ils renouvelaient le geste des gamins de Rome, « attachant des queues de mouton aux robes des piétons pour les rendre ridicules » (*qui te deridet, caudam trahet* (Horace, Satire II). D'autres fêtes antiques s'étaient perpétuées à travers les siècles : les brandons (falli-fallos), qui faisaient courir toute la jeunesse à travers la campagne, les feux de la Saint-Jean, autour desquels se formaient les rondes, et qui préparaient les réjouissances de l'« Assemblée », fête communale et patronale où chacun, paré de ses plus beaux habits, circulait sous les tentes, la famille au grand complet s'attablant à manger « le garo », pain léger aux œufs, étendu de beurre frais et arrosé de bon cidre pur jus. Les petits forains complétaient la fête, flanqués de marchands de cerises, et, au sortir des offices de la Saint-Jean, toute l'assistance se pressait pour remporter à la maison les beaux fruits rouges, moins attirants encore pour les marmots que les raquettes et trompettes criardes dont ils s'évertuaient pendant quelques jours, à tirer des sons discordants. Le mauvais état des routes et l'absence de divertissements, la gravité de leurs occupations et la continuité ininterrompue du travail faisaient de ces fêtes, pour les paysans, des étapes de jouissance dont on se préoccupait à l'avance et dont on se souvenait longtemps après. Avant la Saint-Jean, les Hautais célébraient leur mémorable pèlerinage de Sainte-Barbe (voir chapitre IX), comme ils étaient fidèles aux processions des Rogations, précédés d'un sonneur qui, agitant alternativement dans chaque main une forte clochette, semblait personnifier la résurrection de la terre. Aux jours sombres de la Révolution, Mirabeau lui-même, qu'on ne peut taxer d'esprit rétrograde, aimait à évoquer les pèlerinages et les processions qu'il aurait voulu raviver : « Les cailloux deviennent ronds et polis par le frottement, disait-il, les hommes se civilisent par la société » (8). Quand revenaient les soirées d'automne et les lon-

---

(8) Mirabeau : *L'Ami des Hommes*, Iᵉʳ.

gues veillées, les familles hautaises se réunissaient aux « paqueries » d'oignon, auxquels on faisait la toilette pour porter aux foires, existant telles qu'elles sont encore à présent (9). En faisant tourner les joncs brillants, « la lègue », autour des tiges de l'oignon bien lissé, jeunes gens et jeunes filles répétaient, à gorge déployée, les vieilles chansons françaises, les complaintes qui étaient de mode au xvi⁰ et au xvii⁰ siècle, les couplets des matelots « terreneuvas ou marins des flottes du roy », et jusqu'à une heure avancée de la nuit se prolongeait la paquerie, aujourd'hui chez les uns, demain chez les autres (10). La foire de Montmartin, en dépit de sa déchéance, restait le grand événement de l'hiver ; les enfants en rêvaient d'avance ; on s'approvisionnait de châtaignes et de salaisons, on y achetait les molletons pour les blanchets des pêcheurs, le droguet pour le trousseau des nouvelles mariées, la toile pour meubler les armoires normandes parfumées de plantes aromatiques ; on y achetait les ustensiles de ménage, les terrines pour verser le lait, les pots de terre cuite pour les conserves de lard, les pots vernissés, grands-parents des élégantes chaufferettes modernes, les pelles pour tourner les galettes de sarrasin ; et tout ce monde, grand et petit, rentrait de la foire comme d'une fête, parfois sous la neige, mais la gaieté au cœur, en pensant au roi des cultures, le blé moissonné de la veille, que les frimas allaient préserver de la rapacité des corbeaux. Ce labour du blé, lui aussi, était une fête ; grave et solennel jour où tout s'accomplissait comme un rite destiné à engendrer la vie : ce jour-là, on ne mangeait pas la quotidienne galette ni le morceau de porc salé entouré de choux ; le mets le plus délicat connu du paysan, la poule que voulait lui procurer Henri IV, était égorgée pour le repas des laboureurs, et, assurément, on goûtait en la mangeant le cidre nouveau de quinze jours à peine ; les riches seuls pratiquaient ces semailles au xvii⁰ et au xviii⁰ siècle, la masse de nos pères se contentant d'ensemencer l'orge, le méteil et le hâtiveau. Dans les vingt années précédant la Révolution, les rapports des intendants de la généralité de Caen constatent que sur la côte de la vicomté de Coutances, il n'est labouré aucun froment (11). Les Hautais du xviii⁰ siècle, en mordant

---

(9) Léopold Delisle : *Classe agricole.*

(10) C'est une vieille coutume en ce pays et crois que partout ailleurs de se trouver et amasser chez quelqu'un du village au soir pour tromper les longueurs des nuits à l'hyver. Il se faisoit des fileries qu'on appelait *veillois...* où se trouvaient de tous les environs hardeaux (jeunes gens) illec s'assemblant et jouant à une infinité de jeux ; les filles, d'autre part, leurs quenouilles sur la hanche, filaient... (Noël du Fail : *Contes d'Eutrapel*, xvi⁰ *siècle*).

(11) Archives du Calvados, C.2269.

leur pain d'orge, si dur dans les rudes hivers qu'il fallait le couper à coups de hache, trouvaient moyen d'être gais, sinon aisés : « Contentement passe richesse ; on peut dire aussi : contentement se passe de richesse. A mesure que les idées générales, avec le bien-être, se répandaient, il semble que l'on voit reculer de plus en plus les vieilles coutumes joyeuses ; c'étaient de pauvres gens que nos villageois, mais le bonheur ne dépend pas de la fortune, mais de la modération des désirs et du défaut de préoccupation de l'avenir » (12). L'ambition de nos ancêtres était de maintenir leur patrimoine en l'agrandissant et en ne demandant à leurs fils que de maintenir à leur tour la même propriété et les mêmes traditions. Une fois par an, le chef de famille réunissait à sa table les fils, filles, brus, petits-enfants, frères et sœurs, neveux et nièces ; le grand banc et les « bancelles » étaient au complet autour de la longue table à pétrin, chaque quinzaine berceau du pain. Peu démonstratif parce que trop occupé, l'ancêtre contemplait ce jour-là tout à son aise l'épanouissement de sa race, tandis que circulait à la ronde tout le « cycle » de l'abat de cochon, « soupe à la courraie », grillades dorées, boudin fumant, « diable » (filet de porc) croustillant et juteux, le tout servi dans la vaisselle dont un contrat de mariage nous laisse l'énumération, en même temps que l'ensemble du mobilier nous y est exactement fixé (13), tel que l'usage s'en est perpétué de 1650 jusqu'à la Révolution.

Apports de la mariée : deux douzaines de chemises, deux douzaines de draps, un lit avec coétil de plumes, paillasse, deux oreillers plumes, une couverture tissée et une castalogue (couverture laine pure), une paire de rideaux de lit, de toile peinte (indienne), huit habits de lame (laine) cordée, droguet (laine et fil) ou coton ; plusieurs coiffes et mouchoirs de cou (fichus) brodés, une cape de deuil en camelot (laine et fil), six livres (valeur) de vesselle ; 6 livres de poëlerie (chaudrons, passoires, poëles, marmites), un rouet pour filer le fil ; les plus aisées une armoire en chêne fermant à clef, une vache et plusieurs brebis (14).

Pour l'apport du mari, on peut s'en référer à l'inventaire suivant de cette même époque :

Un cheval (bat, sangle, bride), un chartil à « éclettes », un tonneau, une faux, un moulin à grugette (pour le sarrasin),

---

(12) Babeau : *Le Village sous l'ancien régime.*

(13) Archives de l'auteur. Extraits de contrats dressés par Mᵉ Pimor, notaire.

(14) Au jour des noces, il était d'usage, après la bénédiction nuptiale, de faire revenir à la maison le curé de la paroisse, qui procédait à la bénédiction du lit. Cette coutume remonte, paraît-il, au début du xvᵉ siècle.

un savre (filet de pêche), un tablier de cuir, une paire de bottes, deux cosnes de mer, une table, deux « bancelles », deux tabourets, une chaise, une horloge, un porte-vesselle (sorte de dressoir à galeries en bois découpé, que l'on voit encore garni de plats et d'assiettes en beaucoup de maisons), une barette (baratte), un râtelier à pain, une lampe (15), une casterolle d'étain, six cuillers d'étain (on ne connaît pas les fourchettes), deux barriques, deux auges à porc, deux cuves avec tables, dix-huit bouteilles, deux gamelles étain, une herse, deux faucilles, deux paniers à varech, un demeau, un râteau à dents de fer, quatre mannequins (grands paniers dans le genre des harasses à beurre).

Les mariés trouvaient encore dans le buffet un pot de graisse, un de beurre, un de lard, quelques terrines et écuelles de terre brune, et ainsi s'embarquaient-ils paisiblement pour leur vie entière, en trouvant le moyen d'avoir quatre à six enfants. Ne pensons pas que ce fut l'âge d'or : l'hygiène, fort méconnue dans ces rez-de-chaussée aux ouvertures rares et étroites, surplombés par des cours regorgeant de fumier, prenait parfois de terribles revanches ; les épidémies de petite vérole et de fièvres putrides, qui remplaçaient la peste des temps de troubles et de guerre, fauchaient successivement les familles et chaque famille. En quelques jours, la maison restait vide : l'état-civil des années 1640, 1652, 1676, 1681, 1749, 1786 et autres en fournit la preuve lamentable. Par une coïncidence remarquable, ces épidémies se déclaraient du mois de septembre au mois de décembre, y compris celles de 1786 et de 1859, les plus terribles de toutes, surtout la dernière, où les conditions de la vie, complètement modifiées et améliorées, auraient semblé devoir prévenir le retour de ces calamités.

Dans le contrat ci-dessus cité, il n'est aucunement question du vêtement du mari. Au XVIIe siècle, les laboureurs portaient le pourpoint de drap, de « tiretaine », de « tresly » (treillis, coton), les hauts-de-chausses (culottes) de laine avec des manteaux formés de trois ou quatre peaux d'agneau et quelquefois un justaucorps ou veste descendant au genou. Avec le règne de Louis XV, l'habit, la veste et la culotte se montrent partout dans les campagnes ; l'étoffe est maintes fois tissée par les femmes et doublée de serge ou de basin et de « fort en diable ». Le chapeau noir ou gris à larges bords est relevé sur deux ou trois côtés ; il se pose sur les cheveux liés en cato-

---

(15) Les lampes de ce temps ou crassets étaient de simples récipients à huile où trempait une mèche soutenue par un crochet à un support quelconque, autour duquel on s'assemblait.

gan, « la couette », comme on dit familièrement à la campagne, à laquelle certains vieillards restèrent encore fidèles en
plein xixᵉ siècle. Les paysans d'ancien régime prenaient un
soin extrême de leur unique paire de souliers, solides, à triple
semelle garnie de clous. Autrefois comme aujourd'hui, les
sabots étaient la chaussure usuelle de tous les Hautais, et de
tout le peuple des campagnes, sabots creusés d'une seule pièce
où les Gaulois auraient reconnu une copie de leurs « gallicœ »,
qui ont donné leur nom à la branche plus élégante de sabots
que nous appelons galoches (16). Les laboureurs n'ignoraient
pas le linge, la chemise, dans les jours brûlants, constituant
à toutes les époques leur unique veste de travail. Peu de temps
avant la Révolution, ils prirent l'habitude d'endosser, parce
que moins salissante, une sorte de saie de toile grise faite en
forme de grande chemise avec des ouvertures latérales par où
passer les mains dans les poches de la veste (17). C'était la
blouse, dont on ignorait même le nom sous Louis XV, et qui
s'est répandue dans nos campagnes à un tel point qu'on a
voulu y voir un vêtement national d'origine gauloise, et que
la faveur de la blouse, due sans doute à sa forme pratique,
s'est maintenue jusqu'à nos jours. Dans la première période
du xixᵉ siècle, vu l'augmentation considérable de la valeur de
chaque objet, les confortables collets de peau d'agneau de
l'ancien régime furent remplacés en Basse-Normandie par des
manteaux à pèlerines, d'un tissu de chanvre grossier à raies
coloriées, plus écrasant que moelleux, et qui, sous le nom de
limousine, préservait de la pluie les paysans allant au marché.
longtemps elles furent fidèles, dans les grandes cérémonies,
Nous avons parlé des robes de cheval des femmes (chap. IV) ;
aux jupes plissées à même le corsage à manches larges ouvrant sur des manchettes de dentelles, au fichu bien épinglé
et plissé sur lequel brillait la croix d'or, suspendue à l'esclavage, longue chaîne également d'or, tandis que s'enlevaient,
gracieuses, au vent, les barbes brodées de l'immense bonnet
rond au fouillis de dentelles et de la volante plissée et ajourée
sur les bandeaux blonds et châtains ; costume national hautais aujourd'hui enseveli et ignoré ! Désormais, les dentelles,
les voiles de linon brodé, les châles croisés aux angles fleuris
de dessins, les coiffes de tulle ornées d'arabesques ont légué
leurs artistiques fantaisies aux luxueux trousseaux des jeunes
filles modernes.

Somme toute, depuis 300 ans, le paysan hautais, semblable
sans doute à tous les autres, fait acte d'homme libre et pos-

---

(16) *Histoire de France*, d'Arsac.
(17) Babeau : *Le Village sous l'ancien régime.*

sède une personnalité. Il traite directement avec l'administration royale et discute les abus dont il se croit l'objet. En 1734, au collecteur de la paroisse Jean Le Peu, Jean Le Mesle, fils Pierre, déclare une maison et quinze vergées de terre ; il paie 3 livres 4 sols ; Hervé Le Mesle a déclaré une maison et quinze vergées de terre, il paie 3 livres 4 sols.

De la main du collecteur : « Par supplément, augmentation pour plus de valeur : 7 livres 8 sols. Signé : J. Le Peu. »

Les deux frères protestent et rédigent la supplique suivante :

PAROISSE DE HAUTEVILLE-SUR-MER

« A Monseigneur l'Intendant de la
Généralité de Caen,

« Supplient humblement Jean et Hervé Le Mesle, de la paroisse de Hauteville-sur-Mer, et vous remontrent qu'ils auraient fourni chacun leur déclaration de ce qu'ils possèdent de bien dans la dite paroisse suivent et en exécution des ordres de Sa Majesté, scavoir d'une maison et quinze vergées de terre que chacun des deux frères possèdent suivant les partages par eux faits du bien de Pierre Le Mesle leur père, passés devant Pierre Pimor, notaire, le 20 septembre 1729; cependant, les suppliants se trouvent imposés sur le rolle de supplément de la dite paroisse, en outre de la somme de 3 livres 4 sols, prix du dixième de leur bien qu'ils paient chacun, faisant pour les deux 6 livres 8 sols, à celle de 7 livres 8 sols d'augmentation, sous prétexte qu'ils sont devenus héritiers de Pierre Le Mesle, ce qui fait un double employ, les dits suppliants n'ayant hérité d'aucun bien que celuy porté par les partages ci-dessus énoncez, abandonnant tout autre bien que ceux qu'ils ont déclaré qu'on voudrait justifier leur appartenir dans la dite parroisse, pour quoy, vu qu'ils ont donné leur déclaration juste de ce qu'ils possèdent dans la dite parroisse, ce qu'ils justifient par la copie des dits lots et partages, et abandonnant tout le bien dans icelle.

« Les suppliants ont recours à Votre Grandeur, A ce qu'il vous plaise, Monseigneur, ordonner que les dits suppliants demeureront imposés chacun à la somme de 3 livres 4 sols et qu'ils seront déchargés de celle de 7 livres 8 sols à laquelle ls sont compris dans le rôle de suplément et vous obligerez les dits suppliants à continuer leurs vœux pour la conservation et prospérité de Votre Grandeur.

« Présenté le 28 de septembre 1735. » L'aîné signe seul (18).

---

(18) Archives de l'auteur, format papier ministre 1734.

Cette démarche leur valut près de deux livres de diminution, car au bas de la supplique, il est répondu :

« Jean et Hervé Le Mesle.,
« A réduire à 5 livres 12 sols l'article 6 porté du rolle de suplément de la ditte parroisse sous le nom de Jean Le Mesle, fils Pierre, et Hervé Le Mesle, au droit dudit Pierre.
« A Caen, ce 2 mars 1736. » (Signature illisible).
« Bon suivant l'avis du Directeur de Caen, le 20 mars 1736.»

(Signature illisible).

Cette rédaction, libellée par deux simples laboureurs, prouve que le paysan a dès lors ses idées à lui, une manière de juger conforme à l'opinion générale, un vague désir de se policer et de perfectionner son travail, et une notion d'égalité qui va toujours croissant. Il s'est instruit de la sorte à courir le monde, en service sur les bateaux de Terre-Neuve ou sur les vaisseaux du roy. Les actes du gouvernement royal lui-même ne restent pas en dehors, non seulement de son appréciation, mais encore de son *approbation*, et cette approbation, fait digne de remarque, ne dément pas le jugement de l'histoire. Dès le début de l'état-civil de Hauteville (1601), la classe des laboureurs, paysans et artisans des campagnes, après les horreurs des guerres religieuses, conserve de la reine Catherine près de quinze ans après sa mort, un souvenir plutôt reconnaissant : il a été dit qu'elle combattait les huguenots, qui ont fait tant de mal en Cotentin. Et toutes les familles de s'empresser d'imposer le nom de Catherine à leurs nouvelles-nées. Il y a une « Katherinne » Boistard, une Kat. Jouenne, une K. Lemesle, une K. Le Peu, une K. Norjot, une K. Tiphaigne, etc. Le même fait se renouvelle cinquante ans plus tard : cette fois-ci, ce sont des Anne. Anne d'Autriche, qui a gouverné avec le vrai souci des intérêts français, a, elle aussi, bonne renommée. Une fois de plus, le peuple a confirmé l'adage : *vox populi, vox Dei.*

La même popularité, refusée aux reines du xviiie siècle, s'est révélée à deux reprises dans notre xixe siècle, où toutes les campagnes ont fourmillé de Joséphine et d'Eugénie, jusqu'en 1870, tribut flatteur des deux impératrices.

Les rapports des paysans à seigneurs subissent, eux aussi, l'influence du mouvement des esprits. C'est dans un acte du 2 janvier 1743, dressé par Pierre Pimor, notaire royal (18), que l'on trouve pour la dernière fois la formule ci-dessous, vestige suprême de la féodalité : «... envers laquelle il n'est deubs aucunes rentes fors et réservé les droits et devoirs seigneuriaux casuels acoutumés estre faits, avec le service de prévôté que les dits acquéreurs feront et acquiteront au temps à venir

à tour et rang comme les autres vassaux. » Dès l'année suivante, cette clause est supprimée : le laboureur se considère
un fermier, et non plus un vassal ; il recherche encore un
protecteur, il ne veut plus un maître. Il tient à honneur de
réclamer des nobles de la paroisse la flatteuse concession
d'être parrains et marraines de ses enfants, il aime à les voir,
à l'église, occuper le banc seigneurial, et conserver le premier rang dans les cérémonies, mais dans sa vie elle-même,
si modeste soit-elle, il ne supporte plus déjà le contrôle du
propriétaire.

Cette évolution de l'esprit paysan et roturier resta malheureusement trop ignorée des Bourbons du xviiie siècle. Males-
herbes, méditant avec amertume sur les actes de son ministère (sous Louis XVI), où le roi et le ministre, animés des
meilleures intentions, ne réussirent qu'à se rendre impopulai-
res, disait à la fin de sa vie : « Nous avons mal administré,
ne connaissant les hommes que par les livres et, sans le vouloir ni le prévoir, nous avons contribué à la Révolution » (19).

Les partages entre les frères et sœurs, surtout si celle-ci
est « fréresse », c'est-à-dire *seule* fille, se font à l'amiable,
devant notaire, et les lots sont enregistrés, ou mieux « con-
trollés » à Coutances. En voici un modèle :

« Ce sont deux lots et partages d'héritages situés en la parroisse de Hauteville près la Mer que fait, à fin de partage,
Jean Lemesle, de la dite paroisse, et les baille à Hervé Lemesle son frère, pour les droits et impositions et ensuite procéder à la choisie d'iceux dans le temps de l'ordonnance, pour
en jouir comme du jour Saint-Michel prochain, aux charges
et conditions cy après et en disposer comme de leurs propres
biens à eux appartenant dont la teneur s'en suyt :

« Qui aura le premier lot aura une maison se consistante
en une sale et un *sallon* (20) avec y attenant deux eltables et
un celié. Le tout s'entretenant qui joint du levant et du couchant Antoine Lepeu et un chemin allant du village à la campagne. Item aura un petit jardin potager estant du costé du
midy de la maison. Item aura deux champs de terre au réage
du Val du Moulin, etc. Item aura la moitié d'une pièce de terre
nommée les Gents et par le côté du sud qui butte du levant
à plusieurs et du couchant à la commune du lieu (21). Item

---

(19) *Histoire de France*, J. d'Arsac.

(20) En patois hautais ancien et moderne, « le salon » est une pièce qui
communique avec la cuisine, pièce où l'on dresse les lits d'une famille
devenue nombreuse, et qui est à la fois resserre et chambre de débarras.

(21) Il ne faut pas oublier que l'ordonnance de Louis XIV, en 1667, avait
donné aux paroisses la possession de terrains communs.

aura le quart d'une pescherie et par le côté du sud suivant leur ancienne coutume à la pescherie nommée la Rculée, qui joint du midy à la Petite Neuve. Item aura un sixiesme à la pescherie nommée Lautelier et racueillira soixante et quinze sols de rente foncière sur les héritiers Robillard. Et qui aura le dit lot paiera cinq boisseaux de froment en la sieurie du dit lieu et payera cent sols de rente à François... (nom effacé) et payera aussi trente sols de rente à Marie Yber, veuve de Jacques Le Breton, aussi dix livres de rente à Hervé Lemesle, à cause de sa femme

« Qui aura le second et dernier lot aura une maison se consistant en une sale et un sallon à côté, une grange et trois étables, le tout s'entretenant, aura avec deux petits jardins potagers ; la maison et les jardins font joint du midy Pierre Robillard et Adrian Jouenne. Item aura un champ de terre, au réage de Haut-Chemin ; item aura un champ de terre au réoage de la Couture ; item aura la moitié d'une pièce de terre et par le côté nord nommée les Gents ; item aura un quart de pescherie nommée la Reculée, etc. Et qui aura le lot payera trois boisseaux de froment et un godet, une poule et dix œufs, douze sols en argent, le tout de rente à la sieurie de Hauteville, payera aussi trois sols de rente aux Reportant le sieur de Beaumont, payera aussi à M. Ynord dix livres de rente hypothéqué au denier quatorze. Acquittera aussi le premier lot ce qui peut être deub de rente au trésor de l'église de Hauteville, tant en froment qu'en argent, payera aussi treize pots chopinne (vingt-sept litres) de rente de froment à qui deubs sont, payera aussi dix livres de rente à cause de sa femme.

« Par devant nous, Pierre Pimor, notaire garde notte royal au siège de Bréhal-Montmartin et parroisse annexée et dépendante soussignée furent présents Hervé et Jean Lemesle, frères, laboureurs de la parroisse de Hauteville près la Mer, lesquels, de leur bonne volonté, ont consenty procéder à la choisie des lots cy devant transcripts avant laquelle ledit Jean Lemesle a déclaré qu'il y a un champ de terre obinis et non comprin dans les présents au réage des Severgues, de continence de cinquante perches, etc...

« Le dit Hervé Lemesle a prin et choisy le premier des dits lots, et le dernier est demeuré par non choix au dit Jean Lemesle. Lesquels deux lots ensemble les partyes ont déclaré valoir quinze cents livres une fois payé, etc...

« ... Ce fut fait et passé le vingtième jour de septembre mil sept cent vingt-neuf, aux présences de Gilles Danjou du Bréhal et de Louis Collette, de la parroisse de Bricqueville, qui ont avec le dit Pierre et Jean Lemesle signé comme témoingst et Hervé Lemesle marqué. Après lecture faite à la minute demeurée pour faire registre suivant l'ordonnance et icelle controllée à Coutances, le vingt-sept du dit mois et an ; reçu neuf livres douze sols. Signé : Coupard avec paraphe. Pour le dit Hervé Lemesle, lequel a payé la moitié du controlle, formule, sceau et pour parchemin sept livres huict sols, outre nos droits. Signé : Pimor, avec paraphe » (22).

Quand la mère, devenue veuve, abandonnait à ses fils la totalité des biens du ménage, ceux-ci s'engageaient à lui servir une pension, soit en argent, soit en nature. Mais l'accord se rédigeait sans l'intervention du notaire. Voici à peu près dans quels termes : « Du huitiesme jour d'octobre mil sept cent soixante-et-un, à Hauteville près la Mer, il est convenu entre Marie Typhaigne, veuve de Pierre Le Peu, qu'après le décès du dit Pierre Le Peu, que Jean et Pierre Le Peu ses fils se sont obligés payer chaqun la moytyé de la pension qui ensuyt pour obvier à la confection des lots, tant des fonts appartenant audit feu Pierre Le Peu que de ceux appartenant à la dite Marie Typhaigne, leur père et mère dont elle leur cedde la jouissance et intégrité dans par ce jour.

« Et premièrement :

« Dix-huit ruches de blé de trois sortes, scavoir : quatres ruches de froment, huit de hatyveau et six d'orge, six pots de beurre, quatre pots de gresse, deux cents pots de cidre, deux livres de leine, un demy cent de fagots, un demy cent de bois jean (ajonc), une chartée de gros bois, trente livres de lard, deux demeaux de sel. La ditte pension tant pour leur ditte mère que pour Marie Le Peu, fille de la ditte veuve et sœur du dit Jean et Pierre Le Peu. »

Telle fut la société qui a taillé la nôtre ; ses rouages, fonctionnant pour ramener tout à l'unité royale, transformèrent leur mouvement pour le retourner vers la collectivité ; l'étiquette changea, et le fond resta le même : livres des aveux, gages plèges, registres censiers et terriers, sont une véritable matrice générale où nous trouvons une société cultivant ses champs et payant ses redevances ; nous acquittons comme elle nos impôts ; ses droits de relief sont devenus nos droits de mutation, ses treizièmes, les droits d'enregistrement, ses corvées, nos prestations (23). En 1789, tous les Hautais âgés de 25 ans et inscrits au rôle des contributions directes, devinrent électeurs ; c'était le premier acheminement vers le suffrage universel, enfanté par la Révolution de 1848. Au moment de la Restauration, ne pouvaient être électeurs que les pro-

---

(22) Archives de l'auteur.
(23) Duboscq : *Annuaire* 1855.

priétaires payant 200 francs d'impositions. L'amour-propre *électoral*, si on peut dire, valut, lors de la confection du cadastre, en 1828, une estimation exagérée du revenu des champs : 5 classes furent attribuées aux terres labourables, 5 classes aux prairies, une classe aux jardins légumiers, trois classes aux bois taillis, 4 aux janières et landes et 6 aux maisons (Tableau des Archives de la Mairie).

Il en résulte que si quelques-uns des ancêtres devinrent électeurs censitaires, leurs descendants, par contre, ont été surchargés d'impôts disproportionnés au revenu exact des biens dont ils ont hérité (Tableau des Contributions).

La commune s'est montrée moins exigeante, et cela résulte de diverses causes : 1° la coutume maintenue dans la localité de choisir les élus du Conseil municipal parmi les enfants du pays, vivant et travaillant au pays et participant, comme leurs électeurs, au paiement des charges dont ils pourraient les grever ; 2° la surveillance des habitants, attentifs à lire les comptes-rendus des séances du Conseil municipal et les communiqués officiels, attentifs aussi à comparer, dès leur arrivée, les avertissements fiscaux de l'année courante avec ceux de la précédente année ; 3° l'existence des biens communaux, qui permettent, grâce à leur revenu, d'acquitter un certain nombre de dépenses dont, faute de cette ressource, il faudrait charger les contribuables ; 4° l'insuffisance de la valeur du centime additionnel qui, en raison du peu d'étendue de la propriété foncière, ne produit qu'une somme insignifiante ; 5° la diminution progressive et constante de la population, résultant de l'attrait des villes et des fonctions publiques, du mirage des pensions qui en découlent et du défaut de responsabilité qui caractérisent ces situations. Le petit cultivateur, entré en ménage avec ses bras et ceux de sa femme, un cheval, une vache et une voiture, de la terre de « louage » et une maison qui souvent n'est pas à lui, se trouve face à face, en effet, avec le souci du lendemain, l'appréhension de l'épizootie ou de l'accident qui vide l'étable de bestiaux, de la gelée d'avril, qui détruit les planches de haricots et de pommes de terre hâtives, la fatigue des nuits sans sommeil à l'aller et au retour du marché, la maladie dont il doit supporter seul tous les frais s'il possède seulement à lui 10 ares de terre. C'est la menace perpétuelle de la misère, et il faut à ce laboureur une énergie peu commune pour triompher des difficultés. Le journalier, qu'il nourrit au temps de la moisson ou de la fenaison, quand il faut un rapide et sérieux coup de main, est moins préoccupé de l'avenir ; bien portant, il rentre le soir avec son gain de la journée, et son bénéfice ne s'évanouira pas à remplacer un veau ou à contenter le proprié-

taire ; s'il est malade ou infirme, les lois d'assistance sont là
pour suppléer à son indigence, et si ses enfants, désireux de
s'élever, se tournent vers l'étude ou vers l'apprentissage, l'ob-
tention des bourses leur sera assurée. Ainsi, l'évolution des
classes, se répétant tous les demi-siècles, portent à leur tour
les plus obscures forces de la nation à un rang où elles comp-
tent ; les paysans, eux, attachés à leurs traditions, pénétrés
de cette hantise de la terre dont les vrais laboureurs ne peuvent se défendre, restent seuls entre eux, se soutenant les
uns les autres, qui prêtant un meuble, qui donnant de bon
cœur la journée d'un cheval, qui bêchant et fumant le coin
de terre du voisin, qui, si l'on saigne un animal frappé de
congestion ou ayant subi une fracture, s'empresse d'en retenir
une part qu'il paie comme au boucher, part assez de fois
réclamée pour fournir au propriétaire de l'animal une indemnité assez rémunératrice.

Et lorsque les émigrés, après 25 ou 30 ans d'absence, se
voient en possession de la « retraite » de leurs rêves, ils pensent encore à leur vieux pays, y acquièrent une maison aban-
donnée, y reconstruisent leur foyer et reprennent presque
inconsciemment les outils de leurs vieux parents et le geste
du laboureur. Et, de génération en génération, la paroisse
deux fois millénaire se retrempe et se renouvelle. A la suite
des ancêtres, les vieillards et les descendants iront reposer en
terre hautaise, portés pieusement par les Hautais, dernier service des vivants aux morts, dernier anneau de la chaîne que,
il faut l'espérer, forgeront longtemps les siècles dans la commune de Hauteville-sur-Mer, l'antique Alta-Villa.

4 Juillet 1914.

CHAPITRE XII

PATOIS HAUTAIS

Locutions. — Etymologies

La parole est une sorte de tableau
dont la pensée est l'original.
(Encyclopédie).

La totalité des habitants de Hauteville comprend 'a langue maternelle et la parle couramment sans accent, ce qui frappe, dès le premier abord, tous les étrangers. Entre eux, les Hautais se servent d'un français estropié mélangé de mots patois dans lesquels un examen plus attentif fait découvrir l'ancienne langue normande, telle qu'on la parlait à la veille de la conquête de l'Angleterre, telle qu'elle fut transplantée en Grande-Bretagne par les vainqueurs, l'étymologie des mots actuels anglais, avec la même signification et la même prononciation, s'y rencontrant d'une manière saisissante, comme le prouve le tableau ci-dessous. Il s'ensuit que toutes ces expressions, incompréhensibles pour les non-initiés, revêtent un intérêt particulier en ce qu'elles sont une nouvelle preuve de la très ancienne existence de Hauteville. Le patois des communes environnantes, à peine éloignées de 2 kilomètres, ne ressemble pas à celui-ci : il est plus lourd, plus altéré, plus indigène. Le nôtre, qui comprend environ 700 mots, a une grande vivacité d'expression, beaucoup de pittoresque et parfois une certaine crudité où le gros bon sens et la naïveté du Moyen-Age s'en donnent encore à cœur joie entre les syllabes.

L'accent, nous l'avons dit, est celui de l'anglais, et l'orthographe, tout naturellement, en découle ; les conjugaisons des verbes n'y ont guère pour règle que la fantaisie et les tournures désuètes s'y accumulent ; le genre et le nombre sont attribués au hasard des formules employées il y a plusieurs siècles. Un séjour prolongé peut seul permettre à un citadin de pénétrer tous les mystères de ce qui constitue pour lui un véritable charabia. Encore saisira-t-il le sens beaucoup plus vite que la prononciation des doubles consonnes *th*, *dj*, *gn*, les diphtongues, *ao*, *yu*, *ye*, pour lesquelles il faut un tour de langue tout spécial. Cet écueil reste presque complètement infranchissable.

Des mots latins intacts, des tournures de phrases espagnoles, en plus du français primitif, formé de tudesque et de roman, se rencontrent également dans le patois hautais comme un indice de plus en faveur du mélange des races au moment du passage des nomades et des conquérants. Le lexique ci-après, reconstitué peu à peu, au hasard des conversations entre Hautais de pure race, et malgré ses lacunes, peut donner une idée sinon complète, du moins exacte, de la manière de s'exprimer en patois du cru. Les nouvelles générations, par la force des choses, multiplient de plus en plus les obstacles pour ne plus permettre à l'idiome hautais de franchir leurs jeunes lèvres ; les mots petit à petit s'oublient, le séjour des villes en fait abandonner la majeure partie, le service militaire détruit le reste, et j'ai pourtant connu des hommes de cinquante ans qui, imprégnés de la vie parisienne, rompus aux subtilités de la langue française, pénétrés par les élégances de la vie moderne, sensibles à tous les raffinements de notre civilisation actuelle, retrouvaient un regain de jeunesse et un heureux sourire, quand, revenus au village natal, ils pouvaient de nouveau se servir du patois. Tel Antée dans sa lutte contre Hercule, sentait renaître ses forces au contact de la Terre, sa mère : tels nos déracinés, se dérobant de loin en loin au tourbillon des affaires pour revenir fouler le sol de leur enfance, en subissent chaque fois l'inévitable emprise. Les souvenirs de jeunesse, qui se lèvent en eux, se traduisent immédiatement par les mots qu'ils avaient coutume d'employer pour exprimer leurs premières impressions. Ces mots bizarres, que n'inspireront jamais les splendides perspectives de la capitale, se trouvent tout de suite évoqués par le moindre accident de terroir : depuis le clocher rustique jusqu'au simple brin d'herbe, tout s'unit pour leur restituer leur apre ou naïve saveur.

LATIN ET VIEUX FRANÇAIS (A)

N. ABBAYE, se disait et se dit « abbaie », prononcé « abbey »,
forme anglaise dérivée de la prononciation normande.

Adj. ABABOUINÉ, ratatiné, recroquevillé, sans courage et sans
mouvement comme un babouin frileux (le climat humide
de Normandie ne convient pas aux singes).

N. ABAJOS (bajoues) d'un porc ou d'un sanglier.

N. ABEILLANTS, s'emploie surtout au pluriel : gens qui attendent avec impatience quelque chose ou autour de quelque chose, à la manière des abeilles.

N. ABIATILLES (d'ablation ou d'abatis) : membres de volailles
enlevés et cuits à part.

Adj. ABIÉNISSANT (latin *abire, abis, abiisse*, s'en aller, mourir)
remède ou breuvage abiénissant, produisant des nausées
et un tel malaise qu'on pense en mourir. Se dit particulièrement de liquides très fades.

Verb. ACABASSER (abaisser) : aplatir jusqu'au plus bas, écraser. Abominer, noircir quelqu'un.

Verb. S'ACAHUCHI : se retirer comme dans une huche. (Se dit
surtout d'un ménage irrégulier).

Verb. S'ACALIATRER : se mettre au lit, malade, près de l'âtre
(cheminée). (Les maisons normandes, il y a seulement
cinquante ans, comprenaient pour l'habitation de la
famille, une grande pièce unique au rez-de-chaussée,
avec le lit tout près de la cheminée).

Verb. ACCONDIRE : conduire, escorter quelqu'un, en voiture et
en servant de cocher, d'un endroit à un autre. Participe : *accondi, te.*

Verb. S'ACCOTER (vieux français) : s'appuyer pour se protéger
ou se reposer : *Al chief d'un banc s'est acotez* (Roman
de Rou). — *Devers l'ele del Nort s'en est li bers allez,
E à un piler s'est tenuz ez accostez* : Vers le côté nord
s'en est allé berçant (c'est-à-dire chancelant), et à un
pilier s'est tenu « accoté ». (Ann. Norm. 1878. Garnier
de P. Ste-Maxence, St Thomas de Cantorbéry).

Part. ACROBOTÉ (de crabe) : ramassé sur soi-même, comme un
crabe tiré de l'eau replie ses pattes.

Part. ACCOUORCI (écourté, haché) : se dit de substances solides
ayant subi une trop forte fermentation, qui les désa-
grège : de la laine accouorcie, du fumier accouorci.

Loc. A C'T'HEURE : tout de suite, maintenant (vieux français)
*Parce que vous voulez què je vous die à c't'heure
Quel est cet homme cy..* (Salomon Certon, Ann. 1878).

Part. A DENTS, ADENTÉ : couché sur le vente, sur la mâchoire
(vieux français) : *Au lit se met, puis envers, puis « à
dents »* (Alain Chartier). — *L'un dessus l'autre « aden-
tés » tomberont* (Ronsard, Ann. 1878).

Loc. C'EST UN ADON, S'ADONNER BI, veulent dire : cela arrive à
temps, il est temps, on ne peut mieux tomber, cela
tombe à propos, cela se rencontre à merveille, c'est une
heureuse coïncidence, et autres du même genre.

Part. AFFAITI : être habitué, être « fait » à une chose.

Part. AFFÉRIANDÉ : affriandé.

D'AFFILÉE (en enfilade) : faire plusieurs choses de suite,
sans interruption.

Part. AFFLIGI : se dit de quelqu'un affligé d'une infirmité : il
est « affligi » pour : il est infirme.

Verb. AFFONDRÉ (effondré), mais en ayant une signification
différente. Il a tout « affondré » n'implique pas un
écroulement, mais une succession d'objets qui touchent
le fond, c'est-à-dire qui sont jetés à terre.

Verb. S'AFFROTCHI : s'embarrasser d'une personne ou d'une
chose à la manière d'un « froc » qu'on endosse à regret

N. AFFUSTE-NIAIS : tromperie grossière, bonne à « frustrer
niais », à induire en erreur les sots.

N. AFFUTIAX : ensemble d'outils tranchants qu'il est nécessaire de temps à autre d'« affûter », c'est-à-dire d'aiguiser.

N. AGE. Ce nom est employé fréquemment sous les expressions suivantes : *être d'un âge*, être contemporain de
quelqu'un ; *être d'âge*, être capable de faire quelque
chose de sérieux ; *être sur l'âge*, vieillir ; *être bas âge*,
être mineur ; on dit également *être âgi* pour être vieux.

Verb. S'AGÉSINER (vieux français gésine) : se blottir, se pelo-
tonner, prendre une position confortable à l'abri du froid
et de la pluie.

Verb. AGOUOTER : donner du goût. Un mets bien « agouoté »,
bien assaisonné.

Adj. AGUCHI (aigu) : qualité d'un objet très effilé ; on dit
AIDJULE pour aiguille.

N. AGOBILLES : morceaux de victuailles dont la grosseur ne
dépasse pas ce qui se peut « gober », c'est-à-dire entrer
en une seule fois dans la bouche.

N. AHAN, Verbe AHANNER : fournir un effort qui fait gémir
(vieux français) : *E sofert orent mainz ahans,* ceux qui
ont souffert ont de nombreux ahans (Roman de Rou). —
*Cependant que j'« ahanne », — A mon bled que je
vanne, — A la chaleur du jour* (Ann. 1878, Joachim du
Bellay : « Vœux rustiques »).

Verb. S'aheurter, nom Aheurtas : heurter, donner des coups
de tête, s'entêter sur le même objet ou pour la même
cause, comme un bélier qui heurte toujours à la même
hauteur. Aheurtas est tout obstacle contre lequel on
vient se heurter.

N. Un Aigné, d's Aignax (agneau), vieux français. Les chansons de geste et les vieilles chroniques normandes ont
le même pluriel des noms en *al* et en *eau* ou *au* ; le
roy « en plora sous ses *piax* de martre », et mille autres exemples. On écrit *chastiax, chevax, vessiax*, on dit
encore de l'*iau*, et ici les « *iax* sont montées » quand
les sources coulent l'hiver.

N. Aillubax pour Affublax (affubler) : vêtements dont on
s'emmitoufle. (L'*x* qu'on emploie ainsi au pluriel, se
trouve sans cesse dans les mots normands, même au
singulier. Témoin la fameuse devise normande : *Dieix
aix*, Dieu aide !

Verb. Ainder, pour aider ; Ainsin, pour ainsi ; Ainsné, aîné.

Nom. Aiprès (paroi) : cloison de planches.
Airie de blé : quantité qui recouvre l'aire.

Loc. Y aira, pour : il y aura ; on dit aussi qu'*on airait*, pour
aurait.

Loc. A jamais : s'emploie comme superlatif, très bon, excellent.

Loc. D'ajet (tout d'un jet) : un meuble, une porte sont dits
être « d'ajet » ou « avet de l'ajet » quand on les ma-
nœuvre facilement, toutes leurs parties s'accordant bien
ensemble.

N. Airignie, pour araignée.

N. Ajoucax (jucher) : petit appentis où se juchent les poules,
et le perchoir lui-même.

Interj. Alas ! pour hélas (vieux français) : *Alas ! Kel félonie !
Dex !..* (Roman de Rou, vers 2727).

Loc. Aller a la boulevue : au hasard, comme la *boule* est *vue*
rouler.

N. Trou d'allis (alliage) : intervalle laissé entre les moellons
d'une maçonnerie pour élever les échafaudages.

N. A main et a dû main : position favorable ou non pour faciliter le travail.

Adj. Amé : amer.

N. Amené (lat. *a mens*, où l'esprit manque ou défaille): homme
usé, affaibli, devenu vieux ou sur le point de mourir.

N. Amichie : flambée de fagot qui brûle vite et que l'on doit
renouveler, « amicher » sans cesse. Amicher (de miche)
veut encore dire gaver de nourriture.

N. Amont, Ava (aval) (vieux français) : l'est et l'ouest. La conformité du terrain qui, à Hauteville, monte progressivement de l'ouest à l'est,. justifie, mieux que nulle part ailleurs, cette désignation. On dit à Hauteville *avau l'iau,* c'est-à-dire en suivant la pente du courant. L'*avaloure* est la partie de l'attelage qui retient le cheval en arrière et en descendant. On dit également *avau le dos* pour le long du dos. — *Alors Monsieur de Guyse,* — *Hardi comme un César,* — *Fit l'ennemi poursuivre* — *Tant d'amont que d'aval* (Ann. 1878, Chanson sur la Victoire du duc de Guise, 1587).

Verb. AMORTRER, MORTRER : altération pour montrer.

Adj. AMOUILLANTE (mouiller) : se dit de l'état d'une vache prête à faire veau, le lait emplissant (mouillant) peu à peu la mamelle.

Verb. ANNELER (anneau) : passer un fil de laiton recourbé en anneaux dans le grouin d'un porc pour l'empêcher de bouleverser sa litière.

N. ANNI, ENHUI, ANUY : aujourd'hui (vieux français) : *Mon voi sin, je veux vous donner à souper « ennuyt »* (Villon). — *Car les hautboys l'ont bien chanté « annuyt »* (Clément Marot, Ann. 1878).

Verb. S'ANNICI (niche) : s'envelopper de couvertures et se blottir comme dans une niche.

Adv. A NULLI (lat. *nihil*, rien) : nulle part.

N. ANTENAIS (an tenant) : poulain âgé d'environ un an.

Verb. ANTICIPER (lat. *anticipare*, dans le sens de surpasser) : insister, aller au-delà, prolonger une discussion.

Adv. AODIT : en comparaison.

Adv. AOTFAIS (autrefois) : son de l'*a* et de l'*o* fréquents dans patois hautais.

N. APERTISE (vieux français) : fait digne de remarque ; s'emploie surtout dans la forme ironique : il a fait une belle « apertise » s'entend pour une action ridicule, inutile ou nuisible. — *Se bien me ravisez vos grans apertises d'armes qui sont maintenant si renommées, se Dieu plaist, nous les esprouverons* (Froissart : Chroniques).

Verb. APPIER : appuyer.

Verb. APPRÊCHI : approcher.

Adj. APPRÉHENDABLLE : prononciation qui se rencontre dans tous les mots se terminant par les syllabes *ble, ple :* serviablle, simplle, etc., où on mouille l'*l* comme s'il y en avait deux.

Part. APPRINS et PRINS (vieux français) : appris et pris. ...*Le roy étant à Sainte-Katherine de Rouen qui ung pou devant avoit été prins... Après la prinze de Valongnez, il descendit en Castentin...* (Léopold Delisle : Chât. de

Saint-Seuveur le Vicomte).

N. AQUIRES (latin *aqua*, eau) : L's *aquires* sont les filées (courants) d'eau restant à marée basse, à un endroit déterminé des grèves hautaises.

Verb. AQUIERGI : mettre au clair, éclaircir.

Conj. AQUO : encore.

Adj. ARCASSONNE : état de cuisson trop avancé qui donne à l'aliment une teinte de brûlé telle que celle de la *cassonnade*.

Adj. ARGAGNE (lat. *arguere*, blâmer, accuser) : grognon, en colère, qui discute, qui contredit.

N. ARMENAR (d'Arménie (?) les premiers astrologues étant venus d'Orient) : almanach.

N. ARQUARIN (lat. *arquatus*, courbé en arc) : bar d'une moyenne grosseur, de 1 à 2 kilos, et qui, capturé vivant, se contracte et se replie en forme d'arc pour échapper à l'étreinte du pêcheur.

N. ARSELIN (du vieux français ardre, brûler) : nom général donné aux poisons, en patois ; désigne spécialement l'arsenic.

N. ARROCTCHI (expression maritime) : être accroché, retenu à un rocher.

N. ARTION (vieux français ardre, brûler) : extrême chaleur (Rou vers 14209).

N. MAIS D'AS : mois d'août.

N. ASPERTS, pour experts (lat. *aspectat*, qui regarde).

N. ASSASIN (vieux français) : *Ainsi nous devons moins craindre les assasins* (Vauquelin de la Fresnaye).

N. ASSEMBIÉE (vieux français) : assemblée considérée comme fête patronale.

Verb. ASSÉRER (de soir) : donner aux bestiaux le repas du soir ou le dernier repas de la journée.

N. ASSEYAX (de s'asseoir) : petit banc.

Verb. S'ASSIRE, pour s'asseoir (vieux français) : *Les rois Mages se syent près Hérode* (Mystères, 1510).

Verb. ASTONER (vieux français) : assommer à coups de bâton : *E de grosses machues mainte teste estonée* (Roman de Rou, vers 4016).

N. AUCTE (latin *auctio*, vente à l'enchère) : encoche faite par les paysans du Moyen-Age sur un bâton, pour compter les sommes qu'ils devaient dans les ventes, marchés ou levées d'impôts. Toute encoche porte toujours à Hauteville le nom d'*aucte*.

Loc. AU COUP LA QUILLE (allusion au jeu de quilles) : immédiatement, de suite, tout juste.

N. AUMARE (aumoire, vieux français) : buffet profond ménagé

dans le mur de la cuisine et fermé de volets en bois
sculpté : Baillez-moi la clef du cellier et de *l'aumoire*.
On trouve Aumaire dans Ch. d'Orléans : *Farce d'un gentil
homme*, Ann. 1878).

N. Aumé, d's aumias (bœufs), aumailles (bœufs et génisses).
latin *animalia* : ensemble du bétail, non compris les
vaches laitières. En y comprenant tout le mobilier vif
(brebis, porcs, animaux de basse-cour), on emploie le
nom avers (*averia*), la plus précieuse partie de l'avoir
du cultivateur.

Loc. Je n'en sis pas l'auteur : ce n'est pas moi qui l'ai fait,
je n'en suis pas cause.

Loc. Atour li ou lian : autour de quelqu'un en le touchant.

Loc. Il est bouan a attatchi a nouéreture, en parlant d'un
animal, veut dire qu'il grossit à vue d'œil et récompense ainsi les soins qu'on lui donne.

Adj. Attédié (de tiède) : abattu par la fièvre, avec une élévation de température.

Verb. Attichi (étymologie inconnue) : lutiner, exciter, mettre
à bout de patience, par plaisanterie.

Loc. Par attrape : en saisissant au vol, par occasion, par
hasard.

Verb. S'atrêveter : s'appliquer « sans trêve », sans repos, à
un travail.

Verb. Avangl : arriver à tout faire, prendre de l'avance.

Loc. Au coup : sur le champ.

N. Aveine (vieux français usité jusqu'au xvii° siècle) : avoine.

N. Aveinte (atteindre) : *avet de l'aveinte*, avoir le bras long,
au propre et au figuré, verbe avindre.

N. Avenin : avenir.

S'aviser veut dire s'apercevoir.

Verb. Av'ous ? Elision très commune au Moyen-Age en style
familier, d'un emploi courant à Hauteville pour avez-
vous ?

Verb. Avoller signifie mettre une cloche en branle (volée),
mettre un ouvrage en cours et en activer l'exécution ;
s'avoller veut dire se jeter brutalement sur un autre
pour le battre.

N. Avri, pour avril. Beaucoup de lettres finales restent sans
prononcer, et c'est également une règle anglaise.

Verb. S'ayuber, pour s'affubler ; les *f* se changent, en patois
hautais, en *y*.

MOTS NORMANDS (A)

N. Abiotivo, ou mieux abrokivo (d'où *brocke*, angl. brisé) :
réunion de choses pareilles, divisées en morceaux, et
par extension d'écus.

N. Achocre (anglais *ache*, faire mal) : homme maladroit, querelleur et brutal.

Adj. Adanné (anglais *a down*, en bas) : étendu par terre, ou courbé jusqu'à terre.

Adj. Ahorgni (*horn*, angl. *corne*) : qualité d'un temps pluvieux et venteux, qui fait les cornes, en un mot, de la tempête qui aveugle ceux qui la subissent.

Etre Ahousigni (angl. *house*, maison) : être en maison avec une maîtresse.

Loc. Aller a catons (angl. *cat*, chat) : à quatre pattes, comme un chat ; marcher à « catons » sur les pieds et sur les mains.

Loc. Alivrer a rin (angl. *alive*, vif, prompt, animé) : n'avoir rien de ces qualités, ne pas savoir se débrouiller, n'obtenir aucun résultat.

Adj. Alloygni (angl. *alloy*, trouble) : avoir la tête alloygnie signifie une grande fatigue cérébrale et des idées peu nettes en conséquence.

Adj. Annoyère (angl. *annoyer*, qui ennuie) : état d'une vache qui, ayant manqué de donner un veau, cause un ennui, une déception à son propriétaire.

Adj. Aoudry (angl. *dry*, sec) : rétréci, resserré, desséché par le froid.

Verb. S'aranci, s'areuner (racines de l'anglais *run*) : courir. Areuner, mettre les choses en *cours*, disposer ; s'arancir, être parvenu au terme de la *course*, s'installer ; rareuner, réinstaller, réorganiser.

Verb. Arouté (angl. *rout*, mettre en déroute) : recevoir une telle averse que l'on risque de s'égarer en charchant précipitamment un abri.

Verb. Arrowdiver (angl. *arrow*, flèche, trait) : agacer, énerver quelqu'un, le harceler, l'abrutir.

Adj. Atori (*torrid*, angl. brûlant) : linge brûlé par la lessive et insuffisamment blanchi.

Adj. Atoumi (angl. *atomy*, squelette) : rester engourdi, inerte comme un cadavre.

Part. Avongi (angl. *womb*, ventre) : être rassasié, repu.

LATIN ET VIEUX FRANÇAIS (B)

Verb. Bachicoter (abaisser) : marchander, offrir un prix déraisonnable, qui abaisse trop la valeur de l'objet ; on dit aussi barguigner.

N. Ba-cul : pièce de la charrue à laquelle on attache les traits et qui se trouve, en conséquence, immédiatement derrière l'attelage.

N. Baguet (comme une bague) : pli que l'on fait autour d'une jupe pour la raccourcir (dans l'ancien costume).

Un baquet d'eau se dit baguie d'iau.

Adj. Bailli (vieux français) : bailler, donner.

Verb. Bailli : avoir des bâillements.

Verb. Baire, pour boire ; du *buon baire*, du bon cidre. (Lorsque le cidre arrive sur le bas, on dit que ce n'est plus qu'une *baissîre* (baissière). A remarquer que tous les mots en *ière* font *îre* dans notre patois : arrière, arrîre; sur l'arrîre, la saison étant avancée ; carrière, carrîre ; molletière, molletîre, etc.

N. Balant (qui bat en avant) : équilibre d'une voiture chargée.

N. Balancis, pour balancier.

N. Baladaine (ballerine) : écuyère de cirque.

Verb. Balier (balayer, vieux français) : *Il me faut aller balier faire la lessive* (Remy Belleau : La Reconnue, Ier). En 1634, Renaudot écrivait encore dans la « Gazette de France » : *Balier* la place (Ann. 1878).

N. Ballot : signification française, avec cette différence qu'on appelle spécialement ainsi, à Hauteville, la quantité de fourrage vert, liée en gerbe, pour la ration d'un cheval, tandis qu'on appelle « botte » sa ration de fourrage sec.

N. Baluchon (petite balle, petit paquet) : paquet de vêtements, bagages.

N. Banlue : banlieue.

Verb. Banluer : répandre une nouvelle partout.

N. Bannye (de ban, vieux français) : location de terrain.

N. Ba-non, verbe Banonner (qui n'a pas de bât) : bête au libre, à l'abandon.

N. Barbelée (vieux français *barbel*, garni de dents ou de pointes) : nom donné à la gelée blanche, parce que le givre se dépose souvent sous forme d'aiguilles.

N. Barette, Baretée, pour baratte et barattée, contenant el contenu de la crême prête à faire le beurre (lat. *barat tarre*).

N. Barrire, pour barrière.

N. Barroure (de barrer) : verrou en bois qui ferme les portes des étables.

Verb. Barsouiller (souiller) : salir en éclaboussant.

N. Barsaba : personne effrontée et désordre.

Adj. Baru (avoir le tour d'un baril) : corpulent, gonflé.

Adj. Bastant (vieux français, du latin *bene stans*) : en équilibre suffisant.

N. Batardes (qui n'est ni l'un ni l'autre) : meules de foin moyennes, ni grosses, ni petites.

N. Batous : battoir ; batous, batteur de blé, en grange, à
l'hiver.

N. Batterie : grande toile pour recueillir le blé *battu* ; désigne aussi l'ensemble des batteurs.

N. Bave : boue (vieux français). On écrit mieux boë dans les
chroniques du xiiie siècle.

N. Bec a nez : face à face.

N. Bécu (de bec) : avoir de fortes lèvres.

Adj Becvessié (bec renversé, à revers) : objets alternés et de
même sorte, l'extrémité de l'un correspondant à l'extrémité opposée de l'autre.

N. Bégas, mieux baigas, pour baijas (latin *bajulare*, porter un
fardeau) : lampadaire primitif formé d'un bâton fixé sur
un socle et foré de trous dans lesquels' on fixait plus
ou moins haut les anciennes lampes nommées *crassets*.

N. Bec gelé : attraper un bec gelé, prendre froid.

N. Béné (*banneau*, mot gaulois) : tombereau.

N. Bénelée : chargement d'un béné.

Verb. Benelaci : conduire et charger le béné.

N. Ber, bers ou berre (vieux français, du latin *bersa*, claie
d'osier) : berceau. — *Vi li petit enfaunz i sunt à bers
portés* (Garnier de Pt Ste Maxence).

N. Berbis (vieux français) : *Comme berbis à loup s'empris-
tent à fuir...* (Ann. 1878).

N. Berbion : parasite vivant dans la toison des brebis.

Verb. Berbionner : murmurer, remuer les lèvres comme les
brebis quand elles ruminent.

N. Béreau : robinet d'un tonneau, *berceau* du joyeux et précieux liquide. — *Le cliquetis que j'aime est celui des
bouteilles, — Les pipes, les béreaux pleins de liqueurs
vermeilles* (Olivier Basselin : Vau de Vire X), Ann. 1878.

Verb. Bérionner (pour *brionner*, ital. *brio*, musique éclatante):
crissement spécial aux chaussures neuves en cuir.

Verb. Bersilli (Brésil, pour brésiller) : émietter, briser en
petits morceaux (vieux français).

Verb. Bersilli (pour bersaler) : aliment salé au point d'être
immangeable.

N. Besson, pour boisson : se dit surtout du cidre étendu
d'eau.

Adv. Bi : bien.

N. Bianchet (vieux français) : paletot d'abord en toile blanche, puis en étoffe grossière, lame cordée ou droguet,
maintenant en molleton, qu'on revêtait jadis pour les
grandes circonstances, et que les paysans utilisent à
notre époque contre le froid et la pluie. « *Le conte de
Harecourt fu mis en une charreste, en son corset de*

> *blanchet, pourfendu à la poitrine, comme le roy lui avoit deschiré en le prenant* » (Léopold Delisle : *Saint-Sauveur le Vicomte*, p. 106).

Loc. BI A MANTCHI : cela n'a pas d'importance.

Adv. BIAUCOUP, pour beaucoup.

Loc. BI DU CHOIX : bien différent.

N. BIJUQUE (lat. *bi deux* et jucher' : toute petite cabane où on peut se ramasser à deux au plus.

N. BISSON, pour buisson (vieux français, Rou).

Adj. BIOTTI, pour blotti (transformation de *l* en *i* : *biessi* (blessé) hernieux).

N. BLAUDE : tunique nationale normande que l'on appelle, dit-on, maintenant, blouse. Le BLIAUT était une sorte de bourgeron ou chemisette de dessous. Les chansons de geste le décrivent et indiquent qu'on le portait sous la cotte de mailles. Le *bliaut* des chevaliers était d'étoffe précieuse, rehaussée d'ornements. Dans la chanson de Roland, on parle de la *blaude* de Ganelon : *De son col getet ses grands pels de martre, — Et est remis en sun* bliaut *de palle*. Le « bliaut » de l'empereur Henri II, conservé au musée de Munich, est de soie blanche damassée, bordée aux ouvertures d'une soie plus foncée, rehaussée d'une ganse de soie verte. Il a un mètre huit centimètres de hauteur (Ann. 1878).

N. BÉLIN (lat. *bella,* clochette) : bélier. (Dans les nombreux troupeaux, les béliers sont munis de clochettes.

N. BOISILLERIE : ensemble du bois de construction.

N. BOISOUX, pour boiseux : ayant l'apparence et la résistance du bois.

Verb. BONDIE (faire un bond) : action d'une plante qui pousse rapidement, puis s'arrête.

N. BORDIS : celui qui borde, qui est voisin d'un autre, en tant que champs contigüs.

N. BOQUERON (de bocage) : paysan de l'intérieur des terres.

N. BOUAIS-JAN : ajonc.

Verb. BOUQUEFOIGNI (de bouc et fouiller) : mettre en désordre, bouleverser les choses à la manière d'un bouc qui renverse tout avec ses cornes ; on dit aussi BOUGUI : être incliné, courbé du dos comme un bouc ; faire du BOUCAN, du tapage, comme les boucs qui se battent.

Adj. BOUÊME (bohême) : bazané, bronzé.

Verb. BOUIDRE : bouillir. Se dit aussi pour distiller du cidre.

N. BOUISSON, BOUISSONNERIES : amas de choses ou de loques assemblées ensemble comme en « buisson ».

N. BOUOLLO (de boules) : avoir beaucoup de travail, de choses à remuer comme des boules.

N. Bouvis, pour bouvier. A remarquer : en général, la terminaison *ier* fait *îs* en patois : poirier, *perîs* ; pommier, *pommîs* ; sorbier, *sorbîs*, etc.

N. Brague (de braies) : culottes, pantalon.

N. Branloure (branler) : balançoire ou siège à ressorts qui rebondit lorsqu'on s'assied.

N. Branne (de *bran*, mot celtique) : truie.

N. Breuvée (d'abreuver) : quantité de liquide qu'absorbe, en une seule fois, une bête à cornes.

Adj. Brié ou Bérié : pain ayant reçu un levain spécial qui rend la pâte moins homogène (brisée).

N. Brigandaine : bois de charpente de mauvaise qualité.

Adj. Brousson : être rébarbatif comme les « broussailles ».

Verb. Bruchi : trébucher.

N. Brulerie : incendie.

Verb. Brulli : brûler.

Loc. C'est un busard (buse) : c'est un imbécile, paresseux et lent, qui ne fait que *busotchi* (faire des choses insignifiantes).

N. Burre, pour beurre.

Loc. A une butillie : choses qui s'effondrent en une petite butte.

MOTS NORMANDS ANGLAIS (B)

N. Bachueuré (angl. *bachelor*) : jeune homme déluré.

N. Balteneure (botte, flèche, tenuous, tenue, c'est-à-dire prête à lancer) : être dans l'indécision, hésiter au dernier moment.

N. Banque (angl. *bank*, rivage) : partie de la grève qui touche à la terre ferme.

N. Badigoinces (angl. mauvais, *godown*, descendre) : mâchoires mal conformées qui allongent démesurément le visage.

N. Barouf (*bawl*, brailler, *ruffle*, agitation) : tapage.

N. Bécarde (*backward*, arriéré, tardif) : brebis femelle restée stérile.

Loc. Se donner une bedée (angl. *bed*, lit) : tomber tout de son long, allongé comme dans un lit.

Loc. A beda (même sign.) : se dit de l'averse qui tombe à torrents, au point de faire monter l'eau dans les lits. (Les maisons hautaises, en grande majorité, ont au moins un lit dans la cuisine, au rez-de-chaussée). Au fig. : *avoir à béda* : avoir à profusion.

Loc. Enflé comme un bedou (*bedew*, gonflé d'eau) : objet dilaté par l'eau.

N. Belassons (*belay*, tendre des embûches) : pêcheur qui met en place et surveille les *bélées*, lignes tendues sur les grèves pour prendre le poisson.

N. Beggas (angl. *beggar*, mendiant, misère) : loque, chiffon de papier, lambeau de cuir, tresse de paille, etc., que les enfants, au carnaval, fixent dans le dos des passants, ceux-ci emportant, à leur insu, ce débris misérable qui les ridiculise.

N. Benatre (angl. *beneath*, dessous, en bas) : partie de la pêcherie la plus voisine du flot, par conséquent la plus basse, composée d'une claie d'osier plus haute et circulaire avec une seule ouverture vers la mer par où pénètre le poisson.

Verb. Berlauder (angl. *bear*, se diriger, *laugh*, rire) : aller de-ci, de-là, en s'amusant, en riant, en flânant ; on dit encore à Hauteville berlonner (*low*, bas) : plus on descend, plus on trouve d'habitations et par conséquent plus de société.

Verb. Betti, nom Bette (angl. *tobite*, mordre, et *bit*, morceau): action de fixer un morceau de poisson sur les lignes pour prendre d'autres poissons plus délicats, qui viendront mordre la *bette* et gober l'hameçon qui s'y trouve caché pour les retenir. On dit aussi biètes, plaques de gazon enlevées.

N. Besa (*beside*, à côté de, hors de) : se dit des fanes desséchées de certains légumes que l'on met à part, en tas, pour enlever la racine livrée à l'alimentation.

N. Bétronner (*butter*, beurre) : très salé, comme du beurre en conserve.

Verb. Bezer (*be-set*, être obsédé) : verbe s'appliquant au bétail harcelé par les mouches au point de rompre ses liens et de s'enfuir dans toutes les directions.

N. Bignote (*bin*, huche, *out*, hors) : panier qui transporte le grain ou la farine.

N. Bibet (angl. *babe*, bébé, tout petit) : petites mouches qui voltigent par bandes au beau temps.

N. Bingot (*bin*, huche) : panier où l'on dépose la pâte à pain.

N. Bille-Bossu (*billow*, vague qui s'enfle, houleux) : fruit déformé présentant des aspérités ou des protubérances irrégulières.

N. Bisenaque (*tobe*, être, *naked*, nu) : chose de nulle importance, penser, obtenir un résultat qui ne se réalise pas

N. Blossin, ou mieux belossin (angl. *bell*, cloche, *ostent*, apparence) : réunion d'objets de même nature amoncelés en forme de petite cloche.

Loc. Etre bobe (angl. *bôb*, pendant) : affaissé, souffrant, incliné, commotionné.

Verb. Bôner (*to bonnet*, enfoncer le chapeau sur la tête) : couvrir les yeux d'un bandeau.

N. Bourde, bourdeau (*to bear*, porter) : fruits entiers portant séparément une couche de pâte et mis à cuire au four, serrés sur un plat les uns contre les autres.

Verb. Bourlinguer (*to bear*, porter, *line*, lingue) : déplacer, secouer quelqu'un, comme le pêcheur porte une ligne d'un endroit à l'autre.

N. Bounet, pour bonnet.

Verb. Boustifailler (angl. *bossy*, ivre, *fall*, chute) : gourmandise très accentuée, goinfrerie.

N. Bouvet (*bow*, arc, *way*, chemin) : scie de long. (Elle va et vient, c'est-à-dire fait du chemin dans le bois, et a la forme d'un arc).

N. Brague d'abus (*brag*, vanterie) : fanfaron qui parle de soi, perd son temps et le fait perdre.

Loc. Faire des brans (*brangle*, querelle, bruit) : attirer l'attention par des cris, des pleurs et du tapage. On dit également brandillonnages.

N. Bran (son) : « Y fait de l'âne pour avoir du bran » : il se gêne pour en retirer un bénéfice.

N. Brêgue (*breach*, brisé) : brèche.

N. Brôe (*broad*, bord) : écume d'un liquide fermenté qui monte jusqu'au bord du vase où on le verse.

Adj. Brohu (*to broil*, brûler) : tronc ou branches d'arbres tellement remplis de nœuds qu'ils ne sont bons qu'à brûler ; bois de chauffage et non de construction.

N. Broudlas (*brood*, engeance, *lad*, garçon) : homme mal élevé et peu estimable.

Verb. Brotchi (*broken*, par morceaux) : on appelle *brocs* l'extrémité supérieure des bois lissés des pêcheries. Quand la mer se retire et qu'on aperçoit la pointe des brocs qui apparaissent peu à peu, on dit par exemple : « le benâtre brôque ».

Loc. Burque mé, je tumberai (*to burk*, étouffer, étrangler) : fais-moi violence de quelque manière, je tomberai.

LATIN ET VIEUX FRANÇAIS (C)

Verb. Cabaner : facilité d'un meuble à se renverser rapidement, comme une petite cabane (mot celtique).

Adj. Cabochi (lat. *caput*) : bosselé à la manière d'une caboche (clou à tête).

N. Cabot : ancienne mesure contenant 25 litres.

N. Cachard : fainéant ; rempli de cachardise, qui se dissimule au lieu de travailler.

Loc. La terre cachetée : durcie par la gelée ou battue par la
pluie.

N. Cachimbot : petit réduit, pièce très exigüe, cabinet noir.

N. Cace : chasse (vieux français). A cor et à cri et non avenue
grant fut la fine et grant la « cace » (Roman de Rou
vers 7785).

Verb. Caci : conduire un attelage.

N. Lait cailli : la masse du petit lait qui s'enlève par écailles.

Adj. Cailli : moucheté ; une vache caillie.

N. Cailleté, pour cailleteau : petit turbot. On sait que la
peau supérieure du turbot est mouchetée.

N. Camas (lat. caminus, fournaise) : agitation produite par
une forte fièvre.

N. Calorin (lat. calor, chaleur) : peuplier dont le mauvais bois
brûle trop facilement sans produire de chaleur.

N. Canté (canthus), pour chanteau : pain entamé.

Verb. Caneter : papoter, comme font les canards entre eux.

Loc. Ça pêque : se dit de toute substance qui poisse, qui
retient le doigt comme la ligne amorcée retient le poisson.

N. Canvre, pour chanvre.

N. Capifolet (lat. capri, chèvre) : étourdi, capricieux et folâtre comme une chèvre.

N. Capon : lâche comme chapon (vieux français, Roman de
Rou vers 4927).

N. Caodire : chaudière (toujours la terminaison ière en ire).

N. Caodron : chaudron.

N. Canevis, pour chènevis.

N. Caosses (chausses) : bas.

N. Carpelouse (lat. carptim, par morceaux) : chenille.. (Les
chenilles, en rampant, n'avancent en effet qu'un morceau après l'autre).

Loc. Ça set : cela soit, ou ça ne set pas.

Verb. Carteler (lat. quadrare) : partager en quatre.

N. Casis (casier), ou châssis : filet monté sur deux cercles
parallèles soutenus par des traverses, qui forme ainsi
une chambre circulaire où l'on maintient à la partie
supérieure une seule ouverture par où pénètre le poisson, spécialement les brêmes. Pour retenir le câsis et
l'empêcher d'être entraîné par le flot, on le fixe sur
deux perches de bois dépassant le casier dans le sens
horizontal, et sur lesquelles on entasse de grosses pierres. Les câsis qui, au lieu de filet, affectent la même

N. Castaloigne (de catalogue ?) : couverture de laine blanche.

forme en osier, s'appellent *bignots* ; ils servent à attrap·
per les araignées de mer.

N. Casse (caisse) : petite boîte fermée seulement de trois côtés
dans laquelle s'agenouillent les lessivières pour débattre
le linge dans le lavoir.

Verb. Cassi (lat. *cassis*, rets, filets) : tisser une étoffe ; on dit
aussi casse-navette, pour tisserand.

N. Castonade : cassonnade.

N. Casse (chasse) : avenue.

Adj. Casuel : fragile, changeant suivant le « cas », risqué.

N. Cavée (lat. *cavea*, creux, cavité) : chemin creux entre deux
haies élevées, ce qui lui donne la forme des *caves* d'un
pressoir.

N. Cax (vieux français) : chaux. *E il fist cax è pierre atraire*
(apporter) (Roman de Rou, vers 10211).

Loc. C'est bi : c'est bien.

Loc. C'est débaochant : c'est à en perdre courage.

N. Celis : cellier.

N. Cenillés (*se nihil*, ceci n'est rien) : petites baies rouges
que produit l'aubépine ; au figuré, peu de chose.

Adv. Censément : à peu près.

N. Cercé : cerceau ; couté, couteau ; les mots en *eau* font *é*
en patois ; le pluriel, nous l'avons déjà vu, est *ias* ou
iax (vieux français) : *od grants coutiax à od coignies*
(Roman de Rou vers 6378).

N. Cerfeu, pour cerfeuil.

N. Chai, pour viande de boucherie.

N. Chandelis, pour chandelier. On nomme aussi *chandelis* en
patois l'espace circulaire dont le pivot des meules d'un
pressoir occupe le centre, le pivot et l'espace reprodui-
sant assez bien la figure d'un chandelier.

Loc. Rabattre ses chapes : froncer le sourcil.

Loc. A chapin : marcher sans chaussures et sans bruit, à pas
fourrés comme un chat.

Loc. Se porter d'un charme : jouir d'une bonne santé.

N. Chapé, pour chapeau.

Loc. Courir la charre sur quelqu'un (charroi) : être toujours
sur le point de partir en guerre contre lui.

N. Chaire, pour chaise.

N. Charré (charroyer) : emplacement des roues toujours à la
même place dans les chemins (*charrires*) d'exploitation
rurale.

N. Chatouorne, gifle formidable capable de faire « tourner un
chat ».

Verb. Chaocrueule : état de ce qui est chaud et cru, c'est-à-
dire à moitié cuit : viande *chaocrueulée*.

Loc. C'est chi, pour c'est cher.

N. Chibot (lat. *cœpella*, ciboule) : tige verte de l'oignon, bonne
à manger.

N. Chicorne (esp. *chico*), pour chicot : souche de bois très
noueux.

N. Chiquerton : personne extrêmement avare (*querton*, patois : réduit au quart, desséché).

N. Chevron (enchevêtré) : ancienne dentelle grossière, formant un entredeux aux dessins croisés.

N. Chopaine (chopine, de chope) : ancienne mesure de 1 litre.

Verb. Chorer (pour choir) : dépérir.

N. Chouaire : marchand de choux.

N. Choultire : champ où l'on sème et où on va chercher les
choux.

N. Chouque (anc. franç. *choque*, souche) : grosse bûche à
brûler.

N. Chus (mesure chez les Athéniens ?) : cigüe. Quand les
Grecs condamnaient quelqu'un à boire la cigüe, mesu-
rait-on la quantité de liquide dans la *chus* ? il arrive-
rait ainsi que la tradition aurait perpétué le nom du
contenant pour celui du contenu.

N. Cidroille sucraine : la meilleure qualité de citrouilles.

Le cien : celui qui.

Ci sé : chez soi.

N. Cisiax, pour ciseaux.

Verb. Cilter, pour ciller : ne manifester aucune émotion. Il
n'a pas *cilté*.

Verc. Cloquer (onomatopée) : gloussement de la poule qui
couve. On dit plutôt *yoqui* (voir aux Y).

N. Un cô : un *coq*.

N. Coaillon (vieux franç. *coë*, queue) : laine de mauvaise qualité entourant la queue des moutons.

N. Coconis (lat. *coquinus*, de cuisine) : homme qui, dans un
ménage, surveille tous les détails, et dirige même ce
qui est généralement réservé comme l'occupation d'une
femme.

Loc. De coin en carre : d'une encoignure à l'encoignure opposée.

Loc. Il n'a pas de cœur au ventre : réminiscence du juron de
Robert le Diable (1045) : *par li cuer jura de son ventre*
(Roman de Rou, vers 8472).

N. Coipié, coipiax : copeaux (vieux français).

Verb. Combler a faire quelque chose : convaincre, amener.

N. Cônue : coquette.

N. Compernoure (comprendre) : intelligence.

Loc. Cône sur crasse : coquetterie avec saleté.

N. Cône, cônibet (de corne) : corne des bestiaux ; petits co-
    quillages en forme de cornes.
Verb. Côner : souffler dans une corne.
Verb. Condire, pour conduire.
Adj. Confondu : troublé, abîmé, gâté, sali (cieux français).
    Normandie est bien pruf destruite et confundue (Appen-
    dice à la Vie de Saint-Thomas, Ann. 1878).
N. Conséquent : gros.
Consommé bouan : tout à fait.
N. Conuet : grande scie à deux poignées dont les dents sont
    en forme de cône.
Loc. A coque de pale (lat. *pala*, bêche) : de toute la hauteur de
    la bêche, pour fouir jusqu'à ce que la bêche, légèrement
    incurvée comme une coquille, ait disparu complètement
    sous terre.
N. Coques : clovisses.
N. Corme (lat. *corium*, cuir, peau dure) : enveloppe de cer-
    tains fruits. Les *bogues* des châtaignes, le *brou* des noix,
    les *cosses* des petits pois, etc., sont tous désignés géné-
    ralement ici sous le nom de *cormes*.
Verb. Corripier (*corripere*, lat. même sign.) : réprimander,
    ennuyer, fatiguer, vexer.
N. Cosseau (coses) : pennes des ailes et de la queue des
    oiseaux, qui commencent à pousser comme de petits
    tubes ou de petites cosses.
N. Cosselis (cosse) : étui à aiguilles.
N. Cossard : algues en forme de *cosses*.
N. Cote-brun (à côté de la bru) : demoiselle d'honneur.
Adj. Coti (côte) : ratatiné comme s'il ne restait que les côtes ;
    être à l'état de squelette.
N. Cotires (côtières) : d'une maison, d'une voiture.
N. Couas (onomatopée imitant le cri de l'oiseau en question) :
    corbeau.
N. Couoraie (vieux français) : ensemble des viscères du porc.
    Tote poèt l'en veir l'entraille (13540), *E li pomon è la
    coraille* (13541) (Roman de Rou).
N. Coudre (vieux français) : coudrier.
N. Couorous (qui marche sous la mère) : porc de trois mois.
    S'il reste sans bouger et gémit, on dit qu'il est cram-
    pous, maladie généralement incurable.
Couotages et couotageux : tout ce qui entraîne beaucoup de
    dépenses.
N. Cours a baue : dans une couverture de chaume, la der-
    nière rangée de paille posée sur le pignon et cimentée
    avec de la terre détrempée et mélangée de mortier.
N. Couortous : sillons de charrue plus courts dans un champ

de largeur irrégulière.

N. Couvron : morceaux de bois posant directement sur la charpente et servant à fixer la couverture de chaume.

N. Couté, pour couteau.

N. Crabe de paré (paroi) : nom *poétique* de l'araignée, qui court sur les cloisons et ressemble à une araignée de mer.

N. Crasset (de crasse) : lampe à huile rappelant les lampes grecques, que l'on suspendait au bégas et qui restait toujours grasse et fumeuse.

N. Crassin : petite pluie très fine qui « crassine » en fournissant énormément de boue.

Verb. Cresre, accresre, creyance (vieux français) : croire et ses dérivés. *Mais bein creist é bien s'eust...* (11872) *Ne mei ne altre n'en creistou* (12169) (Roman de Rou).

Verb. Crêtre, accrêtre, cressance : croître et ses dérivés.

N. Crôte, pour croûte (*crot* est le mot celtique).

N. Coulous (couler ou filtrer) : passoire.

C'ti sin et c'ti lo : celui-ci et celui-là.

MOTS NORMANDS ANGLAIS (C)

N. Ca (angl. *cat*) : chat.

N. Cataud : se ramasser comme un chat maussade.

Loc. Cati l's oreilles : se dit d'un cheval ombrageux qui dresse l'oreille comme un chat.

Loc. Aller a catons : à quatre pattes comme un chat.

Loc. Faire le ca-demon (chat démon) : faire le tapage comme un chat endiablé.

Verb. Cadeler (angl. *cade*, élever délicatement) : gâter, entourer de soins et de prévenances.

N. Calipette (*caul*, coiffe) : ancienne coiffe hautaise, sorte de serre-tête.

Loc. Ça l'y hète ou cela ne l'y hète pas (ang. *hate*, haine) cela lui plaît, ou cela ne lui plaît pas.

N. Caneire (angl. *cantle*, morceau) : extrémité d'un champ qu'on laboure en travers.

N. Cannebotte (*candle*, chandelle) : réunion de débris de roseaux, d'écorces sèches qui flambe comme une chandelle.

N. Cannepetoure (ang. *cannon*, canon) : tige de sureau creuse bourrée d'étoupe à chaque extrémité, et que les enfants s'amusent à faire partir, par la force de l'air comprimé à l'intérieur.

N. CANE (*can*, bidon) : cruche.

N. CANGLOT (*candle*, chandelle) : poisson nommé *orphy* quand il est plus gros. Le canglot ne dépasse pas la grosseur d'une bougie.

Adj. CAQUEVILLOUS (angl. *cavillous*, même signification) : pointilleux, susceptible.

N. CARRÉE et CARRIS (angl. *carry*, porter) : cendre et toile qui la reçoit et qui sont portés par le linge dans la cuve à lessive.

Verb. CARLUSER (angl. *carless*, *loose*, sans soin, laisser-aller) : faire le fainéant, perdre son temps à bavarder, prolonger plus que de raison une visite, une conversation, un travail.

N. CASSAINE (ang. *cass-hen*, cage à poules) : logement misérable et enfumé.

Verb. CASSI LA TERRE (angl. *cash*, convertir en espèces) : faire produire toute sa valeur à la terre jusqu'à épuisement complet du sol.

N. CAUVETTE (angl. *caw*, croasser) : jeune corbeau femelle.

Adj. CHÉRU (prononcer tchéru) : plein de courage et de gaieté (ang. *cheer*).

N. CHAFTÉ : linge sali de place en place comme par les pattes d'un chat.

N. CHUEURÉ (*chew*, ruminer, méditer) : homme peu communicatif et peu sympathique.

N. CHIRES (angl. *cheer*, applaudir, acclamer) : faire des *chires*, faire toutes sortes d'amabilités aux gens.

Adj. CHINCHOUX, CHINCHE (angl. *check*, joue, flasque) : étoffe douce et molle au toucher, peau fraîche et souple. En opposition, on nomme CHINGRE quelqu'un de maigre, d'efflanqué et de mauvais caractère.

N. CHIPAOTÉ (angl. *cheap*, de peu de valeur) : femme peu estimable ; pour un homme dans le même cas, on emploie le mot CHEUTRON (angl. *cheater*, fourbe).

N. CHOUAISNE (angl. *choose*, choisi, *wine*, vin) : pain blanc de qualité supérieure préparé avec de la levure de bière ou du moult de raisin.

N. CHOWINGNOLE (angl. *winch*, même sign.) : manivelle.

N. CLANCHE (angl. *clash*, qui résonne, qui produit un choc) : loquet.

N. COFFIN (angl. *coffin*, même sign.) : cornet de papier. Tout ce qui est incurvé est qualifié de *coffe* (creux), comme une caisse, en angl. *coffer*.

N. COUITTE (*quitch grass*, chiendent) : couche supérieure d'un pré naturel ou artificiel composée de diverses plantes, parmi lesquelles domine le chiendent.

N. Chipée (*chip*, fragment) : touffe d'herbe.

Verb. Cranner (*crone*, vieille femme toujours enrouée) : tousser pour s'éclaircir la voix.

N. Cranire (angl. *cranny*, crevasse) : maison toute lézardée.

Adj. Crêpi (angl. *crew*, bande) : se redresser pour tenir tête comme si on était en nombre.

Verb. Créponser (*pound*, poids) : appuyer fortement sur, écraser, peser lourdement sur ; psnser, serrer de toute sa force.

N. Cresbilles (*craze*, affaibli, caduc, *bile*, bile) : jambes rendues impropres à la marche, affaiblies par la maladie.

N. Creulot (fr. *cru*, croître, *lowangl*, peu) : qui a peu de croissance. Terme de tendresse aux enfants ; équivaut à petite poussé, petit homme, mignon.

N. Crignot (ang. *creek no*, qui ne peut sortir de la crique) : petit bar que l'on prend dans les pêcheries, et qui mesure la plus petite dimension.

Verb. Crowlever (angl. *cowered*, hérissé) : tout objet qui subit des boursouflures, qui se gonfle. La pâte, en fermentant, se *crowlève*. On dit de même les *crows portent*, quand il gèle, les sinuosités de la boue qui précédait étant saisies par le froid, laissent sur le chemin une multitude de petites aspérités qui résistent sous le pied et rendent la circulation difficile.

Adj. Cueuti (angl. *cue*, réplique) : qui est vigoureux, bien portant, d'humeur joyeuse, aimant la plaisanterie.

Verb. Cuive, cuit (prononcer *tchûre*, *tchû*).

LATIN ET VIEUX FRANÇAIS (D)

Loc. Dans le cas (capable) : se dit, étant malade : n'avoir pas la force de...

Loc. Dans l'embront (embryon ?) : en même temps qu'un autre fait se produit.

Loc. Dans l'entrecy (entre ceci et cela, vieux français, Vauquelin de la Fresnaye) : sur l'entrefaite, dans l'intervalle.

Loc. Par grand dagneté (dignité) : par faveur spéciale.

Verb. Débaltafriser (déballer) : démeubler, déménager, démonter des meubles avec rapidité, enlever des tentures sans précaution et sans soin.

Verb. Déchipeloter (déchirer une pelote) : disperser, jeter aux quatre vents un objet formant un tout, une chose compacte.

Adj. Dédevenu (devenu à rien) : personne déprimée et amaigrie.

Loc. Défoncer de rire : être secoué par le rire, rire aux éclats, rire à s'en tenir les côtes, etc.

Verb. Déhaler (vieux français haler, tirer) : enlever quelque fardeau de l'endroit où il est déposé.

Verb. Défenailler : secouer et disperser comme du foin.

Verb. Déhiaver (lat. *clavis*, clef) : pour déclaver (toujours *c* changé en *i*), enlever la clavette qui permet de faire basculer un banneau. Cette clavette est elle-même appelée *hiavoure*. La phrase patoise complète est donc celle-ci : « Il a déhiavé son béné », ou « il a enlevé la hiavoure du béné ».

N. De l'iau, pour de l'eau (prononciation anglaise de *e* en *i*).

Verb. Déjuki (jucher) : ouvrir le poulailler pour sortir les volailles.

N. Découverture : chaume usé que l'on enlève en découvrant le bâtiment à réparer.

Dégouliner (de gargouille) : dégorger.

Loc. Demander les portements : s'informer de l'état de santé de celui qui vous parle.

Verb. Se démenter (latin *mens*, esprit) : s'appliquer l'esprit à faire quelque chose (vieux français) : *Celluy est fol qui d'amour se « démente »* (Clément Marot, Ann. 1878).

Verb. Démentibuler : signifie l'application à désagréger et à disjoindre un tout de telle manière que l'esprit ou le fond de ce tout sort complètement anéanti.

N. Demès, pour demeau : ancienne mesure pour le grain.

Verb. Demeurer, nom Demeurance (qui ne peut bouger) : état de rhumatisme aigu.

Loc. A demande que : à mesure que.

Adv. Dempuis, pour depuis.

Verb. Dénici, pour dénicher.

Loc. D'en par ou (à partir du moment où on se trouve) : immédiatement.

Verb. Dépalanter (palan) : soustraire un fardeau à l'action du palan, c'est-à-dire le condamner à être disloqué et brisé.

Verb. Dépelier, pour déplier.

N. Depotous (latin *potus*, breuvage) : caniveau pour transvaser le cidre ou le vin d'un fût dans un autre.

Verb. Dépurer (purer, ruisseler, dè suer) : être ruisselant de sueur.

Loc. De qué (prononcer tché) lat. *quœ*, même sign.) : lequel, laquelle, ce dont il s'agit ; le patois emploie au singulier la forme latine au pluriel (vieux français) : *Messo-*

gier suis : oi de Kei (Messager suis : entendez quelque chose ou cette chose) (Roman de Rou, vers 11904).

Loc. Au DEQUIÉ (quié pour clair) : mettre au déclair, tirer la chose au clair.

N. DÉRIVAISON (de rive) : sortir des rives, inondation, courant de pluie d'orage.

Verb. DERLINGOTTER (onomatopée, drelin) : tinter comme une cloche ou s'agiter comme des clochettes.

N. DÉRUSION, pour dérision.

Verb. DÉSARBORER (lat. *arbor*, arbre) : déboiser.

Verb. DESSITCHI : dessécher.

N. DET, pour doigt ; DEVET, DET pour devoir, il doit ; JE DÈS, pour je dois ; on dit aussi DRET pour droit, A DRET NOUS, corde nouée très solidement ; aller DE DRÊTURE, tout droit, sans zigzag ; DRÊTEMENT, juste à ce moment.

AVET DEU (deuil) : avoir de la peine.

Verb. DÉVALER (vieux français) : descendre. *Ke Normanz cele noit du teltre « dévalassent »* (1705) (Roman de Rou).

Verb. DÉTOURBER (vieux français) : déranger, distraire, détourner. — *Détourbé, m'a longtemps soit tort ou droit, — De voir France que mon cœur aimer doit* (Ch. d'Orléans : Ballade).

N. DEVANTÉ, pour *devanteau, devancîre*, tablier d'autrefois en droguet ou en grosse cotonnade (vieux français) : *Un beau devanteau de couleur, et un corset de tiretaine* (Vauquelin de la Fresnaye, Ann. 1878).

Verb. DEVENIN et VENIN, devenir et venir. *Devenin à rin, devenin révable* : être émacié et d'une pâleur et maigreur extrêmes.

N. DIABLE (parce qu'on le rôtit ?) : partie supérieure des vertèbres du porc emportant toute la profondeur de l'échine et formant un carré de viande entrelardée de première qualité.

Verb. DIGUI, pour daguer : frapper avec une pointe aigüe. Au figuré : harceler quelqu'un de réflexions piquantes.

N. DJULET : gilet.

DIRE D'AVEC : acquiescer.

Do ME (lat. *me*), avec moi ; DO TOUT : avec.

N. DOLICHE : rubans de bois enlevés par la doloire.

Loc. DONNE-TÉ DE GARDE, pour : fais attention, prends garde.

N. DORÉE (couleur d'or) : tartine recouverte de beurre, de miel ou de marmelade.

N. DOSSÉE : paquet qu'on porte sur le dos.

N. DOUBLIX : grande nappe (vieux français). « Les rues par lesquelles ils passoient étoient parées de biax doubliers » (P. Cochon : *Chronique Normande*, Ann. 1878).

Loc. Tout a l'a douce : être convalescent.

N. Douits (lat. *dudus*) : prés bordant un ruisseau.

Loc. Avet doutance : se douter de quelque chose.

N. Douve (de douve, mare, marécage) : maladie du mouton qu'il contracte dans les lieux humides où il stationne trop longtemps.

Loc. D'ou que j'êtes ? Doù êtes-vous ?

Adj. Dret : droit (vieux français) : « mais ne sçait dret en quel temps » (Ann. 1878).

N. Droguet (de drogue, chose peu estimable) : étoffe de l'ancien temps où la laine est mélangée avec du fil, ce qui lui donne plus de solidité, plus de résistance, mais moins de moelleux et de chaleur.

Verb. Duire (lat. *ductus*) : diriger, dresser, éduquer.

Se durer, pour s'endurer, ou se tenir tranquille.

Verb. Dézerter (mettre en dézert) : défricher de manière à ne laisser aucune racine de plantes dans le terrain où on travaille.

D' z'abres : des arbres.

Loc. Chercher sa drousse : chercher sa vie ; droussi, pour *trousser*, afin de marcher.

MOTS NORMANDS (D)

N. Dabon (angl. *dab*, morceau) : morceau de pain mal coupé, tartine trop épaisse.

Verb. Se dandaler (*dandle*, bercer) : se dorloter, se pavaner, se croire quelqu'un.

Verb. Dandouilli (*dandle*, bercer) : salir un récipient en l'inclinant d'un côté sur l'autre.

Verb. Dauber (*douse*, plonger dans l'eau) : rincer du linge à eau courante et à grands coups de battoir.

Adj. Débaochi (*bow*, arc) : détendu, sans ressort, découragé, débandé, ennuyé.

N. Débêt (*bit*, mordre) : dégel.

Verb. Débetti (*bit*, mordre) : état du temps du dégel.

Verb. Cassi : enfoncer ; décassi : déclouer, arracher.

Verb. Décanilli (*cat*, chat) : sortir du lit, se lever doucement comme un chat.

Verb. Déchaboler (*cat*, chat, *bowl*, lancer une boule) : secouer, déchiqueter, envoyer, comme un chat, dans toutes les directions. Au figuré, déchirer le prochain à belles dents.

Dédormi : l'eau dormante, étant très froide, *dédormi* (tirer de dormir) ; signifie attiédi, tiède.

Adj. Défecti (défective, malicieux) : dégourdi, déluré, intelligent, espiègle.

Verb. Dégaci (contraire de agacer) : changer le régime d'un animal pour lui donner de l'appétit.

Verb. Déganner, pour dégamer (*game*, moquerie) : contrefaire, imiter, singer quelqu'un, par dérision, en accentuant ses défauts ou ses infirmités.

Verb. Dégrouter (*growl*, gronder, murmurer) : passer sa colère sur quelqu'un, en faire son souffre-douleur, le rendre responsable de sa contrariété à soi-même.

Verb. Déholer (*hole*, trou) : sortir du trou ou de tout endroit où on n'est pas aperçu.

Verb. Dégraboliser (*grabble*, empoigner ; *lead*, entraîner) : démaçonner.

Verb. Dénavarrer (*ware*, virer de bord) : étaler, jeter pêle-mêle, sens dessus-dessous ou sens devant-derrière, disperser et vider, peut-être à la façon des Navarrais quand ils s'installèrent en Normandie.

N. Déraveigne (*deray*, désordre) : eau boueuse, consécutive à de violentes averses, qui enlève les plantes, les pierres du chemin, l'humus de la terre, et entraîne le tout pêle-mêle.

Adj. Deravignous : endroits plus creux et plus accidentés où passe la déraveigne.

Verb. Déreuner (*run*, courir) : déranger dans sa course, dans son travail.

N. Dêteur (*turn*, tour ; *turgid*, enflé, ou *distord*, tordu) : entorse.

Verb. Détourber (*disturb*, même signif.) : être dérangé, troublé dans ses occupations.

N. Deumet (*down*, duvet) : duvet.

Verb. Dévatrouilli (*water*, eau) : éclaboussé, roulé dans la vase.

Verb. Déwincignoler (*wince*, hennir oimbrer) : assemblage de ferraille se choquant et produisant un bruit extrêmement désagréable.

Verb. Deyerci, yerci (*y* tient la place de *cl*) (angl. *clear*, même sign.) : nettoyer, éclaircir, enlever les mauvaises herbes.

N. Dichon (angl. *dish*, plat) : soupière.

N. Disconvenue (*discovery*, découverte) : connaître l'origine d'un fait et tout ce qui en découle.

Doulliant (angl. *dole*, *doleful*, chagrin, triste) : être courbaturé, plein de douleurs.

Verb. Drainer (*to drawl*, traîner les paroles) : conversation très lente et très paisible.

N. Drillas, verb. drilli (*to drill*, glisser) : glisser sur la glace et la glissade elle-même.

Adj. Dringant (*to drink*, boire) : payer en buvant, payer avant d'avoir l'objet, en résumé payer immédiatement.

N Druges (*drug*, drogue) : agitation continuelle, mouvements ininterrompus, énervant les voisins qui en sont témoins.

LATIN ET VIEUX FRANÇAIS (E)

Adj. Ebautchi (ébauche) : dresser le plan d'un travail, en exécuter les grandes lignes.

Adj. Eberlué (berlue) : avoir des absences, être distrait, préoccupé ; on dit dans le même cas *ébersouilli*, troublé ému.

Adj. Ebiandré (de blanc) : pâle de colère. On dit également effabli.

Verb. Erbouqui (de bouc) : manger avec excès, en faisant des restes.

Verb. Ecachi (anc. germ. *krassa*, broyer) : écraser. On dit encore écrabouiller, réduire en bouillie, qui, en vieux français, fait *écarbouiller* : « D'un gros canon, la tête écarbouillée. » (Ann. 1878).

Verb. Ecapper (lat. *excapare*, sortir de la cape) : échapper.

Verb. Ecassi (casser) : battre du linge neuf mouillé pour l'assouplir.

Verb. Echanger (change de sale en propre) : enlever la première saleté du linge sans le lessiver.

N. Ecli (de éclisse, ou éclat) : très petite parcelle de bois.

Verb. Echiveler ou êchiver (échevelé) : tirer fil à fil pour faire de la charpie.

Verb. Echoanner (choc) : écrasé, moulu, brisé par les chocs subis ou reçus.

N. Eclette (échelette) : cadre de bois mobile, formé de morceaux entrecroisés comme des barreaux d'échelle, et qu'on fixe en avant et en arrière des voitures charretières pour leur permettre de contenir, en les prolongeant des deux côtés, une plus grande quantité de fourrage.

Adj. Econé (corne) : vache ou bœuf ou veau s'étant rompu une corne.

Adj. Ecormé (écorce) : enlever l'écorce.

Verb. Ecorneinlli (comme un taureau fouille avec ses cornes) : surveiller de très près, examiner jusqu'au fond des choses.

Verb. Ecouorter (court) : briser net.

Verb. Ecroter (présenter des crocs) : vaisselle détériorée, ébréchée.

Adj. Ecrignie (de crins) : épithète malsonnante à l'endroit d'une femme dont la chevelure est en désordre ; si le

désordre de la toilette y correspond, on ajoute qu'elle
est *effalonnée* ou *évaltonnée*.

N. Effars (lat. *efferre*, tirer quelque chose) : vidange des volailles.

N. Effarfas (lat. *efferus*, farouche, furieux) : être en colère et
le témoigner de manière à épouvanter tout le monde :
faire des effarfas.

Adj. Efferté (frayeur) : cheval ombrageux.

Verb. Effieurer (*fleur*, la meilleure partie) : enlever la crême
montée à la surface du lait.

Int. Ega ! (lat. même sign.) : parbleu !

Adj. Eguchi (aiguisé) : agacé, poussé à bout.

N. Ekermuche : escarmouche.

Adj. Eleuné (de lune) : commencement d'idiotie ; état de celui
qui ne fait attention à rien.

Verb. Elétchi (*lé*)' : déchirer une bande tout le long d'un lé
d'étoffe.

Verb. Elier (*lie*) : soutirer le cidre pour le séparer de la lie.

N. Emai (lat. *mactra*, maie, mée, met ou mait) : table sur laquelle on dispose le marc de pommes pour le presser et
en faire-sortir le cidre.

Adj. Embami (embonpoint) : être très corpulent.

Verb. Emaoqui : chasser les *maoques* (mouches).

Verb. Emater (mât) : arracher des branches à un arbuste, de
sorte que la tige principale reste isolée comme un mât.

Adj. Embistrouilli : embarbouillé, au propre comme au figuré.

N. Emiée (miette) : pain émietté dans du lait.

Verb. Emolenter (latin *emollire*, amollir, adoucir) : faire remuer un fardeau sur sa base ; au figuré : être souffrant,
courbaturé, remué

Verb. Emoki (mouchettes) : moucher les chandelles (autrefois).

N. Emoquillon : partie de mèche carbonisée qu'on enlève avec
les mouchettes.

Loc. Emouver du brit : pour émouvoir, pousser à la discussion, au soulèvement

N. Emotous (mottes) : traverse de bois emmanchée avec laquelle on écrase les mottes de terre

Adj. Empaffé, pour emballé, persuadé, conquis.

Verb. Empalanter (lat. *emporium*, marché) : empalantée, choses, objets, légumes enfilés ensemble, comme pour porter
au marché ; on dit aussi dans le même cas : *pantouorée*
ou *empantouorée* (choses suspendues).

Verb. Empélier, pour employer.

Verb. Empaoter, emponer (lat. *emptio*, achat ; *emptor*, acheteur) : être embarrassé d'un objet quelconque comme si
on en était l'acheteur et sans pouvoir en attribuer la

propriété à un autre. Empaoter (*potus*) se dit pour le liquide, et empôner (*ponere*, déposer), pour le solide : une carafe est *empaotée* de cidre, et une table *emponée* de paquets.

Verb. EMPÊTICHI (*pesti*, pâturage, vieux français) : créer un pre.

Loc. TOUT D'UN EN PENSEMENT : penser tout à coup à une chose et le communiquer.

Prép. EN PRÈS, pour après.

EMPOUISONNER, pour empoisonner.

N. EMORNINLLE : gifle sur le nez.

Loc. DANS LA TERRE ÉMUE (lat. *movere*, ua passif être ému, être remué) : terre fraîchement bêchée ou labourée.

N. ENARS (*enarrare*, raconter) : affronts subis qu'on s'empresse, de divulguer.

N. ENCOPÉ (corps) : situation de celui qui vient d'avaler du solide et a besoin de liquide pour le faire descendre.

N. EN DOS (adosser) : hauteur donnée au milieu d'un champ quand la charrue commence à tracer les premiers sillons au milieu.

N. ENDRET : endroit.

Adj. ENFALUMÊQUI (flammèches) : avoir le visage enflamme après un bon repas.

N. EN FOND, pour profond.

Verb. ENFOUONNER (jeter au four) : enfourner la pâte.

Verb. ENFOUORATCHI : avaler gloutonnement.

Verb. ENGRIGI : aggraver (vieux français) : *E par le mal ki s'engreja* (Roman de Rou, vers 14224).

Adj. ENNINLLI (de nez) : enrhumé ou *enrieumé*.

Verb. ENHAI (vieux français) : haïr, délaisser. — *De sorte que le père enhait le fils armé contre le frère* (Vauquelin de la Fresnaye).

Verb. ENHATER (pour embâté) : prier avec insistance quelqu'un de faire quelque chose.

N. ENNUIS : ennui ; verb. ENNUER.

Verb. ENQUÉRAODER : ensorceler.

Verb. ENQUERCANÉR (carcan) : entremêler divers objets ensemble, et surtout les pièces du harnais, au point de les rendre difficiles à séparer.

Loc. A L'ENREBOURS, pour au rebours ; A L'ENTOU : autour de.

N. ENTAMILLON (entamer) : premier morceau coupé au pain, le croûton.

N. ENTIAULÉE (*tayaut*, terme de chasse) : meute de chiens, assemblage de veaux.

N. ENTONNOUS, pour entonnoir.

Verb. ENTOUORTILLI (tour) : jouer un tour, tromper, attraper quelqu'un sans qu'il s'en doute.

Loc. EN TOUT, pour du tout.

Verb. ENTRIMOIGNI (témoin) : entremêler non les objets, mais, dans un récit quelconque, les idées et les mots qui les expriment, les *entrimoignages*.

Verb. ENVERGNI (entraîné vers) : être mêlé, malgré soi, à une affaire.

Verb. ENVIER, pour envoyer (Rou, vers 6075).

Verb. EPAIGNI, pour épargner.

N. EPAINE, pour épine

Verb. EPANTILLI, nom EPANTAS : épouvantail. Pour fabriquer l'*épantas*, on se sert de vêtements hors d'usage : vieux chapeaux, vestes déchirées, pantalons usés, d'où son nom. Au figuré, personne qui cause une surprise ou une frayeur en se nippant d'oripeaux à couleurs disparates ou choquant par leur excentricité.

Adj. EPAPOUORDI (lat. *epaphœresis*, vide). ÉTOUORBILLONNÉ : étourdi, avoir la tête vide, avoir des éblouissements.

Verb. EPARER (réparer) : parer une haie en élaguant les ronces et en arrachant les mauvaises herbes qui y poussent.

N. EPÉES : pièces d'assemblage d'une charrette

N. EPION (qui a la forme d'une épée) : porte-graine du chou.

Adj. EPISCOUILLI (dépouillé) : situation de quelqu'un qui a été saisi et dont les meubles sont vendus ; on dit aussi : *ses époudrettes sont faites*.

Adj. EPOUORÉ : peureux.

N. EQUERMUCHE, ÉQUERMUCHI (ecarmouches) : querelles, grabuges, recevoir des égratignures.

N. EQUEUME, pour écume.

N. EQUIÉ, pour éclair.

Adj. EQUIPOLENT, ÉQUIPOLÉ : termes de blason « d'or aux points *équipolés* de gueules ou de sable ».

Adj. ÉQUIVALANT : égal.

Verb. ERAGI, pour enrager.

Verb. ERASSI, pour arracher.

Verb. ERBRASSI (bras) : retrousser ses manches

N. ERCROC, pour raccroc.

Verb. ERDRE : errer : ne savoir où *erdre*.

N. ERÊTE, pour arête.

N. ERIGNIE, pour araignée.

Verb. ERJUER (*ergo*, donc) : présenter des arguments.

Loc. ERLIER DE COUPS : assommer.

Verb. ERLISER, pour reluire.

Adj. ERNÉ (rein) : éreinté (vieux français) : *Si j'ai affaire à quelque poltron ou quelque homme qui ne soit gentilhomme, je me contente de l'erner à coups de bâton* (Odet de Tournebu, « Les Contents »).

Ermerque, pour remarquè ; verbe ermertchi.

Loc. Ermuer des choux : transplanter.

Loc. Ermuer de germains : fils au filles de cousins germains ; ce sont les neveux à la mode de Bretagne.

Verb. Erpathci : faire un paquet ou retrousser.

Verb. Erninlli (de nez) : fourrer le nez partout, inspecter, espionner.

Verb. Ertinter, pour retinter.

Verb. Ertergi, pour retarder.

Verb. Ervenin, pour revenir ; ervoigni, pour repousser du regain ; herbe de deuxième saison.

N. Erdot (de radoter) : enfant tard venu, plus jeune que les autres.

Verb. Escaper et rescaper (vieux français) : *Se trez qu'el jor atendon tànt k'il seit ajoine, j'a n'en escaperon* (Rou. vers 1732).

N. Ervannes (vanner) : résidus du vannage des grains.

Verb. Essamer (essaim) : se disperser, s'éparpiller comme un essaim.

N. Escalis, pour escalier.

N. Esclavage, grande chaîne d'or soutenant la croix normande ou la montre des femmes dans le costume normand. C'est ce qu'on appelle maintenant un sautoir.

N. Essergoter (ergot) : maladie qui fait tomber les ergots d'un animal.

Verb. Espérer, pour attenare : *espère-me*, pour attends-moi.

N. Esquelette, pour squelette.

Adj. Estramaçonné : rompu de coups.

Est-a ? pour est-elle ?

Verb. Esquinté (échine) : fatigué, éprouver une lassitude aussi douloureuse que si on avait l'échine brisée.

N. Estoribus (lat. *esse*, être) : bon sens, intelligence.

Verb. Etamer, pour entamer.

N. Etaux : racines et brins de paille y adhérant restés en terre après la récolte. Le nom *étau* désigne, au singulier, cette récolte elle-même : cette terre est restée à l'étau de blé, à l'étau de pommes de terre, etc.

Loc. Avet de l'étente : rendre une quantité de produits supérieure à la première appréciation.

N. Etamperches : gaules de bois soutenant les échafaudages.

Adj. Etoupé (bouché aux étoupes, vieux français) : boucher sans laisser d'issues ; par extension, on dit un temps étoupé pour un temps extrêmement nuageux annonçant la pluie.

N. Etoquous, pour étauquous (étaux) : gros crible où des débris de paille sont criblés avec le grain en premier lieu.

N. ETRAIN (vieux français) : paille de blé dépouillée du grain
    des *bottiax d'étrain*. (Ron... le Rou, vers 8040).
Adj. ETRÊT, pour étroit.
Adj. EVANI, pour évanoui.
Adj. EVANÉ : évasé comme un van.
N. EVASION D'EAU : image pittoresque, inondation ; c'est bien
    de l'eau qui s'évade.
Loc ETRE BIN A L'AISI : en parler à son aise.
Adj. EXEMPT, ou INCENDIÉ : ivre-mort.
Verb. EXPLIQUI, pour expliquer.
Loc. PAR A L'EXPRÈS : faire exprès.
Adj. EYERANT (éclairant) : vers luisant.
Verb. EYEURBER : usurper.
Verb. EYUSER (écluse) : éclabousser.

MOTS NORMANDS-ANGLAIS (E)

Adj. EBÉSOUI (*be sot*, abrutir) : sot, abruti, qualité de celui qui
    reste dans les nuages et n'est ni à son travail, ni à la
    conversation.
Adj. EBLUCI (*blow*, épanouissement) : qui est à moitié venu et
    va vers son complet épanouissement.
Verb. S'ÉBRÉHOLER (*hole*, trou) : crier hors de son trou, de sa
    maison, pousser des clameurs. On dit *pousser d'z'ébrés*.
    des cris de bête, brailler, braire.
N. ECACHETTES (*cracklers*) : casse-noix.
Verb. ECALER (*callow*, sans plumes) : ouvrir des coquillages.
    On dit aussi une *écale* d'œuf, pour une coquille ; elle est
    vraiment bien sans plumes
Verb. ECALOBRER : enlever l'épiderme, surtout sur une cica-
    trice.
N. ECALEURES : gerçures causées par le froid.
N. ECALIS, pour échalier.
N. ECOUSSE (*quench*, refroidir) : pelle à manche court à l'aide
    de laquelle on enlève les galettes de sarrasin sur la
    poêle.
Verb. ECORMER (*corn*, blé), pour écorner : enlever l'écorce d'un
    grain et, par extension, des fruits, notamment des noix.
Verb. ECOUSSI (*quit-grass*, chiendent) : secouer le chiendent
    pour en faire tomber les terres, avant de l'enlever du
    champ.
Loc. S'ÉCRÊPELER (*crew*, troupe) : s'acharner tellement au tra-
    vail qu'on parvient à fournir la besogne de plusieurs
    personnes.

Verb. EDEUMER (*down*, duvet) : enlever le duvet ; chute du duvet chez les oiseaux ; les canards s'*édeument*.

Verb. EDROLER ou ÉDRAULER (*draw*, tirer, attirer, retenir) : trois actions que l'on exécute pour recueillir les graines des plantes fourragères arrivées à maturité : à chaque brin, on place la tige entre les doigts, en dessous de la graine, on élève les doigts qui tirent sur cette graine, l'attirent vers l'extrémité supérieure, et au moment où elle risque de s'éparpiller, la retiennent en la renfermant dans l'intérieur de la main, qui la dépose dans un sac. *Edrawler* est une longue œuvre de patience qui devient de plus en plus rare.

Int. EGA ! (*ang*, même sign.) : parbleu !

Verb. EGALUER (*goggle*, loucher) : recevoir dans les yeux une vive lumière qui les éblouit.

N. EGOHINE (*to goin*, entrer) : scie à main des bouchers qui entre dans la chair et les os.

Verb. EGAUGI (*gauge*, même sign.) : jauger.

Adj. EGUCHI (*gust*, goût) : aiguiser le goût, donner de l'appétit.

Verb. ELACRÉ (*lack*, privation) : souffrir de la faim. avec effort.

Verb. EMAGUI (*mackle*, maculature) : réduire, en l'écrasant, une substance quelconque à un tel état de bouillie, qu'aucune forme ne s'y découvre et que tout se réduit à une tache plus ou moins étendue.

Verb. EMBERLAODER (*laugh*, risée) : plaisanter ironiquement, éblouir, ou jeter la confusion dans un esprit, faire des dupes.

Verb. EMPOUTCHI (*pocket*, poche) : mettre en sac.

N. ENCOUÉE (*cow*, vache) : bestiaux marchant les uns derrière les autres.

Verb. FAIRE ENDEVER (*devil*, diable) : agacer, impatienter, faire que les autres ne sachent plus *à quel saint se vouer*, ou mieux *à quel diable se vouer*.

Verb. ENGANTER (*gan*, commencer) : être au début d'un parcours, d'un voyage.

Verb. ENGUERFILLI (*gear*, habiller) : allonger un discours, le rendre diffus, passer du coq à l'âne.

Verb. ENICTER (*next*, proche) . envoyer une chose assez près, alors qu'ÉLINGUI exprime un éloignement plus important.

Adj. ERBOUTCHI (*bolting*, fermé au verrou) : être tellement rassasié qu'on ne vide pas son assiette.

N. ERLENT (*lent*, carême): odeur peu appétissante du vieux poisson, par extension de tous les aliments gâtés.

Verb. ERLUTCHI (*lurk*, être aux aguets) : surveiller. espionner, inspecter.

Verb. ELINGUI (*line*, ligne) : jeter devant soi, en droite ligne.

N. ERVOLAIN (*to revolve*, tourner, rouler) : courant d'air, bourrasque.

N. ESBROUFFES (*brood*, engeance ; *browless*, effronté) : se montrer insolent, tapageur, plein de morgue, méprisant : faire des esbrouffes.

Verb. S'ESPADRONNER (*pud*, aller à pied) : marcher en sautillant et en faisant des embarras.

Verb. ESSAVER (*shave*, écorcher) : écorcher à certaines parties du corps, par le fait de la sueur consécutive à la marche.

Adj. ESSONÉ (*son*, fils) : imbécile, idiot, stupide au point de ne plus connaître son fils.

Verb. ESTRAMBORNÉ (*straine*, entorse ; *bone*, os) : après un accident ou une attaque, avoir les os froissés ou fracturés.

Verb. S'ÉTAUNER OU S'ÉTORER (*town*, ville) : se mettre en évidence, paraître en public, chercher à être remarqué, surtout en ville.

N. ETILLE (*tie*, nœud) : déchirure, fente dans un morceau de bois, occasionnée par la présence d'un nœud.

Verb. ETCHILLI (*till*, jusqu'à) : prendre un à un des objets en tas pour en former plusieurs tas, jusqu'à ce qu'il n'en reste plus.

Verb. S'ÉTRALER et ÉTRUEULLER (*trundle*, rouler) : s'étraler s'entend par faire soi-même une chute ; étrueuller signifie qu'on renverse par terre plusieurs objets ensemble ou un seul corps qui se divise et s'éparpille en roulant.

Adj. EVARÉ (*war*, guerre) : avoir un air hagard, sembler égaré comme en présence de la guerre.

Adj. EVOUSPAILLÉ (*wool*, laine) : se disperser dans toutes les directions comme la laine et la plume entraînées par le vent.

N. EYELICK-FOUORA (*eye*, œil, *light*, lueur ; *fourrer*, enfoncer) : feu follet.

LATIN ET VIEUX FRANÇAIS (F)

N. FAÇON DE BURE (*butyrum*) : motte de beurre.

Loc. AVET BOUONNE FAÇON : payer de mine.

Adj. FAILLI OU FÈBLLE (les *l* mouillées) : faible. *Li forz li fièbles damagièrent* (Roman de Rou, vers 8408).

Loc. Y NE FAIT PAS HALEINE DE VENT : le temps est très calme, il ne fait pas un souffle.

N. FAIN, pour foin (vieux français).

Loc. FAIRE UN BOUT DE CHEMIN : voyager ensemble.

N. FÊVRIS : février.

San fait (lat. *factus*) : son bien, ce qu'on a fait, amassé soi-
    même.
N. Falumèques : flammèches.
Loc. A faote de jour, a jour faillant : quand le jour fait
    défaut, à la chute du jour.
Verb. Fainutchi (foin) : remuer comme le foin.
N. Fax (lat. *falx*, même sig.) : faulx.
N. Fé : fer.
N. Feire : foire (vieux français) : *E marcheanz alèrent à feire
    et à marchié* (vers 5089, Roman de Rou).
N. Fermis : fermier.
Adj. Fené (comme du foin) : fané.
N. Feugère, pour fougère.
N. Feumée, pour fumée.
N. Feuve, pour fève.
N. Feute (où il fait chaud comme auprès du feu) : empreinte
    d'animal dans sa litière.
N. Fiacon et fiaque, pour flacon et flaque.
N. Fiauté (féal) : foi, avoir confiance.
N. Fieu : fils.
N. Fi : fil.
N. Fieu : farine.
N. Fieurette (fleur de lait) : crème molle.
N. Fieumes (de fièvre ?) : expectorations.
N. Fiiasse : filasse.
N. Filire : filière.
Fin fond : aller à l'extrême limite des choses.
N. Fisée (fusée) : traînée de lumière ; fusée ou bande de ter-
    rain plus verdoyante et plus plantureuse que les alen-
    tours ; état d'un champ extrêmement étroit.
N. Fissiax (fissure) : barreaux.
N. Fisture, pour fiscure (lat. *fiscus*) : panier où l'on mettait
    l'argent du fisc chez les Romains ; *il n'en reste pas
    fisture* signifie qu'il n'existe plus de trace de la chose
    en question.
N. Flip : boisson formée de cidre chauffé jusqu'à ébullition et
    bien sucré (anglais même signification).
N. Flibustis, pour flibustier.
N. Foncire de l'hivet (au fond) : en plein hiver.
N. Forbéture, pour fourbu.
N. Foran (lat. *forare*, creuser un trou) : petit furoncle des
    lèvres.
Verb. Forci, pour grandir.
Verb. Forni, pour fournir.
Verb. Foui, pour fouir, bêcher.
N. Fouée (feu) : flambée.

N. Fouonnée (four) : fournée de pain.

N. Fouonette : petite excavation pratiquée dans la cheminée de la cuisine pour ramasser la cendre.

N. Fouonis : boulanger ; on dit aussi frignot.

N. Fouognot : enfant dernier-né de la famille, assez difficile à élever. — Le plus petit et le plus malingre des poulets d'une même couvée.

N. Fout bas (jeter bas) : gros cidre qui enivre facilement.

N. Fouorment, pour froment.

Loc. C'est de la foutimace, ou foutaise : chose insignifiante, tout de suite, rien du tout.

Verb. Fracassi : fracasser.

Verb. Fricassi : fricasser.

Adj. Fricassie : fricassée.

Loc. Ramasser des fraiches : attraper des rhumatismes.

N. Fraisis : fraisier.

N. Fré et frédure : froid.

Verb. Freumer : fermer.

Verb. Frélli (*ll* mouillées) : frayer.

Adj. Friablle : friable.

Adj. Frilloux : frileux.

Loc. Ça ne fait que frémi : l'eau chante pour bouillir.

N. Frime : illusion.

Verb. Fueurgonner : chercher, sonder, fouiller.

N. Fumelle, pour femelle (vieux français).

MOTS NORMANDS ANGLAIS (F)

Verb. Faire appaux (*pawn*, mettre en gage) : s'ennuyer de quelqu'un qu'on ne voit plus ou d'une chose qu'on ne possède plus.

Loc. Faire le ramon (*ram*, battre, enfoncer) : être en colère, avoir l'esprit batailleur, chercher querelle.

N. Fallance (*fall*, chute) : se dit d'une balance parfaitement équilibrée et dont les plateaux ne tombent pas plus l'un que l'autre ; par extension, se dit de toute chose qui se règle avec équité et impartialité.

N. Fale : poitrine (vieux français) : *Mon fourneau sera ma fale* (O. Basselin : Vau de Vire, LVIII).

N. Falli-fallots : feu de paille qui *tombe* ; brandons de la Saint-Jean.

Fale (tomber) : gésier, jabot des volailles, qui tombe et forme une bosse quand ils ont une fallée, c'est-à-dire quand ils viennent de manger.

N. Fariboles (*fare*, prix ; *bowl*, boule) : propos de nulle importance, de nulle valeur.

Verb. Se fastibuler (*fast*, vite ; *bull*, taureau) : se précipiter, aller trop vite, se gêner, s'exciter comme un taureau.

Verb. Fautrer (*foster*, nourriture) : préparation que l'on fait subir à l'orge pour l'employer à la nourriture des animaux ou le transformer en farine.

N. Féret (*fur*, fourrure) : haricot sortant de la fleur, encore habillé du duvet et des pétales jaunies.

N. Ferlampis (*feire*, foire ; *lamely*, estropié, en boitant) : vagabond, semblable aux estropiés qui parcourent les foires.

N. Ferluques (*fair*, chevelure ; *book*, avoir l'air) : rubans de bois, assemblage de choses inutilisables, épluchures, feuilles sèches, tout cela formant des débris très minces et moelleux comme une boule de cheveux.

Loc. Faire du fla-fla (*to flag*, verb. flotter, *flag*, drapeau) : être en vue et se faire remarquer comme un drapeau qui flotte au vent.

N. Flé (*fly*, colère) : en colère, contrarié, vexé (vieux français *fel*, Rou).

N. Fri (*free*, libre) : état de la terre débarrassée de la récolte, prête à être cultivée à nouveau : la terre est en *fri*.

N. Frignalis (*free*, libre ; *makedly*, à nu) : homme méprisable, qui n'admet pas de règle et dévore son bien en suivant ses passions.

N. Frines (*free*, libre) : miettes qui s'échappent du pain.

Foutro (*foot*, pied : qui se sauve) : être épouvanté, avoir le foutro.

Foutu (*foot*, pied) : être condamné par les médecins, perdre tout espoir de se remettre sur pied. On dit aussi : *Comment est-il foutu ?* Comment est-il tourné ?

N. Frow ou fraue (*froth*, écume) : mousse qui s'élève au-dessus des boissons fermentées, ou écume blanche qui borde les vagues.

LATIN ET VIEUX FRANÇAIS (G)

N. Gaduellées (grec *gadus*, morue) : quantité de choses mises en conserves comme des morues dans un baril.

N. Gache (de gaâcher ; anc. all. *waskan*, laver) : pâte que l'on retire à moitié cuite du four et qui contient encore de l'eau.

Etre gagie : avoir reçu des gages, des présents, être fiancée.

N. Galefecie (qui *fait* des choses bonnes à le mener aux *galères*) : vaurien.

N. Galtie (galette) : panier rond en osier pour mettre les galettes de sarrasin et les tenir au chaud.

N. Gambe, pour jambe.

N. Souris-gauche : chauve-souris.

Verb. Gaudivéré (lat. *gaudere*, même sign.) : être joyeux, de belle humeur, réjoui.

N. Gavelis (javelle) : demi-cercle en bois léger que l'on fixe à la faux pour soutenir les javelles et les maintenir droites en les fauchant.

N. Gavelot : javelle.

N. Gavelottous : petit râteau à dents de fer qui sert à former les javelles et à râtisser les jardins.

N. Un geva, des gevax : chevaux.

N. Gens (lat. *gens*, famille) : parents ; on ne dit jamais mes parents, on dit toujours « mes gens », sans faire sonner l's (vieux français).

N. Gercé (lat. *gerere*, porter) : jeune brebis femelle qui n'a pas donné d'agneau.

Adv. Gentiment : d'une manière posée, aimable, gracieuse.

N. Gésis, pour gésier.

Verb. Se gevi ou chevi : se rendre maître de quelqu'un, dominer la situation, venir à bout des difficultés (vieux français) : ...*Le soudanc de Hamant ne se sôt comment chevir du soudanc de Babylone* (Joinville, Ann. 1878). — ..*Et pensant avec moi comment je chevirois presque l'hôte* (Villon : « Ballades »).

Verb. Giéner (lat. *gignere*, engendrer) : blé qui germe sans être semé, à cause de l'humidité du local où il est déposé.

N. Gieries, gimer (lat. *gignere*, engendrer) : plaintes, gémissements, pleurs de femme, comme dans les douleurs de l'enfantement.

Gloria (dernier verset des psaumes) : libation suprême du festin (vieux français) : *Je veux la bouteille égoutter, pour savoir si plus rien n'y a, C'est droit Gloria filia, pour laver ses dents* (Farce ancienne, Ann. 1878).

N. Gniaff (onomatopée imitant le bruit des instruments taillant le cuir) : cordonnier.

N. Godron, pour goudron.

N. Goule (vieux français) : bouche. — ..*Maignen, 'il nous faut échauffer par la goule, comme en un four* (Farces, Ann. 1878).

Verb. Goulimafrer, goullée, gouliot : manger gloutonnement, engloutir.

N. Gouliot : petit maquereau dont un entier est nécessaire pour emplir la bouche.

N. Goussas, goussaude : glouton, gourmand.

N. Graillon (graisse) : substance grasse qui brûle avec une odeur âcre.

N. Gouttire : gouttière.

N. Gradilles, pour grappilles : groseilles à grappes.

N. Grateresse (de gratter) : sarcloir.

N. Gravis, pour gravier.

Loc. Y a pas gras : il ne reste rien.

N. Greffis, pour greffier.

N. Orties grigeresses, pour grièches.

Verb. Grèlli (*ll* mouillées) : pour gréer (terme de marine), apprêter, préparer.

N. Grumelots : grumeaux.

N. Guerbet, guerbiax (prononcer djerbet, djerbiax) : gerbes.

N. Guéret (djéret) : jarret (vieux français, Rou vers 3031).

N. Guénasse (jeunesse) : jeune fille aimant à rire.

N. Guérou (djerou) : loup garou.

N. Guêpis : guêpier.

Verb. Guetti (djetti) : faire le guet, observer, surveiller, regarder, examiner.

N. Gueurlot (grelotter) : avoir le frisson.

N. Gueville : cheville.

Verb. Guinchi (vieux français) : regarder de côté.

N. Guérouésilles : groseilles.

MOTS NORMANDS-ANGLAIS (G)

Verb. Gaffer, nom gaffée (*gaff*, croc) : chien qui mord.

Galue (*goggle*) : loucher, être myope.

Verb. Gandi (*to ger*, arriver) : parvenir à la fin d'une course.

Verb. Gavailler (*to give*, *gave*, donner, répandre) : être prodigue, sans économie, donner sans compter, mal administrer son bien.

Verb. Gaupitrer (*goat*, chèvre) : fouler aux pieds, piétiner, écraser ; on dit aussi gipoutrer.

Verb. Se genci (*gentry*, élégance) : s'effacer, se mettre à sa place, faire preuve de bonne éducation.

Verb. Giber (*gib*, moquerie) : s'amuser, faire des grimaces et des singeries.

N. Gonas (*gold*, or ; *nose*, nez) ou grondin : poisson de l'espèce des rougets, à tête volumineuse et dorée.

Loc. Griger son pain (*grease*, graisse) : beurrer parcimonieusement ses tartines.

N. Griget (*grig*, anguille) : bouillonnés d'étoffe alignés ou ondulés comme des serpents.

Loc. Grigi des dents (*grin*, même sign.) : grincer des dents.

N. Griguenaudes (*grig*, anguille ; *no*, non) : choses qui glissent des mains comme une anguille, et dont il ne reste rien ; illusions, gain imaginaire.

Verb. GRIMER (*grim*, hideux, effrayant) : griffer, balafrer le visage, défigurer.

Verb. GROUER (*ground*, mettre à terre) : graine trop mûre qui tombe à terre avant d'être récoltée.

Verb. GROUSSER (*groan*, gémir, grogner) : rester impénétrable et impassible ; dans l'expression « il ne grousse pas ».

N. GRUGEON, verb. GRUGI (*grout*, farine grossière) : son du sarrasin où il reste un peu de farine.

N. GUÉDOLLE (*halt*, boîteux) : cheval amaigri, sans valeur, ne marchant que sur trois pattes.

N. GUÉRET, pour jarret : *Et à son norrichon les guarez coppera* (Rou, 3031).

N. GUIBOLLE (*hâlt*, boiteux) : jambe estropiée ; traîner sa guibolle.

Loc. ETRE SUR LES GUÉZONS (*to gush out*, bouillonner) : ne pas tenir en place, être anxieux, attendre impatiemment un événement ou une personne, être angoissé.

N. FAIRE LE GUIMBLET (*gin*, vrille) : tourner, pivoter sur soi-même, pirouetter.

Loc. DE GUINGOUAIS et DE BISCOUIN (*gin*, tourner ; *bis*, deux ; *couin*, angle) : état d'un objet en équilibre instable, penché en avant ou en arrière, et menaçant de tomber.

LATIN ET VIEUX FRANÇAIS (H)

N. HAINTE : hampe d'une faulx (vieux français) : *Mult voissiez es champs frémir, — Poindre chevals et porsaillir, — Haintes lever, lances brandir, — Escuz e helmes reluiser* (Roman de Rou, vers 9087 à 9091).

Verb. HALER : tirer du cidre au fût.

N. HALITRE (de hâlé) : irritation de la peau produite par le frottement d'une étoffe humide.

N. HANTOURE (de hanté) : femme qui rôde la nuit avec des allures de fantôme.

N. HARDELLE, pour haridelle.

Loc. ETRE HARDI : être vigoureux, jouir d'une bonne santé.

Verb. HARICOTER : tracasser, discuter, débattre un prix. Autrefois, on disait HARIER. On lit dans Villon ; *Nous sommes morts, âme ne nous harrie.*

N. HAROUPE (de haro) : femme de mauvaise vie qui mérite qu'on lui jette le haro.

N. HÉRENG et HÉRENGUELLE : gros et petit hareng.

N. HATE (hâte, rapidité) : côtes de porc levées très minces, rapidement détachées et rapidement cuites.

N. Hivet, pour hiver.

N. Horette (lat. *horridus*, hérissé) : femme chétive, bétail au poil hérissé annonçant la maladie.

Verb. Herder (*heredis*, héritier) : insister, diriger, faire acte de maîtrise.

Loc. Il est haute heure : il est près de midi ; souos heures, heures intermédiaires (10 h. du matin et 4 h. du soir), où les travailleurs se reposent un moment pour se désaltérer ; trop d'heure, trop tôt.

N. Horsain, pour hors-sein, étranger à la commune, forain.

N. Hottu (qui a le dos rond comme une hotte) : bossu, voûté

Verb. Houetter : travailler avec une houe.

N. Huisset (de l'huis) : petite porte.

Adj. Humiliant : flexible, pliant ; une hart, un osier humiliants.

N. Hurasse (de hure) : tête hirsute ; au figuré, entêté.

MOTS NORMANDS-ANGLAIS (H)

N. Halacre (*hale*, vigoureux ; *act*, fonctionner) : employé dans l'expression : il est d'un bon ou d'un mauvais halacre ; il a un bon ou un mauvais tempérament.

N. Hamé (*hamlet*, même sign.) : hameau.

Verb. Hameler : aller par le hameau, de porte en porte, causer avec ses voisins.

N. Hamelire : femme bavarde, passant son temps à flâner avec toutes les personnes du hameau.

N. Hannes (*hanging*, rendre tomber) : vêtements mal fixés.

N. Hampiton (*hamper*, entraves) : boiteux, marchant comme s'il était entravé.

N. Hant (*hand*, main) : premières relations entre un jeune homme et une jeune fille qui veulent s'épouser, échanger leurs mains.

Verb. Hanter (*ibid.*) : aller voir sa promise, sa fiancée, chez ses parents, avant le mariage.

N. Harée (*it rains very hard* : il pleut à verse) : forte averse, trombe d'eau.

N. Hariandaigne (*hare*, lièvre) : vagabonde qui ne tient pas en place, qui court toujours comme le lièvre.

N. Hatole (*hateful*, méprisable) : femme méprisable, détestable.

Verb. Hercassi (*heart*, cœur ; *sick*, mort) : travailler à s'en tuer.

N. Herbis (*herby*, herbeux) : planche de légumes.

Verb. Hecter (*hack*, bredouillement) : bégayer.

N. Héqhaise (*neck*, cou ; *hedge*, haie) : clôture peu élevée, n'atteignant pas le cou, isolant les animaux dans les étables.

Verb. HERDER (*hair dresser*, coiffeur) : faire toujours la même
remarque, renouveler les mêmes reproches, insister sur
un blâme, comme le coiffeur lisse à plusieurs reprises
les cheveux.

N. HERLOT (*lown*, petit) : individu petit, chétif, abattu, sans
résistance.

Verb. HERMONER (*moon*, lune) : ne pas savoir se tenir en place,
être en perpétuel mouvement comme la lune.

Verb. SE HERPER, pour se helper (*help*, secours) : se hausser
sur ses pieds ou sur un objet pour arriver à ses fins.

Verb. HOC NOLER (lat. *hoc*, ceci ; *hole*, trou) : aller d'un trou
ici à un trou là : aller flâner de porte en porte.

N. HONE (*horn*, corne) : s'emploie dans cette locution : *prendre
la hône*, avoir la tête basse, n'être pas fier.

N. HODAINE (*holden*, prétérit de *hold*) : retenir, maintenir,
occuper, durer, tenir, rôles remplis par la *hôdaine*, sorte
de jonc marin qui, par ses racines, consolide les sables
agglomérés des dunes au bord de la mer.

Verb. HONER (*horn*, montrer les cornes) : être grognon et
maussade.

N. HOURVARI (*hurry*, même sign.) : tumulte.

Adj. HOUVI (*to hovel*, mettre à couvert) : grelotter par le froid,
avoir grand besoin d'un abri.

Verb. HUEULONNER (*hue*, cri) : chantonner, fredonner entre ses
dents.

N. HUEURNAS (*hue*, huée) : homme taciturne, renfrogné, avec
lequel il ne fait pas bon vivre.

N. HURLUBENCE (*hurly-berly*, vacarme) : mauvaise voiture qui
fait du bruit ou sonne la ferraille.

Loc. ETRE HUVI OU FAIRE LE HU (*huff*, se gonfler) : volaille qui
se ratatine, se gonfle et pend les ailes, signe de maladie.

LATIN ET VIEUX FRANÇAIS (I)

N. IAME (pour flamme) : grosse bucarde que l'on pêche sous
le sable et dont le mollusque, quand il baille, se présente sous la forme d'une langue couleur de feu.

N. IAVOURE (lat. *claves*, clefs) : barre de bois qui immobilise
les tombereaux et les ferme en quelque sorte, de manière qu'ils ne peuvent basculer.

Adv. ICIN, pour ici ; ILLO (latin même sign.) : là ; ILLO LE LONG,
là le long.

Adj. INCARNÉ (pour incarcéré) : mauvais sujet.

Adj. INTAX, pour intact.

Adj. ISIQUE, pour étique ou phtisique.

Loc. Il y a du feu de satchi (secoué) : il y a dispute.
Loc. Il est de mêtis, il est bi de mêtis (métier) : il est bien utile. Vieux français : *Noms des barons et bannerets chevaliers à qui fu escript pour venir à son mandement* quand mestier seroit *par ses lettres closes données le 23* jour d'aoust* 1350 (Extrait du 3° registre des Mém. de la Chambre des Comptes, cote C, fol. 87).
Loc. S'y être inprins, pour s'y prendre.
Loc. Il faut que je vès-je : que je voie.
Loc. Il faut que je vais-je : que j'aille.
Loc. Il faudrait que j'irais : que j'allasse.
N. Itre, pour huître.

MOTS NORMANDS-ANGLAIS (I)

N. Ingres (*inch*, pouce) : ongles.
N. Ins (*in is*, c'est dedans) : hameçon très fin que le poisson gobe et conserve engagé dans sa mâchoire.
Verb. Interboliser (*bowl*, boule) : interpeller quelqu'un, interrompre une conversation.
Verb. S'immiscuer (*miscellany*, mélange) : se mêler de ce qui ne regarde pas, intervenir malgré lui dans les affaires d'autrui, s'immiscer.
Adv. Itou (*to hit*, imiter) : aussi, de même.

LATIN ET VIEUX FRANÇAIS (J)

N. Janvis, pour janvier.
N. Jannire, pour jannière.
N. Jaquet : écureuil.
N. Jeloux : jaloux.
N. Jenoz, jeannoz : coiffe en lingerie.
N. Jetain, pour rejeton.
Verb. Jiguler, pour juguler.
N. Jingue (gicler) : purin.
N. Joe, pour joue.
N. Jodu (joue dure) : sourd.
N. Jointie (à mains jointes) : ce que peuvent contenir les deux mains réunies.
Verb. Jonlli, pour jonfler.
Verb. Joster (vieux français) : badiner, plaisanter, faire rire, autrefois *joer* (Roman de Rou, vers 8017).
N. Jouorna, pour journal.

Verb. Se joutchi : poules qui se juchent.

N. Juquous : jucheoir, perchoir.

N. Jouquet (joug) : traverse de bois moulée de façon à entourer le cou et les épaules, et d'où pendent les chaînes
pour soutenir les seaux à lait.

Loc. Vieux jupité : expression injurieuse, reste de la domination romaine.

Loc. Jusqu'a tant que... (vieux français) : jusqu'à ce que. —
*Jusqu'à tant que Thiard, épris de Pasithée, — L'eût
chanté d'une mode alors inusitée* (Art poétique, ch. I*ᵉʳ*).

Adv. Justenément : justement.

Loc. Je ne m'en sis pas avisé, pour je ne m'en suis pas aperçu.

Loc. Sur le kant (*kanter*, mot danois, Demay, Rouen) : sur le
bord, sur le côté.

MOTS NOMANDS-ANGLAIS (J)

N. Jaffe (*jaw*, joue) : gifle, tape sur la joue.

N. Jaffage (*jaw*) : expectorations et humeurs sanguinolentes
s'échappant du nez et de la bouche.

N. Jottée : fluxion de la joue.

N. Jeuliotte (*jelly*, gelée) : pâté de porc renfermé dans l'estomac de l'animal, préparé comme le boudin.

Verb. Joussi (*jostle*, pousser) : exciter, attiser, pousser à l'em-
portement.

N. Jupée (*jump*, sauter) : petite distance, intervalle insigni-
fiant.

LATIN ET VIEUX FRANÇAIS (L)

N. Laine en sie (en suint). (Journal du Sire de Gouberville).

Verb. Lairait, pour laisser : *Comment lairrez-vous ainsi cest
homme tuer ?* (Hist. de Saint-Sauveur le Vicomte, p. 163,
Léopold Delisle).

N. Lait doux : lait frais trait.

N. Lait su : lait où la crême est montée.

N. Laique, pour laiche (all. *lisca*, fougère) : roseau abondant
dans les prés marécageux, et dont les longs rubans servent à attacher, comme le raphia.

N. Landis, pour landier : gros chenêt de fer servant à la cuisine. On dit couramment frai (froid) comme un landîs.

N. Landon : double guide mise bout à bout pour conduire à
la main les chevaux attelés en flèche.

N. Lanturlu : nom donné à un clou spécial, à tête allongée,

servant à ferrer les chaussures de fatigue.

Verb. LANLURER, pour lanterner.

Loc. A LA RADE DU SOLÉ : en plein soleil.

N. LARMIS, pour larmier : saillie du toit.

N. LATON, pour laiton.

N. LAURIS, pour laurier.

N. L'ENDRET, pour l'endroit.

N. LÉGUEUME, pour légume.

N. LENFAIT : œuvre ; *parler de ses lenfaits*, parler de son travail, faire connaître ses actions et ses démarches.

N. LÈSE, pour lé d'étoffe.

N. LEUNETTES, pour lunettes.

N. LERME, pour larme.

N. LIAN, pour lien ; LI, pour lui ; LIAN, pour elle.

N. LICO, pour licol.

Adj. LIGÉE : léger.

N. LIGNEU, pour ligneul, fil des cordonniers.

N. LIQUEU (litcheu) : liqueur.

N. LIOUS (de lier) : leviers en fer qui servent à serrer les câbles retenant les voiturées de foin ou de paille ; ces câbles s'appellent eux-mêmes des LIEURES.

N. LIEU : liseron.

N. LOUÉ, pour loi.

Verb. LUEUSI, pour lire.

N. LIVERNAGE (qui sert à hiverner) : légumineuses (vesces ou navette) semées à l'arrière-saison pour servir de fourrage aux bestiaux.

N. LUMELLE (pour petite lame) : jeune bar à peine plus large qu'une lame de couteau.

N. LUTCHERNE, pour lucarne.

MOTS NORMANDS ET ANGLAIS (L)

N. LACE (angl. *lace*, lacet) : lacet, ceinture, petite courroie de cuir.

N. LAGEUX (*lagoon*, lagune, marais) : sorte d'iris très répandu dans le terrain marécageux des Mares.

Adj. LAIZANT (angl. *lazing*, paresseux) : oisif, inoccupé.

N. LAME CORDÉE (angl. *lamb*, agneau) : étoffe composée de fil et de laine tordus ensemble.

V. LANDONNER (*land*, terre ; *owner*, propriétaire) : prendre des loisirs comme un rentier.

N. LANTIFICHON (*lank*, flasque ; *fish*, poisson) : membranes flasques et répugnantes comme des débris de poisson.

N. LASCAR (mauvais drôle) : même signification.

N. Laque (*lack*, privation) : vermine, résultant souvent de la misère.

V. Lédurer (*tolead*, prétérit *led*, pousser, entraîner, conduire) : diriger une autre personne en la tracassant, morigéner, agacer.

N. Libênages (*libel*, publication) : bavardages, potins, médisances.

Adj. Libotous : visqueux, poisseux, gluant.

Adj. Lichoire (*lie*, mensonge) : parole mielleuse.

N. Lider (*to lead out*, conduire dehors) : liquide qui s'écoule d'un robinet mal fermé ou d'un vase qu'on vide dans un autre.

V. Ligdorner (*light*, clair, gai ; *to lie down*, se reposer) : conversation futile, peu fatigante, aimable, traitant de sujets sans importance où abondent les illusions, et soutenue par des gens « qui ont bonne lichoire ».

N. Lippe et lippu (*lip*, lèvres) : faire la moue, avoir de fortes lèvres.

Loc. Avet a la lire (*to learn*, apprendre) : répéter un conseil, rabâcher une remarque, insister pour faire accepter son opinion.

N. Lirettes (*to lie about*, traîner) : bandes d'étoffe qui traînent à même un vêtement usé et déchiré.

V. Litchi (ang. *to lick*, même sign.) : lécher.

Loc. Il ou elle enloche (*good looking*, belle mine) : se dit d'une personne fraîche et grasse.

Adj. Lolé (*lolle*) : nonchalant.

N. Lorne (*lorn*, solitaire) : qui se remue paresseusement et arrive toujours en retard, en restant constamment en arrière. On dit aussi loigne : qui reste éloigné.

Loc. Avet dû lougat (*look*, regarder) : avoir du loisir, avoir le temps de regarder, de flâner.

V. Lueurghi (*lurking*, à fleur d'eau) : laver à très peu d'eau, laisser le linge sans le décrasser à fond.

LATIN ET VIEUX FRANÇAIS (M)

Adj. C'est un madian (expression laissée par les Juifs ?) : jeune homme peu sérieux.

N. Magnire, pour manière.

N. Maillot, pour maillet : marteau en bois. On disait au Moyen-Age les *maillotins*, et non les meilletins. Un gros maillot s'appelle un *mâs* (masse).

N. Mais, pour mois : *mais d'as* (mois d'août).

Loc. Mais que : lorsque (vieux français). *Puis le temps du bon roi Charlemaigne... n'avinrent si grands aventures de guerre au royaume de France qu'elles sont avenues pour ce fait-ci ainsi que vous orrez au livre mais que j'aie temps et loisir du faire et vous du lire.* (Froissart : « Chronique », Annuaire des cinq départements de Normandie, 1878).

Adv. MAISY, pour *meshuy* : désormais, forme ancienne. *Pour Dieu, qu'on fasse paix* meshuy. (Ann. 1878).

N. MALLE, MALAIS (pour mêlée) : fumier, terreau. La fosse où on le dépose s'appelle *malière*, mot qu'on trouve fréquemment dans le vieux français.

Adv. MALEMENT : c'est mal.

Loc. MAL DANS LE CORPS : coliques.

N. MALANDRE, MALON (de maladie) : furoncle. anthrax.

Adj. MAN, pour mon.

N. MANET, pour manoir.

N. MANGEAILLE : fourrage, luzerne, nourriture du bétail.

N. MANNEQUIN (de manne) : panier rond, élevé et évasé à la partie supérieure.

N. MANCEAUX (de *moncès*, rocher) : coquillages en forme de couteau.

N. MANIPOLIS. (Les receveurs de la gabelle, au XVII° siècle, étant désignés sous le nom de « manipoliers », furent les premières victimes de la révolte normande des Nu-Pieds. L'expression *grand manipolis* est une injure demeurée courante dans les campagnes du Cotentin et de l'Avranchin.

Verb. MANQUI (pron. mantchi) : manquer.

Loc. SANS MANQUE : sans nulle faute.

N. MANTÉ, pour manteau.

N. MAOQUE : mouche ; MAOQUE A MIE (miel) : abeille.

Verb. MAEULER (de molaires) : mastiquer.

V. MATCHI DE HAS : mâcher de haut, mâcher lentement, être sans appétit.

N. MAQUAILLE : manger des bêtes à cornes et MAQUI (matchi) : mâcher.

N. MAR : mars.

Loc. MARCHI LA TERRE : vivre.

N. MARGA (marne, employée en Gaule comme engrais : Pline, liv. XVII) : aliment pâteux et mou.

Verb. MARGOUILLI (marne et *goule*, bouche) : ensaliver.

V. MARMONNIER où MORMONNIER : murmurer ou marmotter.

N. MARINGOTTE : voiture de maraîcher.

N. MAROUITES : hémorroïdes.

N. MASSE : argile.

N. MASTOC (qui a besoin de recevoir des coups de *mâs*, d'être dégrossi) : inélégant, pesant, informe.

N. MARSAS OU MARSAUT : espèce de saule.

N. MARTÉ, pour marteau.

N. MATAINES, pour matines.

MATINA : matinal ; A MATIN : ce matin.

LOC. MAUCHI-MAURA (mal ici, mal là) : vaille que vaille, tant bien que mal.

LOC. NI FOUTRE NI MARIOLLE : rien du tout.

LOC. TOUT S'EN VA A MAU (mal) TRIBU : tout est bouleversé, tout passe dans les mains d'une catégorie de gens incapables ou hostiles.

Pron. MÉ (latin, même sign.) : moi.

N. LA MÉ : la mer.

MEINS : moins (vieux français, Rou, vers 8053).

N. MELLE : anneau.

N. MELLIER : néflier (vieux français) : *Comme on voit en un s'allier, — Sur l'aubépine le mellier* (Vauquelin de la Fresnaye, Ann. 1878).

N. MENAURE (de mener) : cadre de bois rectangulaire muni de rainures et posé sur quatre pieds à la hauteur de soixante centimètres. Dans les rainures glisse une planche forée d'un trou où l'on engage à hauteur de la taille les enfants qui ne marchent pas seuls. La planche les soutenant, puisqu'ils peuvent y appuyer leurs bras, ils vont et viennent dans le cadre de la *menaure*, tandis que les ménagères normandes, sachant qu'il ne peut rien leur arriver de fâcheux, s'occupent de leur intérieur.

N. MENUISE (menu) : très petit fretin.

N. MENUQUE, pour monnaie.

N. MER (d'amers, marque apparente sur les côtes) : s'emploie dans l'expression *il n'y a plus de mer à rin* : il n'y a plus d'indication certaine, on ne peut plus se fier à personne.

N. MÉRIENNE (méridienne) : après-dînée.

N. MERLUT : merluche, morue (vieux français) : *Pour ne perdre l'eau salée, — Du merlut quand il bouillait — De la soupe il en faisait — Dont il passait la journée* (O. Basselin, Vau de Vire, XLIVJ.

N. MÊROUTÉ (qui a perdu les « amers ») : dérouté, égaré.

N. MERQUE, ou mieux MERC : marque ; autrement, signature ou croix tenant lieu de signature (vieux français, An. 1878).

V. MERTCHI, pour marquer.

Adv. MESGUÈRES : presque rien.

N. MESLE : merle ou nèfle.

Adj. MÊT : mur.

Adj. MÊTI : parvenir, aller à maturité.

N. Mie : miel.

N. Migoe : provision de pommes à couteau pour l'hiver (vieux français, Journal d'un sire de Gouberville).

Loc. A mille de quatre pis (pieds) : expression pittoresque : courir comme si on avait quatre pieds ou comme un mille-pieds (insecte).

V. Minchi (mince) : hacher, couper menu.

N. Mireux : miroir.

V. Mirouisser (onomatopée) : miaulements d'un chat, prolongés et fréquents, surtout la nuit.

N. Mitonnée (mie de pain) : panade.

N. Mitan : milieu, moitié. Vieux français : *Un peu plus loin, au* mitan *du ruisselet, était une idole de pierre* (Vauquelin de la Fresnaye, Ann. 1878).

V. Mollir : céder.

N. Moque : tasse.

Adj. Mitéyen : mitoyen.

V. Morfilli, ou mieux morphilli (de Morphée, dieu du sommeil) : fléchissement des prix dans les marchés, commerce peu actif, échange difficile, affaires dans le marasme.

N. Moncès : monceau.

N. Montée : escalier.

N. Vache moisie, poule grivelée : vache ou poule ayant la robe mouchetée.

V. Moigi : manger.

N. Moquillon (lumignon) : qu'on enlève avec les *mouochettes*, là où existent les chandelles ou les bougies.

N. Morgingeon (lat. *mors*, mort ; *gignere*, engendrer) : enfant ou petite bête à peine viables.

N. Mórtma : maladie mortelle.

N. Mort mu : mur qui ne se compose que d'une rangée de moellons supportant un talus de terre sans le secours d'aucun mortier.

N. Moture (lat. *môtus*, mouvement, agitation) : violente tempête, accompagnée de coups de tonnerre et de pluie.

N. Mouisson : moineau ; lorsque le grain d'orge est bien fourni, on dit, à cause de sa forme, qu'il est « *gros comme un bé* (bec) *de mouisson* ».

V. Mortrer : montrer (vieux français, Roman de Rou vers 2010).

V. Mussi : cacher (vieux franç., Roman de Rou vers 8039).

Adj. Musart : flâneur, oisif (vieux français, Roman de Rou vers 3180).

N. Mouvette (remuer) : cuillère à ragoût.

N. Mouvetinée : nombreuse famille.

Loc. A muche pot : transporter du liquide à la trémuchette. Les boissons avaient affaire à une véritable régie, qui, avant la Révolution, recouvrait un impôt dit « du quatrième », englobant les liquides.

N. Mucre, mucreur (lat. *mucidus*, moisi) : Moisi, humide, moisissure.

Loc. Vus mucris : avare, tenant tellement à ce qu'il possède qu'il laisse tout moisir.

Adv. Mus : mieux. *Le pus et le mus* : le plus ordinairement.

MOTS NORMANDS-ANGLAIS (M)

N. Maeutrolet (faire du) (*matterless*, sans importance) : homme qui n'attache aucune importance à sa tenue, à sa conduite, à tous les actes de sa vie ; ne méritant nulle estime.

V. Makendia (pron. *mé*) (*make*, faire ; *odds and ends*, fragments) : casser tout, faire le tapage, bouleverser.

N. Maune (*maund*, même signification) : panier.

Mi-as : mi-août.

Loc. Un petit miot (*mi-out*, moitié dehors) : petite quantité.

V. Moner (*moon*, lune) : perdre son temps, ne point se presser, s'attarder au clair de lune plutôt que de rentrer de bonne heure au logis.

N. Moure (*moor*, lande, marais, marécage) : mûre, qui pousse sur les ronces dans les lieux sauvages.

Adj. Mouorme (id.) : humide ; mouoron : lézard qui se plaît dans les marécages et dont les teintes changeantes sont dites *mouoronnées*.

N. Mouoret : débris de chaume carbonisé et noyé d'eau dans les incendies.

N. Mousette (*mouse*, souris) : jeune fille mince et élégante.

Adj. Moutte (*mutte*, silencieux) : femme insignifiante et lourde qui ne sait s'exprimer.

MOTS LATINS ET FRANÇAIS (N)

N. Nabot (qui *n'a pas* la hauteur d'une *botte*) : nain.

Adj. Né (lat. *nebula*, brouillard) : noir.

V. Neinlli (nez) : fourrer son nez partout ; un neinllard est celui qui s'occupe de tout ce qui ne le regarde pas ; c'est le type de l'indiscrétion.

Loc. Nennin (lat. *non*, ne pas) : bien sûr que non.

Adj. Nerci, pour noirci.

V. Nettier, pour nettoyer.

Adj. Neu, pour neuf.

N. Néfil (qui n'a pas de fil) : ganse de coton.

N. Neupce, pour noce.

N. Nie : nuit ; brume de nie : quand la nuit tombe.

V. Il nige, pour il neige.

Loc. Ni mé n'itou : ni moi non plus.

N. Ningrin (non grand) : homme de peu de volume.

N. Nouas : noyau.

Pronom : *No*, pour *on* : no z'a, pour on a.

N. Niolleries, nivelleries : choses insignifiantes.

N. Nieu (pour nichet) : œuf qu'on place dans un nid pour engager les poules à y pondre.

Loc. Faire son nieu : avoir dans un sac des écus qui en attendent d'autres.

Loc. Ni feu ni fouille : absolument rien.

N. Norouais (nord-ouest) : aquilon.

N. Nous : nœud.

N. Noui : noix ; noui de coudre : noisette.

N. Nufait (lat. *nihil*, ou nul fait) : incapable, fainéant, propre à rien.

N. Nule (qui nuit) : parasite du blé.

V. Nure, pour nuire (Rou, vers 6486).

N. Nyé, pour noyé.

MOTS ANGLAIS (N)

N. Nicasse (ang. *nit*, vermine ; *case*, caisse) : lit mal tenu où se trouve de la vermine.

N. Nigdouille (*nidget*, nigaud) : empoté, pas débrouillard, lent, mal doué.

MOTS LATINS ET VIEUX FRANÇAIS (O)

V. Obée, pour obéir.

N. OEu, pour œuf.

N. Oguiannes (au gui l'année neuve) : tradition druidique, étrennes.

V. Ombélier, pour oublier.

N. Onires, pour ornières.

Adj. Orfenté (qui a une fente en dehors) : objet détérioré.

N. Oripias (d'oripeaux, la peau étant *oriante*, c'est-à-dire brillante et rouge comme l'or, par la fièvre qui la brûle ?) : oreillons.

Int. Ouada ! pour ouiche ! Marque le doute et l'incrédulité.

N. Un ouézé, d'z ouésiax : oiseau (vieux français, Rou vers 5001 et 5002).

N. D'z ouétils : des outils.

N. Ouorme : orme.

N. Ouvris, pour ouvrier.

N. Ozis, pour osier.

MOTS ANGLAIS (O)

Loc. Ne pas avoir d'obiche (ang. *own*, propre à soi ; *his*, le sien) : n'avoir aucune décision, aucune initiative, aucune personnalité.

On-you (*own*, soi ; *yau*, vous) : susceptibilité extrême, égoïsme, jalousie, mauvais caractère voulant passer avant tous ; si du désir on passe aux actes, on devient un Ovican (*over* au-dessus ; *can*, peut) : qui tyrannise et oblige à lui céder en tout.

MOTS LATINS ET FRANÇAIS (P)

Loc. A pagaille (lat. *pagus*, village, campagne) : à profusion ; en pagaille : jeter plusieurs choses en désordre, sans y faire attention, comme les paysans pressés et peu minutieux.

N. Pagie : bande rectangulaire comme une page.

N. Pais : pays ; on dit le *haut pais*, pour l'intérieur des terres.

N. Paisan : paysan (vieux français) : *Le paisan bat ses gerbes amassées* (Et. de la Boétie : « Sonnets »).

N. Pais : pois, ou haricots.

Loc. Tout en paix : tout doucement.

V. Pairer (mettre de pair) : ranger.

N. Palacre (lat. *pala*, bêche ; *acre*, mesure) : arpents de terre labourable.

N. Palle (lat. *pala*, bêche) : même signification.

Loc. N'avet que les quatre palets (les quatre membres) : extrême maigreur.

N. Palet, palias (lat. *pali*, bâtons de saule) : pieux.

N. Palis, pour palier.

N. Panis, pour panier.

V. Panagi (donner de la panade) : alimenter.

N. Pance : ventre (vieux français, Rou, vers 13169).

N. Paouanne : vigoureuse gifle qu'on sert avec le dos de la main, et qui vous fait tourner comme à la *pavane*.

N. Papis, pour papier.

Loc. Par a l'exprès : pour faire exprès.

N. Parche, parchu (parchemin) : cosse de pois.

Int. Pardinge ! Pardi !

N. Paré : paroi, vieux français *parei*, cloison (Rou vers 8813).

N. Crabes de paré : les araignées.

Par illau : par là (vieux français, Rou vers 1745).

Loc. Par modération : en plus, qui mieux est.

N. Paronne (du lat. *paronis*, sorte de navire) : collier de cheval, tissé en forme de bateau, et qu'on lui passe par-dessus la tête. La paronne est plus légère que le collier de cuir.

N. Parouesse, pour paroisse.

V. Parpointer (d'un point à l'autre) : réparer de-ci de-là un toit de chaume.

N. Patarde (patate) : pomme de terre.

N. Pature : entrave de corde pour le bétail.

N. Pautrou (patrouille) : lourdeau, balourd, marchant pesamment comme les soldats de la patrouille.

V. Peinturer : peindre.

N. Ça pêke (de pêche à la ligne) : ça colle, ça attire comme l'hameçon.

V. Pélier, dépélier : plier, ployer, déplier.

N. Pelvage (de peau) : herbe très courte et très clairsemée, insuffisante.

N. Percas (de perches) : perches de moyenne grosseur qui, à défaut de planches, se rangent sur les solives pour tasser dessus de la paille ou du fourrage sec.

N. Péris : poirier ; paire, poire (Journal du Sire de Gouberville, vieux français).

N. Percession, pour procession.

N. Pesle : poêle à frire ou poêlon à faire les confitures (Journal du Sire de Gouberville, vieux français).

N. Pesson (du droit de pesson, un des plus importants du Moyen-Age, autorisant les paysans à faire pâturer leurs bestiaux sur les terres du seigneur à certaines époques. Vieux franç., Journal du Sire de Gouberville) : piquet de bois ou de fer dont on se sert actuellement pour fixer les bestiaux dans les herbages.

N. Pesti : pâturage (vieux français, Rou vers 1775) : *Grand alleure va par* pestiz *et par blez.*

N. Permins : permis.

N. Persous : pressoir.

N. Pétoche (pétiller) : chandelle d'autrefois, mauvaise bougie qui pétille en brûlant.

N. Petra : ancienne ouverture à la partie postérieure de la ceinture du pantalon, garnie d'un cordon qui permettait de le serrer et de le desserrer.

Loc. Petra-jacques, pour « patron-jacques », au point du jour ; on dit aussi petroneminet, équivalant à cette locution pittoresque : « Premis (premier, avant) que les câts (chats) ne saient (soient) caôssis (chaussés) ».

N. Piace, place ; piaci, placer.

N. Pianche, planche ; pianchi, plancher.

N. Piantais (plante) : haie vive, clôture composée d'épines.

Loc. Piaque-magh (celtique *magh*, plaine) : écraser une chose à un tel point que l'endroit où on le plaque soit uni comme une plaine.

N. Piatin (de plat) : très petit poisson plat.

N. Piat : plat (vaisselle).

Loc. Avet tout a piauté : en abondance (v. fr., Rou vers 4958).

N. Pichet (de pic) : carafe de terre cuite en forme de cône destinée exclusivement à contenir du cidre.

Adv. Pièce : aucun.

Loc. Danser la pie crottée : piétiner sur place, se morfondre à attendre.

Ad. Pien, a pien : plein, à plein.

N. Le pien : bord des dunes où arrive la pleine mer.

N. Pien-main : petit bar de grosseur suffisante pour emplir la main.

N. Pieume : plume.

V. Pieumer : plumer.

V. Pieurer : pleurer.

Loc. Pilli dans son lien : locution signifiant que l'on commet une maladresse, que l'on se fait tort à soi-même.

V. Piler : écraser les pommes.

N. Pinches (de pinces) : tenailles.

V. Piouver : pleuvoir.

N. Piquereulle (de piquer, ou piqûre) : rougeole qui produit de petits points rouges semblables à ceux qui proviennent d'une piqûre.

V. Piquoiser : à coups de pic.

N. Piquouès : pioche.

N. Pirouet (de pirouetter, tourner) : bobine que l'on place sur l'ouverture des grandes cuves à lessive, et qui soutient le linge pour faciliter l'écoulement de la lessive.

N. Pitou : putois.

Loc. Pisqu'ainsi n'en est : puisqu'il en est ainsi.

N. Plettes (de plat) : morceau de peau de mouton posée entre le cou-de-pied et le sabot pour éviter le frottement.

N. Pleure : pelure de fruit ou de pomme de terre.

Loc. Poc a poc (italien) : peu à peu.

N. Pomis, pour pommier.

N. Pomon, pour poumon.

Adj. Ponu, pour pondu.

V. Porsuivi : poursuivi.

Porquai : pourquoi (vieux français, Rou : « polkei retorna », vers 2727).

Loc. Portous-bi : portez-vous bien.

N. Possonnée : panade au pot.

N. Potins : bavardages malveillants ou inutiles.

N. Pouéré : poireau.

V. Poulener : jument qui met bas.

N. Poulette : ampoule.

N. Pouison : poison.

V. Pouvé : pouvoir.

N. Poue : peur.

N. Poussire : poussière.

N. Prétendu, prétendue : fiancés.

V. Prêchi (prêcher) : bien parler. On dit également aprêchi, pour approcher.

V. Prévenin, pour prévenir.

V. Prévès, pour prévoir.

V. Prins : pris (vieux français ; tous les composés du verbe prendre ont cette terminaison au participe passé). On dit aussi *pernez-vous* ? pour prenez-vous ? (Rou 6232).

Prendrous ? pour prendrez-vous ?

N. Probitaire, pour presbytère.

V. Prononci, pour prononcer.

V. Proquiamer : proclamer.

N. Prunis, pour prunier.

V. Puci (de puce) : lessiver. On sait que cette opération est particulièrement défavorable et désagréable aux puces.

N. Puceresse : femme qui coule la lessive en se servant du pussous.

V. Purer (de purulent) : eau qui coule sans interruption.

Loc. Etre purant : avoir des vêtements trempés d'eau et ruisselants.

MOTS ANGLAIS (P)

N. Palabres (ang. *pall bearer*, personne qui tient un des coins du poêle) : embarras, vanité, gestes de convention.

N. Polfry (*poachy*, humide, gâcheux) : enduit à la chaux.

V. Poncer (*pound*, poids) : appuyer, peser fortement sur quelque chose ; créponser : serrer entre les deux mains.

N. Pifellerie (*pilfering*, choses volées) : étoffe de mauvaise qualité.

V. Se poner (*power*, puissance) : faire l'important, plastronner. On dit, avec la même signification : s'étarjaler et se porjaler (*pore*, collé ; *jaw*, joue) : prendre ses aises, se coucher tout de son long.

V. Pouquetonner : transporter des objets en les dissimulant dans un sac ; au figuré, vider sa maison au bénéfice des autres.

N. Pouque (*pocket*) : sac ; Pouquette : petit sac.

N. Pouillot (*poodle yellow*, caniche jaune) : lainage de mauvaise qualité et de vilaine teinte, fait avec du *poujat* (*poodle*, caniche, *jaw*, joue), laine rude et grossièrement tissée comme une crinière de caniche.

V. Pouitronner (*poultry*, volaille) : soigner des animaux ou des volailles malades.

N. Poulin (prononciation dénaturée de *to pour in*, verser, et *potting*, empoter) : pièce de bois formant cadre rectangulaire et servant à déplacer les tonneaux. *Purin*, liquide du fumier, terme français, a également *pour in* comme étymologie.

N. Pousse (*pounce*, serre) : asthme qui étreint la gorge et provoque l'étouffement.

N. Grande prat (*prate*, bavarder) : terme injurieux désignant les femmes bavardes et oisives.

N. Proprole (*propel*, pousser, faire avancer) : primevère, fleur annonçant le printemps.

MOTS LATINS ET VIEUX FRANÇAIS (Q)

N. Quartis, pour quartier.

Loc. Quanté mé, quanté li : avec moi, avec lui.

N. Quanté, pour chanteau de pain.

Loc. Quand ce vint : au moment de.

N. Quériatures (créatures) : l'ensemble des femmes.

N. Quérouaisée : fenêtre, croisée.

N. Quenailles : enfants.

N. Quéroué : croix.

Adj. Querti (pour quarti) : viande rôtie tellement desséchée qu'elle en est réduite au quart.

N. Quémand, pour quémandeur.

N. Quertons (réduits au quart) : déchets de suif ayant produit par la cuisson le saindoux et la graisse normande.

Loc. Qui que c'en sait : quelque chose.

Loc. Jè sis quitte : j'ai fini.

Loc. Qui que c'est que so ? Qu'est-ce ? ou qu'est cela ?

N. Quiarté, pour clarté.

N. Quiés, pour clés.

N. Quioche, pour cloche.

Loc. C'est la quoue a carnache (queue) : c'est embrouillé et mêlé à plaisir.

N. Quouème : crottin de cheval.

N. Quouaillon (queue) : laine inférieure voisine de la queue des moutons.

MOTS LATINS ET VIEUX FRANÇAIS (R)

V. Raculer, pour reculer.

Adj. Raboulé (roulé en boule) : être très ivre, sans jambes.

N. Radis de feu (lat. *radiare*, être brillant) : feu très vif, qui donne une belle flamme.

V. Ragrelli : rejointoyer.

Adj. Rafraillonné : recroquevillé.

Adj. Rafripoté : chiffonné.

V. Rafilli (rendre comme un fil) : aiguiser une pointe, la rendre plus acérée.

N. Ramis, pour ramer.

Adj. Railé : rayé.

V. Je le rairai : je l'aurai de nouveau.

Loc. Faire le ramon (de ramoner) : faire du tapage comme si on ramonait les cheminées.

V. Ramichi (rameau) : attiser le feu avec de menues branches.

V. Ramponer, nom. ramponages (vieux français) : exposer son opinion, répéter ce que l'on désire, faire connaître sa décision : « *Entre ces ramposnes et paroles de messire Jehan Chandos qu'il faisoit et disoit aux François* », etc. (Froissart : « Chronique ». Léopold Delisle : « Histoire du Château de St-Sauveur-le-Vicomte », p. 163). On dit également ici *lambonages*.

Loc. De rang : choses placées les unes à côté des autres.

Loc. Se rangi a la cancire : céder, accepter une proposition, comme l'attelage se range en labourant, à l'extrémité du champ.

V. Raparagi (dans les parages) : réassortir.

Rapport a : à cause de.

N. Rassang (sang rassis) : ne pas être dans son *rassang* : manquer de sang-froid, s'affoler, sortir de son caractère habituel.

N. Rassas (assemblée) : rassemblement de gens peu recommandables.

V. Ravagi, pour ravager.

V. Ravilli (ravaler, baisser) : diminution de prix.

Loc. De raz (rez) : rasé de près.

V. Redimer (lat. *redimere*, racheter) : réparer, compenser en se privant.

N. Refaits (faits rappelés, renouvelés) : éloges, récit flatteur des actes d'autrui.

V. Réforcer : insister pour faire accepter quelque chose aux autres.

V. Rempatter (remettre au pied) : biner.

V. Rempiassi, pour remplacer.

N. Renouvet : renouveau, printemps.

V. Renvié, pour renvoyer.

N. Réquiame, pour réclame.

Loc. A requinca (rechigner à donner au chat) : parcimonieusement.

N. Requimpette (requin) : veste d'homme à basques allongées en arrière comme une queue de requin. (La requimpette a beaucoup d'analogie avec l'habit à la française).

V. Ressuer : essuyer à nouveau.

N. Reue : roue.

V. Rester, pour habiter : *c'est icin que vous restez ?*

Adj. Rêti, pour rétif.

V. Revoigni : regagner.

N. Revoin (regain) : herbe qui repousse après la fenaison.

Loc. L'année en revenant : l'année suivante.

N. Riban, pour ruban.

N. Ridé, pour rideau.

Loc. Ric a rac : arriver tout juste.

N. Rieume, pour rhume.

N. Rigolice : réglisse.

Adv. Rin, pour rien.

Loc. Au rincart, pour au rancart.

N. Rivire, pour rivière.

V. Racotter (onomatopée) : ragoût en ébullition qui cuit en s'attachant à la casserole.

V. Romionner : murmurer.

Rotchi (de rocher) : être embourbé, immobilisé.

Loc. Rompre la terre (lat. *ruptus*, fendu, ouvert. Les *ruptarii* (rompeurs de terre) romains sont les ancêtres de nos *roturiers*) : préparer la terre à retour, c'est-à-dire débarrassée d'une première récolte, en lui faisant subir un ou deux labours.

N. Ros (roseau) : sorte de roseaux utilisés en sous-couverture dans la confection des toits de chaume.

N. Rosis, pour rosier.

N. Rotie : pain grillé trempé de vin ou de cidre.

N. Roton (lat. *rotundus*, rond) : tige de chou comestible. La tige du chou fourrager s'appelle un *trou* (tronc). Elle est beaucoup plus longue.

N. Roton : se dit, en général, de tout pédoncule.

N. Roue Saint-Martin : l'arc-en-ciel.

N. Roué, pour roi.

N. Rouelles (petites roues) : roues de la charrue.

N. Roulous, pour rouleau.

V. Resourdre : gonfler.

N. Ruette, pour ruelle.

N. Rungeos : restes où il n'y a plus que les os à ronger.

MOTS ANGLAIS (R)

N. Raboli (angl. *boll*, monter en graine) : *mins au raboli*, se dit d'un objet mis à l'écart et qu'on n'utilise plus.

V. Rabrotchi le hu do le hé (ang. *broke*, brisé) : repriser grossièrement, rapprocher rapidement les deux bords de la déchirure d'un vêtement.

V. Rabutchi (*buck*, daguer) : tracasser, donner des coups de pointe, ne point laisser les autres en paix.

N. Racaille (*to rack*, torturer) : vaurien digne de châtiment.

V. Racassi (*to rake*, rassembler) : réunir les animaux pour les rentrer à l'étable.

N. Raffut (*raff*, populace) : faire du raffût, tapage de gens mal élevés.

N. Ragomas (*ragoo*, ragoût) : restes de ragoût dont on est *ragosé* (rassasié). On dit aussi des *réguimis* (*rag*, lambeau, *meat*, viande) : très petits restes.

N. Ragonée (*ragged*, raboteux) : croûtes d'humeurs qui recouvrent le visage d'enfants souffreteux.

V. Raisonner (*to raize*, exciter) : réprimander. Un enfant raisonné est un enfant grondé.

V. Ralinguer (*raw*, cru ; *ling*, morue) : vivre de privations.

Loc. En rami (*to ram*, tasser) : ranger, mettre de côté.

V. Rander (*random*, à toute volée) : entasser rapidement le foin par rangées parallèles pour le mettre plus facilement en bottes. *Rander* se dit encore pour raffler : il a tout « randé », ou pour recevoir un coup violent, capable de jeter à terre : il a été « randé ».

N. Ranée (*ran*, couru) : gens de sac et de corde qui méritent d'être poursuivis et arrêtés.

N. Ranle (*rankle*, ulcère) : inflammation de la mamelle d'une vache.

N. Rans (*to run*, courir) : coquillages de mer de la famille des gastéropodes.

V. Rapicaner (*to pick*, reprendre) : ravauder, repriser.

V. Rapipoler (*repeople*, repeupler) : ramener, attirer les gens qui s'éloignaient, se mettre en frais d'amabilité pour faire cesser les malentendus.

N. Raquillon (*rack*, vestige) : reste, trognon de pomme.

V. Ratiboiser (*boisteroux*, orageux) : enlever tout, comme si un orage avait passé. On dit aussi : « tout est *râtimistis* » (*rasp*, râpe ; *meat*, viande) : tout est haché, râpé, disparu.

N. Raulas (*raw head*, épouvantail) : gens masqués, capables d'effrayer.

V. Raveughi (*raven*, être vorace) : avoir une mauvaise digestion occasionnée par sa gloutonnerie.

N. Revolin (*to revolve*, tourner, rouler) : courant d'air violent, tourbillon.

N. Rières (*rill*, petit canal) : creux produit, entre des champs voisins, par le dernier sillon tracé par la charrue.

N. Rion (*rill*) : petite rigole qui reçoit les graines de petits pois ou de haricots.

N. Ringuet (*ringlet*, petit anneau) : homme chétif et de petite taille.

N. Rogue et Rogue (*roc*, rocher, ou *row*, rangée) : frai du poisson, femelle de poisson fécondée.

V. Roner (*to row*, ramer) : aller doucement, d'une allure de bateau à rames.

N. Roton, v. rotonner (*roten*, gâter) : gratin qui se forme dans les casseroles posées sur le feu.

N. Rouis (*row*, rangée) : poutrelles ou rondins alignés et supportés par les murs et les grosses poutres. A l'étage supérieur, servant de grenier, les *rouis*, formant plancher, étaient « terrés », c'est-à-dire supportaient une couche de terre argileuse, unie et résistante, qui, en cas d'incendie, retardait l'embrasement général après la chute du toit de chaume.

Adj. Rufflle (*ruffian*, brigand) : gaillard alerte, solide, violent.

N. Runge (*rung*, prétérit de *rang*, tourner) : rumination. Les animaux font tourner les aliments de leurs estomacs à la cavité buccale. (*Revenin au runge* est une expression courante signifiant qu'on retrouve une idée d'abord présente à l'esprit et ensuite oubliée).

MOTS LATINS ET FRANÇAIS (S)

N. Sacre : fête du Saint Sacrement.

V. Sacqui (de secouer ou de saccade) : arracher, tirer avec une forte secousse. Vieux français : *sacquer* son épée du fourreau. *Sans Phébus qui portait une haine secrète au fort Diomedès, son foit à bas lui jette, lui saccant de la main* (Salomon Ceston, Illiade XXVIII, Ann. 1878).

On dit encore : *Il y aura du feu de sacqui*, équivalant à : jeter de l'huile sur le feu, attiser une querelle. On dit : *sacqui* une allumette, pour frotter une allumette.

N. Saie : soie de porc.

N. Souaie : tissu du ver à soie.

Adj. SANLLE (*ll* mouillées) : seule au féminin.

N. SAI, pour soif.

Adj. SANLLI, pour sanglé.

N. SAP, pour sapin. (bois de débit).

N. SAUTICOT (de sautiller) : sorte de crevette grise qui fait des bonds ; au figuré, personne capricieuse, à la tête légère.

N. SAUNIS, pour saunière.

V. SAVÉ, pour savoir.

N. SCIOT : petite scie à main.

Loc. FAIRE DES SCIENCES : faire des grimaces, faire le clown.

N. SÉ, pour sel.

N. SÉ, pour soir.

N. LA SEIRANT : la soirée.

N. SEGRET : secret. Vieux français : *Puis mettez là votre* segret (Remi Belleau, Ann. 1878).

Adj. SEMBIABLLE (*ll* mouillées) : semblable.

N. SENTE, SENTELLE : sentier.

N. SENTAINE (de sens) : début d'un écheveau de laine.

V. SENTU : sentir. Vieux français : *Qui premier l'a sentu l'a fait* (Farce ancienne, Ann. 1878).

Adv. SÈQUEMENT, pour sèchement.

N. SERAZIN, pour sarrazin.

N. SERTIFIS, pour salsifis.

N. SEU : sureau.

N. SIAU, pour seau.

Loc. SI CÉ (sis) : chez soi.

Loc. SI EN CAS : dans ce cas-là, autrement.

N. SIMPLLE, pour simple.

N. SIKERESSE : sécheresse.

V. SITCHI : sécher.

Pron. SIENS POUR QUI : ceux pour qui.

V. SOCSONNER, SASONNER : sasser.

N. SŒU, pour sœur.

N. SOLIS : désigne le grenier sous les toits.

N. SOMMIS, pour sommier.

N. SOMME : mesure de deux hectolitres (fictive et pour les matières sèches).

N. SOMMÉ, pour sommeil.

N. SOMMETIRE (où on sommeille) : cimetière.

Loc. SONNE LE CAS (cassé) : vase fêlé.

Loc. J'Y SOMMES T'Y ? pour : y sommes-nous ?

N. SOSSON : associé. (Se dit spécialement de deux laboureurs s'entr'aidant et mettant leurs attelages en commun.

N. SORCIS, pour sorcier.

Loc. AU STEMBRE : à l'automne.

V. SOUOBATTRE : battre le blé sans le fléau.

V. Souogni, pour soigner.
N. Souolis, pour souliers.
N. Souéris : souris.
N. Souorce, pour source.
N. Souos heures (entre les heures des repas) : manger ou boisson des travailleurs aux champs.
N. Souorfaix, pour sous-ventrière.
N. Soupire, pour soupière.
N. Su, pour sud.
N. Sus, pour seuil.
N. Suest, pour sud-est.
N. Surouais, pour sud-ouest.
N. Sueurguette (souris guette) : souricière.
V. Sure : suivre ; sueusi : suivi.
Loc. C'est suivant : c'est selon.

MOTS ANGLAIS (S)

Adj. Saffre (*safe*, garde-manger) : celui qui fait main-basse sur toutes les provisions, qui est insatiable.
N. Saigne : signature (prononciation anglaise de *sign*, même signification).
N. Salibardées (*salt*, sel ; *bear*, porter) : violentes averses mêlées de grêle, qui fouettent le visage.
N. Sas (*shaw*, bosquet) : saule. C'est la seule essence formant à Hauteville des touffes de verdure de hauteur moyenne.
N. Savre (*sewer*, égoût) : filet employé à la pêche en mer, et où le poisson reste à sec.
N. Sicasse (*sick mess*, maladie) : eau-de-vie malsaine, alcool frelaté, bon à rendre malade.
N. Sholore (*shoe less*, sans souliers) : mendiante.
So (*so*, même signification) : ainsi, comme cela, ceci : donné, mé so.
V. Sougarer (*to sound*, sonder ; *warren*, garenne) : secouer, fouiller, renverser comme un chasseur traite le gîte du gibier.
Adj. Souorge (sour-aigrir, c'est-à-dire fermenter) : qualité de la terre améliorée par le fumier, ameublie et légère comme il convient pour y semer de l'orge.
V. Soursoubrer (*sow*, semer ; *bear*, porter ; *souse*, plonger) : porter la semence plus profond, c'est-à-dire sens dessus dessous. Par extension, bouleverser tout, faire le désordre, mettre les choses tout à l'opposé de ce qu'elles doivent être.
V. Souoranner (*sow*, truie ; *airless*, manque d'air) : se dit d'un

porc qui suffoque par trop de chaleur ou par être trop
enfermé.

V. Specvigny (*spike*, haine ; *wing*, blessé à l'aile) : espionner,
trahir, molester, faire tort à la réputation ou à la situation des autres.

N. Surelle (*sorell*) : oseille.

N. Surie (*sourish*, aigrelet) : lait écrémé mis en réserve pour
le bétail. La crème est recueillie dans la sereine (*sough*,
égout), vase de terre foré d'un trou à la partie inférieure. Ce trou, bouché d'une cheville de bois, permet
avant le barattage, d'écouler l'eau située sous la crême,
et qui gâterait la qualité du beurre.

MOTS LATINS ET FRANÇAIS (T)

N. Table a cuve : tréteau à trois pieds pour exhausser la cuve
à lessive.

V. Taftiner (tenir taffetas) : travailler précautionneusement,
méticuleusement, sans avance, comme en soupesant une
soierie légère.

Loc. Taisous, pour taisez-vous ; tais-té, pour tais-toi.

N. Tiatre, pour théâtre. Le nom *tiâtre* se donne, par extension, à toute plateforme un peu élevée.

Loc. Tant qué pus : tout ce qu'on peut et au-delà.

N. Ta prun (tôt premier) : précoce.

N. Tasset, pour tasseau.

N. Tassant : étendue de greniers pour serrer le fourrage et la
paille.

Adj. Tardi, pour tardif.

N. Taure, ou taurelire (taureau) : vache stérile.

V. Taureler : meuglements incessants d'une bête à cornes.

N. Tchaine, pour chaîne.

N. Tchêne, pour chêne.

N. Tchêre, pour chaire (église).

N. Tchéras (enquéras) : sortilèges.

N. Tchérême, pour carême.

N. Tchercan : carcan.

N. Tchérette, pour charrette.

N. Tcherpentis, pour charpentier.

N. Tchercasse : carcasse.

N. Tchertil, pour chartil.

N. Tchian, pour chien.

Loc. Chercher graisse a male (fumier) de tchian : chercher un
bénéfice là où il est impossible d'en trouver.

N. Tchilli : cuillère.

N. Tchignon : quignon de pain.

N. Telle, pour toile.

Pron. Té, pour toi.

Adj. Têni, pour terni, ou mieux flétri.

V. Tenin, pour tenir.

N. Térire, pour tarière. Toutes les terminaisons françaises en *tière* font *tire : molletîre, tétîre*, etc.

Terjous, pour toujours.

Adj. Termé, pour fixé (une date).

N. Terrais, pour terreau.

N. Têton (de tête) : souche d'arbre peu élevée.

N. Tétouore (de téter) : biberon.

V. Teurtre, pour tordre.

N. Teurque (de tordre) : petite quantité de foin tordue en forme de corde pour attacher les bottes de fourrage au moment de la récolte.

V. Teurtchi : faire des teurques.

Loc. Tire-té d'illo : ôte-toi de là.

N. Tirette (tiroir) : petit tiroir.

Loc. Tire-té de m'n avaie (de ma voie) : enlève-toi de là.

Loc. Tiróus de la vaie : rangez-vous, prenez garde !

N. Tonné, pour tonneau ; tonnias, au pluriel.

N. Torquette (lat. *torques*, collier) : gâteau rond, en forme de collier, d'une pâte très serrée, que l'on fabrique en Basse-Normandie, et que l'on vend dans les foires.

N. Totoe : panade qui bouillonne.

V. Touornier, pour tourner ; n. touorgniolles : aller par les chemins sans utilité, ce qui vaut aux femmes qui le font l'épithète de *tourgneresses*.

N. Touornous, pour touret.

V. Touoser, pour tondre.

N. Touison, pour toison.

V. Touotre, pour tousser. Il a *touossu*, pour : il a toussé.

V. Toupiner (toupie), pour toupiller.

N. Touoffée : touffe d'herbe.

Loc. Des tours : par extraordinaire, par hasard.

Loc. Tout a temps : tous ces derniers temps.

Loc. Toút drèt : tout droit.

Loc. Tout de même : malgré tout.

V. Trafitchi, pour trafiquer.

N. Trantchi (tranchées) : se dit d'un cheval atteint de coliques

V. Tratchi, pour claquer : tratchi du fouet. Tratchi, pour fêler : ce vase est tratchi par la gelée.

Adj. Traversi : être mouillé jusqu'aux os.

Loc. A la traverse : à l'aperçu ; vendre un champ de choux « à la traverse ».

N. Trons, pour trayons.

V. Travailli, pour travailler.

N. Trépis, pour trépied.

Loc. Etre dans le transport : être dans le délire, avoir de la fièvre qui vous *transporte* en imagination dans toutes sortes de lieux.

Adj. Trébouilli (trois fois bouilli) : être complètement affolé, perdre tout sang-froid.

N. Treublle, pour truble.

N. Tressaillure : entorse.

N. Trochet : petite troche.

V. Trotchi : échanger, troquer.

N. Trou de chou : tronc, tige du chou.

N. Trous d'allis (aller) : trous ménagés dans une maçonnerie pour faire *aller* (monter) les appuis des échafaudages.

N. Tueurbot, pour turbot.

N. Tueurne (de retourner) : maison, domicile où on *retourne*.

MOTS NORMANDS-ANGLAIS (T)

N. Ta (ang. *taper*, en fuseau) : larve du hanneton, qui a une forme conique.

V. Tabu (*tabour*, tambourin) : faire du tapage.

V. Taeughi (*tug*, tirer avec effort) : tousser avec persistance et oppression.

N. Talbot (*thaw*, dégel ; *boll*, échapper) : suie rendue liquide par l'humidité, et qui coule dans la cheminée en salissant tout. *Talbotter* équivaut à noircir.

N. Tallard (*tall*, haut) : trottoir élevé isolant la ferme de la cour à fumier.

N. Tapettes (*tipette*, pèlerine) : vêtement à basques très larges formant des plis.

N. Taquet (*to take*, arrêter) : loquet retenant une porte.

V. Tarabustchi (*task*, tâche ; *busk*, préparer) : malmener les autres, les surcharger de besogne.

Adj. Taroupé (*tear*, larme, *on*, au-dessous, pour au-dessus des yeux) : sourcils très épais jusqu'à se rejoindre.

N. Taupette (*toper*, buveur) : petite bouteille mesurant l'alcool aux consommateurs.

Adj. Tavelé (*tawny*, basané) : teint brouillé, parsemé de taches de rousseur.

Adj. Tchéru (*cheerful*, joyeux) : gai, vigoureux, de santé florissante.

N. Terlot (*tar*, matelot ; *low*, bas) : chaussures de fatigue, lourdes et grossières.

N. Thueuré (*thurible*, encensoir) : plaque de bois percée et emmanchée que l'on baissait et haussait (comme l'encensoir) dans les anciennes barattes, pour obtenir du beurre.

N. Teurte (*teurtle*) : tourterelle.

N. Tiers (*tie*, lien) : corde ou chaîne de fer qui sert à maintenir les animaux au piquet.

N. Tierrée (*tie*, lien) : cercle dont le « tiers de corde » est le rayon, et qui représente la surface à dépouiller par l'animal attaché.

Tilli, pour tidy : mettre en ordre, ranger. *Tilli de la laique* . unifier et régulariser ce genre de roseaux pour obtenir des paquets de rubans un peu semblables au raphia et servant à attacher les oignons par leur tige.

N. Touaille et touaillon (*towel*, serviette) : nappe d'autrefois et de petite dimension.

N. Touoilli (*to toil*, se fatiguer) : salir comme un homme de peine.

N. Touine (*townine*, habit de ville) : toute espèce de paletot porté par un paysan délaissant la blouse.

V. Trachi (*trak*, voie, route) : chercher, faire un bout de chemin pour se procurer un objet.

Loc. Traki le chemin : le tracer, y faire un passage quand il neige.

N. Trapignies (*trappings*, ornements) : profusion, superflu, abondance.

V. Travêtchi (*travel*, voyager) : aller de travers, suivre son chemin sans assurance.

V. Trédaller (*tread*, appuyer du pied) : trépigner d'impatience.

Loc. A la trémuchette (*tremolous*, tremblant) : faire « à la trémuchette » veut dire accomplir un acte, un geste, en tremblant, en se cachant, dans le plus grand secret possible.

N. Tricmardages (*trick*, tour, tricheries, duperies) : manœuvres rusées ou maladroites, échange d'objets de valeur disproportionnée, opérations déloyales.

Loc. Marcher a toc d'abouanne (*toe*, orteil ; *about*, sur, vers, environ) : se diriger à tout hasard, au petit bonheur, comme un aveugle qui avance le pied pour prévenir un obstacle.

N. Tras (*troll*, tourner) : pièces de bois agencées pour préparer le fil à tisser.

N. Tueullée (*twill*, croiser) : quantité de laine entrelacée sur la quenouille et le fuseau… « au temps que la reine Berthe filait »… et bien après.

V. Tumber (*tumble*) : tomber.

MOTS LATINS ET FRANÇAIS (V)

Loc. Une vache n'y reconnaitrait pas son veau : il existe un tel désordre dans cette pièce, qu'on ne s'y reconnaît plus.

N. Valantise : avoir la valeur de...

V. Valiera, pour vaudra ; vallierait, pour vaudrait, ainsi que falliera et fallierait pour le verbe falloir. Le patois n'admet pas ces deux verbes comme étant irréguliers. — On dit encore velous ? pour voulez-vous ? ou voulous ? vès-tu venin ? vois-tu venir ? veyous ? pour voyez-vous ? vitan, pour viens-t'en ; faire varier, pour tracasser, taquiner, envoyer d'un endroit à l'autre ou d'une besogne à une autre ; vouderious ? voudriez-vous ?

V. Vatchi (de vasque) : remuer les liquides contenus dans un vase, au point de les faire déborder. L'eau ainsi répandue forme des vastchies.

N. Vatscherme : malpropreté causée par les liquides répandus.

N. Vendue, pour vente.

V. passif. Etre vengé : être tracassé, persécuté.

N. Ventée : bourrasque.

N. Vée : voie. Vieux français : *La véie trovent close et li chanel parfont* (R. Wace : Roman de Rou vers 2748).

N. Un vée : veau ; des viax, veaux.

N. Veizins, pour voisins. Vieux français : *E requist seigneurs è veizins* (Roman de Rou, vers 9530).

N. Venet, pour vanneau : personne alerte, trottant « comme un petit venet ».

N. Verdon : d'animal au vert.

N. Verre dormant : vitre qui ne *remue* pas, qui ne s'ouvre pas : imposte.

N. Vereine : morceau de verre.

N. Vermaine, pour vermine.

N. Verjus (vieux français) : raisin.

N. Vergie : vergée.

Loc. Ça verse : il pleut à verse.

V. Verser : herbe trop haute qui se couche.

V. Vérolé (qui présente des plaques d'une coluleur différente comme la vérole) : liquide ou lait de couleur trouble.

N. Vérya, pour verglas.

N. Vêtu de saie : porc.

Loc. Grand vespasian : propre à rien, vaurien, farceur.

N. Veuvis, pour veuf.

Loc. Vire vent, vire cone (corne) : personne qui tourne à tout vent.

N. Viage et viagi : voyage et voyager.

V. Viauler : vache qui donne un veau.

V. Vier (*viere*, lat. lier) : même signification.

N. Vindication : vengeance, rancune.

V. Viper (comme une vipère) : crier comme un sifflement, cris stridents.

N. Virli (de viril, fort) : sorte de squale assez volumineux que l'on pêche par les gros temps.

V. Virváoder (rôder comme la vire) : faire de nombreux détours.

Loc. En v'la d'une autre : voici bien une autre affaire.

Loc. V'la t'y pas que : sur l'entrefaite.

N. Volande (de voltiger) : coiffe normande dont les barbes ou pans en dentelle voltigent au vent.

Loc. En vrague, pour en vrac.

Adj. Vus : vieux ; vus jupité : personne exigeante, ne laissant jamais de repos, tracassière.

MOTS NORMANDS-ANGLAIS (V)

Loc. En valdrague, ou a la valdrague (*draggle*, traîné par terre, dans la boue) : en désordre et malpropre.

Adj. Valis (*vellicate*, tirailler) : affamé, d'un appétit extraordinaire.

N. Vallot (*wallop*, battre) : épieu, servant à donner des coups de bâton ; celui qui les reçoit reçoit ainsi une *v'lopée*.

N. Vatre (*water*, eau) : eau boueuse et vaseuse dans laquelle on *varvotte* (barbotte).

Loc. En vaurouage (*away*, au loin ; *rowing*, vagabond) : vagabonder.

Loc. En veillot (*veil*, voile : avec un voile, en se cachant) : se dit d'une poule qui dissimule son nid et ses œufs ; pondant « en veillot », on ne peut les trouver.

N. Veuillotte (*welt*, faner) : foin mis en tas assez volumineux et qu'on doit faner de nouveau, parce que insuffisamment sec.

N. Vettes de bœu : algues marines ayant la forme d'une queue de vache ; étant mouillées et visqueuses, ces « vettes » forment un excellent engrais.

N. Vige (*wearer*, qui porte) : bande de cuir pour soutenir les hottes sur l'épaule.

N. Vigneau (*wine waults*, entrepôt de vins, magasin) : grand panier rond en osier assujetti par des perches chargées de pierres, afin qu'il ne flotte pas, et où on met le poisson en réserve sur les grèves, afin que la marée montante le recouvre et le maintienne en vie.

N. WIMBLET (*wimble*, vilbrequin) : tarière en forme de vis ou de cuillère allongée.

N. VIQUET (*view*, vue) : guichet.

V. WINER (*wince*, ruer) : hennissement d'un cheval qui rue.

N. VRET (*wreck*, naufrage, épave) : algues marines arrachées des écueils par la tempête et formant le varech, engrais important.

V. VROULLI (*wrought*, façonné, forgé) : produire des vibrations résonner comme le fer qu'on forge.

V. VROUSTER (*ward*, garde, tutelle ; *out*, hors) : tromper toute surveillance, aller et venir à sa fantaisie.

MOTS PATOIS (Y)

Adj. YACI : glacé.

N. YAIE, pour claie, clayonnage de pêcherie.

V. YAMBER, pour flamber.

N. YAN, pour gland.

N. YAIS, pour eux.

N. YANNES, pour glanes ; V. YANNER, pour glaner.

N. YAQUETS, pour claquets.

N. YAU (*yolk*, jaune d'œuf) : poisson plat de couleur jaunâtre.

N. YAUPÉE, pour lapée.

N. YERCI (éclaircir), pour sarcler.

N. YÈS, pour fléau à battre le blé.

Adj. YÉTRI, pour flétri.

N. YERRU, pour lierre (plante).

N. YONDRE, pour flondre, sorte de plie, poisson plat.

Loc. A YOQUE PIS : à cloché-pied.

N. YOS, pour clos.

V. YOTCHI (*yock*, jaune d'œuf) : se dit d'un œuf couvé et inférieur qui, étant agité, produit un clapotement à l'intérieur.

V. YOUSSI : souffler ; n. YOUOSSETTES : soufflets pour le feu.

N. YUS : glui de froment.

N. YUTÉ, pour sifflet.

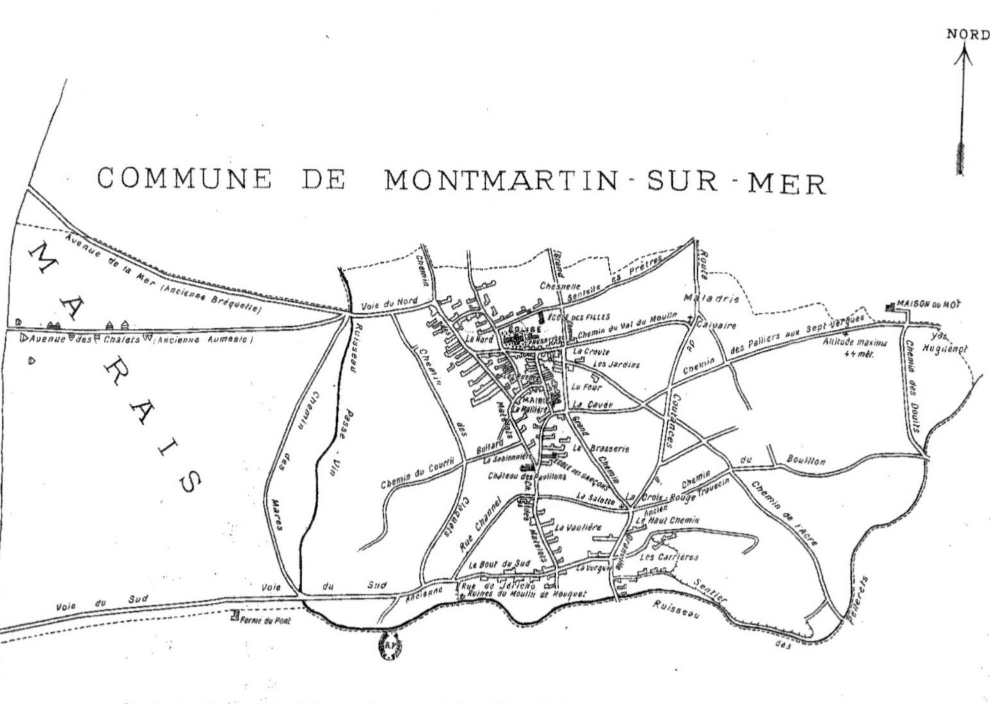
NORD
COMMUNE DE MONTMARTIN-SUR-MER
COMMUNE D'ANNOVILLE
MARAIS
Avenue de la Mer (Ancienne Bréquette)
Avenue des Chalets (Ancienne Aumesle)
Voie du Nord
Voie du Sud
Voie du Sud
Ruisseau Passe-vin
Chemin des Mares
Chemin du Courtil
Chemin des
Ruisseau
Rue Channel
Rue de Jéricho
Ferme du Pont
R.F.
Ruines du Moulin de Houguet
Le Bout du Sud
La Sablonnière
Boitard
Château des Pavillons
La Salette
La Veulière
La Vergue
Chemin des Garçons
Rue des Harrières
Le Haut Chemin
Les Carrières
Ancien
La Croix-Rouge Travecin
Chemin
Sentier
Ruisseau des Préterels
MAIRIE
La Paillère
Maretterie
La Nard
EGLISE
La Croûte
Les Jardins
Le Four
La Cauée
La Brasserie
Chesnelle
Sentelle
ECOLE DES FILLES
Chemin du Val du Moulin
Calvaire
Route des Prêtres
Maladrie
Chemin des Palliers aux Sept Vergues
Altitude maxima 44 mèt.
Courances
Chemin du Bouillon
Chemin de J Acre
MAISON du MOT
Vds Huguenot
Chemin des Doults
Echelle 1/11.000 (Un onze millième)
Limites de la commune
Routes ou chemins carrossables
Sentiers
Ruisseau